자료분석실전

논문작성을 위한

SPSS 코딩에서 분석까지

자료분석실전

논문작성을 위한
SPSS 코딩에서
분석까지

김형태·이수천·박재학 공저

동 문 사

본서는 SPSS25를기준으로 집필되었습니다. 여러분의 SPSS 버전이 달라 용어가 다른 경우에는 비슷한 의미를 나타내는 말을 보면 됩니다.

본서에서 말하는 자료실은 http://cafe.daum.net/isws(사회복지통계연구소)에 있는 자료실을 의미합니다.

서문

자료를 분석하고 연구를 하는 것은 '양날의 검'과 같습니다. 세상을 이롭게 할 수도 있지만 해악을 끼칠 수도 있기 때문입니다. 연구를 통하여 세상의 이치가 밝혀지고 이를 통해 합리적이고 효과적으로 사회를 개선할 수도 있지만, 한편으로는 연구를 통해 개인의 이익을 추구하고 이를 통해 사회를 이전보다 후퇴시킬 수도 있습니다. 주방용 칼로 맛있는 음식을 만들어 사람들에게 기쁨을 주기도 하지만 그 칼이 잘못 사용되면 사람을 불행하게 할 수도 있는 것처럼 말입니다. 열심히 하는 것도 중요하지만 무엇을 위해 열심히 하는가가 더 중요한 이유입니다.

저희는 귀하가 자료분석의 초보라고 생각하고 집필하였습니다. 가능하면 쉽게 따라 하면서 자료분석능력을 빠르게 키워갈 수 있도록 최대한 책을 쉽게 쓰려고 노력했습니다. 통계 원리와 같은 이론적인 내용은 최소화하고 자료분석의 과정에서 자주 접하게 되는 SPSS 프로그램의 메뉴를 따라갈 수 있도록 그림과 쉬운 설명을 위주로 책을 구성하였습니다. 그리고 책 곳곳에 연구논문의 실례를 제시하였고, 이해를 돕기 위해 point(간단한 설명), tip(연구에 필요한 보충설명), episode(연구를 하면서 실제 있었던 사연), misunderstandings!(자료분석과 관련한 오해), application(적용예) 등을 박스 안에 제시하였습니다.

이 책은 3부로 구성되어 있습니다. 1부에서는 실제 논문을 사례로 제시하면서 논문을 쓰는 전반적인 과정을 소개하였습니다. 주로 조사방법론에서 다루는 내용으로서 연구주제의 선정, 가설 설정, 설문지 작성, 보고서의 작성 등으로 구성되어 있습니다. 1부를 읽고 나면 사회과학 연구의 전체적인 흐름을 파악할 수 있게 될 것입니다. 2부에서는 본격적으로 자료분석을 하기 전에 수행해야 하는 과업들을 다루었습니다. 여기에는 코

드북 작성, 데이터 코딩, 데이터 스크리닝, 역문항처리, 데이터의 합산 등이 다루어졌습니다. 3부에서는 자료분석을 본격적으로 다루는데 기술통계와 추리통계를 다루었습니다. 잘 아시는 것처럼 기술통계는 평균, 표준편차와 같이 자료를 있는 그대로 기술하는 통계기법이고, 추리통계는 표본을 통해 모집단을 추정하는 통계기법입니다. 1천 명의 표본으로 1천만 명의 유권자 성향을 추정하는 것과 같은 것이지요. 특히 회귀분석을 응용한 다양한 분석기법과 적용 예는 어떤 분야에서든 적용 가능성이 매우 높을 것입니다.

이 책을 통해 귀하의 연구능력이 향상되고, 귀하의 연구가 우리 사회의 어두운 한 부분을 밝힐 수 있게 되기를 기대합니다. 그렇게 사회 곳곳을 비추면서 연구를 통해 우리는 세상의 어느 곳에선가 만나게 될 것입니다.

2020년 2월 따뜻한 겨울밤에
저자 대표 김형태

일러두기

귀하는 논문을 쓰고자 하는 학생입니까?

- 실험설계로 논문을 쓰려고 하신다면, 11장의 t-test와 12장의 ANOVA 그리고 18장의 비모수검정 부분을 먼저 보실 것을 권장합니다. 12장의 ANCOVA도 도움이 될 수 있으니 한 번 보시기 바랍니다. 이 부분을 보시면서 잡힐 듯 잡히지 않는 논문의 주제를 잡기 위한 실마리를 찾으실 수 있을지도 모르겠습니다.
- 연구가설에 따른 적절한 통계기법을 찾아가시기 바랍니다.
  - "~이 ~에 미치는 영향"과 같은 형태의 연구가설이라면 일단 14장 회귀분석 1을 보십시오. 여기에서 조금 더 발전된 형태의 분석을 하고자 하신다면 15장 회귀분석 2를 보시기 바랍니다. 변수의 설명력을 중심으로 논문을 전개하고자 하시면 위계적 회귀분석을 보시고, 범주형 변수 때문에 어려움이 생기면 더미회귀분석이나 로지스틱 회귀분석을 보시기 바랍니다.
  - "~과 ~의 관계"와 같은 형태의 연구가설이라면 기본적으로 13장 상관관계분석을 보시기 바랍니다. 그러나 측정변수가 명목형일 경우에는 10장 교차분석(X^2검증)을 보시는 것이 도움이 될 수 있을 것입니다.
- 박사학위 논문을 준비하는 분이라면 기본적으로 빈도분석, 기술통계분석, t-test, ANOVA를 보시게 될 텐데, 이들 분석방법은 연구대상의 인구사회학적 특성과 같은 일반적인 특성을 설명할 때 주로 사용하게 됩니다.
- 본인이 하고자 하는 연구의 주제와 분석방법이 유사한 논문 중에 잘 쓰여진 논문을 선정하여 논문의 전개와 통계방법 등을 참고하는 것도 좋은 방법이 될 수 있습니다.

귀하는 조사와 자료분석의 전반적인 이해를 하기 원하십니까?

- 만약 그렇다면 이 책을 처음부터 순서대로 보시는 것이 바람직합니다.
- 그런데 좀 더 빠르고 효과적인 학습을 원하신다면 아래의 내용은 건너뛰시기 바랍니다. 머리만 복잡해질 수 있으니까요.

  10장 교차분석과 X^2 검증의 내용 중에 일표본검정
  11장 평균비교 1: t-test의 내용 중에 일표본 t-test
  12장 평균비교 2: ANOVA와 ANCOVA 내용 중에 ANCOVA
  15장 회귀분석 2 내용 중에 더미회귀분석과 로지스틱 회귀분석
  18장 전체
  19장 전체

- 위 내용들은 일반적으로 많이 사용되지 않는 내용들이며, 기본적인 내용을 익힌 후에 필요에 따라 분석방법을 확장해 익혀나가는 것이 바람직할 것입니다.
- 자료분석방법에 대한 오프라인 교육을 원하시는 분은 적정 인원을 모집한 후에 강의를 요청하시면 본서의 내용을 중심으로 하루 또는 이틀 코스의 강좌를 개설할 수 있습니다. 문의나 상담은 '사회복지통계연구소' 웹사이트(http://cafe.daum.net/isws)의 자료실에서 (비밀)글쓰기 기능을 활용하시면 됩니다.

귀하는 가르치시는 분입니까?

- 이 책에서는 조사연구의 기초와 통계분석 이전 작업에 대해 상세히 설명하고 있습니다. 또한 그림으로 분석방법을 제시하여 보다 쉽게 통계분석을 접할 수 있도록 하였습니다. 이러한 장점을 수업에 활용하시면 도움이 될 것입니다.
- 자료분석론 강의를 하신다면 각 분석방법에 대한 이론적인 부분은 다른 문헌을 참고하실 필요가 있을 것입니다. 본서는 이론적인 부분보다는 실질적인 분석능력을 키우기 위한 실전 중심으로 편성되었습니다.
- 한 학기 15주 수업을 기준으로 할 경우 중간시험과 기말시험 기간을 제외하면 13주가 되는데, 다음과 같이 수업 진도를 편성하시면 적절할 것입니다.

주차	진도	수업내용	비고
1주	1장	논문을 쓰는 과정	전반적인 연구방법론을 다룹니다.
2주	2장	연구의 기초 토대	시간이 조금 모자랄 수 있으므로 1주차에 간단히 소개를 해주면 좋을 것입니다
	3장	설문지 작성법과 조사실행	
3주	제2부 (4~8장)	분석 전 작업	코드북, 코딩, 스크리닝, 역문항 처리, 신뢰도분석, 합산 등
4주	9장	기술통계: 빈도분석, 기술통계분석	교차분석에서 일표본검정은 생략해도 괜찮을 것입니다.
	10장	교차분석과 X2검증	
5주	11장	평균비교 1: t-test	일표본 t-test는 생략해도 괜찮을 것입니다.
6주	12장	평균비교 2: ANOVA와 ANCOVA	
7주	13장	상관관계분석	다룰 내용이 많지 않으므로 아티클을 준비하여 비교해 보거나 그동안 내용을 복습하는 것도 괜찮을 것입니다.
8주	14장	회귀분석 1: 단순회귀분석, 다중회귀분석	
9주	15장	회귀분석 2: 위계적 회귀분석, 더미회귀분석, 로지스틱 회귀분석	
10주	16장	매개효과검정	
11주	17장	조절효과검정	
12주	18장	비모수 검정	
13주	19장	요인분석	

- 각 통계방법에 대해 비교해 볼만한 적절한 아티클을 수업시간에 제공하여 비교하면서 강의하는 것이 학생들의 이해에 도움이 될 것입니다.

실습용 데이터는 아래와 같이 다운받으시기 바랍니다.

- 본서에서 '자료실'이라고 하는 곳은 '사회복지통계연구소'의 자료실을 말합니다. 사회복지통계연구소 웹사이트의 주소는 다음과 같습니다. http://cafe.daum.net/sws
- 포털 다음(www.daum.net)에서 검색창에 '사회복지통계연구소'를 치고 검색하셔도 됩니다.
- 데이터를 다운받고자 하시는 분은 '사회복지통계연구소' 웹사이트에서 회원가입을 하시고 책표지 사진을 올리신 후에 등업 요청을 하시면 정회원으로 등업해 드립니다. 이후 자료를 다운받으실 수 있습니다.

차 례

| PART III | 분석실전

부록

그림목차

표목차

PART

I

연구를 위한 기초 토대

CHAPTER 01_논문을 쓰는 과정
CHAPTER 02_연구의 기초 토대
CHAPTER 03_설문지 작성법과 조사실행

CHAPTER 01 논문을 쓰는 과정

연구(research)란 '새로운 것을 찾는 것'으로 연구하고자 하는 분야에서 발생하는 문제나 해결해야 할 과제가 발생했을 때 과학적이고 체계적인 절차에 따라 해법(solution)을 찾기 위해 수행하는 과정이다. 연구 분야는 크게 자연과학과 사회과학으로 나누어지는데, 자연과학 연구는 자연현상을 다루며, 사회과학은 사회현상을 다룬다. 이 책에서는 주로 사회과학 분야의 연구를 다룰 것인데, 사회과학 연구를 하는 이유는 사회를 이해하는 능력을 키우는 것이다. 사회과학은 사람들로 이루어진 사회에서 일어나는 현상을 이해하고자 하는 학문으로, 예를 들면 청소년들이 왜 가출을 하는지, 다문화가족이 한국사회에서 겪는 차별 경험은 무엇인지와 같은 사회적 현상을 이해하고자 하는 것이다. 사회과학의 한 분야인 사회복지학에서는 이러한 사회현상을 분석하고 해결책까지 모색한다. 사람들은 대개 드러난 현상을 보고 쉽게 판단하는 경향이 있다. 예를 들어, 10대 여자 청소년이 임신을 하게 되면 용납할 수 없는 일로 여겨 학교에 다닐 수 없게 된다. 어떤 환경에서 어떤 과정을 통해 임신을 하게 되었는지 청소년의 입장에서 진지하게 생각하지 못하는 경우가 많다. 청소년의 임신과 같은 일이 어쩌다 일어나는 드문 일이라면 개인적인 이유로 그럴 수 있다. 그런데 이와 같은 일이 지속적으로 많이 발생하면 개인적인 차원에서 사회적인 차원으로 바라보아야 한다. 그런 일을 일으키는 사회적 원인이 있기 때문이다. 이와 같이 사회적 차원에서 현상을 바라보게 되면 현상을 이해하는 방법이 달라진다. 문제를 일으키는 개인을 비난하기보다 사회적 원인을 이해함으로써 문제를 일으키는 사람을 사회문제의 희생자로 바라볼 수 있게 된다.

연구자들이 쓰는 논문은 크게 학위논문(thesis, dissertation)과 학술지논문(article) 두 가지로 구분된다. 경우에 따라 학회에서 포스터 발표를 하기도 하지만 포스터는 학술지논문에 준해서 생각하면 된다. 다른 사람으로 하여금 연구결과를 보게 한다는 점에서 학위논문과 학술지논문은 다르지 않다. 모두 연구의 필요성, 타당성, 연구방법, 연구결과에 대해서 필요한 정보를 제공하는 역할을 하게 된다. 제공된 정보나 내용에 대한 수용이나 응용은 어디까지나 읽는 사람의 몫이다. 그렇기에 연구자는 독자로 하여금 자신의 연구가 왜 필요한지, 자신의 연구가 타당한지, 자신의 연구가 갖는 의미가 무엇인지에 대해서 어필하고자 노력을 하게 된다. 이 지점에서 연구자와 독자가 서로 인정할만한 합리적인 자료정리 방법이 필요하게 된다. 일반적으로 일련의 절차에 따라 기술(記述)하게 된다. 이를 우리는 논문의 구성이라고 할 수 있다. 논문구성에 있어서도 학위논문의 경우 각 학교마다 고유한 양식이 있고 학술지논문 역시 해당 학회가 요구하는 양식이 있기 마련이다. 또한 각 기관은 저마다 보고서 작성지침이 있으므로 연구자는 일차적인 독자가 되는 기관 관계자가 요구하는 방식대로 기술해 나가야 한다. 그러나 연구에 대한 내용을 보고한다는 점에서 공통점을 갖기에 학위논문이나 학술지논문의 구성요소가 크게 다른 것은 아니다. 또한 각 기관이 요구하는 양식도 크게 다르지 않다. 다음 표에서 보듯이 학위논문과 학술지논문의 구성을 비교해 보면 그 구성이 다르지 않음을 알 수 있다. 다만 얼마만큼 상세하게 기록하느냐에 따라 차이가 나타날 뿐이다. 학위논문의 경우에는 아무래도 분량이 충분하다 보니까 각 구성에 대해서 자세하게 다룰 수 있지만, 학술지논문의 경우에는 분량이 제한되기에 꼭 실어야 하는 내용에 집중하게 된다.

학위논문과 학술지논문 비교

학위논문의 예	학술지논문의 예
국문초록 Ⅰ. 서론 1. 문제제기 2. 연구목적과 연구문제	Ⅰ. 서론
Ⅱ. 이론적 배경 및 선행연구 고찰 1. 그룹홈 청소년과 대리양육자 1) 아동청소년 그룹홈 2) 그룹홈 청소년 3) 대리양육자 2. 애착이론 1) 애착이론 2) 대리양육자와의 애착 3) 청소년의 애착 관련 선행연구 3. 낙관성이론 1) 낙관성이론 2) 청소년의 낙관성 관련 선행연구 4. 심리사회적응 1) 심리사회적응 2) 그룹홈 청소년의 심리사회적응 관련 선행연구	Ⅱ. 이론적 배경 및 선행연구 고찰 1. 그룹홈 청소년과 대리양육자 2. 청소년과 애착 3. 청소년과 낙관성 4. 청소년의 심리사회적응
Ⅲ. 연구방법 1. 연구모형 2. 조사대상 3. 측정도구 1) 인구사회학적요인 2) 애착척도(IPPA-R) 3) 낙관성척도(LOT-R) 4) 심리사회적응척도(K-YSR) 4. 분석방법	Ⅲ. 연구방법 1. 연구모형 2. 조사대상과 자료수집 3. 측정도구와 분석방법
Ⅳ. 연구결과 1. 조사대상자의 일반적 특징 1) 인구사회학적인 특성 2) 주요 변인에 대한 특성 2. 주요 변인의 집단 간 차이 1) 성별에 따른 주요 변인의 집단 간 차이 2) 성적에 따른 주요 변인의 집단 간 차이 3) 그룹홈 거주기간에 따른 주요 변인의 집단 간 차이 4) 대리양육자와의 만난 기간에 따른 주요 변인의 집단 간 차이	Ⅳ. 분석결과 1. 조사대상자의 일반적 특성 2. 측정모형의 분석 3. 구조모형의 분석

3. 낙관성의 매개모형 검증 1) 측정모형 구축을 위한 탐색적 요인분석 2) 개별 측정모형의 검증 3) 전체 측정모형의 검증 4) 구조모형의 검증 (1) 구조모형의 검증-심리적응모형 (2) 구조모형의 검증-사회적응모형 (3) 연구가설의 검증	
V. 결론 1. 결과요약 2. 연구의 함의 1) 이론적 함의 2) 실천적 함의 3. 연구의 한계와 후속 연구를 위한 제언	V. 결론
참고문헌 설 문 지 ABSTRACT	참고문헌 ABSTRACT
제시된 예는 이수천의 박사학위논문(2011)과 그것을 학술지에 발표한 것(2012)이다. 학위논문은 서울기독대학교 논문양식에 따른 것이며, 아티클은 한국사회복지연구회의 투고양식에 따른 것이다. 제목은 모두 "그룹홈 청소년이 맺는 대리양육자와의 애착관계가 심리사회적응에 미치는 영향: 낙관성의 매개효과를 중심으로"이며, 박사학위논문을 축약하여 학술지에 투고한 것으로 두 논문의 구성은 크게 다르지 않다. 다만, 학술지에 투고하는 아티클은 핵심적인 내용 위주로 간략하게 작성하게 된다.	

앞서 제시한 논문 또는 아티클의 구성은 연구자들이 연구를 진행할 때 가져야 할 관심을 환기하기 위하여 제시한 것이다. 이것은 연구가 다 끝난 후에 보고서 작성을 하는 순간에 점검해야 할 내용들이다. 이는 연구의 순서에 따라 순차적으로 이야기하자면 제일 나중에 이야기할 것들이다. 그럼 연구를 진행하기 위해서 어떤 과정이나 절차를 밟게 되는가? 여기서는 그에 대한 최소한의 것들을 다루어 본다. 각 부분에 필요한 세세한 지침은 논문작성법을 다루는 여러 교재를 참고하는 것이 바람직할 것이다. 연구과정을 염두에 두었을 때 연구자들이 알아야 할 연구과정은 대체로 '연구주제 및 가설 설정', '측정도구 찾기', '설문지 작성 및 조사실행', '분석 및 보고서 작성' 등으로 이루어진다. 이를 하나씩 살펴보면 다음과 같다.

1. 연구주제 및 가설설정

학위논문을 쓰든 학술지논문을 쓰든 그 첫걸음은 연구주제를 잡는 데서 시작한다. 연구를 시작하는 사람에게 무엇을 연구하고 싶어 하는지 물으면 이렇게 대답하는 경우가 많다. "청소년에 대해서 쓰려고 합니다.", "어린이집 교사에 대해서 쓰려고 합니다.", "노인에 대해서 관심이 있어 노인에 대해서 쓰려고 합니다." 이럴 경우 어떤 연구를 하고 싶은 것인지 본인도 모르고 있는 것이며, 이 단계에서 도와줄 수 있는 것은 거의 없다. 왜냐하면 아직 연구주제나 가설이 잡히지 않았기 때문이다. 연구자는 어떤 사물이나 현상에 대해서 궁금증을 가져야 하며, 그 궁금증은 구체적이어야 한다. 그리고 그 궁금증에서 무엇을 밝혀내고 싶은지에 대한 생각이 분명해야 한다. 질적 연구의 경우에는 잘 알려지지 않은 주제를 다루는 경우가 많아 오히려 모호하고 포괄적인 연구문제로 시작하는 경우가 많지만, 양적연구의 경우에는 검증하고자 하는 연구문제나 가설이 구체적이어야 한다. 연구하고자 하는 주제에 대해 분명하게 인식하고 있어야 연구문제나 연구가설을 구체적으로 설정할 수 있다. 연구주제가 구체적이어야 실질적인 연구가 시작될 수 있는 것이다. 아울러 연구주제로부터 연구문제, 연구가설 등이 설정되는 것이기에 연구주제에 대해서 남다른 관심을 가져야 한다. 그리고 연구주제는 결국 검증하기 위하여 가설의 형태를 띠어야 한다. 그러려면 최소한 두 개 이상의 변수와 변수 간의 관계로 표현되어야 한다. 앞서 '청소년에 대해서 연구하려고 한다'는 대답을 예로 들어보자. 이는 연구하고자 하는 대상에 대한 이야기일 수는 있어도 연구주제나 연구가설에는 조금도 접근을 하지 못한 것이다. 변수가 하나도 나타나지 않고 있기 때문이다. 엄밀하게 이야기하면 아직 자신이 무엇을 연구할지 결정하지 못한 것이다. 연구대상자만 이야기하는 경우, 그것도 막연한 연구대상을 이야기하는 경우, 분석을 아무리 잘 하는

> point 연구를 하려면 **최소한 두 개 이상의 변수**를 가설의 형태로 연결해야 한다.

사람이라도 도와줄 방법이 없다. 앞서 논문구성에 대한 예로 제시한 경우를 보자. 제목으로부터 '그룹홈 청소년들이 대리 양육자와 맺는 애착관계는 그들의 심리사회적응에 영향을 미칠 것이다'라는 가설을 세울 수 있다. 적어도 '애착관계'라는 변수 하나와 '심리사회적응'이라는 또 다른 변수를 연결하여 관계를 설정할 수 있다. 이렇게 적어도 두 개 이상의 변수 간의 관계를 서술하는 것을 가설이라고 한다. 가설이 성립될 때 비로소 검증이 가능해지는 것이다. '청소년에 대해서 연구하겠다'는 막연한 말은 "청소년의 '무엇'에 대해서 연구하겠다"는 말로 변경되어야 하며, 더 나아가 청소년의 '무엇'과 '무엇'이라는 형태로 발전되어야 하는 것이다. 그럼 이런 변수들이나 변수 간의 관계는 어떻게 설정할 수 있을까? 그것은 바로 선행연구를 통해 설정되어야 한다. 연구주제를 세우기 위하서는 연구하고자 하는 주제와 관련된 기존 연구를 충분히 검토하여야 한다. 양적 연구는 연역적 방법의 연구로서 기존의 지식체계에서 연구가 시작되어야 한다. 또한 여러 연구자들이 발표한 기존 연구를 검토하다 보면 무언가 아쉬운 점이나 아니면 더 밝혔으면 좋겠다고 생각이 드는 것이 드러난다. 이를 발전시켜 자신의 연구주제로 발전시킬 수 있는 것이다.

2. 측정도구 찾기

연구주제와 가설이 세워졌으면 설정된 변수에 대해서 어떻게 측정할지를 고민해야 한다. 연구는 경험적으로 이루어져야 한다. 따라서 측정이나 관찰이 가능해야만 한다. 특히 양적연구에 있어서 측정은 연구시작을 가능하게 하는 관건이다. 아무리 좋은 연구주제와 연구가설이 세워졌다 하더라도 관련된 변수를 측정할 수 없으면 연구를 진행할 수 없다. 정확히 말하면 측정할 수 없으면 변수가 될 수 없는 것이다. 앞서 제시한 논문 "그룹홈 청소년이 대리양육자와 맺는 애착관계가 심리사회적응에 미치는

> **point** 어떤 개념이나 속성이 변수가 되려면 **다른 것과 구분되는 특성**과 **측정할 수 있어야 한다**는 두 가지 조건을 충족해야 한다.

영향"을 볼 때 적어도 두 가지 측정도구가 필요한 것을 볼 수 있다. '애착관계'는 어떻게 측정할 것인가? '심리사회적응'은 어떻게 측정할 것인가? 이 두 가지 질문에 대해 '그것을 측정할 척도가 있다'고 대답할 수 있을 때 비로소 연구가 시작될 수 있다. 결국 자신의 연구를 드러낼 수 있는 척도를 찾지 못하면 더 이상 연구진행을 할 수 없다.

척도를 찾는 작업에 있어 세 가지 방법을 추천한다. 첫째는 출판사에서 출판한 척도집을 살펴보는 것이다. 예를 들면, 「실천가와 연구자를 위한 사회복지척도집」(나눔의집) 등과 같은 척도집에는 여러 척도들이 소개되고 있으며, 그 척도의 활용에 대해서도 비교적 자세하게 설명되어 있다. 뿐만 아니라 사회복지학뿐 아니라 다른 학문에서도 사용할 척도들이 들어 있다. 이를 활용할 경우 다른 연구자는 해당 척도를 어떻게 사용하였는지까지 볼 수 있어 편리하다. 둘째는 박사학위논문을 검색해 보는 것이다. 척도집에서 마땅한 척도를 발견하지 못했을 경우 논문검색 사이트를 활용하여 자신이 연구하고자 하는 주제를 검색하면 여러 편의 관련 논문을 볼 수 있다. 논문구성 상 연구방법 부분을 보면 척도의 활용에 대한 유익한 정보를 얻을 수 있다. 박사학위논문의 경우 비교적 척도에 대한 소개가 소상하기 때문에 척도활용법에 대해서 좋은 정보를 얻을 수 있으며, 때로는 먼저 연구한 사람이 어떤 방법으로 척도를 활용했는지를 알 수 있다. 이를 통해 자신의 연구에 대한 좋은 아이디어를 얻을 수도 있다. 석사학위논문 역시 척도에 대한 소개와 설명이 있긴 하지만 그 설명이 자세하지 않은 경우가 많아 되도록이면 박사학위논문을 참고하는 것을 추천한다. 박사학위논문의 경우 척도의 출처, 역문항에 대한 정보, 척도의 활용방법 등에 대해서 석사학위보다 비교적 상세하게 다루는 경향이 있다. 셋째는 외국에서 사용하는 척도를 직접 번역하여 사용하는 것이다. 척도집이나 학위논문을 살펴봐도 자신이 연구하고자 하는 내용을 담고 있는 척도를 찾지 못했을 경우 부득이 외국에서 연구한 것이 있는지 살펴보아야 한다. 외국에서 사용하는 좋은 척도를 발견하였다면 이를 번역하여 사용할 수 있다. 이때 외국 척도를 한국 실정에 맞게 타당화를 어떻게 해나가는가에 대한 문제가 있을 수 있다. 척도의 타당화를 먼저 연구하면 좋지만 그렇게까지 하지 않더라도 척도로 활용할 수 있다. 즉, 번역과정에서 내용의 전달이나 이해에 문제가 생기지 않도록 엄밀성을 유지하고, 번역 후에는 관련 전문가로부터 내용타당도를 확보한다. 그리고 사전조사를 통하여 설문내용이 무리 없이 이해되는지 살펴보는 과정을 거친다. 척도타당화 연구를 먼저 해야 하는 것이 정법이지만 이 정도의 노력을 한다면 특별한 경우가 아니라면 조사연구하는데 무리는 없다고 할 수 있다.

어떤 경로로 척도를 확보하든 중요한 것은 그 척도가 연구하고자 하는 개념과 부합하는가이다. 이를 타당성이라고 한다. 간혹 자신의 연구주제와 유사한 낱말이 들어있는 척도를 발견하여 사용하다가 낭패를 보는 경우가 있다. 낱말로는 똑같은 것을 이야기하고 있는데 자신이 생각한 개념과 척도가 담고 있는 개념이 서로 다른 경우이다. 이럴 경우 척도의 이름만 같을 뿐이지 연구자의 연구주제와 척도의 개념이 서로 일치하지 않는 것이다. 그렇기에 척도를 선택할 때 고려할 점은 척도의 이름이 같은가 보다는 그 척도가 담고 있는 내용, 즉 개념이 자신이 연구하고자 하는 개념과 같은가 하는 것이다. 척도에 대한 판단은 오로지 연구자의 몫이다. 아울러 선택한 척도를 어떻게 활용할 수 있는지 그 방법을 숙지하는 것도 필수적이다. 하위범주는 있는지, 하위범주가 있다면 구분이 가능한지, 또한 하위범주로 구분할 경우 개념의 변화는 없는지, 역문항은 있는지, 신뢰도는 인정받을 수 있는지 등 척도의 활용에 대해서 꼼꼼히 점검해야 한다. 특히 역문항을 제대로 파악하지 않을 경우 내용의 타당도 자체에 문제가 발생할 수 있다. 역문항은 말 그대로 척도가 담은 내용을 반대방향으로 묻고 있기 때문에 적절한 역문항처리가 이루어지지 않으면 내용을 흩어놓는 역할을 하게 된다. 이는 신뢰도에도 영향을 미칠 수밖에 없다.

척도를 선택할 때 가능한 이미 높은 신뢰도를 확보한 척도를 선택하는 것이 바람직하다. 이미 높은 신뢰수준을 보이는 척도는 자신의 연구에서도 그러한 신뢰도를 담보할 수 있을 것으로 예상되기 때문이다. 다른 연구에서 신뢰도가 확보되었다고 서술하고 있더라도 그 신뢰수준이 낮다면 사용하는데 있어 신중한 고려를 해보아야 한다. 자신이 조사하고자 하는 내용이 선행연구보다 타당도면에서 더 높다는 자신감이 있지 않은 한 더 높은 신뢰도를 기대하는 건 도박과 다르지 않기 때문이다. 오히려 더 낮은 신뢰도가 나타날 가능성이 크다는 생각을 해야 한다. 따라서 신뢰도에 대해서 이미 높은 수준으로 인정된 척도를 사용하는 것이 연구의 안정성에 도움이 된다.

TIP

실제 연구주제를 설정할 때 함께 고려해야 할 사항

① 측정도구, 즉 척도
② 연구대상자가 접촉할 수 있는 대상인가?
③ 분석방법

연구주제나 가설을 설정할 때부터 척도에 대한 고려를 함께 해야 한다. 연구라는 건 분석 이전에 측정이 가능해야 진행될 수 있는 것이기 때문이다. 자신이 설정한 변수가 측정되지 않거나 측정할 수 없는 것이라면 측정 가능한 방법을 찾아보아야 한다. 만약 연구하고자 하는 주제가 측정과 거리가 멀다면 연구방법론적인 면에서 양적연구가 아니라 질적연구를 고려해 보는 것이 바람직하다.

아무리 좋은 주제를 설정하였고 그것을 측정할 척도가 확보되었다 하더라도 연구대상자에게 접근이 가능한지를 고려해야 한다. 연구대상자에게 접근할 수 없으면 연구는 불가능하다. 실제로 너무 필요한 연구임에도 불구하고 대상자에게 접근할 수 없어 연구가 실행되지 못하는 경우가 있다. 따라서 연구대상자에 대한 접촉가능성 내지는 접촉할 수 있는 여러 방법에 대해서 연구주제를 설정하는 단계에서부터 함께 고민해 보아야 한다.

연구설계 시점에서 빼놓을 수 없는 또 한 가지는 바로 분석방법에 대한 고려이다. 척도에 따라 분석방법은 달리지기 마련이다. 그렇기에 연구자는 자신이 사용할 척도가 분석방법을 담보할 수 있는지를 판단해야 한다. 가령 상관관계분석이나 회귀분석을 연구설계를 하면서 명목형 척도로 설문을 구성한다면 분석이 불가능해진다. 척도선정에서부터 분석방법을 고려하는 게 기본이다.

그러므로 연구자는 설문에 임하기에 앞서 연구과정 전체에 대해서 그리고 척도와 분석방법에 대해서 일정 수준 이상의 이해를 하고 있어야 한다. 섣부르게 조사실행을 해놓고 보면 분석할 수 없는 경우가 나올 수 있다. 이런 수준을 갖추기 위해서 분석에 대해서 학습과 실제 연습을 많이 해 보는 것이 필요하다.

3. 설문지작성 및 조사하기

연구주제와 척도가 정해졌으면 이제 설문지를 작성하여 실제 조사에 들어가게 된다. 설문지를 작성할 때 주의할 점은 중요하기 때문에 3장에서 다시 다루기로 하고, 여기서는 조사과정에서 연구에 중요한 영향을 미치는 조사원에 대해서 생각해 보도록 한다. 조사에 들어갈 때 중요한 것 중 하나는 '조사원을 활용할 것인가' 하는 점이다. 여러 명의 조사원을 활용할 경우 짧은 시간 내에 많은 자료를 얻을 수 있는 장점이 있다. 조사기간이 짧을수록 변화로 인하여 나타나는 오차를 최소화할 수 있다. 그렇기에 조사원을 활용하여 짧은 시간 내에 많은 자료를 수집하는 것은 연구자에게 있어 상당히 매력적이다. 그런데 조사원을 활용할 경우 부득이 조사비용이 추가될 수밖에 없다. 또한 조사원이 조사내용에 영향을 미칠 수 있다는 점도 고려해야 한다. 비표집오차의 대표적인 원인이 설문지 자체에 실수가 나타나는 것과 조사원이 일정한 영향을 미치는 것이다. 따라서 부득이 조사원을 활용할 경우 이런 문제를 충분히 검토하여 문제를 최소화시키는 노력이 필요하다.

조사과정에서 일어날 수 있는 일에 대해서 준비시킬 필요가 있다. 특히 예상질문에 대해서 사전에 조사원을 교육할 필요가 있다. 그래서 수거되는 자료에 오류가 포함되지 않게 해야 한다. 조사는 조사원이 유도하는 대로 응답하는 게 아니라 조사대상자의 생각을 있는 그대로 끄집어내는 게 관건이다. 조사원 교육으로 그 영향을 최소화해야 한다. 그렇기에 조사원이 반드시 필요한 경우가 아니라면 연구자가 직접 조사에 나서는 것이 바람직하다. 조사원을 활용할 경우에도 연구자가 일정 부분에 대해 직접 조사하는 것이 바람직하다. 분석은 조사된 데이터만 갖고 하기 때문에 실제 조사 현장에 나가보지 않으면 분석결과나 함의에 있어 현장과는 다소 거리가 있을 수 때문이다.

모든 연구가 그렇지만 특별히 사회복지, 유아교육, 평생교육 분야는 현장을 떠난 이야기를 하는 것이 바람직하지 않다. 애써 연구한 것이 현장과 괴리감을 갖는다면 연구결과의 유용성이 떨어지는 것이다. 반면 연구자가 전체 또는 일부라도 직접 조사에 참여할 경우 현장감을 가질 수 있어 분석이 현장과 동떨어지지 않을 뿐 아니라 실천적 입장에서 보다 풍성한 적용을 도출해 낼 수 있다. 아울러 조사원을 아무리 교육한다 하더라도 척도 구성 등 연구에 관하여 제일 잘 아는 사람은 연구자 자신이다. 조사대상자가 질문을 했을 경우 결과에 영향을 미치지 않으면서도 이해를 높일 수 있는 응답을 할 수 있는 사람은 바로 연구자 자신이다. 또한 연구자가 직접 조사할 경우 자료에 대한 애착으로 인하여 응답하지 않는 항목, 즉 결측을 발견했을 경우 바로 현장에서 추가 조사할 수 있는 장점이 있다. 결측이 적을수록 분석에 유리하다는 점을 생각해 볼 때 연구자 자신이 직접 조사에 나가는 것이 여러 모로 유리하다.

조사를 할 때 미리 준비해야 할 것 중 하나는 응답자에 대한 선물이다. 조사에 응하는 사람에 대한 최소한의 감사 표시를 할 수 있어야 한다. 아울러 조사와 더불어 바로 코딩 및 자료정리를 해 두는 것도 필요하다. 자료정리를 할 시기를 놓치면 중요한 정보를 유실하는 결과를 맞게 된다. 분석은 분석과정에서만 잘해야 하는 게 아니라 이렇게 조사하는 과정에서부터 자료나 정보에 대해서 꼼꼼하게 정리해 나갈 때 효과적이게 되는 것이다. 조사과정에 대해서 메모해 두는 것도 함의를 작성할 때 상상력을 풍부하게 해 줄 수 있다.

episode

우리 아이가 조사대상자인가요?

"우리 아이가 조사대상자인가요?" 이 말은 그룹홈 청소년들을 연구하기 위하여 설문을 부탁했을 때 그룹홈 선생님이 저자에게 표시한 불만이다. 실제로 시설에 거주하는 아동은 여러 조사에 시달리는 경우가 많다. 각급 대학원의 석박사 과정생들이 논문을 쓸 때 주로 시설거주 아동을 대상으로 하는 경우가 많기 때문이다. 그러면서도 정작 연구결과에 대해서 알려주는 경우는 극히 드물다. 이런 현상이 잦아지면서 시설에서 직접 청소년들을 돌보는 선생님들은 단지 아이들이 조사대상자로 전락해 버린 것에 대해서 안타까워하는 것이다. 시설 선생님의 표현이 틀리지 않았다. 연구자들은 시설에 거주하는 아동에 대한 관심을 가진 게 아니라 단지 조사대상자로만 보는 경향이 강하다. 연구의 목적 자체가 그들에게 보다 더 나은 환경을 만들어주기 위한 것이어야 하는데, 정작 연구자들은 기간이나 실적에 쫓겨 결과를 내기에만 급급한 경우가 많다. 연구자들은 연구를 할 때 조사대상자에 대한 최소한의 예의는 지켜야 한다. 무엇보다도 연구의 목적 자체가 그들에게 있어야 한다. 그리고 그들에게 접촉할 때 그들이 갖게 될 상처를 고려하여 최소한의 피해만 가도록 해야 한다.

그래서 저자는 나름의 방안을 마련하였다. 조사에 응하는 청소년들에게 최소한의 감사표시를 잊지 말자는 게 그 하나이다. 과하지 않으면서도 유용한 감사표시는 서로에 대한 신뢰를 쌓을 수 있기 때문이다. 조사에 응한 기관에는 반드시 분석결과를 알려주자는 게 또 다른 하나이다. 연구결과가 집적되어 정책에 영향을 미치기까지는 오랜 시간이 걸린다. 따라서 연구결과의 효과에 대해서 기관의 선생님들에게 알릴 방법은 사실 마땅치 않은 편이다. 그런데 결과들 중 미시적인 개입방안 제시에 대해서는 시설 나름의 판단으로 적용이 가능하기도 하다. 따라서 연구결과를 알려주는 것이 바람직하다. 무엇보다도 조사한 결과가 이렇게 나왔다고 알리는 것은 연구자가 얼마나 신뢰할 수 있는 사람인가를 보여 주는 효과도 있다. 연구를 지속적으로 이루어나갈 연구자에게 있어 이런 면도 연구관리라고 할 수 있다. 어쨌든 제일 중요한 것은 아이들은 단지 연구대상이 아니라는 점이다. 그들은 하나의 인격을 가진 존재이고, 사랑과 존중을 받아야 할 존재들이다. 그런 인격체에게 연구라는 이름으로 나갈 때는 조심 또 조심하는 자세를 잊지 말아야 한다.

4. 분석하기 및 보고서 작성하기

설문조사가 끝나면 일련의 과정을 거쳐 분석을 하게 된다. 코딩을 비롯하여 분석 전 작업이 먼저 이루어져야 하며(이에 대해서는 2부 4~8장에서 다룬다), 이렇게 하여 자료가 분석할 수 있는 상태로 가공이 되면 실질적인 분석에 들어간다(분석에 대해서는 이후 3부에서 전반적으로 다룬다). 분석이 끝나면 연구결과를 토대로 보고서를 쓰게 된다. 만약 보고서를 기관 내부에서 보는 것이면 굳이 문장으로 서술하지 않고 요약형식으로 제시할 수도 있을 것이다. 정부기관도 내부 문건의 경우 문장보다는 요약보고식을 활용하는 경우가 많다. 그러나 보고서가 학위논문이나 학술지논문일 경우 반드시 정확한 문장으로 기술되어야 한다. 보고서를 읽는 사람은 문장이 정확할 때 이해가 가능하기 때문이다. 그런데 글쓰기 능력은 하루아침에 늘지 않는다. 평소에 글쓰기를 많이 해볼 필요가 있다. 일기나 블로그 작성 등을 통하여 자신의 생각을 글로 표현하는 것이 일상화되어 있으면 많은 도움이 된다.

보고서를 작성할 때 문장은 주로 단문으로 쓰는 것이 바람직하다. 문학적 글쓰기와는 달리 보고서는 내용을 정확하게 전달하는 기능이 중요하다. 주어와 술어가 하나씩 있을 때 전달이 분명하다. 한 문장이 지나치게 길 경우 논지가 흐트러지는 경우가 종종 있으며, 주어와 술어의 관계도 모호해지는 경우가 많다. 이럴 경우 문장을 쓰느라고 고생은 했지만 결국 독자가 이해할 수 없는 비문(非文)이 되기도 한다. 따라서 여러 개의 단문을 활용하여 내용을 정확하게 전달하는 게 오히려 바람직하다. 이때 주어를 반드시 쓰느냐의 문제는 문장에 따라 다르다. 구어체의 경우 주어 없이 사용해도 의사전달에 큰 어려움이 없다. 이는 말과 더불어 표정이나 몸짓 등이 그 내용을 풍부하게 해 주기 때문이다. 하지만 보고서는 글로 내용을 전달하는 것이기에 정확한 주어와 술어가 드러나야 한다. 다만 주어를 사용하지 않아도 그 내용이 명확하여 전달하는 데 어려움이 없을 경우에는 구어체와 마찬가지로 주어를 생략하는 것도 가능하다.

보고서를 작성할 때 인용처리를 정확하게 해야 한다. 어떤 내용을 정리하거나 주장할 때 다른 사람의 연구를 참고하기 마련이다. 내 연구결과가 이전의 다른 사람의 연구와 비교할 필요가 있기도 하고, 내 연구의 결과를 강조하기 위하여 역시 다른 사람의 이야기를 덧댈 필요가 있을 때도 있다. 이럴 때 인용에 대한 처리가 미숙하면 표절시비에 휘말리게 된다. 선행연구를 할 때도 마찬가지이다. 다른 사람의 글에 대해서는 정확하게 그 출처를 명시할 필요가 있다. 아울러 본문에 제시된 인용에 대해서는 반드시 참고문헌에 그 자료가 수록되어 있어 자료를 찾아보기 원하는 사람에게 정확한 정보를 제공해 주어야 한다. 다음은 인용을 처리하는 방법과 인용 처리된 자료가 참고문헌에 반드시 수록되어 있어야 하는 것을 예시로 보여 주고 있다.

e.g.

이때 부모 또는 양육자와의 관계는 약해지는 것이 아니라 안전기지(secure base)로서 더욱 중요한 역할을 하게 되는 것이기 때문이다(장휘숙b, 1997: 440).

- 장휘숙의 1997년 자료가 두 개 이상일 때 a,b,c로 표시하여 구분하며, 참고문헌에도 정확하게 일치하게 제시해야 한다.
- 쪽수를 표시한 것은 인용한 부분이 제시된 쪽에 있다는 것을 의미하고, 쪽수가 없는 것은 인용내용이 그 논문(책)의 전반적인 내용임을 의미한다.

긍정심리학은 여러 분야가 있는데 과거에 대한 긍정적 경험에 대한 주제로 웰빙(well-being)과 만족감을, 현재에 대한 긍정적 경험에 대한 주제로 충만, 기쁨, 관능적인 즐거움, 행복을, 미래에 대한 긍정적 경험에 대한 주제로 낙관성(optimism), 희망(hope), 믿음(faith)을 다룬다(Seligman, 2002).

실제로 양육행동은 유아의 도덕적 판단력, 사회성, 자아개념, 인성 등에 중요한 영향을 미치는 것으로 나타나고 있다(고애라, 1988; 김정숙 , 1996).

고독감은 보다 넓은 사회적 관계에 통합하는데 있어 개인적으로 갖는 장해를 의미한다(Mukhanova and Romanova, 2013: 27).

- 영문인용의 경우 사람과 사람 사이를 ','로 구분하고 맨 마지막 사람 앞에는 'and'나 '&'로 구분한다. and나 &는 논문 안에서 통일되게 사용한다.

양육태도는 온정-적대, 허용-제한, 지나친 관심-침착한 방관의 세 개의 차원으로 설명할 수 있다(Becker,

- 재인용의 경우 원자료 정보와 자신이 본 자료의 정보 사이에

<table>
<tr>
<td>1964 황선명, 1994, 재인용)

참고문헌
고애라(1988). "어머니의 양육태도가 자녀의 인성에 미치는 영향에 관한 연구." 중앙대학교 교육대학원 석사학위논문.
김정숙(1986). "어머니의 양육태도와 유아의 사회성과의 관계연구." 조선대학교 대학원 석사학위논문.
장휘숙(1997a). "청년기의 애착과 자아존중감 및 자기효능감의 관계." 「인간발달연구」 41(1): 88-106.
_____(1997b). "아동기 이후의 애착에 관한 최근 연구의 개관." (사)한국심리학회. 「연차학술발표대회 논문집」: 439-454.
Mukhanova, I., and Romanova, V., 2013, "Positive Experiencing of Loneliness as a Factor of Personality Socialization in the Society", Social Welfare Interdisciplinary Approach, 3(1): 27-38.
Seligman, M. E. P.(2002). "Positive psychology, positive prevention, and positive therapy." In Snyder, C. R. and Lopez, S. J.(Ed.). Handbook of Positive Psychology (pp. 3-9). New York: Oxford University Press.</td>
<td>'빈칸', '쉼표'(,), '콜론'(:) 등을 사용하여 구분할 수 있으나 '세미콜론'(;)을 사용해서는 안 된다.

• 인용에 제시된 자료를 한글문서는 가나순으로 영문은 알파벳순으로 정렬한다. 인용에 있는 자료를 참고자료에 반드시 제시되어야 한다.
• 제시된 자료에서 영문 아티클의 경우 제목을 겹따옴표("")를 사용하여 표시하였으나 일반적으로는 따옴표 없이 제시하는 경우가 더 많다.
• 참고문헌은 흔히 APA방법을 활용하게 된다. 그런데 세밀한 부분에 있어서는 각 학회마다 방법을 달리하므로 제출하는 학회의 투고방침을 참고하는 게 필요하다.

자료출처
이수천(2010), 이수천 외(2014), 박재학(2013)의 학위논문 및 아티클</td>
</tr>
</table>

이상에서 제시한 연구의 과정을 보기 좋게 제시하면 그림 1-1과 같다. 순서도의 개념을 활용하여 제시하였다. 그림에서 A부분을 조사설계라고 할 수 있다. 조사설계 단계에서는 선행연구, 연구주제 및 가설설정, 척도찾기가 순환적으로 이루어진다고 볼 수 있다. 논리적으로는 선행연구, 연구주제, 가설설정, 척도찾기라는 순서로 이루어지지만 실질적인 연구에서는 동시에 이루어지는 과정이라고 보는 것이 더 타당하다. 또한 조사설계

과정에서는 조사실행에서 적용한 표본추출방법이나 분석단계에서 실행할 분석방법의 결정까지 함께 이루어지는 것을 염두에 두어야 한다. 즉, 조사설계가 제대로 이루어져야 연구가 원활하게 이루어질 수 있는 것이다.

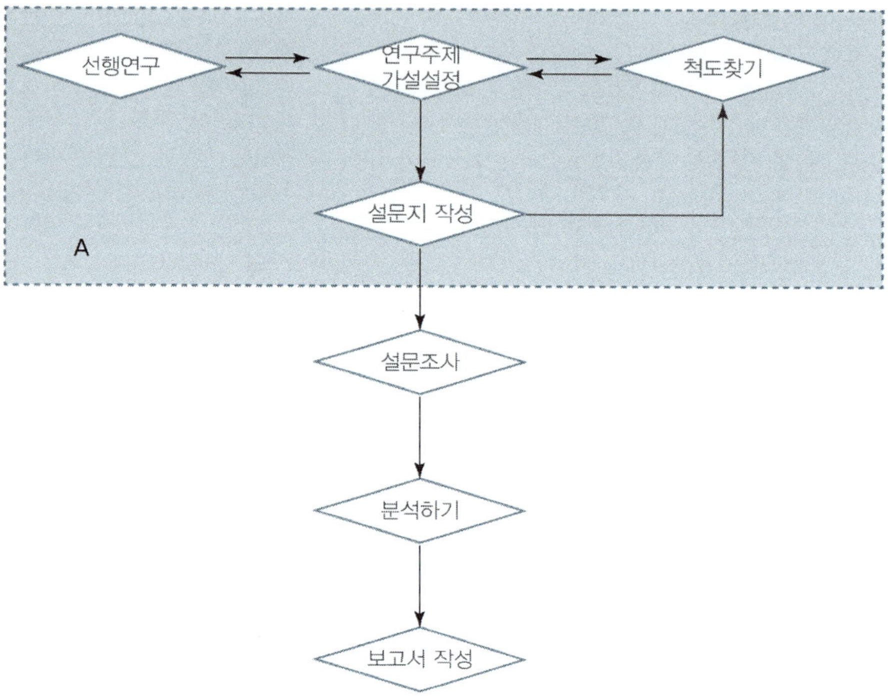

그림 1-1 연구의 순서

CHAPTER 02

연구의 기초 토대

분석에 입문하는 사람들이 간과하는 것이 분석에 대한 기초 이해이다. 대개 급하게 논문을 쓰려다 보니 분석에 대해서 꼭 알아야 할 사항들을 놓치는 경우가 많다. 설문지를 작성하여 조사할 때까지는 문제점을 인식하지 못하지만 막상 조사한 자료를 코딩할 때부터 문제가 나타나기 시작한다. 연구에 대한 기초 이해만 하더라도 연구에서 나타나는 이런 문제를 많이 해결할 수 있다. 여기서는 이런 문제를 최소화하기 위하여 연구에 임하는 사람이 알아야 할 가장 기초적인 것들을 다루고자 한다.

1. 사회조사의 특성

사회조사는 사람과 사람으로 구성된 사회에 대해서 이루어진다. 그렇기에 자연현상을 대상으로 하는 연구나 일정한 조건이 갖춰진 실험실에서 실험하는 것과는 다른 특성을 가질 수밖에 없다. 자칫 과학실의 실험처럼 정확하게 맞아 떨어지는 어떤 결론을 기대하고 사회과학을 접하다 보면 그럴 수 없는 것을 발견할 즈음에 실망하거나 회의에 빠지게 된다. 그렇기에 사람이나 사회를 대상으로 연구하는 사회과학 연구자들은 사회조사가 갖는 다음과 같은 특성에 대해서 이해를 가져야 한다.

첫째, 연구대상이 변화하는 특성이 있다. 그렇기에 똑같은 상황을 똑같이 만들어 놓고 반복적으로 살펴보는 것이 힘든 게 사실이다. 과학성의 대표적인 성격은 반복성이다. 자연과학의 예를 들어보자. 비이커와 전기

자극 장치만 있으면 물을 전기분해하여 수소($2H_2$)와 산소(O_2)를 만들어 낼 수 있다. 또한 반대로 수소와 산소에 적정한 충격을 가하여 물($2H_2O$)을 만들어 낼 수 있다. 똑같은 환경만 만들어 준다면 이 일은 얼마든지 반복하여 재생할 수 있다. 하지만 사람을 대상으로 하는 사회조사에서는 이런 반복적인 실험이 불가능하다. 다른 무엇보다도 똑같은 상황을 만들어 낼 수가 없다. 사람 하나만 놓고 보더라도 늘 변하는 존재여서 5분 전의 사람과 5분 후의 사람 사이에는 분명 변화가 있을 수밖에 없다. 사회라는 건 이런 사람들이 모여서 이룬 구성체이다. 그렇기에 사회 역시 늘 변하는 특징을 가지고 있다. 이렇게 항상 변화하는 대상을 상대로 조사를 하는 것이기에 자연과학과는 달리 조사나 연구가 어려울 수밖에 없다. 사회과학자는 이렇게 변화하는 대상을 연구한다는 생각을 가지고 있어야 한다.

둘째, 개연성이 있는 결정론적 입장을 갖는다. 변화하는 인간과 사회를 조사한다는 것은 쉬운 일이 아니다. 엄밀한 의미에서 같은 결론을 또 다시 얻는 조사를 하기가 쉽지 않다. 과학성이라는 건 반복해도 같은 결론이 나는 걸 전제로 하는 것인데, 사회조사는 엄밀한 의미에서 그런 상황을 만들어 내기가 쉽지 않다. 그렇다면 이렇게 변하는 대상으로 연구하는 것이 사회과학이기에 연구할 때마다 결론이 달라질 것이라면 실제로 조사분석하여 내놓은 결과물이 무슨 의미가 있을까? 우리는 이점에 있어서 개연성 있는 결정론적 입장을 갖는 것이 사회과학이라고 이야기할 수 있다. 분명 조사를 통하여 나타난 결과는 어느 시점에서의 특징일 수가 있다. 그러나 이것이 의미가 없다고 할 수 있을까? 인간에게 일어나는 일련의 일들은 '간주관성'(間主觀性, intersubjectivity)이라는 특징을 갖는다. 이는 주관과 주관 사이에는 일정한 객관적인 것이 흐른다는 의미이다. 비록 한 시점에서 조사한 것은 그 시점에 관한 일이지만 이런 것들이 모이면 결국 인간과 사회 자체에 대해서 이야기하는 것들이 된다. 그렇기에 연구결과에 대해서 개연성이 있는 결정론적 입장에서 받아들일 수 있는 것이다.

다시 조사하면 혹시 다른 결과가 나올 수도 있지만 그런 과정을 거치기 전까지는 확률적으로 동일한 결론이 나오게 된다는 신념 아래 인간이나 사회에 대해서 이해를 하는 것이다. 그리고 실제로 인간이나 사회현상은 늘 변하는 것이기도 하지만 또 반대로 그렇게 쉽게 변하지 않는다는 점도 놓쳐서는 안 된다. 개연성과 간주관성을 생각하면 사회조사의 결과는 인간이나 사회에 대해서 결코 틀린 이야기를 하는 것은 아니다.

셋째, 연구결과는 진리가 아니다. 사회과학은 철학이나 신학과는 학문적 방법이 다르다. 무엇인가 확정적인 것을 다루는 철학이나 신학에서는 변하지 않는 진리에 대해서 이야기를 한다. 물론 그렇다고 하여 변하지 않는 진리에 대해서 합의된 내용이 있는 것은 아니다. 그럼에도 불구하고 철학과 신학은 그런 확정적인 게 무엇인지를 추구한다. 그런데 사회과학은 사람들로 이루어지는 사회를 연구대상으로 하기 때문에 연구대상 자체가 늘 변하는 존재라는 점에서 조사한 연구결과가 변하지 않는 진리라고 이야기할 수 없다. 뿐만 아니라 연구결과가 실제 사회현상과 다를 수도 있다. 아니 실제 사회현상과 반대되는 연구결과가 나타나기도 한다. 그렇기에 사회과학을 연구하는 이들은 언제든지 연구결과가 수정될 수 있다는 자세를 가지고 있어야 한다. 연구대상자에 따라서, 연구시기에 따라서 그리고 연구방법에 따라서 같은 주제를 다뤘다 하더라도 다른 결과가 나타날 수 있다. 자신의 연구결과는 연구자체가 갖는 한계를 끌어안고 이야기하는 것에 지나지 않다. 그렇기에 사회조사를 하는 연구자들은 항상 겸손할 수밖에 없다. 그러나 앞서 이야기한대로 비록 상황이 달라지면 바뀔 수도 있지만 일단 연구결과에 대해서는 개연성이 있는 결정론적인 입장을 갖는 게 사회과학이다. 즉, 현실적으로 일어날 확률이 가장 높은 사실로 받아들이는 것이다.

넷째, 윤리적인 제약을 받는다. 인간을 대상으로 한 조사를 해야 하기에 윤리적인 제약이 따를 수밖에 없다. 실험조사의 경우 실험집단에게는 프로그램을 제공하지만 통제집단에게는 프로그램을 제공하지 않는다. 두 집단 간 또는 동일집단 내 비교 연구를 하기 위함이다. 그래야 변화가 프로그램에 의한 것인지 검증할 수 있기 때문이다. 그런데 연구대상자들은 전부 사람이며, 더구나 사회조사연구의 대상자들은 사회적으로 약자인 경우가 많다. 이럴 경우 사회적 약자들에게 필요한 것을 제공하지 않고 지켜보고만 있을 수 있냐는 윤리적 비판에서 자유로울 수 없다. 그 외에도 고지된 동의 등 연구과정에서 지켜야 할 윤리적인 일들이 많다. 인간을 대상으로 한 연구는 특히 윤리적인 문제에 예민할 수밖에 없다. 인간 자체는 존중을 받아야 할 존재이기 때문이다. 최근 사회과학분야에서도 연구윤리강화 차원에서 인간에 대한 연구는 연구윤리위원회(IRB; Institutional Review Board)의 심사 후에 진행하게 하는 추세이다.

이런 사회조사의 특성을 고려하면 사회조사를 하는 연구자들은 남다른 자세를 가져야 할 필요가 있는 것을 알 수 있다. 그럼 사회조사를 하는 사람은 어떤 자세를 갖는 게 바람직할까?

첫째, 무엇보다도 창의적인 사람이 되어야 한다. 기존에 자연스럽게 보이는 현상에 대해서도 '진짜 그럴까?', '도대체 왜?'라는 의구심을 가져야 한다. 이런 질문이 발전해서 연구가 되고, 연구된 결과들이 모여서 이론이 되는 것이기 때문이다. 어떤 현상에 대해서 수동적으로 바라보기만 해서는 연구의 필요성을 감지해내지 못한다. 보다 능동적으로 문제 상황을 직시할 필요가 있다. 그리고 그 상황에 대해서 계속 의심을 하면서 질문을 던져보아야 한다. 분명하다고 여겨지는 일에 대해서 정말 분명한지를 의심해 보아야 한다. 그래야 문제가 제대로 보이기 마련이다. 문제에 대한 해결능력은 그 다음이다. 아무리 유능한 해결능력을 가졌다 하더라도 문제 자체에 대한 이해가 없으면 새로운 조사를 실행할 수 없는 것이다. 따라서 사물에 대하여 새로운 시각으로 볼 수 있는 사람이 사회조사에 맞는 사람이라고 할 수 있다.

둘째, 성실한 사람이 되어야 한다. 조사설계를 하고, 설문지를 작성하고, 설문을 하고, 코딩을 하고, 분석을 하는 등 일련의 연구과정은 녹록치 않은 과정이다. 사람을 대상으로 하는 일이기에 조사대상자의 이탈 등 여러 난관이 있기도 하다. 의욕만 갖고 조사에 임하다가 조사를 마치지도 못하는 경우가 있기도 하다. 이러한 것들은 모두 조사를 포기하게 하는 이유가 된다. 그렇기에 어떤 어려움이 발생하더라도 결코 포기하지 않고 끝까지 연구해내는 인내심이 필요하다. 이런 인내심은 평소 연구에 대해 성실한 자세로 임하는데서 나온다. 연구결과가 나올 때까지 과정 하나하나를 성실하고 꼼꼼하게 수행해 나가면서 어려움을 극복해야 하는 것이다.

셋째, 사회에 기여하고 싶은 마음을 가져야 한다. 사회조사는 궁금증에서부터 시작된다고 할 수 있다. 어떤 문제나 현상에 대해서 '왜 그럴까?'라는 의문에서부터 사회조사가 기획되기 때문이다. 그러나 그런 궁금증만 해소하고 만다면 굳이 사회조사를 할 필요가 없다. 그런 궁금증이 해소된다고 해서 변하는 것이 있는 건 아니기 때문이다. 사회조사는 결국 응용을 목적으로 한다. 조사결과를 토대로 문제되는 것을 수정하여 바람직한 방향으로 나갈 것을 예상하고 연구를 하는 것이다. 따라서 사회조사는 조사결과를 통하여 사회발전에 이바지할 목적으로 이루어져야 한다.

경우에 따라서는 연구자가 조사하는 주제가 작고 미비할 수도 있다. 이것이 사회변화에 어떤 영향을 미치겠냐는 자조적(自嘲的)인 생각을 가지면 조사하고자 하는 동기가 상실될 수 있다. 그러나 생각을 달리하여 이런 조사 하나하나가 모이고 연결되어 거대한 이야기를 만들어 낸다는 생각을 가지면 조사에 임하는 자세가 달라질 수 있다. 실제로 필자들은 그룹홈 관련 연구를 지속적으로 해 온 경험이 있다. 2009년과 2010년에 그룹홈협의회에서 진행하는 그룹홈역량강화사업에 대한 효과성 검증에서 순회교사 및 대체교사 프로그램이 그룹홈 청소년들에게는 새로운 사회적

지지체계를 형성하게 되었으며, 심리사회적응에 긍정적인 영향을 끼치고 있음을 그리고 그룹홈 생활교사들에게는 그동안 갖지 못했던 쉼과 재충전을 통하여 그룹홈 청소년들에게 새로운 마음으로 다가가게 되는 효과가 있는 것을 검증한 바가 있다(김형태 · 이수천, 2009; 김형태 · 이수천, 2010). 또한 그룹홈 생활교사들의 평균 근무기간이 청소년들의 평균 거주기간에 미치지 못하여 그룹홈 청소년들은 애착관계를 가져야 할 양육자가 자주 바뀌는 것을 경험하는 것을 드러내기도 했다(이수천, 2011).

이런 연구들은 연구결과를 보고한 당시에는 연구결과가 정책에 어떻게 반영될지 전혀 예상할 수 없는 상황이었다. 그런데 2016년 7월을 기준으로 그룹홈 종사자 인력이 1인 더 배치되는 정책이 시행되었다. 제시한 집필자들의 연구가 어떤 영향을 미쳤는지 알 수는 없다. 그룹홈협의회 등에서 노력한 부분이 크기도 하다. 그런데 실천가들이 이런 주장을 할 수 있는 근거 또는 이런 주장이 있을 때 정책입안자가 참고해야 할 객관적인 근거로서 필자들의 작은 연구결과들이 작용하지 않았을까 생각해 본다. 작은 연구결과들이 집약되다 보면 하나의 정책 변화로까지 연결되는 것이다. 그렇기에 사회조사를 하는 연구자들은 어떤 조사를 하든지 그 조사가 결국에는 정책과 실천에 영향을 미친다는 자세를 가져야 한다. 즉, 거시적인 안목으로 볼 때 연구 또한 실천인 것이다. 만약 연구자도 실천가이며 그래서 연구 또한 실천이라는 의미부여가 상실될 때 조사는 그저 의미 없이 나열되는 통계적 수치에 불과하게 되는 것이다.

넷째, 과학적 조사방법을 숙달하려는 노력을 해야 한다. 사회조사는 과학적 방법으로 이루어지는 것이다. 그렇기에 연구자는 마땅히 과학적 연구방법에 대한 지식을 갖춰야 한다. 연구주제 설정하기, 연구문제를 세우기, 가설을 세우기, 가설에 맞는 분석방법 선택하기, 분석에 맞는 자료수집방법 결정하기, 자료처리방법 등 조사분석과 관련된 내용들을 숙지하고 있어야 조사과정에서 발생하는 여러 문제들을 적절하게 대처할 수 있다. 예를 들어, 영향관계를 검증하고자 한다면 회귀분석을 염두에 두고 조사설계를 하는 게 일반적이다. 회귀분석을 염두에 두고 조사설계를 한다면 질문 역시 그에 맞게 리커트척도 이상으로 구성해야 한다. 그런데 주요 요인에 대해서 명목척도로 설문하는 경우가 종종 있다. 이는 연구방법에 대한 이해가 부족하기 때문에 나타나는 현상이며, 이럴 경우 결국 분석에 제약을 받을 수밖에 없다. 이런 문제가 심각할 경우 원래 계획했던 분석을 포기할 수밖에 없는 상황이 오기도 한다. 연구방법에 대한 이해는 아무리 강조해도 지나치지 않다. 다만 실용적인 면에서 강조하는 것은 조사에 대한 가장 기초적인 이해를 하라는 것이다. 그래서 연구에서 나타날 수 있는 문제를 최소화하라는 것이다. 그리고 이후에 점차 조사방법의 깊이와 넓이를 더해 나가는 것이 바람직하다. 처음부터 과학적 조사방법에 대해서 완벽하게 알려고 하면 오히려 더 큰 벽에 부딪히기 마련이다. 자신이 가진 조사분석에 대한 지식과 기술을 조금씩 발전시켜 나가는 자세가 중요하다. 그래서 연구자는 항상 발전해 나가야 한다. 그럴수록 연구의 질이 더욱 향상되기 때문이다.

TIP

뻔뻔해지기!

대개 석박사 과정생들은 조사분석에 대해서 부담을 갖는다. 조사론이나 분석론을 배웠음에도 불구하고 강의 자체가 이론적인 부분에 치우쳐서 실질적인 조사나 분석과는 거리가 멀기 때문에 나타나는 현상이다. 조사와 분석은 실제로 경험해 보지 않고 이론수업만으로는 좀처럼 이해가 되지 않는다. 그렇기에 강의를 들었음에도 '조사'라는 또는 '분석'이라는 말만 들어도 기피하게 된다. 그리고 분석에 대한 것은 의례히 대행으로 해결해야 하는 걸로 생각한다. 조사분석 실력이 늘지 않는 이유는 이런 생각에 빠져 있기 때문이다. 완벽한 조사방법 지식을 가지고 있지 않더라도 부딪혀 보는 것이 필요하다. 부딪히지 않고서는 발전이 이루어지지 않는다. 설령 자신이 가진 실력이 부족하다 하더라도 조금은 '뻔뻔하게' 부딪혀 볼 필요가 있다.

나의 뻔뻔 경험 1

질적연구방법으로 석사논문을 썼기에 통계프로그램을 사용할 일이 없었다. 하지만 자료분석론을 배우면서 SPSS에 대해서 들은 바가 있기에 활용하고 싶었다. 논문의 이론적 배경을 구성하는 부분에서 기존의 연구들을 고찰하는 과정에서 분류되는 내용에 따라 어떤 연구가 있었는지 빈도와 퍼센트를 제시할 기회가 있었다. 이때 수기로 계산해도 될 일을 일부로 SPSS 통계프로그램을 활용하여 빈도와 그래프를 제시하였다. 그러고는 지도교수님에게 SPSS를 활용했다고 뻔뻔스럽게 자랑을 하였다. 지도교수님은 이런 뻔뻔함에 흐뭇한 미소로 격려를 해주셨다. 그렇게 시작한 SPSS가 이젠 제법 분석에 활용할 정도의 실력에 이른 것이다. 조금 뻔뻔하면 시작할 수 있다.

나의 뻔뻔 경험 2

박사과정 때 은사님이 자신의 지인이 석사논문을 써야 한다면서 분석을 도울 수 있냐고 물으셨다. 아마도 은사님은 내가 분석을 곧잘 하는 것으로 '착각'을 하셨던 것 같다. 필자는 자신 있게 '네, 제가 도울 수 있는 거라면 얼마든지 도와 드리겠습니다'라고 대답을 하였다. 말 그대로였다. '도울 수 있는 범위' 안에서 도울 생각이었다. 필자는 거짓말을 하진 않았다. 다만 조금 뻔뻔했다. 당시 필자의 통계분석실력은 이제 조금 눈을 떠서 기초적인 분석을 할 수 있을 정도였다. 다른 사람의 논문을 돕는다는 건 조금 어려운 일이었다. 그래도 뻔뻔하게 돕겠다고 대답을 한 것이다. 다만 나름대로 '할 수 있는 범위 안에서'라는 필자 혼자만의 양심(?)을 전제로 말이다. 그런데 논문을 도와주려고 필자가 알고 있는 분석방법을 총동원하고 필요한 경우에는 이리저리 책을 찾아가며 도왔더니 문제가 전부 해결되었다. 그때 갖게 된 생각은 '분석, 안 해서 못하는 것이지 어려워서 못하는 건 아니다'였다. 조금 뻔뻔하게 달려들면 하나씩 알아가는 기쁨이 큰 게 분석이다. 따라서 필자는 분석을 모른다고 할 것이 아니라, 아는 만큼은 할 수 있다는 자세로 '뻔뻔하게' 도전해 보라고 권하고 싶다. 뻔뻔하면 발전한다.

넷째, 양심적인 연구자가 되어야 한다. 연구자들은 연구결과에 대해서 조작하고자 하는 유혹을 받곤 한다. 한국적 연구풍토에서는 유의도가 통계적으로 나타나지 않으면 조사 자체가 의미 없는 것으로 여기는 풍토가 있다. 연구라는 건 자신이 세운 가설이 채택되지 않았을 때 왜 그렇게 되었는지를 밝히는 것이다. 그것을 밝히는 과정에서 오히려 더 많은 함의가 나올 수도 있다. 그러나 심사를 통과해야 하는 입장에서는 연구결과가 통계적으로 의미가 있는 것에만 매달리게 된다. 그러다보니 연구결과에 대해서 조작하려는 유혹을 받을 수밖에 없다. 그러나 연구결과를 조작하는 것은 연구윤리에 어긋날 뿐 아니라 학문이나 사회발전에도 도움이 되지 않는다는 점을 명심해야 한다. 그리고 자기 자신이 조작한 것에 대해서 평생토록 양심의 짐을 지고 살아야 한다는 점도 잊지 말아야 한다. 설령 경직된 연구풍토로 인하여 논문이 통과되지 않아 고생스럽더라도 연구자로서의 양심을 지켜야 한다. 이런 자세로 연구한 것을 통하여 사회와 학문이 발전하는 것이다. 연구결과가 조금 미숙하여 낮은 평가를 받을 수는 있다. 그러나 조작된 완벽한(?) 결과로 높은 평가를 받아서는 안 되는 것이다.

2. 질적조사와 양적조사

과학적인 조사방법에 대해서 그 종류를 이야기하라고 하면 크게 3가지로 구분한다. 문헌연구, 양적연구, 질적연구가 그것이다. 문헌연구는 기존의 자료를 토대로 하여 연구자가 논리적으로 세운 분석틀에 의하여 자료를 분석하는 방법이다. 주로 정책적인 연구를 할 때 기존의 정책이나 다른 나라의 정책을 비교·연구하는 경우에 많이 사용하는 방법이다. 사회과학에서는 실증적인 연구를 목표로 하는 경우가 많기 때문에 문헌연구를 제외한 양적연구와 질적연구를 흔히 연구의 양대산맥(兩大山脈)이라 한다. 물론 문헌연구는 어떤 연구를 하든지 선행연구 및 이론적 배경을 다룰 때 사용하게 되어 있기도 하다.

misunderstandings!

"양적연구는 많은 양을 연구하는 것이고, 질적연구는 양보다는 질을 추구하는 연구이다."
"양적연구는 통계수치들이 나오기 때문에 과학적이다. 따라서 양적연구를 해야 과학적인 연구이다."
"나는 글쓰기를 잘하니까 양적연구보다는 질적연구를 해야 한다."
"나는 통계를 할 줄 아니까 양적연구를 해야 한다."

앞에서 제시한 말들은 양적연구와 질적연구를 할 때 가장 오해를 많이 하는 부분들이다. 우선 연구사례의 양(量) 또는 연구내용의 질(質)을 따져서 양적연구와 질적연구라고 하는 것일까? 전혀 그렇지 않다. 물론 양적연구가 질적연구보다 사례수가 더 많은 것은 사실이다. 또한 질적연구의 경우 '심층적인'이라는 말로 수식되는 것도 사실이다. 하지만 그렇다고 하여 단순히 양과 질을 대비하여 양적연구와 질적연구로 구분하는 것은 아니다. 분석자료가 어떤 형태인가 그리고 연구 패러다임이 어떠냐에 따라서 양적연구와 질적연구로 구분되는 것이다. 첫째, 자료의 형태를 보면 양적연구는 이른바 양적자료(정량자료)를 수집한다. 주로 서베이 조사를 통하여 자료를 수집한다. 반면 질적연구는 질적자료(정성자료)를 수집한다. 주로 관찰, 면접(interview)을 통하여 자료를 수집한다. 둘째, 연구의 패러다임을 보면 양적연구는 가설－연역적 방법을 주로 사용한다. 따라서 분석은 세워놓은 가설을 검증하는 방법으로 이루어지며 주로 통계를 활용한다. 과학적 검증방법으로 볼 때 연역법을 사용하는 것이다. 반면 질적연구는 가설을 검증하는 연구가 아니라 자료를 아무런 편견 없이 분석, 분류, 통합하는 과정으로 다룬다. 이런 과정을 통하여 전혀 알려지지 않은 부분에 대해서 새로운 결론에 이른다. 과학적 검증방법으로 볼 때 귀납법을 사용하는 것이다. 따라서 양적연구와 질적연구는 연구의 패러다임의 문제이지 단지 연구사례 수나 연구 깊이를 이야기하는 것은 아니다.

어떤 게 더 과학적이냐 하는 부분에 대해서는 양자 모두 과학적 연구방법이라고 할 수 있다. 보통 우리는 수치(빈도나 퍼센트)가 나오면 과학적이라고 생각을 한다. 이런 잘못된 상식을 가진 사람은 양적연구는 분석에서 주로 통계치를 제시하기 때문에 양적연구를 보면서 과학적이라고 생각한다. 질적연구는 연구자에 따라 그 내용을 어떻게 범주화 하느냐에 따라 분석의 방향이 달라지기 마련이며, 그 결과 보고서 역시 수학적인 통계치는 전혀 나타나지 않고 그 내용을 분석의 틀에 따라 서술하는 형태로 나타난다. 그렇기에 수치에 관심이 많은 사람은 이런 연구결과에 대해서 얼마나 믿을 수 있을까 하는 의심을 갖기 마련이다. 그러나 분석방법이 과학적이냐에 따라서 과학적인가를 구분해야 한다. 단순히 수치로 표현되느냐 아니면 문장으로 표현되느냐를 가지고 구분해서는 곤란하다. 이미 앞서 밝혔듯이 양적연구는 연역법이라는 과학적 검증방법을 주로 사용하고, 질적연구는 귀납법이라는 과학적 검증방법을 주로 사용하는 것이다. 따라서 양자 모두 과학적인 연구방법인 것이다.

그럼 어떤 방법을 선택하여 연구하는 게 바람직할까? 아마도 글쓰기를 잘하는 사람은 그렇지 않은 사람보다 질적연구가 훨씬 수월할 것이다. 또한 통계를 잘 하는 사람은 질적연구보다는 양적연구가 훨씬 수월할 것이다. 그러나 연구방법의 결정은 연구할 것의 성격과 관련이 있는 것이다. 연구하고자 하는 것이 변수 간의 관계를 설정해서 그 관계의 어떠함을 밝히는 것이라면 양적연구를 해야 하고, 연구하고자 하는 것이 어떤 변수로 설정되는 것이 아니라 특정한 것에 대해서 깊이 있는 맥락을 보고자 하는 것이라면 질적연구를 해야 하는 것이다. 연구주제와 연구목적에 따라 연구방법을 결정하는 것이다. 다음에 제시하는 두 가지 연구제목을 보면 어떤 차이가 있는가?

"그룹홈 청소년의 사회적 지지가 자아존중감에 미치는 영향"
"사회복지사의 직무소통장애 경험연구"

첫 번째 논문에는 '사회적 지지'와 '자아존중감'이라는 두 개의 변수가 나타나고 있다. 따라서 이 연구는 "그룹홈 청소년에게 있어 사회적 지지는 자아존중감에 영향을 미친다"는 가설을 검증하는 연구임을 쉽게 알 수 있다. 즉, 연구방법론적인 면에서 양적연구를 선택하여 연구한 논문임을 알 수 있다. 두 번째 논문에서는 변수가 몇 개 나타나는가? 굳이 찾아보자면 '사회복지사의 직무소통장애' 하나만 나타나고 있다. 가설이란 최

> Point 양적연구는 가설검정이 주로 이루어지기에 변인이 두 개 이상이고, 질적연구는 심층적 연구이기에 변인이 없다.

소 두 개 이상의 변수 간의 관계로 설정되는 것을 볼 때 변수가 하나이기 때문에 가설로 성립되는 연구가 아니라는 걸 알 수 있다. 사실 '사회복지사의 직무소통장애'라는 건 변수가 아니라 연구주제이다. 이 경우는 변수 간 관계를 설정하여 검증하는 연구가 아니라 사회복지사가 경험하는 직무소통장애가 도대체 무엇인지를 탐구하는 연구이다. 즉, 하나의 현상에 대해서 깊이 있는 통찰을 하는 연구로써 질적연구방법을 활용한 연구이다. 이와 같이 연구방법의 결정은 연구주제와 목적에 따라 결정되는 것이다. 변수 간의 관계를 검증하는 연구라면 양적연구방법을 선택해야 하고, 한 가지 문제에 대해서 그 의미를 깊게 다루고자 하는 연구라면 질적연구방법을 선택해야 하는 것이다.

3. 기술통계와 추리통계

통계는 크게 나눴을 때 기술통계와 추리통계로 구분된다.

기술통계(descriptive statistics)는 연구대상에 대해서 있는 모습을 그대로 기술해 주는 것을 의미한다. 가장 쉬운 예로 인구센서스를 생각해 보자. 우리나라의 경우 5년마다 인구주택총조사를 실시한다. 이 조사를 통하여 우리나라의 인구가 몇 명인지, 남자와 여자 중 어느 인구층이 더 증가했는지 등에 대해서 알 수 있다. 이때 인구조사결과를 토대로 우리나라 인구의 구성과 주택상황에 대해서 기술할 수 있고, 이것을 토대도 인구정책이나 주택정책을 활용할 수 있다. 이때 가장 우선적으로 하게 되는 것은 있는 그대로 기술하는 것이다. 다만 이때 주어진 자료를 모두 나열하는 것은 아니다. 필요한 것 중심으로 집약하여 기술하고 압축적이면서도 핵심적인 정보를 제공한다. 이렇듯 기술을 목표로 이루어지는 통계를 기술통계(descriptive statistics)라고 한다.

추리통계(inferential statistics)는 수집된 데이터로부터 수학적 확률이론을 활용하여 나온 정보를 갖고 그 데이터가 속해 있을 것으로 예정되는 모집단 전체의 특성을 추론해 보는 것이다. 즉, 수집된 데이터를 바탕으로 전체를 확률적으로 추정해 보는 것이다. 이것이 가능한 것은 정규분포와 중심극한의 원리 때문이다. 추리통계는 모수통계와 비모수통계로 구분되는데, 이는 수집된 자료가 여러 조건에 부합하는가에 따라서 구분된다. 앞서 이야기한 정규분포, 분산의 동질성 등의 조건이 충족되어야 한다. 이런 조건이 충족되지 않을 경우에는 비모수통계를 활용하게 된다. 쉽게 구분하여 샘플수가 적정하고 등간척도 이상으로 자료를 수집하였으면 모수통계가 가능하다. 그러나 샘플수가 너무 작거나 질적척도(명목척도, 서열척도)로 질문하였다면 비모수통계를 해야 한다.

정규분포(normal distribution)

어떤 것에 대한 자료를 수집했는데 그 자료의 분포가 종모양을 이루는 것을 정규분포라 한다. 대부분의 값이 중앙에 위치하고 있으며 대칭을 이루는 모습으로 표집이 이루어진 것을 이른다. 중앙으로부터 멀어질수록 빈도수는 점점 작아진다. 우리 주변에서 관찰할 수 있는 많은 변수들이 이런 형태로 분포한다. 가령 성인의 키를 조사해 보자. 우리 동네 성인의 키를 분포로 나타내거나, 우리나라 성인의 키를 분포로 나타내거나, 전 세계 성인의 키를 분포로 나타내도 그 모양은 모두 똑같이 종모양(정규분포)이 된다.

그림 2-1 정규분포곡선

표본과 관련하여 어떤 성질의 표본이더라도 모집단에서 도출된 표본의 분포는 정규분포를 이루게 된다. 이렇게 되는 이유는 중심극한의 정리에 의해서이다. 정규분포의 유용성은 평균과 표준편차를 알고 있으며, 관측값이 일정 구간 내에 있을 확률을 구할 수 있다는 점이다.

표준정규분포(standard normal distribution)

어느 정규분포이든 평균을 중심으로 일정 범위 내의 확률은 동일하다. 이런 원리를 이용하여 평균과 표준편차가 다른 다양한 형태의 정규분포를 비교할 수 있도록 통일된 하나의 분포로 변화시키는 것이 표준정규분포이다. 표준점수로 이루어진 분포를 말하며 평균은 0이고 표준편차는 1이다. 표준점수, 즉 Z score로 이루어졌기에 Z분포(Z distribution)라고도 한다.

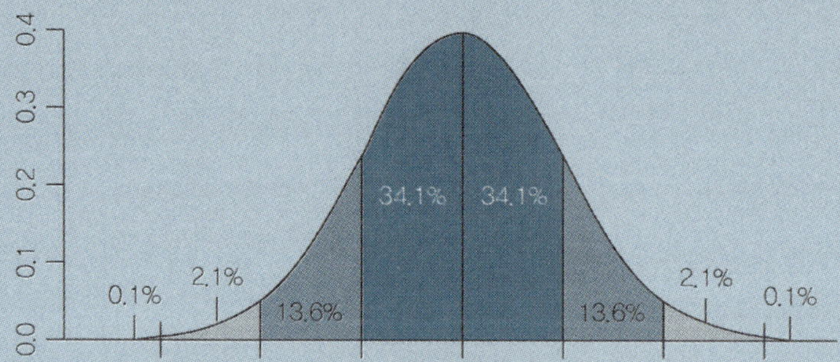

그림 2-2 표준정규분포곡선

출처:
https://terms.naver.com/entry.nhn?docId=3569149&cid=58944&categoryId=58970

중심극한의 정리(central limit theorem)

표본의 크기가 충분히 크면 표본평균으로 구성된 표집분포는 모집단의 분포와 관계없이 정규분포가 된다. 이 정규분포의 평균은 모집단의 평균과 동일하고 표준오차는 모집단의 표준편차를 표본크기의 제곱근으로 나눈 것과 같다. 통계학자들은 실무적 편의에 따라 표본의 크기가 30 이상이면 표본평균의 정규분포를 가정할 수 있다고 가이드라인을 제시하고 있다.

출처: 곽기영(2014). 통계데이터분석. 경문사.

4. 측정수준에 따른 척도 이해

앞서 추리통계에서 모수통계와 비모수통계가 있음을 밝혔고, 이러한 구분을 할 때 중요한 한 요소로 질문형태를 이야기하였다. 측정수준을 어느 정도로 하느냐에 따라 자료가 수량적 의미를 갖기도 하고 수량적 의미를 갖지 못하기도 하는 것이다. 따라서 같은 내용을 물어보더라도 질문 형태를 어떻게 하느냐에 따라 측정수준이 다르게 된다. 그리고 연구자는 자신이 검정하고자 하는 가설에 따라 질문형태를 적절하게 구현할 수 있어야 한다. 측정수준에 따라 변수를 명목변수, 서열변수, 등간변수, 비율변수라 하며, 이는 각각 측정수준에 따른 명목척도, 서열척도, 등간척도, 비율척도로 구현되었다는 걸 의미한다.

측정수준에 따른 척도 이해는 그림 2-3과 같다.

자료: Rubin and Babbie(1993). 153.

그림 2-3 **측정수준의 이해**

명목척도(nominal scale)는 이름을 짓는 것과 같다. 그림 2-3과 같이 성별을 구분할 경우 '남자'를 ①로 입력하고, '여자'를 ②로 입력했을 경우, ①과 ②는 단지 '남자'와 '여자'를 구분할 뿐이지 숫자적인 의미를 갖는 것은 아니다. 이 경우 비교할 수 있는 것은 단지 '같다'(=), 같지 않다'(≠) 밖에 없다. 척도의 기능은 구분하는 것 뿐이다.

서열척도(ordinal scale)는 명목척도가 갖는 구분의 기능에 순서의 의미를 더한 것이다. 순서라는 것은 앞과 뒤, 위와 아래, 전후, 좌우 등 일정한 방향성이 있는 걸 의미한다. 그림에서는 종교의 중요성에 대해서 물었을 때 '전혀 중요하지 않다', '중요하지 않다', '중요하다', '매우 중요하다' 중에 하나로 대답하는 것을 보여준다. '전혀 중요하지 않다'에서부터 '매우 중요하다'까지는 일정한 순서는 갖고 있지만, 그렇다고 하여 그 정도를 정확하게 수치로 표현할 수 있는 게 아니다. 이 경우 비교할 수 있는 것은 '같은가?'(=,≠)의 문제와 더불어 '크고 작음'(>, <)을 비교할 수 있다.

등간척도(interval scale)는 순서뿐만 아니라 그 순서가 등간격성을 갖는 것을 의미한다. 즉, 순서가 있을 뿐 아니라 그 간격까지 일정하기 때문에 비교가 한층 더 정교해질 수 있다. 그림 2-3에서 지능지수(IQ)는 순서와 더불어 일정한 간격을 갖는 것을 알 수 있다. 하지만 인간의 지능은 절대 기준점이 없다. 즉, 지능지수의 0은 지능이 없음을 표시하는 게 아니라 측정이 잘못되었거나 측정이 불가능한 경우를 이야기할 뿐이다. 간격이 같기 때문에 비교에서 '같은가?'(=,≠), '크고 작음'(>, <)뿐 아니라 '가감'(+, −)을 할 수 있다. 하지만 절대기준이 없기 때문에 '승제'(×, ÷)는 할 수 없다. 이와 같은 성질의 대표적인 예로 온도와 성적점수를 들 수 있다. 온도도 0°는 여러 온도계 눈금의 한 지점일 뿐이지 기준점이 아니다. 온도가 없다는 건 더더욱 우스운 이야기가 된다. 성적도 0점은 답안을 작성하지 않고 백지를 냈든지, 측정하기 어려운 경우를 의미한다. 성적이 0점이라고 해서 실력이 없다고 이야기할 수는 없다.

비율척도(ratio scale)는 구분, 순서, 등간격에 더하여 절대기준점(절대0점)을 갖는 성격이 있다. 그림 2-3에서 수입이 얼마인가를 질문한 것을 볼 수 있다. 수입이 0원인 경우는 수입이 없다는 것을 의미하며, 이는 수입이 없음을 의미하기 때문에 절대기준이 된다. 따라서 비율척도로 비교할 때는 더욱 세밀한 분석이 가능한 것이다. 즉, '같은가?'(=, ≠), '크고 작음'(>, <), '가감'(+, −)뿐 아니라 '승제'(×, ÷)까지 할 수 있다.

이렇듯 척도는 측정수준에 따라 기능이 달라지고 그에 따라 분석방법도 달라지게 된다. 연구자는 이에 대한 구분을 명확하게 할 수 있어야 한다. 측정수준에 따른 척도에 대해서 정리하면 표 2-1과 같다.

표 2-1 측정수준에 따른 척도

척도구분	의미	분석	
		가감승제	분석방법
명목척도 (nominal scale)	구분	=, ≠	빈도분석 / 교차분석 x^2검정
서열척도 (ordinal scale)	구분+순서	=, ≠, >, <	t-test, ANOVA
등간척도 (interval scale)	구분+순서+등간격	=, ≠, >, <, +, -	기술통계분석 / 상관관계분석 회귀분석
비율척도 (ratio scale)	구분+순서+등간격+절대0점	=, ≠, >, <, +, -, ×, ÷	

척도의 이해에 있어 고려할 사항으로는 일반적으로 통계에서는 질적인 척도이냐 수치형 척도이냐로 구분한다는 점이다. 명목척도와 서열척도로 자료를 수집했을 경우 측정된 수(데이터)는 수량적 의미를 갖지 못한다. 따라서 이를 질적척도 또는 명목형척도로 구분한다. 반면 등간척도와 비율척도로 자료를 측정했을 경우 측정된 수(데이터)는 그대로 수량적인 의미를 갖는다. 따라서 이를 양적척도 또는 수치형 척도로 구분한다. 아울러 사회과학에서는 리커트척도를 많이 사용하는데 리커트척도의 경우 척도의 형태는 전형적인 서열척도이지만 각 항목을 합산하여 사용하기 때문에 분석을 할 때는 등간척도화된 것으로 간주하고 분석을 하기도 한다.

일반적으로 응답자 편의는 질적척도가 높은 반면 연구자 편의는 양적척도가 높기 마련이다. 리커트척도는 응답을 할 때는 서열척도이지만 분석을 할 때는 등간척도처럼 사용되기에 응답자 편의와 연구자 편의를 모두 만족하기에 많이 쓰이는 것이다.

application

대학생을 대상으로 자원봉사에 대해서 질문하고자 한다. 명목척도, 서열척도, 비율척도로 구분해서 질문을 해보자.

명목척도

귀하는 자원봉사를 하신 경험이 있나요?

① 있다 ② 없다

서열척도

귀하는 어느 정도 자원봉사에 참여하시나요?

① 전혀 참여하지 않는다 ② 가끔 참여한다
③ 자주 참여한다 ④ 매우 자주 참여한다

비율척도

귀하는 한 달에 평균 몇 회 자원봉사에 참여합니까? 평균 회

척도의 수준에 따라 분석방석이 달라진다. 다시 말해 분석방법에 따라 분석 가능한 형태(척도)로 질문해야 한다. 또한 척도는 조사한 이후에 바꿀 수 있는가 문제를 생각해 보아야 한다. 원래 분석의도와 달리 다른 분석방법으로 분석을 진행하게 되기도 한다. 이러한 경우 측정수준을 변화해야 한다. 통계프로그램은 이럴 경우 데이터를 전환하는 방법이 가능하다. 다만 측정수준을 더욱 정교화 하는 방법으로 변화하는 것은 가능하지 않다. 즉, 양적척도를 질적척도로 변환하는 것은 가능하지만 반대로 질적척도를 양적척도로 변환하는 것은 불가능하다. 따라서 척도의 결정은 검증해야 할 가설에 따라서 신중하게 결정되어야 한다.

5. 모집단과 표본

연구하고자 하는 대상에 대해서 전체를 조사할 경우도 있고, 그중에 일부를 선택하여 조사할 경우도 있다. 연구하고자 하는 대상 전체를 조사하는 것을 전수조사라고 한다. 전수조사는 모든 대상을 전부 조사하기 때문에 연구하고자 하는 내용에 대해서 가장 정확한 조사라고 할 수 있다. 그런데 이럴 경우 연구하고자 하는 대상의 범위가 너무 넓어지므로 조사에 어려움이 따를 수밖에 없다. 연구하고자 하는 대상 전체를 모집단이라고 하는데, 모집단이 크면 조사에 있어 비용이 많이 들기 때문이다. 설령 비용문제가 해결된다 하더라도 또 하나의 문제가 제기될 수 있다. 바로 조사기간의 문제이다. 모집단이 클 경우 아무래도 조사기간이 오래 걸릴 수밖에 없다. 이럴 경우 조사기간 동안 변화가 일어나는 걸 통제할 수 없다. 그리고 이런 변화는 조사결과가 사실과 거리감을 더욱 갖게 한다. 따라서 전수조사는 모집단이 작을 경우나 조사 특성상 반드시 필요한 경우가 아니면 잘 사용하지 않는다.

대부분의 연구는 모집단에서 일부 표본을 선정하여 조사대상자로 정하는 표본추출방법을 사용하게 된다. 표본을 통하여 표본값이 나오면 이를 통하여 알 수 없는 모수(母數)를 추정할 수 있기 때문이다. 또는 모수를 추정하지 않을지라도 표본값을 토대로 가설을 검정할 수 있기 때문이다.

아무래도 대부분의 연구는 전수조사보다는 표본조사로 이루어지기 마련이다. 다음과 같은 표본조사의 장점이 있기 때문이다. 첫째, 조사비용이 적게 들어간다. 전수조사는 설문지 제작과 조사원 운영 등에 비용이 많이 투입될 수밖에 없다. 반면 표본조사의 경우 설문지 제작과 조사원 운영에서 비용을 적게 투입하게 된다. 둘째, 시간이 적게 들어간다. 전수조사는 모집단의 크기만큼 시간이 많이 소용된다. 반면 표본조사는 정해진 수만큼 표집을 하기 때문에 시간이 단축된다. 시간이 적게 소용된다는 것은 앞서 제시한 비용이 적게 소용된다는 점과 더불어 경제적인 장점이라고 할 수 있다. 그런데 시간의 단축은 통계적인 부분에 있어서도 중요한 의미를 갖는다. 횡단조사일 경우 조사기간 내에 발생하는 특정한 사건 등으로 조사가 영향을 받을 수 있으며, 시간의 경과에 따라 조사대상자들이 조사내용에 대해서 생각이 달라질 수도 있다. 이런 것들은 결국 조사의 정확성을 떨어뜨리는 요소가 된다. 표본조사의 경우 조사기간이 단축되기 때문에 이런 바이어스(bias)를 최소화할 수 있다.

셋째, 통계적으로 타당도와 신뢰도를 높인 표본조사가 가능하다. 아무리 비용과 시간을 아끼더라도 정확한 조사를 할 수 없다면 전수조사를 하는 것이 맞다. 하지만 전수를 조사하지 않고도 통계적 기법을 활용하면 일정한 표본만으로도 확률적으로 정확한 모수추정이 가능하기 때문에 표본조사를 활용하게 되는 것이다.

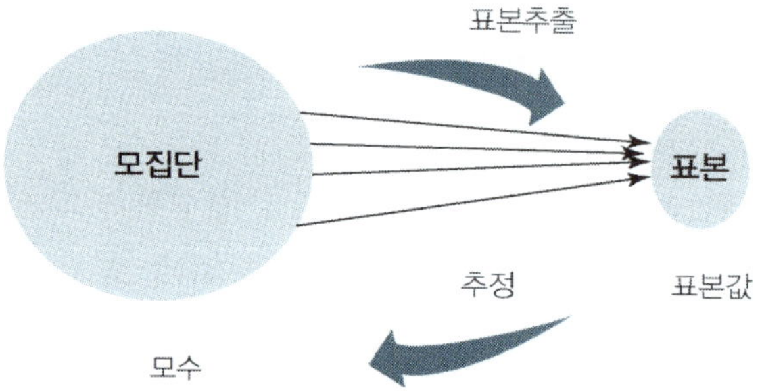

- 모집단(population): 연구하고자 하는 대상
- 모수: 모집단의 성질(본질적으로 알 수 없음)
- 표본추출(sampling): 표본을 추출하는 과정
- 표본(sample): 조사대상자
- 표본값: 표본들에 나타난 성질
- 추정: 표본값으로 모수를 추정

그림 2-4 표본의 이해

표본을 추출할 때 모집단에서 표본으로 추출되는 과정이 확률에 의하여 이루어지는지도 중요하게 된다. 모집단에서 확률적인 방법으로 표본이 추출되면 모집단과 표본은 동일한 성질을 갖게 된다. 확률적으로 표본을 추출한다는 것은 모집단에서 무작위(random)로 표본을 추출하는 것을 의미하는데, 이럴 경우 연구자 편의가 반영되지 않고 오직 확률에 의하여 표본선정이 이루어지게 된다. 이렇게 모인 표본은 모집단을 잘 반영하는 표본이 된다. 이를 표본의 대표성이라고 한다. 즉, 확률적 방법을 사용할 경우 표본의 대표성은 높아진다. 이렇게 표본을 확률원리에 따라 추출하는 방법을 확률표집이라 한다. 확률표집에는 단순무작위표집, 계통표집, 층화표집(비례층화표집, 비비례층화표집), 집락표집이 있다. 모집단으로부터 확률적으로 표본을 추출하기 어려운 경우에는 비확률표집을 사용하게 된다. 다만 이 경우 표본의 대표성을 주장할 수 없기에 일반화를 할 수 없다는 단점이 있다. 그럼 일반화를 할 수 없는 연구, 즉 비확률적 표집방법으로 연구할 필요가 있을까? 이런 질문을 갖게 되는 것은 사회과학이라는 건 결국 사회의 변화를 위하여 대안을 마련하여 적용하기 위한 것이기 때문이다. 이런 관점에서 보면 일반화가 불가능하다면 굳이 연구할 필요도 없을 것 같기 때문이다. 그런데 사람과 사회에서 일어나는 일들에는 간주관적인(intersubjective) 성질이 있음을 알 필요가 있다. 따라서 비확률표집이어서 일반화는 불가능하더라도 의미가 없는 것은 아니다. 이런 연구들이 집적될 때 또 다른 객관화가 가능해지는 것이다. 또한 오히려 특화된 연구에서는 특정 대상만 표집하여 연구하기도 한다. 비확률표집에는 편의표집(임의표집), 유의표집(목적표집), 눈덩이표집(연쇄소개표집), 할당표집이 있다.

sampling

확률표집

- 단순무작위표집: 제비뽑기, 난수표 등을 활용하여 무작위로 추출한다. 모집단으로부터 표본으로 선출된 확률은 모두 1/n로 동일하다.
- 계통적 표집: 표집간격(N/n)을 정한 후 첫 번째 구간에서만 단순무작위방법으로 추출한 후 이것을 기준으로 표집간격만큼씩 자동으로 표본을 정하여 추출한다.
- 층화표집: 모집단에 있는 어떤 집단적인 특성이 있을 때 집단을 구분하여(층화하여) 그 안에서 표집한다. 층화된 부분 안에서는 무작위로 추출한다.
  - 비례층화표집 예) 남자 800명, 여자 600명 → 남자 80명(10%), 여자 60명(10%)
  - 비비례층화표집 예) 남자 800명, 여자 80명 → 남자 80명(10%), 여자 60명(75%) (남자 80명에 비해 여자 8명은 통계적 의미를 갖기 어려움)
- 집락표집: 행정구역 등 이미 이루어져 있는 집락(cluster)을 활용하여 표본추출을 한다, 이때 마지막 단계까지 무작위방법을 사용한다.

비확률표집

- 편의표집: 임의표집이라고도 한다. 연구자가 표집하기 쉬운 대상을 임의로 표집한다.
- 유의표집: 목적표집이라고도 한다. 연구 의도에 맞는 대상만 선정한다.
- 눈덩이표집: 연쇄소개표집이라고도 한다. 표본을 구하기 힘들 때 소개를 받아가며 표본을 확보해 간다. 예) 동성애자, 에이즈환자, 성전환수술자 등
- 할당표집: 집단에 어떤 특정한 성질로 구분될 때 이 성질을 반영하는 표본추출을 하되 비확률적인 방법으로 한다. 무작위로 표본을 추출하지 않는다는 점이 층화표집과 다르다.

6. 타당도와 신뢰도

연구에 있어 타당도와 신뢰도는 생명과 같다. 타당도는 연구하는 내용과 관련이 되고 신뢰도는 연구결과에 대해서 얼마나 신뢰할 수 있느냐의 문제와 관련이 된다. 즉, 타당도는 측정하는 척도가 측정하고자 하는 내용을 얼마나 반영하는가의 문제이다. 신뢰도는 측정이 오차 없이 얼마나 정확하게 이루어졌느냐의 문제이다. 이를 총을 쏘는 과녁으로 설명하면 다음과 같다. 총알이 이루는 탄착군이 표적 중심에 가까이 있으면 타당도가 높다고 할 수 있다. 즉, 연구하고자 하는 내용을 정확하게 다루고 있음을 의미한다. 반면 탄착군이 표적 중심에서 멀리 형성되면 타당도가 낮

다고 할 수 있다. 또한 일정한 탄착군을 이루고 있으면 신뢰도가 높다고 할 수 있다. 반면 일정한 탄착군을 형성하지 못하면 신뢰도가 낮다고 할 수 있다. 신뢰도의 본질적인 개념은 동일한 상황에서 다시 조사한다면 동일한 결과가 나오는 것을 의미하기 때문이다. 탄착군이 일정하게 형성된다는 것은 다시 쏘아도 그 탄착군 내에서 맞을 것을 가정하게 한다.

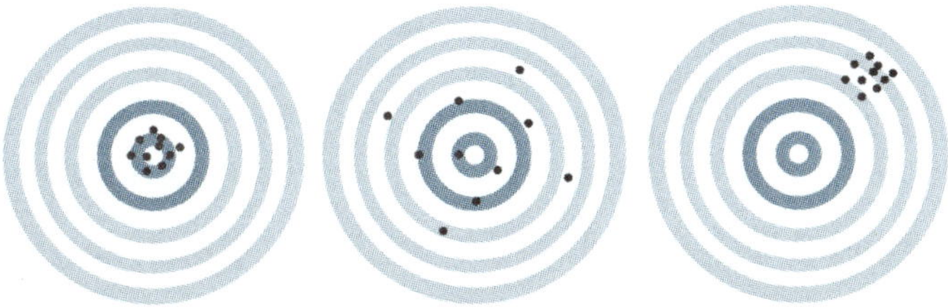

첫 번째 그림	두 번째 그림	세 번째 그림
타당도 ↑	타당도 ↓	타당도 ↓
신뢰도 ↑	신뢰도 ↓	신뢰도 ↑

출처: Rubin and Babbie(1993). 179.

그림 2-5 타당도와 신뢰도

타당도와 신뢰도의 관계에 있어서는 비대칭적인 관계를 갖는다. 그림 2-5와 같이 타당도가 높은 경우에는 신뢰도도 높은 반면, 신뢰도가 높은 경우에 반드시 타당도가 높은 것은 아니다. 따라서 타당도는 신뢰도를 담보하지만 신뢰도는 타당도를 담보하지 않는다는 걸 알 수 있다. 그렇기에 측정도구를 만들 때 먼저 신경 써야 하는 부분은 타당도가 높은 측정도구를 만드는 것이다. 타당도를 높이는 방법은 다음과 같다.

첫째, 선행연구를 충분히 해야 한다. 선행연구를 충분히 하여 개념을 정확하게 잡아야 하며, 인관관계 등이 명확해야 한다. 척도가 이러한 개념을 충분히 담고 있는지를 검토해야 한다.

둘째, 전문가로부터 자문을 받는 것이 필요하다. 아무리 연구를 많이 한 사람이라 하더라도 새로운 분야를 연구할 때는 그 분야에 대해서 전문성을 갖춘 전문가에게 측정에 대해서 자문을 구하는 것이 바람직하다. 일단 설문지를 만들어 조사를 실시한 이후에는 수정이 불가능하기 때문이다. 내용에 관련된 오류가 나오기 전에 전문가의 조언을 통하여 내용을 분명하게 할 필요가 있다.

셋째, 동료들에게 검토를 부탁한다. 연구자가 애써서 만든 설문지에 오류가 있을 수 있다. 이런 오류가 있으면 타당도는 떨어지게 된다. 따라서 설문오류 자체를 줄여야 한다. 연구자 자신이 충분히 검토할 수도 있지만 이 일에 전혀 개입하지 않은 사람이 볼 때 오히려 오류가 잘 발견되기도 한다. 따라서 연구자 동료에게 오류와 관련하여 점검을 받을 필요가 있다.

넷째, 사전조사를 통하여 타당도가 떨어지는 문항에 대한 점검을 한다. 사전조사를 하다 보면 질문이 많이 나오는 질문이 있다. 대개 이런 경우 질문 자체가 모호하거나 여러 가지로 해석할 수 있는 경우이다. 모호한 질문이나 여러 가지로 생각할 수 있는 질문은 정확한 어떤 내용을 담보할 수 없다.

타당도를 높이는 것과 아울러 신뢰도 역시 높여야 한다. 신뢰도를 높이는 방법은 다음과 같다. 첫째, 이미 검증된 척도를 사용한다. 조사하고자 하는 내용에 대한 척도가 이미 개발되어 있고 이전 연구자들이 사용한 결과 신뢰도가 높게 나왔다면 신뢰도가 좋을 가능성이 높아진다. 연구자들이 일차적으로 힘을 쏟을 부분은 지금 연구하고자 하는 내용에 대한 신뢰도가 확보된 척도가 있는지 찾는 것이다.

TIP

좋은 설문지(척도)를 찾는 방법

1. 척도집을 활용하라.
2. 석사논문보다는 박사논문을 활용하라.
3. 외국에서 사용하는 척도를 직접 번역하되, 척도의 타당화 과정을 반드시 거쳐라.

둘째, 동일한 질문을 여러 질문으로 하라. 동일한 질문을 여러 문항으로 할 경우 합산하여 사용할 수 있는 장점이 있다. 질문문항이 많다는 건 오류에 대한 리스크를 낮추는 효과가 있다. 응답의 오류가 나타날 경우 여러 문항으로 질문한 내용에 대해서는 분석에 어려움을 크게 겪지 않을 수 있다. 반면 단일문항으로 물었을 경우 응답오류 리스크가 100% 반영되기에 위험성이 그만큼 큰 것이다.

셋째, 조사원 훈련을 잘해야 한다. 조사대상자를 만나는 사람은 조사원이다. 조사원이 조사대상자는 어떻게 만나느냐와 나오는 질문에 대해서 어떻게 대답하느냐에 따라 신뢰도는 차이가 날 수 있다. 이는 조사대상자에게 편안한 조사환경을 만들어 주는 것과도 관련이 깊다.

넷째, 조사기간을 가능한 단축시키는 것이 좋다. 조사기간이 길어지면 자연적인 변화 등으로 신뢰도에 영향을 줄 수가 있다. 따라서 조사설계가 끝난 설문내용은 가급적 빠른 시일 내에 조사를 마치는 것이 바람직하다.

다섯째, 깔끔한 편집도 중요하다. 조잡하거나 답답한 설문지를 받은 조사대상자들은 조사문항에 대해서 성의 있는 반응을 보이지 않을 수 있다. 이럴 경우 신뢰도는 떨어지기 마련이다. 아울러 너무 많은 양을 조사하는 것도 같은 결과를 초래할 수 있다.

CHAPTER 03 설문지 작성법과 조사실행

사회조사에서 제일 신경 쓸 부분은 오차를 줄이는 것이다. 오차가 클수록 표본값이 모수에서 멀어지기 때문이다. 오차는 크게 보아 표집오차와 비표집오차로 구분할 수 있다. 표집오차는 통계적인 오차로써 표집을 하는 과정에서 발생하는 오차이다. 비표집오차는 조사과정 등 자료를 수집하는 과정에서 나타난다. 조사자가 신경 써야 할 부분은 비표집오차이다. 통계적인 오차를 의미하는 표집오차는 통계적으로 처리가 가능하지만 비표집오차는 그렇지 않기 때문이다. 또한 조사과정에서 신경만 조금 더 쓴다면 비표집오차는 충분히 줄일 수가 있기 때문이다. 오차를 줄일수록 모수에 가까운 표본값을 구할 수 있다는 점을 고려하면 오차를 줄이는 노력을 아끼지 않아야 한다. 비표집오차의 주된 요인은 설문지와 조사원이다. 아무리 확률표집과 충분한 표본(sample)을 구한다 하더라도 설문지의 작성 자체에 오류가 생긴다면 정확한 조사에 흠이 생긴다. 또한 조사원이 조사에 영향을 미치게 되면 역시 정확한 조사라고 할 수가 없다. 따라서 비표집오차를 줄이기 위하여 설문지를 정확하게 만들고 또한 설문내용을 조사에 유용하도록 만들 필요가 있다. 아울러 조사원에 대한 철저한 교육과 준비로 조사실행에 있어 나타날 수 있는 오차를 줄이는데 관심을 가져야 한다.

1. 설문지 작성의 실제

설문지를 작성할 때 다음과 같은 점을 유의해야 한다.

첫째, 분석에 맞는 설문구성을 해야 한다. 무작정 설문지를 만들어 조사를 한 경우 분석할 수 없는 경우가 있다. '장애에 대한 태도에 따른 장애인과의 관계형성'에 대해서 연구하고자 한다면 장애에 대한 태도를 측정하는 척도와 더불어 장애인과의 관계형성을 볼 수 있는 척도가 필요하다. 이 경우 회귀분석으로 영향관계를 보고자 한다면 두 척도는 모두 수치형 척도로 구성되어야 한다. 즉, 장애에 대한 태도를 리커트척도를 사용했다면 장애인과의 관계형성에 대한 질문 역시 수치형 질문으로 해야 한다. 그런데 장애인과의 관계형성에 대해서 명목형으로 질문한다면 분석이 불가능해진다(물론 이 경우에도 로지스틱 회귀분석을 활용하여 얼마든지 분석할 수 있다. 하지만 연구설계에서부터 로지스틱 회귀분석을 할 것을 염두에 둔 것이 아니라면 연구설계와 다른 분석이 되는 것이다). 차라리 종속변인에 대한 질문을 장애인과의 평균 접촉횟수 등 수치형으로 질문하는 것이 연구설계에 적합한 분석을 가능하게 해준다. 따라서 분석하고자 하는 방법에 맞는 설문문항을 구성하는 것이 필수적이다.

둘째, 가능한 한 수치형 척도로 물을 필요가 있다. 이미 척도 부분에서 다뤘듯이 비율척도나 등간척도로 질문한 응답은 연구자의 의도에 따라 얼마든지 서열척도나 명목척도로 재구성하여 사용할 수 있다. 하지만 명목척도나 서열척도로 질문한 응답을 수치형으로 바꾸는 것은 거의 불가능하다. 따라서 질문과 응답에 큰 무리가 가지 않는다면 되도록 수치형으로 질문하는 것이 분석에 유리하다. 가령, 연령, 수입, 연차 등에 대한 질문을 할 때 서열형으로 항목을 구분하여 줄 특별한 이유가 있는 것이 아니라면 그냥 수치 자체를 직접 기입하도록 요구하는 것이 바람직하다.

셋째, 질문의 배치는 일정한 리듬감을 고려해야 한다. 질문이 물 흘러가듯이 자연스러운 느낌이 들어야 한다. 질문내용이 극과 극을 오가는 내용을 반복하는 것은 응답하는 사람으로 하여금 짜증을 유발하게 된다. 일정한 논리적 순서에 따라 질문을 배열해야 응답하는 사람도 응답에 대한 부담감이나 거부감이 줄어든다. 인구사회학적인 내용도 앞에 배치하느냐 뒤에 배치하느냐에 따라 응답하는 사람의 반응이 달라진다. 자신의 개인적인 정보에 민감한 사람의 경우 첫 장에서부터 인구사회학적인 정보를 물으면 설문 자체에 거부감을 갖는 경향이 나타날 수 있다. 따라서 이럴 경우 인구사회학적인 정보는 모든 설문이 끝난 후에 하는 것이 바람직하다. 그러면 조사에 응하던 경향성이 반영되어 인구사회학적 정보를 체크하는데 큰 저항을 받지 않을 수 있다. 또한 인구사회학적인 질문의 경우에는 일일이 하나씩 질문하기보다는 일정한 형태의 틀을 갖춰 질문 없이 체크하게만 하는 것도 바람직하다. 표 3-1과 같이 제시한다면 사실 9개의 문항으로 질문한 것인데 질문이라는 생각을 하지 않고 체크하게 된다. 인구학적 특성에 대해서는 이렇게 표를 활용하는 게 편리할 때도 있다.

표 3-1 표를 활용한 인구사회학적 설문 예

성 별	□① 남 □② 여	나 이	만 세
결혼상태	□① 미혼 □② 기혼 □③ 기타		
종 교	□① 기독교 □② 천주교 □③ 이슬람교 □④ 불교 □⑤ 유교 □⑥ 무속종교 □⑦ 종교없음 □⑧ 기타		
학 력	□① 무학 □② 초졸 □③ 중졸 □④ 고졸 □⑤ 전문대졸 □⑥ 대졸 □⑦ 석사취득 □⑧ 박사취득		
주거형태	□① 자가 □② 전세 □③ 월세 □④ 기타		
주거유형	□① 단독주택 □② 다세대주택 □③ 연립주택 □④ 다가구주택 □⑤ 아파트 □⑥ 기타		
직 종	□① 일반사무직 □② 서비스직 □③ 전문직 □④ 단순노무직 □⑤ 기술직 □⑥ 기타		
수 입	월평균 원		

넷째, 분량이 적절해야 한다. 바쁜 현대인에게 긴 시간 설문에 응하기를 바라는 것은 바람직하지 않다. 설령 시간을 충분히 내서 설문에 응한다 하더라도 집중도가 떨어지면 정확한 설문이 이루어지지 않는다. 따라서 설문지 분량이 15분 정도 내외에서 이루어질 수 있도록 하는 것이 바람직하다. 하지만 그렇다고 하여 충분한 질문을 하지 않는 것도 바람직하지는 않다. 질문문항이 많은 것은 응답하는 사람이 집중하는데 방해가 되지만 가능하면 분석하고자 하는 내용을 많이 질문했을 경우 분석할 때 유리한 것은 사실이다.

다섯째, 적절한 편집을 해야 한다. 설문지의 쪽수를 줄이기 위하여 한 쪽에 너무 많은 질문을 넣으면 답답해서 설문에 방해가 된다. 한 쪽당 문항 수, 문항 간 간격, 질문과 응답의 구분 등이 적절하게 조화를 이룰 때 조사대상자가 기분 좋게 설문에 응할 수가 있다. 편집에 있어 정해진 원칙은 없으나 일반적으로 다음과 같은 원칙을 따르는 게 도움이 된다.

질문: 명조체 응답항목: 고딕체 글자크기: 10.6 글자장평: 85%

여섯째, 응답란이 눈에 띄도록 해줄 필요가 있다. 보통 괄호를 쳐주는데 경우에 따라서는 박스나 밑줄을 제공할 수 있다. 특히 박스나 밑줄을 제공할 경우 읽어보지 않아도 자신에게 해당하는 내용 부분에 체크(✔)하라는 암시가 되기 때문에 설문을 쉽게 유도할 수 있다. 다만 일관성이 없거나 너무 많은 박스나 밑줄은 오히려 응답자를 질리게 할 수 있으므로 적절하고 통일된 편집과 함께 사용되면 좋다.

1. 귀하는 어떤 자격증을 가지고 계십니까? (중복체크가능)

□① 사회복지사 □② 유치원교사 □③ 보육교사 □④ 간호사
□⑤ 요양보호사 □⑥ 청소년지도사 □⑦ 상담사 □⑧ 기타________

일곱째, 단어, 문구, 문장 등의 사용에 주의를 기울여야 한다. 연구자는 자신이 쓰는 전문용어를 조사대상자도 알고 있으리라고 생각하지만 조사대상자들이 쓰는 용어는 일반 용어임을 잊지 말아야 한다. 무심코 사용한 전문용어로 인하여 설문에 방해를 받는 경우가 종종 있다. 아울러 조사에 가치판단적인 내용을 담아서도 곤란하다. 조사 설계에서부터 가치판단을 목적으로 하는지 세심하게 살펴야 하고, 꼭 필요한 경우가 아니면 가치판단적인 조사는 삼간다. 또한 가치판단에 대한 조사일 경우 응답의 비율을 고려하여 객관적인 조사가 진행되도록 해야 한다. 문장을 사용할 때도 어법에 맞는 문장을 사용하는 것이 원칙이지만 때로는 조사의 정확성을 기하기 위하여 관용적이 표현을 사용하는 것이 편리할 수도 있다.

□응답비율의 고려

1. 귀하는 OO지역에 쓰레기 소각장을 설치하는 것에 대해서 어떻게 생각하십니까?

____① 매우 찬성한다　　____② 찬성한다
____③ 반대한다　　____④ 잘 모르겠다

1. 귀하는 OO지역에 쓰레기 소각장을 설치하는 것에 대해서 어떻게 생각하십니까?

____① 매우 찬성　　____② 찬성
____③ 반대　　____④ 절대 반대　　____⑤ 잘 모르겠다

□관용적 표현의 고려

1. 가출청소년에게 우선적으로 제공되어야 할 서비스로 가장 적절하다고 생각하는 것 하나만 고르세요.

____① 숙식제공　　____② 일자리제공　　____③ 용돈제공
____④ 심리상담　　____⑤ 경찰연계　　____⑦ 가족연락

여덟째, 분명하고 명확한 질문이 되도록 해야 한다. 분명하고 명확한 질문이 되도록 하기 위하여 포괄성, 배타성, 단일개념성의 조건을 충족시킬 필요가 있다. 이 개념들이 충족되지 않으면 분석하기가 어려울 뿐 아니라 분석을 한다 하더라도 그 내용의 의미를 갖기 어려울 수가 있다.

먼저 포괄성이라 함은 응답항목 중에 질문에 해당하는 내용들이 전반적으로 담겨 있어야 함을 의미한다. 조사대상자가 응답항목에서 자신이 대답하고자 하는 내용을 찾지 못하는 조사는 정확한 조사가 될 수 없다. 연구자 편의의 조사에 머물 가능성이 많다. 적어도 조사대상자들이 응답하고자 하는 것들이 전부 반영되어 있어야 한다.

배타성이라 함은 각 응답항목이 고유한 영역을 확보해야 함을 의미한다. 응답항목 간에 서로 포함하는 내용을 담고 있을 경우 조사대상자들은 자신의 편의에 따라 어느 하나에 응답을 하였을 것이다. 이런 자료로 분석을 하면 조사대상자들의 의사를 제대로 반영했다고 보기 어렵다.

내적일관성이라 함은 응답항목들이 일관되게 하나의 개념을 이야기하는가이다. 포괄성, 배타성도 중요하지만 응답항목 안에 전혀 다른 개념이 들어와 있다면 분석을 하는데 어려움이 따른다. 실질적인 이해를 위하여 다음에 제시된 설문문항에 대해서 포괄성, 배타성, 내적일관성의 입장에서 무엇이 부족한지 생각해 보자.

□ 다음 질문에 대해서 포괄성, 배타성, 내적일관성 중 무엇이 부족한지 생각해 보자.

1. 다음 중 지역아동센터의 기능으로 가장 중요하다고 생각하는 것 하나만 고르세요?

____① 학습증진을 도모한다.
____② 취미활동의 기회를 보장한다.
____③ 부진한 학과에 대한 보충학습을 한다.
____④ 생활보호 대상자 가정에게 공공부조를 시행한다.
____⑤ 방과 후 학습을 도모한다.

이 문제를 해결하기 위하여 지역아동센터에 대해서 이해할 필요가 있다. 지역아동센터는 저소득층 아동을 대상으로 보호, 교육, 활동진흥, 지역자원연계 등 아동에 관련된 제반 서비스를 제공하는 기관이다(이수천 외, 2013: 85). 법에서 이야기하는 지역아동센터는 "지역사회 아동의 보호·교육, 건전한 놀이와 오락의 제공, 보호자와 지역사회의 연계 등 아동의 건전육성을 위하여 종합적인 아동복지서비스를 제공하는 시설"이다(아동복지법 제52조). 이런 측면에서 보면 지역아동센터의 기능에는 '보육', '교육', '활동', '여가', '상담', '자원연계' 등 다양한 내용을 포함하여야 한다. 이런 내용들이 포괄적으로 들어 있어야 포괄성을 충족하였다고 볼 수 있다. 하지만 위의 예에서는 학습과 취미활동에 대한 이야기를 다루고 있지만 보육, 여가, 상담, 자원연계 등에 대해서는 이야기하지 못하고 있다. 즉, 포괄성을 충족하지 못하고 있다.

'학습증진'과 '부진한 학과에 대한 보충'과 '방과 후 학습 도모'는 서로 중첩되는 내용이기도 하다. 배태성이 이루어지지 않은 것이다. 이런 경우 하나를 선택할 때 조사대상자는 고개를 갸우뚱거릴 수밖에 없다. 또한 '생활보호 대상자 가정에게 공공부조를 시행'하는 것은 행정부의 역할이지 사회복지시설인 지역아동센터가 할 일은 아니다. 즉, 내적일관성도 제대로 지켜지지 않은 것이다. 그렇기에 주어진 예제는 사실상 선택사항이 5개가 아니라 학습과 취미 등 2가지 밖에 되지 않는 것을 볼 수 있다.

앞의 설문을 보다 바람직한 방향으로 수정하여 놓은 질문을 보도록 하자. 일단 지역아동센터에서 하는 기능에 대해서 포괄적인 내용을 담고 있는 것을 볼 수 있다. 문항을 선택할 때 다른 문항과 중첩되는 부분이 없으니 배타성을 반영하고 있음을 알 수 있다. 아울러 내용이 모두 지역아동센터에서 할 일들로 구성되어 있기에 내적일관성도 구현하고 있는 것을 볼 수 있다.

1. 다음 중 지역아동센터의 기능으로 가장 중요하다고 생각하는 것 하나만 고르세요?

____① 아동의 신체발달을 위하여 고른 영양섭취를 돕는다.
____② 아동의 학습발달을 위하여 필요한 부분의 학습을 돕는다.
____③ 아동의 전인적 발달을 위하여 취미활동을 돕는다.
____④ 아동의 안전을 위하여 방과 후 돌봄활동을 제공한다.
____⑤ 아동의 사회성 향상을 위하여 자치활동 및 야외활동을 제공한다.
____⑥ 아동의 심리안정과 생활지도를 위하여 상담을 제공한다.
____⑦ 아동의 여러 문제에 대응하기 위하여 지역자원을 연계한다.
____⑧ 기타 ________________________

설문문항이 포괄성, 배타성, 내적일관성을 담지하기 위하여 염두에 둘 것은 연구설계 단계에서부터 개념화와 조작화를 정확하게 해야 한다는 점이다. 선행연구 등을 통하여 분석하고자 하는 정확한 내용을 정리하지 않으면 설문을 만들면서 방향성을 잃게 된다. 아울러 설문지 작성을 하면서 매 문항마다 이런 원칙을 적용하다 보면 설문문항 작성 자체가 어려워진다. 따라서 처음에는 설문문항을 만들고, 후에 점검하면서 이런 원칙 반영을 점검하는 것이 바람직하다.

2. 조사실행 시 유의사항

조사실행에서는 설문지 관리와 조사원 관리가 중요하다. 설문지 관리는 계획된 일정에 맞게 실제 설문이 확보되는지 체크하는 것을 의미한다. 아무리 훌륭한 조사내용을 담은 설문지를 제작했더라도 계획에 따른 설문조사가 진행되지 않으면 조사 성공을 이루기가 어렵다. 일, 주, 월 단위로 설문할 양이 계획에 따라 진행되는지 파악한 후 부족한 부분이 나타나면 조사원을 더 투입하는 등의 해결방안을 마련해야 한다. 조사가 제대로 이루어지겠거니 생각만 하고 있다가 조사마감 시간에 이르러 필요한 만큼의 조사량을 확보하지 못하면 낭패를 보게 된다. 이때 주의해서 살핀 내용은 지역별 응답 및 회수된 설문지의 양(量)이 계획에 차질이 없이 이루어지고 있는지, 회수된 설문지는 분석에 사용할 만한 것인지, 조사원이 할당받은 지역이나 설문양에 대해서 적절히 감당을 하는지 등을 살펴야 한다. 아울러 회수된 설문지의 경우 일련번호(numbering)를 부여하여 정리할 필요가 있다. 이때 부실응답 등으로 분석에 적절하지 않은 설문지를 제거하는 것이 바람직하며, 재조사를 할 것인지에 대한 여부를 빨리 판단하여 조사원에게 알려야 한다. 최종 확보되는 설문지의 양은 계획했던 것을 훨씬 초과하는 게 바람직하다. 코딩과정에서 제외할 설문지가 더 나올 수 있기 때문이다.

조사원은 조사 성공률과 관련하여 매우 중요한 역할을 한다. 잘 훈련된 조사원일수록 분석에 사용할 수 있는 설문지를 회수해 오기 때문이다. 따라서 조사원과 관련하여 교육과 관리가 매우 중요하다는 점을 간과할 수 없다. 조사원 교육에 있어서 반드시 들어갈 내용들은 조사에 대한 개략적인 이해, 조사의 중요성, 응답에 대한 주의, 질문에 대처하는 요령, 조사과정에서의 안전 등이다. 특히 조사에 대한 개략적인 이해는 조사원이 어떤 조사를 하는지는 알 수 있으되 그것이 설문에 영향을 미쳐서는 안 되므로 주의를 요한다. 조사원은 말 그대로 개략적인 이해를 할 수 있으면 좋다.

조사 성공률 및 차후 조사에서 조사원 재투입과 관련하여 조사원 관리가 보다 중요하다. 조사를 시행할 때마다 적절한 인센티브가 제공될 필요가 있다. 가장 효과적인 인센티브는 물질적인 보상이다. 그러나 과도한 보상은 연구자에게도 부담이 되기 때문에 어느 정도가 적절한지는 현장에서 파악할 수밖에 없다. 그리고 반드시 물질적 보상만이 관리의 효율성을 높이는 것은 아니다. 조사원과의 인간적인 교류 등도 조사원들의 소진을 예방하고 질 좋은 조사를 할 수 있게 하는 방편이 된다.

조사원 관리에 대한 팁

- ✔ 따뜻한 차 한 잔의 시간
- ✔ 조사원에 대한 호칭, '선생님'
- ✔ 서로 마주칠 때 손 한 번 잡고 감사 표시하기
- ✔ 조사원에게 필요가 될 만한 정보 제공해 주기

완성된 설문지에 대한 실제적인 예는 부록을 참고하기 바란다.

기초는 튼튼할수록 좋습니다. 연구에 대한 욕심을 내기에 앞서 연구의 기초, 특히 연구방법에 대한 이해를 확실히 합시다.

PART

II

분석 전 작업

CHAPTER 04_코드북 작성
CHAPTER 05_코딩
CHAPTER 06_데이터 스크리닝
CHAPTER 07_역문항처리
CHAPTER 08_합산하기

CHAPTER 04 코드북 작성

부산에 가려는 사람이 서울역에 갔다고 해서 저절로 부산에 가게 되는 것은 아니다. 부산에 가기 위하여 서울역에 도착한 것은 이제 시작에 불과하다. 창구를 찾아가 티켓을 구입해야 하고, 티켓에 맞는 시간에 또한 티켓에 맞는 플랫홈에 가서 기차를 타야 하고, 정해진 자리에 앉아야 하고... 이렇게 일정한 과정을 거쳐야 비로소 부산에 도착할 수 있는 것이다. 조사분석도 마찬가지이다. 설문조사가 끝났다고 해서 바로 분석과 논문작성을 할 수 있는 것은 아니다. 분석을 하기 전에 거쳐야 할 절차가 남아 있다. 조사를 마치고 설문지를 회수한 것은 부산에 가려는 사람이 서울역에 도착한 것과 같을 뿐이다. 이제 이루어질 일들에 대해서도 차근차근 하나씩 해 나가야 분석을 할 수 있다. 그럼 어떤 과정들이 남아 있을까? 다음과 같은 순서로 분석 전 작업이 이루어지게 된다.

분석 전 작업

코드북 작성 → 코딩 → 데이터 스크리닝 → 역문항 처리 → 신뢰도 분석 → (요인분석) → 합산 → 분석

코드북은 코딩안내서라고 할 수 있다. 코딩이라는 것은 설문한 내용을 통계처리 프로그램(SPSS)에 입력하는 것을 이른다. 통계프로그램은 주로 숫자로만 입력하게 된다. 문자(문장)도 입력이 가능하지만 분석에서 문자를 다루는 경우는 빈도분석 외에는 없다. 더구나 문장의 경우 내용분석을

일일이 해야 하기 때문에 역시 통계프로그램으로 분석을 직접 하지는 않는다. 통계프로그램에서는 숫자만 다룬다고 보는 것이 더 적절하다. 따라서 모든 설문에 대한 응답 부분은 숫자로 변환하여 입력하게 되는데, 이를 코딩이라고 한다. 코딩을 할 때 코딩을 안내해주는 게 코드북이다.

코드북에 들어갈 내용은 작성자에 따라 다르지만 일반적으로 변인명, 설문지 문항 정보, 응답처리 방법, 역문항, 하위변인, 분석 아이디어, 척도의 출처 등이 들어간다. 코드북을 작성할 때 배열순서 또한 자료를 코딩하는 순서대로 배열하는 것이 바람직하므로, 되도록 설문지 문항 순서를 그대로 따르는 게 유리하다. 어차피 입력 자체는 수거된 설문지를 보면서 하기 때문이다. 코드북을 만드는 데는 특별한 형식이 정해진 것은 아니기에 자기 나름의 편리한 양식을 만들어 사용하면 된다.

코드북을 반드시 만들어야 하는가? 빨리 분석을 해 보고 싶은 마음에 이런 질문을 하기도 한다. 설문지 문항이 적은 연구나 설문지만 보더라도 코딩이 가능한 경우에는 굳이 코드북을 따로 만들 필요는 없을 것이다. 그러나 코딩하면서 발생할 수 있는 실수를 최소화하기 위하여 그리고 분석을 할 때 분석에 대한 아이디어를 얻기 위하여 가능한 코드북을 만드는 것이 바람직하다. 연구자는 코드북을 만드는 습관을 들이는 게 바람직하다. 코드북에는 자료처리에 대한 여러 정보가 들어가기 때문에 비단 코딩에만 필요한 것이 아니라 분석을 할 때도 참고를 하게 된다.

다음 그림 4-1에 제시된 코드북의 일부를 보자. '애착생교1-25'라는 부분은 결국 '애착생교1', '애착생교2', '애착생교3', ... '애착생교25'라는 변인을 만드는 것을 의미하고 이는 설문지에서 '생활교사와의 애착정도'를 25문항으로 물어보았음을 보여준다. 그리고 이 척도는 IPPA-R이라는 척도임을 알 수 있다. 다만 비고란의 '부모→생활교사'라는 표시를 보아 IPPA-R은 본래 부모를 대상으로 애착 정도를 묻는 질문지인데, 실제 연구에서는 부모 대신 생활교사로 대체해서 질문을 했음을 알 수 있다. 입력값 단위가 있어 각 문항으로 5점 척도로 물어보았음을 알 수 있다. 또한 비고란을 보면 하위변인이 제시되고 있어 분석을 할 때는 전체 25문항을 합산하여 '생활교사와의 애착정도'에 대해서 분석도 가능하지만 각 하위척도인 '신뢰', '의사소통', '소외'라는 부분으로도 분석이 가능함을 알 수 있다. 또한 역문항에 대한 안내가 있기 때문에 역문항을 처리할 때 다시 한 번 척도의 원본을 찾아보는 번거로움을 갖지 않아도 된다. 결국 코드북에 정보가 일목요연하게 정리되어 있을수록 코딩뿐만 아니라 자료처리 및 분석에 도움이 되는 것을 알 수 있다. 보다 상세한 내용은 부록에 실려 있는 코드북을 참고하도록 하자.

코드북

"그룹홈 청소년이 맺는 대리양육자와의 애착관계가 심리사회적응에 미치는 영향 연구: 낙관성의 매개효과를 중심으로"

<table>
<tr><th colspan="2">구분</th><th rowspan="2">입력값(단위)</th><th rowspan="2">비고</th></tr>
<tr><th>항</th><th>목</th></tr>
<tr><td>번호</td><td>번호</td><td></td><td>설문지 처리번호</td></tr>
<tr><td>이름</td><td>이름</td><td></td><td>대상자 이름</td></tr>
<tr><td>그룹홈명</td><td>그룹홈명</td><td></td><td>시설명</td></tr>
<tr><td rowspan="2">IPPA-R*</td><td>애착생교
1~25</td><td>① 전혀 그렇지 않다
② 별로 그렇지 않다
③ 보통이다
④ 대체로 그렇다
⑤ 항상 그렇다</td><td>부모-->생활교사
<table><tr><th>하위</th><th>문항</th><th>역문항</th></tr><tr><td>신뢰</td><td>1, 2, 3, 4, 9, 12, 13, 20, 21, 22</td><td>3, 9</td></tr><tr><td>의사소통</td><td>5, 6, 7, 14, 15, 16, 19, 24, 25</td><td>6, 14</td></tr><tr><td>소외</td><td>8, 10, 11, 17, 18, 23</td><td>8, 10, 11, 17, 18, 23</td></tr></table></td></tr>
<tr><td>애착또래
1~25</td><td>① 전혀 그렇지 않다
② 별로 그렇지 않다
③ 보통이다
④ 대체로 그렇다
⑤ 항상 그렇다</td><td>동료-->또래
<table><tr><th>하위</th><th>문항</th><th>역문항</th></tr><tr><td>신뢰</td><td>5, 6, 8, 12, 13, 14, 15, 19, 20, 21</td><td>5</td></tr><tr><td>의사소통</td><td>1, 2, 3, 7, 16, 17, 24, 25</td><td></td></tr></table></td></tr>
<tr><td></td><td>나이</td><td>개월</td><td></td></tr>
</table>

*: 부모 및 동료 애착척도(The Inventory of Parent and Peer Attachment - Revised; IPPA-R). Armsden과 Greenverg(1987, 1992)가 개발하고, 옥정(1998)이 번안함

**: 삶의 지향성 검사(Life Orientation Test - Revised; LOT-R). Scheier, Caver와 Bridges(1994)가 개발한 것을 연구자가 번안하고, 영어전문가(전현직 영어교사) 2인의 감수와 교정을 받은 후, 현직 초등학교 교사 1인과 중학교 교사 2인이 청소년이 이해할 수 있는지를 감수하였다. 최종적으로 사회복지학 교수 2인이 감수하였다. cf. 신현숙(2005)도 번안하였음

***: 자아존중감 척도(Rosenberg Self-Esteem Scale; RSE). 오승환(2001). 저소득 결손가족 청소년의 적응 결정요인. 서울대학교 박사학위논문.

****: 한국판 청소년 자기행동평가 척도(Korean-Youth Self Report; K-TSR). Achenbach(1991)가 개발하고, 오경자, 하은혜, 이혜련 그리고 홍강의(2001)가 한국 청소년에 맞게 수정 개발하였다(서울: 중앙적성출판사).

그림 4-1 코드북의 예

CHAPTER 05 코 딩

1. 변수보기 창 완성하기

코딩을 하기 전에 코드북에 따른 변수 및 입력값에 대한 지정을 해 주어야 한다. SPSS를 열면 그림 5-1처럼 마치 엑셀과 같이 시트(sheet, 창)가 열린다. 엑셀에서는 사용자의 추가에 따라 창을 추가할 수 있지만 SPSS에서는 두 개의 창만 뜬다. '데이터 보기' 창과 '변수보기' 창이다. 두 창 중에 '변수보기' 창이 노란색으로 표시되어 있다. 즉, '변수보기' 창이 활성화되어 있는 것이다. 변수보기 창 맨 위를 보면 이름, 유형, 너비, 소수점, 레이블, 값, ... 이라고 뜬다. 데이터를 입력하기 전에 변수보기 창에서 이 부분들을 코드북과 일치하도록 미리 지정해 주어야 한다.

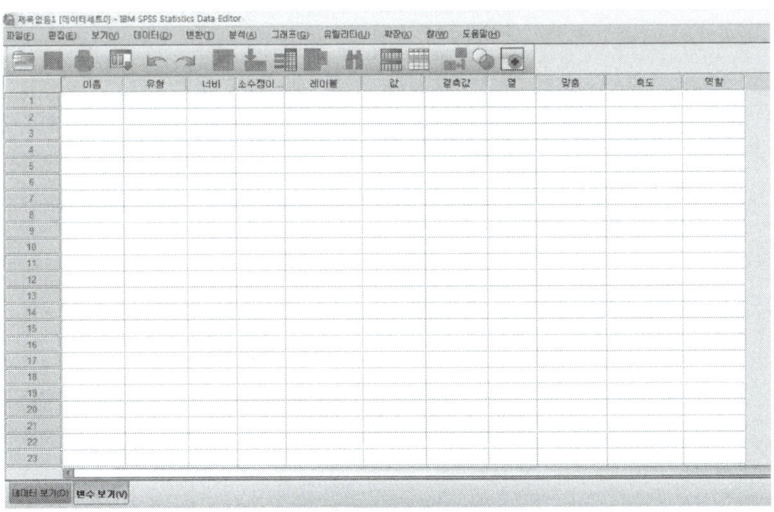

그림 5-1 변수보기

코드북을 보면서 차례대로 하나씩 지정을 해 주어야 한다. 부록에 제시된 코딩북을 기초하여 지정방법으로 제시하면 다음과 같다.

먼저 이름(변수명)을 클릭한 후 '번호'라고 지정한다. 지정하면 그림 5-2와 같이 지정한 변수에 대해서 유형, 너비, 소수점, 레이블, 값 등이 자동적으로 나타난다. 번호는 설문지 번호를 입력할 것이기에 달리 변형할 것이 없다. 다음으로 '이름'이라고 입력하여 변수를 지정한다. 이름은 실명 또는 별칭이므로 문자로 입력해야 한다. 그런데 유형은 전체적으로 '숫자'로 나타난다. 이는 SPSS는 숫자로 기본 세팅이 되어 있기 때문이다. 유형란에 '숫자'라는 글씨를 누르면 유형을 선택할 수 있는 창이 뜬다. 문자를 선택하면 유형이 '숫자'에서 '문자'로 바뀐다. 이름은 보통 세 글자이기 때문에 입력하는데 지장이 없다. 그런데 이름이 아니라 다른 문자를 입력하는 경우 문자수가 많아지면 8열로 부족하게 된다. 이런 경우에는 '너비'를 필요한 만큼 늘리면 된다. '너비'란에 나타나는 '8'이 나타난 부분을 클릭하면 역시 늘리거나 줄일 수 있는 기능이 활성화된다. 필요한 만큼 열을 확장하면 된다. 다음으로 '그룹홈명'이라는 변수를 지정하여 준다. 역시 문자로 입력하는 부분이므로 유형을 클릭하여 문자로 바꿔준다. 이제부터 실질적인 설문을 코딩하는 부분이 된다. 변수에 '애착생교1'이라고 입력하여 지정한다. 여기서는 '값'을 지정해 주어야 한다. '값'은 설문지에서 어떻게 측정해 냈는지를 입력하는 것이다. 현재 값이 '없음'으로 지정되어 있다. 그림 5-2와 같이 '없음'이라고 된 부분을 클릭하면 선택할 수 있는 아이콘이 활성화된다. 그곳을 클릭하면 '값레이블' 창이 열린다. 위로부터 기준값, 레이블, 처리 창이 빈칸으로 나타난다.

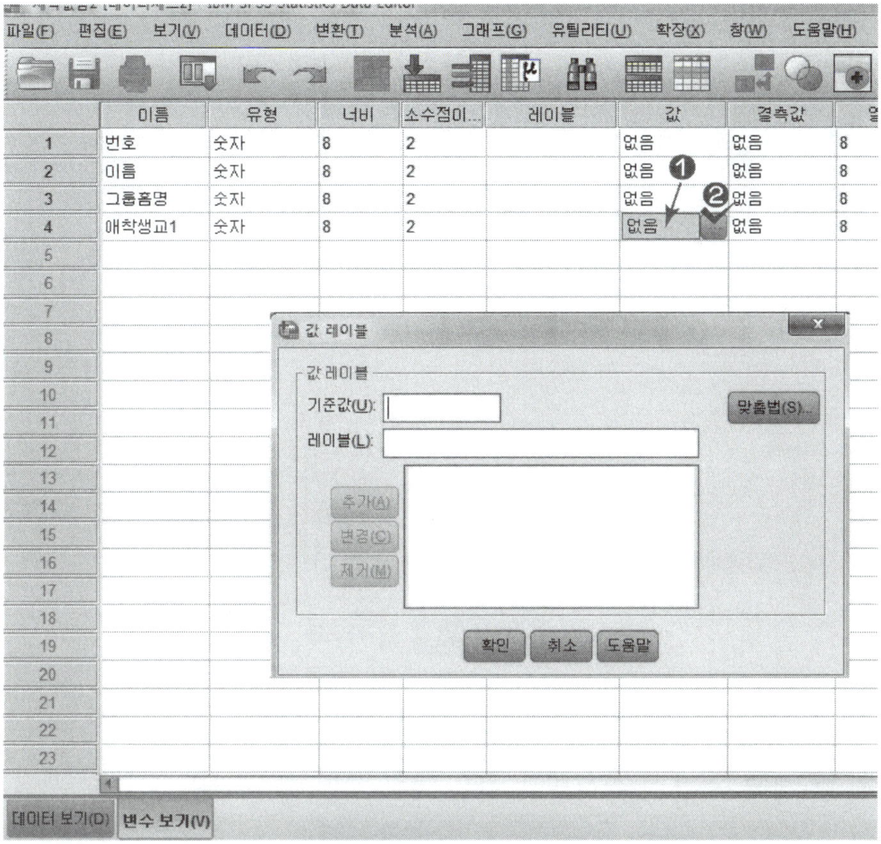

그림 5-2 값레이블 열기

코드북을 참고하면서 값을 지정해 준다. 먼저 기준값에 '1'을 입력하고 레이블에 '전혀그렇지않다'를 입력한다. 그리고 '추가'를 클릭하면 아래 칸에 기록한 사항이 나타난다. 이어서 코드북에 따라 2, 3, 4, 5에 대해서 각각 설명을 입력하고 추가를 클릭하여 그림 5-3과 같이 되게 한다. 확인을 누르기에 앞서 코드북과 일치하는지 확인한다. 일치하면 확인을 클릭한다.

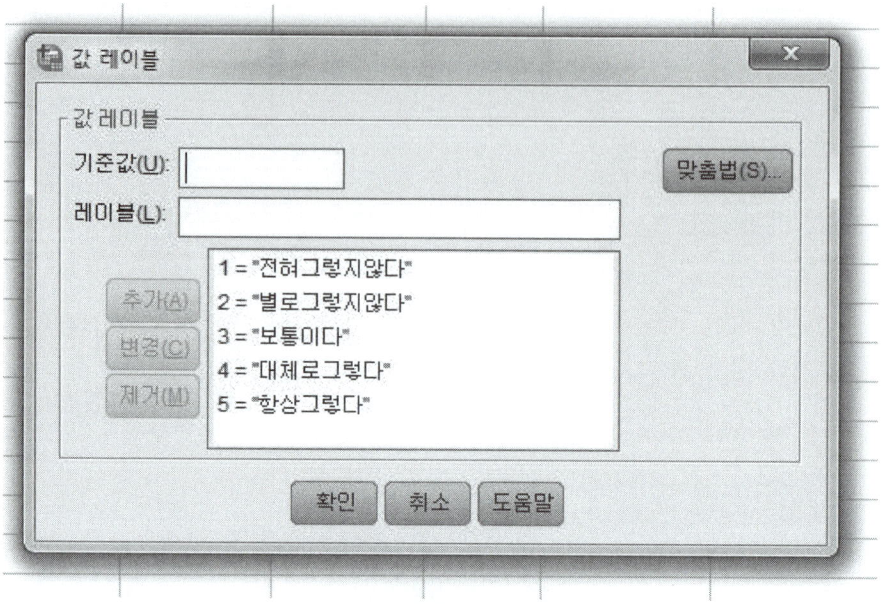

그림 5-3 값 레이블

이후 동일한 방법으로 '변수보기' 창에서 지정할 것들을 완성한다. 이때 '값 레이블'의 경우 동일한 것을 여러 차례 작업해야 하는 번거로움이 있다. 이를 편리하게 하는 방법은 한 번 작성한 것을 복사하여 동일하게 작성할 부분에 붙여넣는 방법이다. 제시된 자료에서 '애착생교1'에서 '애착생교25'는 모두 동일하게 5점 척도로 구성되어 있다. 따라서 위에서 작업한 바와 같이 '애착생교1'의 값만 입력하여 완성하면 값 부분이 '{1.전혀그렇...'으로 나타나는 것을 볼 수 있다. 그 부분에 커서를 올려놓고 기능키를 누르면 '복사'를 선택할 수 있다. 선택한 후 커서를 그 아래 칸에 넣고 클릭을 한 채로 '애착생교25'에 해당하는 부분까지 드래그하여 내린다. 커서를 뗀 후 드래그된 부분에 커서를 넣고 기능키를 누르면 '붙여넣기'를 선택할 수 있다. 선택하면 앞서 작성한 내용이 그대로 나머지 문항에도 그대로 적용되는 것을 볼 수 있다. 이렇게 복사하여 붙여넣기는 이름(변수명) 부분에서는 실행되지 않지만 그 외 너비, 소수점, 레이블, 값 등에서는 실행된다. 이름 부분에 복사하여 넣기가 되지 않는 이유는 변수는 독립적인 것으로 하나만 존재해야 하기 때문이다. 변수보기 창을 코드북에 따라 완성하면 그림 5-4와 같이 된다.

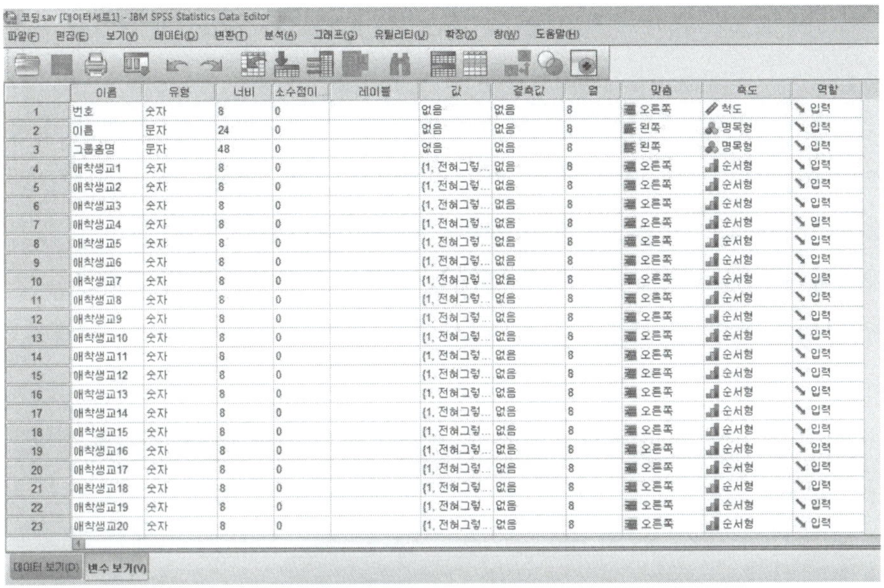

	이름	유형	너비	소수점이	레이블	값	결측값	열	맞춤	측도	역할
1	번호	숫자	8	0		없음	없음	8	오른쪽	척도	입력
2	이름	문자	24	0		없음	없음	8	왼쪽	명목형	입력
3	그룹홈명	문자	48	0		없음	없음	8	왼쪽	명목형	입력
4	애착생교1	숫자	8	0		{1, 전혀그렇...	없음	8	오른쪽	순서형	입력
5	애착생교2	숫자	8	0		{1, 전혀그렇...	없음	8	오른쪽	순서형	입력
6	애착생교3	숫자	8	0		{1, 전혀그렇...	없음	8	오른쪽	순서형	입력
7	애착생교4	숫자	8	0		{1, 전혀그렇...	없음	8	오른쪽	순서형	입력
8	애착생교5	숫자	8	0		{1, 전혀그렇...	없음	8	오른쪽	순서형	입력
9	애착생교6	숫자	8	0		{1, 전혀그렇...	없음	8	오른쪽	순서형	입력
10	애착생교7	숫자	8	0		{1, 전혀그렇...	없음	8	오른쪽	순서형	입력
11	애착생교8	숫자	8	0		{1, 전혀그렇...	없음	8	오른쪽	순서형	입력
12	애착생교9	숫자	8	0		{1, 전혀그렇...	없음	8	오른쪽	순서형	입력
13	애착생교10	숫자	8	0		{1, 전혀그렇...	없음	8	오른쪽	순서형	입력
14	애착생교11	숫자	8	0		{1, 전혀그렇...	없음	8	오른쪽	순서형	입력
15	애착생교12	숫자	8	0		{1, 전혀그렇...	없음	8	오른쪽	순서형	입력
16	애착생교13	숫자	8	0		{1, 전혀그렇...	없음	8	오른쪽	순서형	입력
17	애착생교14	숫자	8	0		{1, 전혀그렇...	없음	8	오른쪽	순서형	입력
18	애착생교15	숫자	8	0		{1, 전혀그렇...	없음	8	오른쪽	순서형	입력
19	애착생교16	숫자	8	0		{1, 전혀그렇...	없음	8	오른쪽	순서형	입력
20	애착생교17	숫자	8	0		{1, 전혀그렇...	없음	8	오른쪽	순서형	입력
21	애착생교18	숫자	8	0		{1, 전혀그렇...	없음	8	오른쪽	순서형	입력
22	애착생교19	숫자	8	0		{1, 전혀그렇...	없음	8	오른쪽	순서형	입력
23	애착생교20	숫자	8	0		{1, 전혀그렇...	없음	8	오른쪽	순서형	입력

그림 5-4 변수보기 창 완성

변수보기 창을 작성할 때 주의사항이 몇 가지 있다. 제시되는 주의사항은 편리성을 위하여 제안하는 것이다. 사용자에 따라 자신이 편리한 방법을 개발하여 사용하는 것이 바람직하다.

첫째, '레이블'은 통상적으로 작성하지 않는 게 편리하다. '레이블'은 변수에 대한 설명을 넣는 부분이다. 변수에 대한 설명이 꼭 필요한 경우에는 작성할 필요가 있다. 그런데 레이블을 작성하면 빈도분석이나 기술통계분석 등을 실시할 경우 결과 출력 시 '레이블'을 제시하고 그에 따른 통계치가 제시된다. 레이블이 길게 작성되었을 경우 작성된 내용을 모두 보여준 후 통계치가 나타나기 때문에 통계치 해독에 다소 혼란을 주게 된다. 레이블이 간략한 경우에는 제시되는 것이 간략하기 때문에 일목요연하게 볼 수 있기도 하다. 따라서 레이블을 굳이 작성할 경우에는 되도록 짧은 단어나 단축형 문장으로 작성하는 것이 바람직하다. 레이블을 작성하지 않을 경우 결과 창에서 출력되는 방식은 변수명을 제시하고, 이에 따라 통계치를 보여주기 때문에 역시 일목요연하게 볼 수 있는 장점이 있다.

둘째, '결측값' 역시 특별한 지정을 하지 않고 '없음'을 그대로 사용하는 것이 편리하다. 보통 결측값의 경우 '9', '99', '999' 등으로 지정하는 경우가 많다. 이와 같이 지정하려면 결측값 부분에 '없음'이라는 부분을 클릭하면 이산형 결측값을 지정할 수 있다. 이렇게 이산형 결측값을 지정했을 경우 결측에 대해서는 지정된 값 중 하나로 코딩(입력)해야 한다. 하지만 이 부분에 이산형 결측값을 지정하지 않고 '없음' 그대로 사용할 경우 결측값이 있으면 프로그램에서 자동으로 시스템 결측 처리를 하게 된다. 따라서 굳이 작성하지 않아도 큰 문제가 되지는 않는다. 다만 결측값을 지정하지 않은 경우 코딩할 때 응답이 없는 부분은 그대로 빈칸으로 남겨두면서 코딩을 해야 한다.

셋째, '측도' 역시 사용하면 여러 가지 편리성은 있으나 일일이 지정하여 주는 번거로움 때문에 생략되기도 한다. '측도'는 척도가 측정수준에 따라 어떤 척도인지를 보여준다. 명목척도인지, 서열척도인지, 수치형척도(등간척도, 비율척도)인지를 보여준다. 우선 '유형' 부분을 '문자'로 지정한 경우에는 자동적으로 '명목형'이 설정된다. 문자로 입력하는 것은 명목척도가 되기 때문이다. 그래서 유형을 문자로 지정함과 동시에 프로그램 자체에서 측도를 '명목형'으로 전환시켜 준다. 또한 여러 문항을 하나로 묶어서 분석을 하고자 합산을 하는 경우에는 프로그램에서 자동적으로 '수치형'으로 전환해 준다. 그 외에 연구자가 직접 지정하려면 측도에 '알수 없음'으로 나타나는 부분을 클릭하면 명목형, 순서형, 척도라고 세 개 중 하나를 선택할 수 있게 된다. 명목형은 명목척도를, 순서형은 서열척도를, 척도는 등간척도와 비율척도를 의미한다. 해당 문항에 맞는 척도를 선택하면 된다. 그런데 연구자가 자신이 설문지를 작성할 때 변수의 측정수준을 어떻게 정했는지 알고 있다면 분석을 할 때 큰 지장이 없으므로 굳이 지정을 해 주지 않아도 상관없다. 그리고 분석을 할 때 정확성을 위하여 코드북을 보면서 분석하는 것이 바람직하다.

넷째, 동일한 지정을 반복하게 되는 경우 반복하는 지정에 대해서 이미 설명한 바와 같이 복사하기와 붙여넣기를 활용하면 쉽게 지정할 수 있다. 하지만 SPSS를 다루는 초기라면 사용방법을 익히기 위하여 일일이 지정하는 것도 바람직하다. 또한 데이터를 생성할 때 제일 중요한 것은 정확성이기 때문에 프로그램을 다루는 초기에는 일일이 지정해주는 것이 좋다.

다섯째, 변수보기 창을 설정할 때는 절대 서두르지 않아야 한다. 변수보기 창이 정확하게 만들어져야 비로소 데이터보기 창을 사용할 수 있게 되는 것이므로 차분하게 완성하는 것이 바람직하다. 분석은 정확성이 생명이기 때문에 자료를 생성하는 과정, 자료를 처리하는 과정, 자료를 분석하는 과정 등 전 과정에서 꼼꼼하게 할 필요가 있다. 천천히 꼼꼼하게 하는 것이 오히려 시간을 더 절약하는 결과를 맞게 된다. 서두르다 보면 오류가 많이 포함되게 되며, 오류가 포함된 자료와 그런 자료로 분석한 결과는 신뢰할 수가 없는 것이다.

2. 데이터보기 창에 입력하기

변수보기 창을 다 완성했다면 이제 데이터보기 창으로 넘어가서 데이터를 코딩하게 된다. SPSS는 마치 엑셀과 같이 구성되어 있다. 변수보기 창 옆의 '데이터보기' 창을 클릭하면 데이터보기 창이 활성화된다. 그림

5-5는 데이터보기 창이다. 그림에서는 비교하기 위하여 데이터보기 창을 두 개 보여 주고 있다. 위의 것은 '변수보기' 창을 완성하기 이전이 것이고, 아래 것은 '변수보기' 창을 완성한 후의 것이다. 변수보기 창에서 아무런 작업을 하지 않으면 위의 그림에서와 같이 입력란 위에 '변수'가 계속 나열되어 있는 것을 볼 수 있다. 반면 변수보기 창을 완성하면 아래 그림에서 보듯이 동일한 부분에 지정한 대로 변수가 나열되는 것을 볼 수 있다. 그림을 보면 앞서 지정한 대로 '번호', '이름', '그룹홈명', '애착생교1' 등과 같이 나타나는 것을 볼 수 있다. 코딩, 즉 데이터 입력은 그 아래 빈칸에 하게 된다.

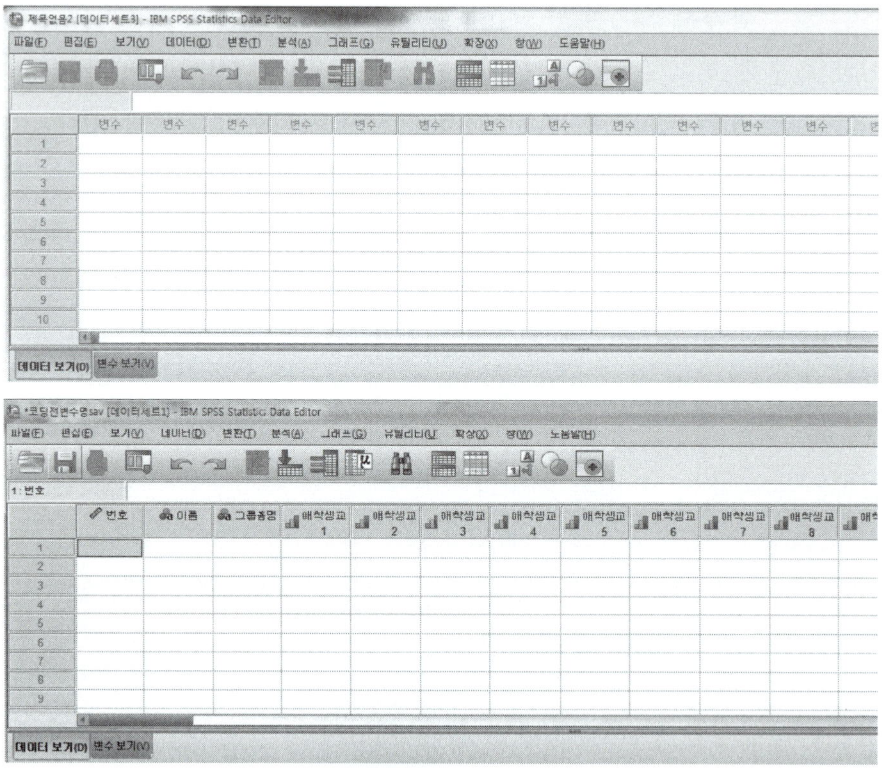

그림 5-5 **데이터보기**

변수보기 시트를 누른 후 데이터 입력은 다음과 같이 하면 된다. 제일 첫 번째 설문지에 설문지 번호 '1'을 넘버링한 후 '번호'라는 변수, 즉 제일 첫줄 첫 칸에 '1'이라고 입력한다. 커서를 오른쪽으로 한 칸 이동한 후 '이름'이라는 변수에 설문지에 기록되어 있는 이름을 입력한다. 커서를 오른쪽으로 한 칸 이동한 후 '그룹홈명'이라는 변수에 설문지에 기록된 그룹홈명을 입력한다. 커서를 오른쪽으로 한 칸 이동한 후 설문지의 '애착생교1에 해당하는 응답값을 입력한다. 이런 식으로 설문지 마지막 문항까지 차례대로 입력을 해 나가면 된다. 설문지 하나를 모두 입력하였으면 이제 두 번째 설문지를 동일한 방법으로 입력한다. 나머지 설문지도 모두 동일한 방법으로 입력하는 것을 코딩이라고 한다. 모든 설문지를 입력하면 그림 5-6과 같이 데이터보기 창이 완성되는 것을 볼 수 있다. 코딩이 끝나면 데이터보기 창이 대부분 숫자로 가득 차는 걸 보게 된다.

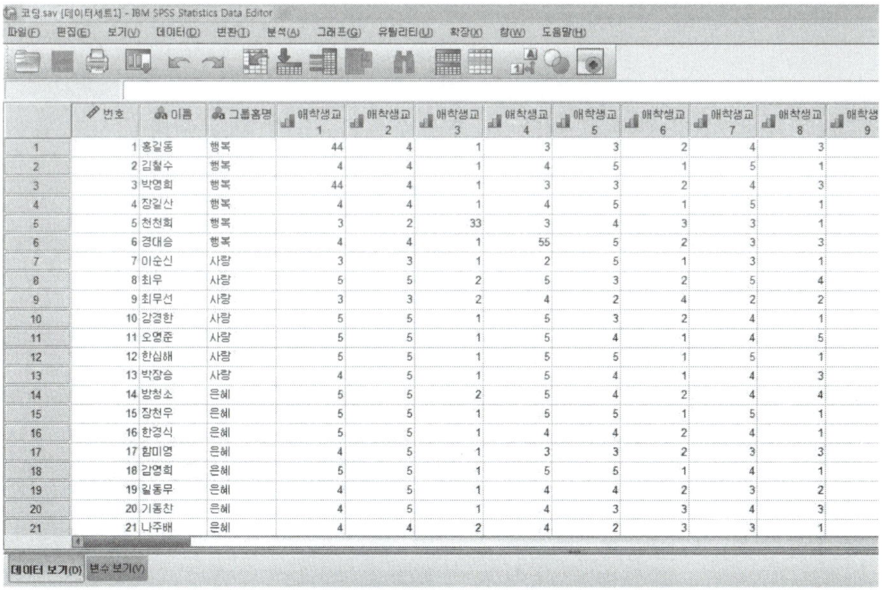

	번호	이름	그룹홈명	애착생교1	애착생교2	애착생교3	애착생교4	애착생교5	애착생교6	애착생교7	애착생교8	애착생9
1	1	홍길동	행복	44	4	1	3	3	2	4	3	
2	2	김철수	행복	4	4	1	4	5	1	5	1	
3	3	박영희	행복	44	4	1	3	3	2	4	3	
4	4	장길산	행복	4	4	1	4	5	1	5	1	
5	5	천천희	행복	3	2	33	3	4	3	3	1	
6	6	경대승	행복	4	4	1	55	5	2	3	3	
7	7	이순신	사랑	3	3	1	2	5	1	3	1	
8	8	최우	사랑	5	5	2	5	3	2	5	4	
9	9	최무선	사랑	3	3	2	4	2	4	2	2	
10	10	강경한	사랑	5	5	1	5	3	2	4	1	
11	11	오영준	사랑	5	5	1	5	4	1	4	5	
12	12	한심해	사랑	5	5	1	5	5	1	5	1	
13	13	박장승	사랑	4	5	1	5	4	1	4	3	
14	14	방청소	은혜	5	5	2	5	4	2	4	4	
15	15	장천우	은혜	5	5	1	5	5	1	5	1	
16	16	한경식	은혜	5	5	1	4	4	2	4	1	
17	17	함미영	은혜	4	5	1	3	3	2	3	3	
18	18	감영희	은혜	5	5	1	5	5	1	4	1	
19	19	길동무	은혜	4	5	1	4	4	2	3	2	
20	20	기동찬	은혜	4	5	1	4	3	3	4	3	
21	21	나주배	은혜	4	4	2	4	2	3	3	1	

그림 5-6 데이터보기 창 완성

코딩을 할 때 다음과 같은 사항을 주의하는 것이 필요하다.

첫째, 천천히 정확하게 입력을 해야 한다. 그림 5-6에서 눈으로 보아도 '33', '44', '55' 등으로 입력된 것은 잘못 입력된 것이다. 5점 척도는 5라는 범위 안에서 변화하는데 잘못 입력된 것들은 그것의 몇 배 이상의 변화폭을 갖기 때문에 결과를 왜곡하는 정도가 아주 커진다. 실수나 오류 없이 입력(코딩)하는 것이 데이터의 정확성을 가져온다. 코딩이라는 게 지리한 작업이다 보니 손쉽게 하는 방법이 없는지를 고민하는 경우가 많다. 그런데 아무리 짧은 시간에 많은 데이터를 얻었다 하더라도 정확한 데이터가 아니면 분석을 해도 소용이 없다는 점을 생각해야 한다. 따라서 천천히 그리고 꼼꼼히 입력하는 게 우선적으로 필요하다. 코딩을 하다 보면 요령이나 속도가 저절로 붙기 마련이다. 그렇다 하더라도 정확성이 더 중요하다는 인식을 하고 코딩을 해야 한다.

둘째, 설문지 번호를 정확하게 표시하고 코딩해야 한다. 대부분 코딩을 할 때 제일 처음에 설정되는 변수는 '번호'이다. 이는 설문지 번호를 의미하는 것이다. 설문지 번호와 코딩된 번호는 일치해야 한다. 데이터를 수정하는 과정에서 설문지 번호는 필수자료가 되기 때문이다. 예를 들어, 1번 설문지의 코딩이 잘못되었을 경우 1번 설문지의 해당 문항을 찾아가 응답을 확인한 후 수정해야 한다. 그런데 설문지에 번호를 잘못 기재하거나 기재하지 않을 경우 잘못된 데이터를 발견하더라도 어떤 설문지인지 알 수 없어 수정하지 못하는 경우가 발생할 수 있다. 그렇기에 번호를 정하는 것은 설문지와 코딩 자체가 동일하도록 해야 한다. 가장 좋은 방법은 코딩을 하면서 설문지 번호를 넘버링하는 것이다. 번호를 표시하는 일에 있어 위의 그림에서도 나타나듯이 SPSS에서 보여 주는 번호와 '번호'라고 지정한 변수가 있는 것을 구분해야 한다. 번호를 1부터 넘버링할 경우 SPSS 프로그램에 행을 나타내는 번호와 설문지 번호가 동일하게 나타난다. 이럴 경우 굳이 번호를 입력할 필요가 있는지 의문을 갖게 된다.

하지만 프로그램상의 번호는 설문지 번호와 개념이 다르다는 점을 분명히 인지해야 한다. 위의 자료에서 4번에 해당하는 자료를 삭제하여 보라. 그러면 프로그램에 나타나는 번호는 여전히 그대로이지만 4번째부터 설문지 번호를 나타내는 부분에서부터 달라지는 걸 볼 수 있을 것이다. 즉, 설문지 하나에 대한 데이터를 삭제하면 설문지(또는 코딩) 번호와 프로그램상에 나타나는 번호는 달라지는 걸 알 수 있다. 프로그램상에 나타나는 번호는 프로그램의 양 정도를 파악하는 기능으로 보면 된다. 설문지 번호와 코딩자료의 번호를 일치시키기 위하여 반드시 변수로서의 '번호'를 설정하고 입력해야 한다.

셋째, 저장을 하면서 입력을 한다. 계속 숫자만 입력을 하다보면 지루해지기 마련이다. 그래서 잠깐 다른 생각을 하면 지금 내가 어디를 입력하고 있는지 헷갈리게 된다. 그리고 프로그램 오류가 생기면 지금까지 입력한 것이 쓸모없게 되는 경우도 있다. 따라서 적어도 한 사람의 설문지를 입력했으면 저장 아이콘을 한 번 눌러주는 것이 좋다. 이렇게 한 사람 코딩이 끝날 때마다 저장을 하면 설령 프로그램 오류가 나더라도 해당 데이터를 다시 불러와서 해당 설문지부터 입력하면 된다.

넷째, 결측에 대한 처리를 정확하게 한다. 이미 앞선 부분에서 이야기하였듯이 결측이 생겼을 경우 정확하게 해당 칸을 비어둘 필요가 있다. 그래야 결측으로 인식하게 된다. 또한 결측값을 이산형 결측값으로 지정했다면 반드시 그 해당값을 입력해 주어야 한다. 이때 결측값은 응답값의 범위를 넘어서는 것으로 지정해야 한다. 습관적으로 결측값을 9로 지정했는데 응답값의 범위가 9를 넘을 경우 9로 입력한 것은 모두 결측처리를 하기 때문이다. 이렇게 되면 9라는 값에 대해서 손실이 생겨서 분석이 왜곡되게 된다. 따라서 이산형 결측값을 지정해줄 경우에는 반드시 응답범위를 넘어서는 수를 지정해 주어야 한다.

다섯째, 중복응답이 있는 설문문항은 응답항목 전체가 각각의 질문(변수)이 된다는 점을 알아야 한다. SPSS 프로그램은 한 변수란에 하나의 값밖에 입력하지 못한다. 따라서 중복응답을 하도록 질문하였다면 우선순위가 있는 경우에는 제시한 우선순위 수만큼 변수를 형성한 후 응답항목 값을 그대로 입력하면 된다. 하지만 우선순위가 있는 것이 아닐 경우에는 응답항목 하나 하나가 변수가 되도록 코드북을 만들고 코딩 역시 그에 따라야 한다. 예를 들어, 아래와 같은 질문을 코딩할 때를 생각해 보자.

1. 다음 중 지역아동센터의 기능으로 가장 중요하다고 생각하는 것 3가지를 고르세요?

____① 아동의 신체발달을 위하여 고른 영양섭취를 돕는다.
____② 아동의 학습발달을 위하여 필요한 부분의 학습을 돕는다.
____③ 아동의 전인적 발달을 위하여 취미활동을 돕는다.
____④ 아동의 안전을 위하여 방과 후 돌봄 활동을 제공한다.
____⑤ 아동의 사회성 향상을 위하여 자치활동 및 야외활동을 제공한다.
____⑥ 아동의 심리안정과 생활지도를 위하여 상담을 제공한다.
____⑦ 아동의 여러 문제에 대응하기 위하여 지역자원을 연계한다.

이 경우 하나의 변수로 처리하여 변수명을 ‘센터기능’으로 지정하여 코딩하게 했다면 응답자가가 응답한 3개의 항목 중 어떤 것을 코딩해야 할까? 왜냐하면 코딩은 변수 하나에 값이 하나밖에 안 들어가기 때문이다. 이런 식으로 코딩을 하면 결국 자료를 왜곡하게 되는 것이다. 결국 복수응답의 질문은 각 응답항목을 변수로 인식하여 설정해야 한다. 가령 위에서 제시된 응답항목에 대해서 각각 ‘기능_영양’, ‘기능_학습’, ‘기능_취미’, ‘기능_돌봄’, ‘기능_야외’, ‘기능_상담’, ‘기능_자원’ 등 7개의 변수로 지정하고, 각 변수마다 ‘값 레이블’을 ‘0’(없다)과 ‘1’(있다)로 지정할 필요가 있다(그림 5-3 참조). 코딩을 할 때는 각 항목마다 체크가 되어 있으면 ‘1’로 입력하고 체크가 되어 있지 않으면 ‘0’으로 입력하면 된다.

CHAPTER 06 데이터 스크리닝

아무리 꼼꼼하게 코딩을 하더라도 실수는 나오기 마련이다. 그림 5-6을 보면 '44', '33', '55' 등이 보인다. 이것들은 다른 것들과 달리 높은 수치이다. 잘못 입력된 것들이다. 따라서 입력이 끝난 후 눈으로 전체 데이터를 한 번 훑어보면서 잘못 입력된 것을 찾아내어 수정해줄 필요가 있다. 그러나 수많은 데이터를 일일이 눈으로 확인하면서 수정한다는 것은 가능하지도 않고 가능하다 하더라도 비능률적이다. 따라서 빈도분석을 활용하여 데이터 스크리닝을 하게 된다. 방법은 다음과 같다.

먼저 SPSS를 열고 자료실에서 '코딩'파일을 불러온다. 자료파일은 책 앞에 제시된 사이트를 방문하여 다운받으면 된다(자료실이라는 건 해당 데이터가 있는 커뮤니티의 자료실을 의미한다). 빈도분석을 활용하는 것이기에 그림 6-1과 같이 **분석을 클릭하면 스크롤이 나타난다. 기술통계량에 커서를 올려놓으면 옆으로 또 다른 스크롤이 내려온다. 빈도분석**을 클릭한다. 그러면 그림 6-2와 같이 빈도분석 창이 뜬다.

빈도분석
분석 → 기술통계량 → 빈도분석 → 변수이동 → 확인

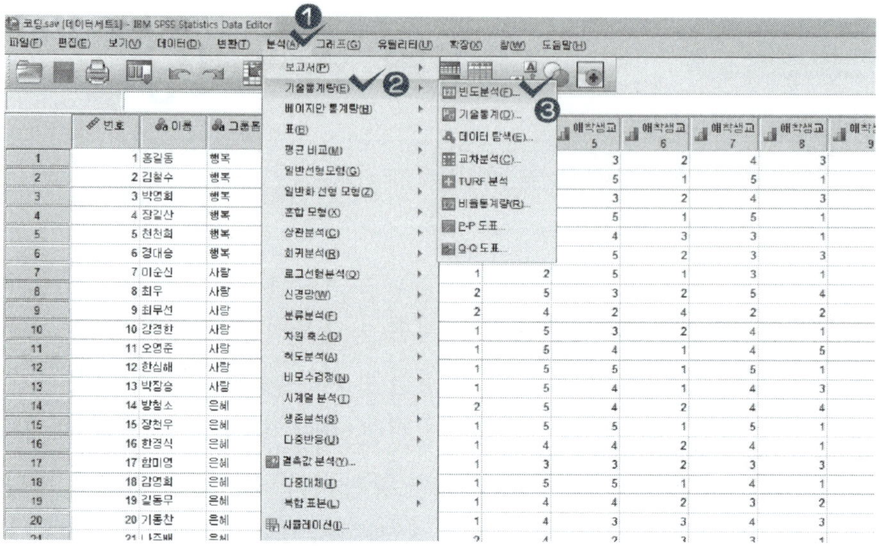

그림 6-1 빈도분석(데이터 스크리닝)

빈도분석 창은 커다란 두 개의 칸으로 구분되어 있다. 왼쪽은 데이터에 있는 변수들이 차례대로 나타난다. 오른쪽은 빈칸으로 나타난다. 빈도분석을 하고자 하는 변수를 왼쪽에서 오른쪽으로 이동한 후 분석을 하게 되어있다. 지금은 빈도분석 자체가 목적이 아니라 잘못 입력된 오류값을 찾아 수정하기 위하여 빈도분석을 실시하는 것이기에 왼쪽에 있는 변수들 중 스크리닝할 변수들을 오른쪽으로 이동한다. 변수를 하나씩 화살표를 이용하여 보낼 수도 있고, 변수가 많은 경우에는 블록설정을 해서 한 번에 보낼 수도 있다. 블록설정은 엑셀과 동일하다. 블록을 설정하고자 하는 제일 첫 번째 변수에 커서를 놓은 다음 스크롤바를 이용하여 블록을 설정할 마지막 부분이 보이게 한다. 시프트(shift)를 누른 상태에서 블록 설정하고자 하는 마지막 변수를 클릭하면 블록설정이 된다. 화살표를 이용하여 오른쪽으로 보낸다. 그림 6-2와 같이 왼쪽에 있던 대부분의 변수가 오른쪽으로 이동하였다. 이제 확인을 클릭하면 결과가 새로운 결과 창에서 제시된다. 결과 창은 그림 6-3과 같다.

.sav와 .spv의 차이

참고로 spss는 파일을 두 가지 파일확장자로 저장할 수 있다. .sav는 분석할 데이터의 파일확장자이다. .spv는 분석한 결과에 대한 내용을 담은 파일확장자이다. 연구자는 이 두 개를 정확하게 이해하고 활용해야 한다. 우선 중요한 것은 데이터 파일이다(.sav). 왜냐하면 어떤 분석이든 이 파일을 활용하여 하기 때문이다. 결과를 저장하는 파일확장자(.spv)는 데이터 파일을 통해서 똑같은 분석을 하면 언제든지 다시 만들 수 있다. 결과창(.spv)을 잘 정리해서 저장하면 동일한 분석을 다시 실행하지 않아도 언제든지 결과를 살펴볼 수 있는 편리함이 있다. 그런데 여러 분석을 실행하면 그 자료가 방대해지기 때문에 보는 것이 다소 복잡하기도 한다. 편리하게 이용할 수 있는 방법은 각자 개발하는 것이 바람직하다.

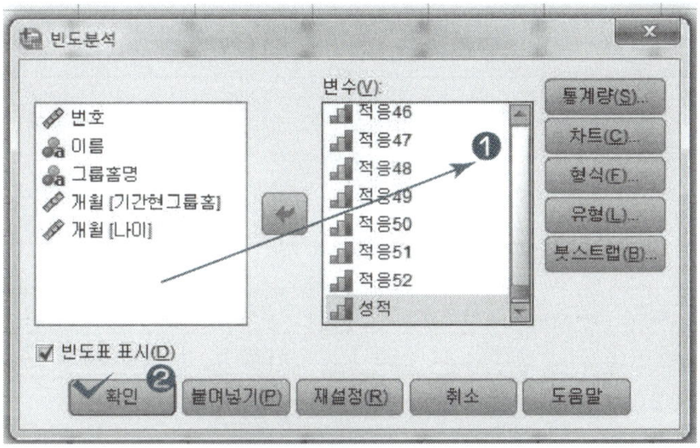

그림 6-2 빈도분석 창

새롭게 나타난 결과 창(그림 6-3)은 다소 복잡하다. 제일 상단에는 처리한 방법이 무엇인지 보여 주는 정보이다(그림에서는 이 부분을 싣지 않았다). 자세히 살펴보면 빈도분석을 실행하기 위하여 설정한 변수들을 차례대로 보여 주고 있다. 이어 나타나는 '빈도'는 전체적으로 각 변수마다 유효한 데이터와 결측 데이터를 보여 준다(이것 역시 그림에서는 생략하였다). 우리가 보고자 하는 것은 그 아래 나타나는 '빈도표'이다. 빈도표는 각 변수마다 작성되는 것을 볼 수 있다. 스크리닝할 변수가 많기에 빈도표가 여러 개 나타난다. 그림 6-3은 빈도표의 첫 부분을 제시하였다.

➔ 빈도표

애착생교1

		빈도	퍼센트	유효 퍼센트	누적 퍼센트
유효	전혀그렇지않다	4	1.3	1.3	1.3
	별로그렇지않다	6	2.0	2.0	3.3
	보통이다	77	25.5	25.5	28.8
	대체로그렇다	119	39.4	39.4	68.2
	항상그렇다	92	30.5	30.5	98.7
	44	4	1.3	1.3	100.0
	전체	302	100.0	100.0	

애착생교2

		빈도	퍼센트	유효 퍼센트	누적 퍼센트
유효	전혀그렇지않다	1	.3	.3	.3
	별로그렇지않다	6	2.0	2.0	2.3
	보통이다	50	16.6	16.6	18.9
	대체로그렇다	131	43.4	43.4	62.3
	항상그렇다	114	37.7	37.7	100.0
	전체	302	100.0	100.0	

그림 6-3 빈도분석 결과(데이터 스크리닝)

위에 제시된 빈도표는 일부일 뿐이다. 모든 빈도표를 차례로 보면서 잘못된 것을 찾아서 다음과 같은 정오표를 작성해야 한다. 그림 6-3 빈도표 중 '애착생교1'에 해당하는 내용을 보면 왼쪽 칸에 '전혀그렇지않다', '별로그렇지않다', '보통이다', '대체로그렇다', '항상그렇다'가 나오고 있다, 이는 변수보기 창을 작성할 때 코드북을 보고 '값'(값레이블)을 설정해 준 것임을 알 수 있다. 즉, 입력할 때는 1, 2, 3, 4, 5로 입력했지만 값(값레이블)을 지정해준 대로 빈도표에 나타나는 것이다. 그렇다면 같은 열에 나타난 '44'는 무엇을 의미하는가? 이미 설명하였듯이 값(값레이블) 지정은 다섯 개로 되어 있다. 즉, 입력값은 1-5이다. 따라서 빈도표에 '44'가 나타났다는 것은 지정하지 않은 '44'라는 수치가 코딩되었다는 의미이다. 44가 나올 수 없는 수이기에 잘못 입력된 것임을 알 수 있다. 각 문항(변수)마다 이렇게 잘못 입력된 것을 찾아 아래와 같이 정오표를 만들어 준다. 이때 결과 창에 나타난 여러 빈도표와 아래의 정오표가 정확하게 일치하게 작성해야 한다. 아래 표는 애착생교1에서 '44'로 입력하는 것이 4개, 애착생교3에서는 '33'으로 입력된 게 3개, 애착생교4에서는 '55'로 입력한 게 5개 나타난 것을 보여 준다.

변수	이상치	빈도	설문지번호	비고
애착생교1	44	4		
애착생교3	33	3		
애착생교4	55	5		

정오표가 모두 작성되었으며 이제 잘못 입력한 부분에 해당하는 설문지를 찾아내야 한다. 위에 제시된 정오표의 첫 번째 줄의 오류 설문지를 찾아보자. 그림 6-4와 같이 먼저 SPSS 하단에서 데이터보기 창을 활성화한다. 데이터보기 창 상단에서 해당변수, 즉 '애착생교1'을 클릭하여 블록을 설정한다. 이 상태에서 상단에 있는 망원경 아이콘을 클릭하면 '찾기/바꾸기' 창이 활성화된다. 찾기란에 '44'를 기입한 후 '다음찾기'를 클릭하면 '44'가 입력된 첫 번째 지점에서 블록이 멈춘다. 해당하는 설문지 번호를 확인하여 정오표에 설문지 번호를 기입한다. 다시 '다음찾기'를 클릭하면 '44'가 입력된 두 번째 지점에서 블록이 멈춘다. 역시 해당 설문지 번호를 정오표에 기입한다. 이런 방법을 반복하여 정오표를 완성해야 한다. 완성된 것은 다음에 제시한 정오표와 같다. 이때 주의할 것은

설문지 번호와 프로그램의 번호를 혼동하지 않아야 한다는 점이다. 그림 6-4를 보면 왼쪽에 번호가 나란히 두 줄로 내려가고 있다. 첫 번째 파란색으로 되어있는 부분은 프로그램 자체의 행을 나타내는 번호이다. 이것은 설문지 번호가 아니다. 설문지 번호는 그 다음에 변수명을 '번호'라고 지정하여 코딩할 때마다 입력한 것이다. 정오표를 작성할 때는 변수명 '번호'에 해당하는 것을 보면서 찾아야 한다.

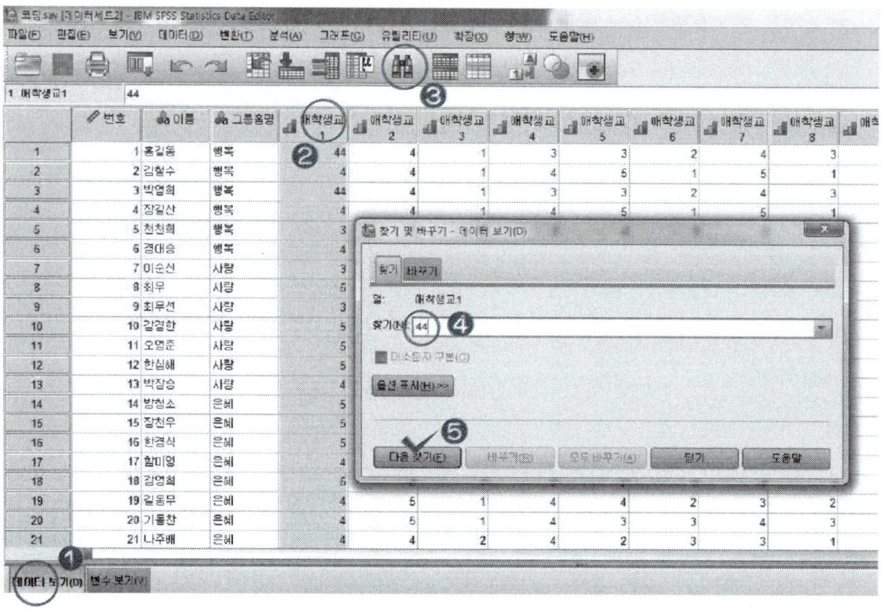

그림 6-4 오류찾아내기

변수	이상치	빈도	설문지번호	비고
애착생교1	44	4	1, 3, 111, 221	
애착생교3	33	3	5, 113, 223	
애착생교4	55	5	6, 87, 114, 195, 224	

정오표가 완성되었으면 이제 해당 설문지를 찾아 확인하고 데이터를 수정하는 작업을 해야 한다. 정오표의 설문지를 찾아 해당 부분을 보고 코딩을 변경하면 된다. 즉, 정오표를 보면 애착생교1을 잘못 입력한 설문지는 1, 3, 111, 221번 설문지이다. 이들 설문지를 찾아 애착생교1번을 수정해주는 것이다. 이렇게 수정을 할 때 이왕 수정하면서 그림 6-5처럼 앞뒤를 살필 필요가 있다. 코딩할 때 밀리거나 당겨진 채로 코딩된 경우가 있을 수 있기 때문이다. 만약 앞뒤로 오류가 너무 심할 경우 해당 설문지 자체를 다시 코딩할 필요가 있다. 이때 코딩된 것에 덧쓰는 방법으로 새롭게 코딩하면 된다. 데이터에 오류가 없어야 분석이 의미를 가질 수 있는 것이기에 이렇게 철저하게 데이터를 스크리닝해야 한다.

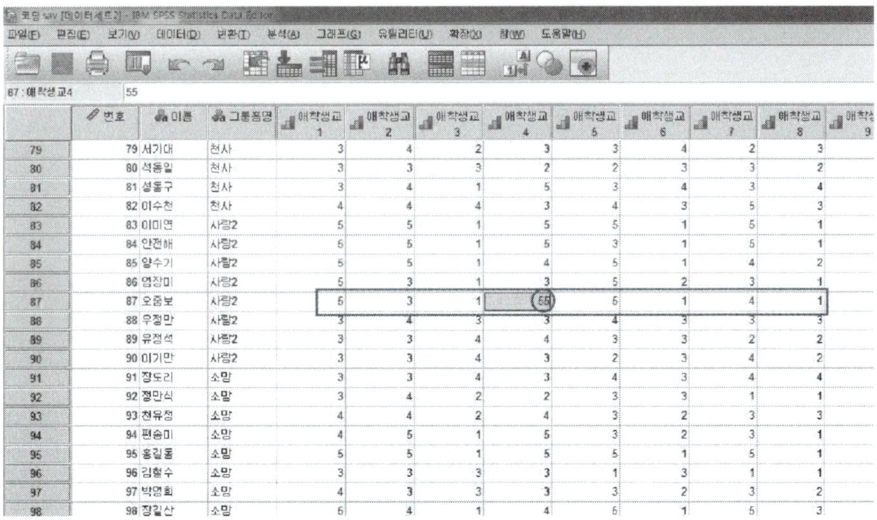

그림 6-5 **수정하기**

해당하는 부분을 전부 수정한 후에는 다시 빈도분석을 통하여 데이터 스크리닝을 실시한다. 스크리닝을 한 번 했음에도 불구하고 여전히 이상치(지정된 입력값이 아닌 것으로 나오는 데이터)가 나오면 같은 작업을 반복적으로 수행하여 데이터의 오류를 없애야 한다. 오류가 내포된 데이터로 분석을 하는 것보다는 다소 귀찮더라도 오류를 찾아서 제거하는 것이 정확한 분석의 시작이 된다. 그럼에도 불구하고 입력값 범위 내에서 발생하는 오류는 찾을 수 없다. 따라서 코딩을 할 때 오류가 없도록 철저하고 꼼꼼하게 작업하는 것이 제일 좋은 방법이다.

slangy

'단무지' 정신

우리말 속어 중 '단무지'라는 게 있다. '단순', '무식', '지랄'을 합친 말이다. 어떤 일을 할 때 앞뒤 가리지 않고 억척스럽게 밀어붙이는 경우에 쓰는 속어이다. 속어가 포함되어 있는 말이라 사용하기 편한 것은 아니지만 꼼꼼하게 코딩하는 것이 중요함을 강조하는 측면에서 하는 말이다. 그런데 코딩을 할 때 '정말' 이렇게 하는 것이 필요하다. 코딩이라는 게 동일한 작업을 반복해야 하는 것이기에 지루한 감이 없지 않다. 그래서 반복하는 작업을 보다 편리하게 할 방법을 찾곤 한다. 프로그램을 정확하게 이해하지 못하고 이런 요령을 찾다 보면 코딩 오류가 개입될 가능성이 더 커진다. 코딩의 생명은 정확성에 있다는 점을 확실히 해둘 필요가 있다. 따라서 편리하게 코딩할 요령을 찾기보다는 '단무지' 정신으로 하나씩 꼼꼼하게 해 나가는 것이 정확성을 담보하게 된다. 단무지 정신으로 코딩하기 위한 방법으로 다음과 같은 것을 다시 한 번 정리해 볼 필요가 있다.

① 같은 수를 반복하여 입력하는 경우에도 ctl+c와 ctl+v를 사용하기보다는 하나씩 입력한다.
② 하나의 척도가 끝날 때마다 밀려서 입력하지 않았는지 확인한다.
③ 결측이 있을 경우 반드시 해당 부분을 빈칸으로 남겨둔다.
④ 설문지 하나 코딩이 끝날 때마다 저장을 한다.

원칙적으로 코딩은 엑셀이나 한글파일로도 가능하다. 특히 여러 사람이 코딩을 나눠서 실시한 후 하나로 머지하는 경우가 있다. 이럴 경우 엑셀을 많이 이용하기도 한다. 다만 이럴 경우 SPSS에서 불러오기를 해야 하고, 불러온 후에 변수보기 창에 대한 지정작업을 따로 해야 한다. 이렇게 복잡하게 할 경우 그 과정에서 오류가 발생하기도 한다. 가장 안전하고 정확한 방법은 SPSS에서 직접 입력하는 것이다. 아울러 그리 많지 않은 자료라면 여럿이 나눠서 코딩을 하기보다는 연구자 자신이 직접 코딩하는 것이 바람직하다. 다른 사람이 코딩을 해 준 자료를 활용하여 연구를 하면 자료는 그저 자료일 뿐이다. 하지만 직접 조사해서 코딩을 하다 보면 조사대상자에 대한 모습이 떠올라 분석이 살아있는 분석이 될 수 있다. 실천가적인 입장에서 연구하려면 직접 코딩하는 게 바람직하다. 따라서 이것도 '단무지'에 포함하는 게 정확한 데이터를 만드는 일임을 기억하자.

⑤ 코딩은 SPSS에서 한다.
⑥ 조사와 코딩은 가능한 연구자가 직접 한다.

CHAPTER 07 역문항처리

역문항이란 질문을 반대 방향으로 묻는 걸 의미한다. 조사과정에서 응답자들은 한쪽으로 응답이 치우칠 경우 자신도 모르게 그 경향성에 따라 응답이 정확하게 이루어지지 않을 때가 있다. 이를 방지하기 위하여 문항들 속에서 반대로 묻는 문항을 넣음으로써 응답을 보다 더 정밀하게 할 수 있다. 연구자들이 많이 놓치는 것 중 하나가 척도 중에 역문항이 있을 수 있다는 점이다. 이렇게 역문항이 포함되어 있을 경우에는 반드시 역문항처리를 해 주어야 한다.

역문항처리란 역문항에 해당하는 문항들에 대해 다른 문항과 방향성이 같아지도록 응답한 것을 반대 방향으로 돌려주는 걸 의미한다. 역문항이 있는데도 불구하고 역문항처리를 하지 않을 경우 신뢰도가 생각한 것만큼 나오지 않게 된다. 또한 신뢰도를 가까스로 확보했다 하더라도 내용 자체가 틀린 것이 되기에 분석이 의미를 갖기 어렵다.

역문항처리는 어떻게 하는지 실습해보자. 그림 4-1이나 부록의 코드북에서 '애착생교'(생활교사와의 애착관계) 부분의 비고란을 보면 역문항에 대한 정보가 있다. 애착생교3, 애착생교9, 애착생교6, 애착생교14, 애착생교8, 애착생교10, 애착생교11, 애착생교17, 애착생교18, 애착생교23이 역문항이라고 되어 있다. 이것들을 역문항처리를 해보자. 먼저 자료실에서 '코딩_스크리닝후' 데이터를 연 후 다음과 같은 순서로 코딩을 변경한다.

코딩변경(역문항처리)
변환 → 같은 변수로 코딩변경 → 역문항이동 → 기존값 새로운값 설정 → 코딩변경 → 계속 → 확인

그림 7-1과 같이 '변환'을 클릭하면 그 아래로 여러 선택을 할 수 있는 스크롤이 나타난다. '같은 변수로 코딩변경'을 클릭하면 새로운 창이 활성화된다. 왼쪽에 있는 변수 중 역문항에 해당하는 것을 오른쪽 빈칸으로 이동시킨다. 위에서 제시된 역문항을 전부 이동하면 오른쪽 그림과 같이 해당변수들이 빈칸이었던 부분에 있게 된다. 번호가 빠지지 않았나 확인한 후 아래 '기존값 및 새로운 값'을 클릭하면 새로운 창이 하나 더 활성화된다. 기존값을 새로운 값으로 바꾸는 창이다. 기존값에 '1'을 입력하고 새로운 값에 '5'를 입력하면 바로 아래 '추가'가 활성화된다. 추가를 클릭하면 '1→5'라는 지시가 뜨게 된다. 이는 앞서 제시한 문항들에 대해서 현재 '1'로 코딩된 것으로 '5'로 바꾸겠다는 의미이다. 이어서 기존값에 '2'를, 새로운 값에 '4'를 입력한 후 추가를 누르면 '2→4'가 뜬다. 같은 방법으로 '3→3', '4→2', '5→1'이 뜨도록 한다. 여기까지 작업을 마쳤으면 제대로 입력했는지 다시 한 번 확인해 본다. 이때 '1→5', '2→4', '3→3', '4→2', '5→1'로 바꾸는 이유는 코드북의 입력값을 보면 5점 척도로 입력되었음을 제시하고 있기 때문이다. 즉, 해당문항들은 5점 척도로 질문을 했기 때문에 역문항은 5점 안에서 설정하게 되어 있는 것이다. 만약 해당문항이 4점 척도이면 '1→4', '2→3', '3→2', '4→1'로 바꾸도록 설정해야 한다. 아래 '계속'을 클릭하면 앞서 다루었던 창이 다시 뜬다. '확인'을 클릭하면 역문항처리가 완료된다. 작업이 끝나면 .spv 확장자로 저장되는 결과창이 뜬다. 이것은 처리한 정보를 보여준다. 동일한 방법으로 코드북에 나타난 다른 척도에 대해서도 역문항처리를 한다. 역시 빨리 하려고 모든 역문항을 한꺼번에 처리했다가 각 척도의 측정수준이 서로 달라 낭패를

보는 경우가 있다. 같은 측정수준의 척도들은 함께 역문항처리를 하여도 무방하지만, 안전하게 자료 처리를 하기 위하여 척도별로 역문항처리하는 것을 권장한다.

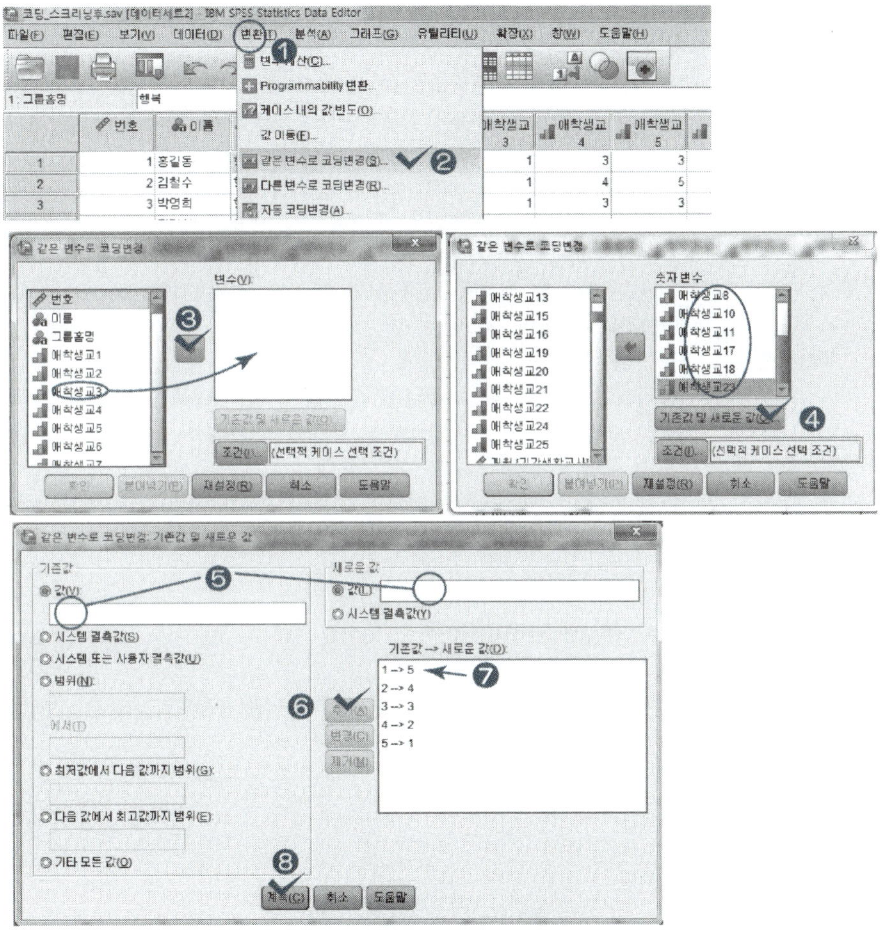

그림 7-1 역문항처리

c.f.

'같은 변수로 코딩변경'과 '다른 변수로 코딩변경'의 차이는?

변환을 클릭하면 그림 7-2와 같이 여러 항목이 나타나는데 '같은 변수로 코딩변경'과 '다른 변수로 코딩변경'이라는 것이 위아래로 나타난다. 둘 다 코딩을 변경하는 기능을 갖는다. 그럼 역문항처리를 할 때는 왜 '같은 변수 코딩변경'을 선택하는 것일까? 그리고 이 둘의 차이는 무엇일까?

'같은 변수로 코딩변경'은 이미 코딩되어 있는 변수를 갖고 그대로 변환을 이루는 것이다. 역문항의 경우 여러 문항들 중에서 반대방향으로 물어보는 것이기에 합산이나 분석을 하기에 앞서 방향의 일관성을 주기 위하여 처리하는 과정이다. 따라서 이미 코딩되어 있는 변수 안에서 응답값만 바꿔주는 것이 편리하다.

이때 주의할 것은 한번 바꾼 것을 기억하고 있어야 한다는 점이다. 간혹 분석을 하다 보면 역문항처리(코딩변경)를 했는지 안 했는지 혼동이 생기는 경우가 있다. 자료를 변형했을 경우 변형한 형태로 해석을 해야 하기 때문에 코딩변경을 했는지 안 했는지 기억하는 게 중요하다.

'다른 변수로 코딩변경'은 변수 이름을 따로 하나 지정해서 응답값을 바꾸는 기능이다. 역문항처리 이외에도 여러 이유로 코딩을 변경할 필요가 발생한다. 이때 원래 코딩한 변수를 그대로 남겨두어야 한다면 새로운 변수를 생성해서 코딩을 변경하는 것이 바람직하다. '다른 변수로 코딩변경'을 하면 원래 코딩되어 있는 변수는 그대로 남아 있게 되므로 필요하다면 원래 변수로 분석을 할 수도 있는 것이다. 아래에서 제시하는 것에 따라 다른 변수로 코딩을 변경하는 경우를 연습해보도록 하자.

exercise

자료실에서 코딩_스크리닝후_역문항처리완료 파일을 열어서 제시하는 대로 코딩변경을 해보라.

① '기간현그룹홈'(현재 그룹홈에 거주한 기간, 개월) 변수를 '거주기간대'로 코딩변경을 해보라.

② 기간대는 '1년 미만', '2년 미만', '3년 미만', '3년 이상'으로 하여라.

③ 원래 있었던 변수는 그대로 남겨두어라.

해결은 이렇게 하면 된다.

다른 변수로 코딩변경

변환 → 다른 변수로 코딩변경 → 변경할 변수 이동 → 변경할 변수명 작성 후 변경 클릭 → 기존값 및 새로운 값 → 처리내용 작성 → 계속 → 확인

PART II

분석 전 작업

그림 7-2와 같이 변환을 클릭한 후 나타난 스크롤 중 다른 변수로 코딩변경을 선택한다. 다른 변수로 코딩변경 창이 활성화되면 왼쪽 창에서 '기간현그룹홈' 변수를 찾아 오른쪽 창으로 이동시킨다. 이름란에 새로운 이름을 '거주기간대'로 지정하고 변경을 클릭한다. 레이블은 굳이 작성하지 않아도 된다. 기존값 및 새로운 값을 클릭하면 하면 그림 7-3과 같이 기존값과 새로운 값을 변경하는 창이 뜬다. 이것은 이미 같은 변수로 코딩변경한 그림 7-1과 같은 것이다.

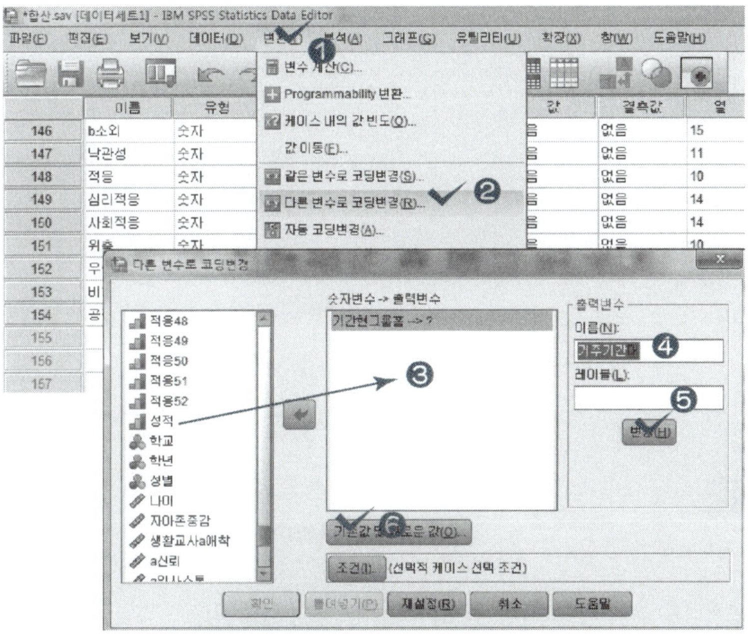

그림 7-2 다른 변수로 코딩변경

새로운 창이 활성화되면 범위를 클릭하고 1에서 11을 입력한 후 새로운 값에 1을 입력한다. 추가를 클릭한다. 다시 범위에서 12에서 23을 입력한 후 새로운 값에 2를 입력하고 추가를 클릭한다. 범위에서 24에서 35를 입력을 입력한 후 새로운 값에 3을 입력한 후 추가를 클릭한다. 이제 다음값에서 최고의 값까지 범위를 클릭하고 36을 입력한 후 새로운 값에 4를 입력한다. 추가를 클릭한 후 제대로 지정되었는지 확인한다. 그림 7-3과 같이 작성되면 된다. 계속을 클릭하면 기존값 및 새로운 값 창이 사라지고 앞서 작성했던 창이 뜬다. 확인을 클릭하면 다른 변수로 코딩변경이 실행된다. 변수보기 창으로 가서 스크롤바를 내리면 제일 아래 부분에 새로운 변수 '거주기간대'가 생성된 것을 확인할 수 있다. 데이터보기 창으로 가서 제일 뒷부분으로 가면 역시 '거주기간대'가 형성되어 있고 각 설문응답자마다 거주기간이 1-4로 바뀐 것을 볼 수 있다. 변수보기 창으로 가서 '거주기간대'에 대한 레이블값을 지정해 준다. 그림 5-3을 참고해서 하되 1="1년미만", 2="2년미만", 3="3년미만", 4="3년이상"으로 지정하면 된다.

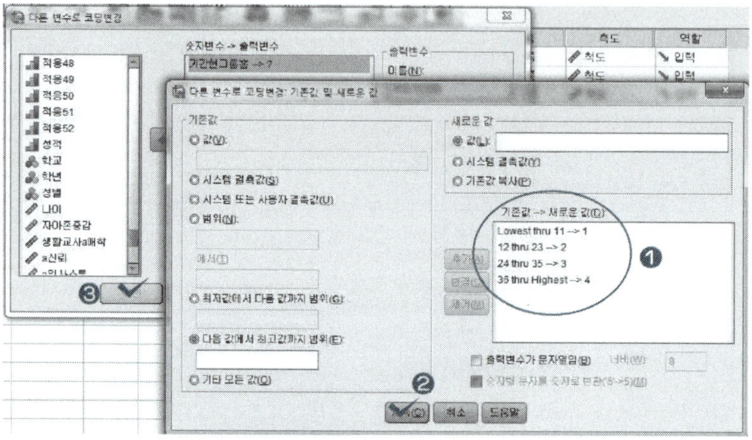

그림 7-3 기존 값 새로운 값

TIP

데이터 저장 관리하기

자료처리를 하다보면 여러 과정을 거친다. 이때 가능하면 처리과정마다 저장을 일목요연하게 알 수 있도록 다른 이름으로 하는 것이 바람직하다. 작업 중 데이터가 오염되는 경우에 반복 작업을 수월하게 하기 위해서이다.

저자는 이런 방법으로 저장한다.

000raw data → 코딩과 데이터 스크리닝까지 마친 것으로 원본이라고 할 수 있다.

001역문항처리 → 합산 이후에 데이터가 오염되었을 경우에 이 파일을 불러와서 다시 작업을 한다.

002합산 → 분석과정에서 데이터가 오염되었을 경우 합산하는 작업을 다시 하지 않으려면 이 파일을 불러서 작업하면 된다.

003분석용

CHAPTER 08

합산하기

1. 신뢰도분석

일반적으로 단일문항으로 설문한 것이 아니고 척도를 사용하여 설문을 한 경우 문항별로 분석하는 경우는 드물다. 척도라는 것은 여러 문항으로 하나의 개념을 표현하는 것이기에 일반적으로 분석 전에 여러 문항을 하나로 합치는 과정을 갖는다. 이를 합산이라 한다. 그런데 합산을 하기 전에 척도의 신뢰도를 먼저 측정해야 한다. 신뢰도는 수집된 자료를 얼마나 신뢰할만한가를 보여 주는 것이다.

똑같은 상황에서 다시 조사한다면 같은 결론이 나오는가에 대한 문제이다. 조사할 때마다 값이 다르게 나온다면 분석하는 것이 의미를 갖지 못한다. 아무리 힘들여 분석을 하더라도 어차피 새롭게 조사하면 전혀 다른 값이 나올 것이기 때문이다. 따라서 척도의 신뢰도를 먼저 확보한 후에 분석해야 한다. 신뢰도를 확보한 자료를 분석을 하면 그 자료에 대해서 논리적인 주장이 가능하기 때문이다. 따라서 합산하기 전에 반드시 설문한 문항들의 신뢰도를 살펴보아야 한다. 여기서는 여러 척도 중 자아존중감의 신뢰도만 구해보기로 한다.

신뢰도분석

분석 → 척도분석 → 신뢰도분석 → 척도문항이동 → (통계량, 항목제거시 척도) → 확인

자료실에서 코딩_스크리닝후_역문항처리완료 데이터를 다운받는다. 그림 8-1과 같이 분석을 클릭하면 스크롤이 내려온다. 척도분석에 커서를 올리면 여러 척도분석 스크롤이 좌측으로 나타난다. 신뢰도분석을 클릭하면 신뢰도분석창이 활성화된다. 다른 모든 분석창과 마찬가지로 신뢰도분석창 역시 왼쪽에는 모든 변수가 나타나고, 오른쪽은 빈칸이 나타난다. 그림 8-1과 같이 왼쪽에 있는 변수들 중 자아존중감에 해당하는 것들을 오른쪽으로 보낸다. 자존감1에서 자존감10까지 보내면 된다. 부록의 코드북에서 보는 바와 같이 자아존중감은 10문항으로 구성되어 있다. 해당문항이 전부 분석할 창으로 이동되었는지 확인한 후 확인을 클릭하면 신뢰도분석이 이루어지고 결과 창(.spv)이 뜬다. 케이스처리 요약은 투입된 문항수를 보여 준다. 신뢰도 통계량 부분을 보면 Cronbach의 α와 항목수가 나타난다. 항목수는 투입된 변인(문항)수를 의미한다. 자아존중감은 10문항으로 구성되었는데 그 문항을 전부 넣은 것을 보여 준다. Cronbach's α가 신뢰도를 보여 주는 통계치이다. 여기서는 .785로 나타나고 있다. 신뢰도는 일반적으로 .60 이상이면 신뢰도를 확보한 것으로 해석한다.

Cronbach의 α에 대한 해석

Cronbach's α ≥ .9	excellent
.9 > Cronbach's α ≥ .8	good
.8 > Cronbach's α ≥ .7	not bad
.7 > Cronbach's α ≥ .6	acceptable
.6 > Cronbach's α	unacceptable

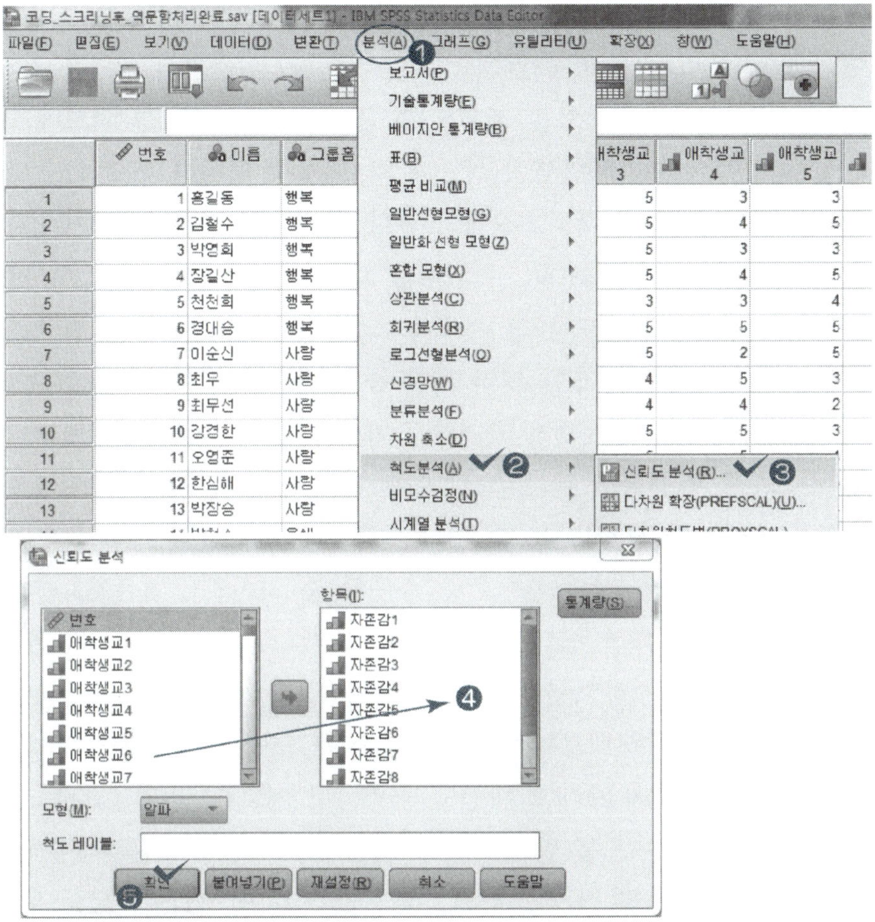

케이스 처리 요약

		N	%
케이스	유효	302	100.0
	제외됨[a]	0	.0
	전체	302	100.0

a 목록별 삭제는 프로시저의 모든 변수를 기준으로 합니다.

신뢰도 통계량

Cronbach의 알파	항목 수
.785	10

⑥

그림 8-1 신뢰도분석

만약 신뢰도를 분석했는데 Cronbach's α 계수가 .599 나왔다면 어떻게 할 것인가? 반올림해서 .60 나왔다고 우길 것인가? 연구자의 생명은 정직성이다. 스스로를 속이는 일을 해서는 안 된다. 이럴 경우 그 척도에 대해서 한 문항쯤을 포기하면서 신뢰도를 확보할 수 있다면 어떨까? 가령 10개의 문항 중 하나를 버리고 9개의 문항으로도 개념이 무너지지 않는다면 그리고 신뢰도를 확보할 수 있다면 연구자는 당연히 문항 하나를 제거하고 자료를 사용하고자 할 것이다. 그렇다면 어느 문항을 뺄 것인가? 여러 개로 구성된 척도는 여러 문항 중 신뢰도를 떨어뜨리는 문항이 있다. 이것을 찾아서 이 문항을 제거해도 개념구성에 문제가 없다면 제거한 후 신뢰도를 산출하면 된다. 그럼 어떤 문항이 신뢰도를 떨어뜨릴까? SPSS에서는 이것을 쉽게 찾을 수 있다.

연습을 위하여 앞서 살핀 자아존중감 문항 중 자존감1, 자존감2, 자존감4, 자존감7, 자존감8만 선택해서 살펴보자. 제시된 문항들로 자아존중감이 구성된다고 가정하고 5문항의 신뢰도를 산출하여 보자. 위에서 제시한 방법대로 하되 신뢰도분석창에서 자존감1, 자존감2, 자존감4, 자존감7, 자존감8만 빈칸에 보내고 확인을 클릭하면 된다. 그러면 Cronbach's α가 .535 나온다. 신뢰도를 받아들일 수 없는 통계치이다. 이를 해결해보자. 앞서 구한 신뢰도를 다시 구하되 그림 8-2와 같이 신뢰도분석할 문항을 오른쪽으로 보낸 후 확인을 누르는 것이 아니라 오른쪽 상단에 있는 통계량을 클릭한다. 그러면 그림에서 보는 바와 같이 '신뢰도분석: 통계량'이라는 창이 뜬다. '항목제거시 척도' 부분을 설정한 후 계속을 클릭하면 '신뢰도분석: 통계량' 창이 사라진다. 확인을 클릭하면 신뢰도 결과가 제시된다. 신뢰도 결과 창에는 앞서 분석한 것과 똑같이 5문항으로 분석한 신뢰도가 Cronbach's α .535로 나타난다. 그런데 이번에는 그 아래 새로운 통계치를 보여 주는 표가 하나 더 제시된다. 항목 총계 통계량이라고 한다. 표의 오른쪽 상단을 보면 '항목이 삭제된 경우 Cronbach 알파'

라고 제시되어 있다. 말 그대로 해당문항을 제거했을 경우 나타나게 될 Cronbach's α를 보여 준다. 계수를 보면 자존감8번 문항을 제거할 경우 .698이 되는 것을 볼 수 있다. 자존감8번을 제거하더라도 구성개념이 무너지지 않는다면 8번을 제거한 후 4문항으로 분석에 투입하는 방법을 선택할 수 있는 것이다. 이때 다시 한 번 강조하는 것은 항목제거시 척도를 기계적으로 사용할 것이 아니라 연구자가 과연 해당 항목을 제거해도 구성개념이 무너지지 않는지에 대해 판단을 해야 한다는 점이다. 만약 해당

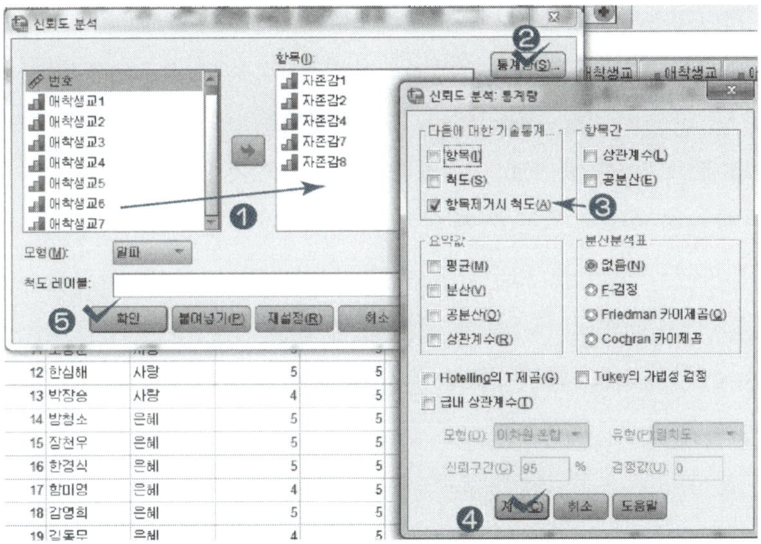

신뢰도 통계량

Cronbach의 알파	항목 수
.535	5

❻

항목 총계 통계량

	항목이 삭제된 경우 척도 평균	항목이 삭제된 경우 척도 분산	수정된 항목-전체 상관계수	항목이 삭제된 경우 Cronbach 알파
자존감1	10.52	3.653	.325	.463
자존감2	10.70	3.148	.651	.263
자존감4	10.43	3.960	.356	.454
자존감7	10.52	3.373	.394	.414
자존감8	11.26	4.843	-.070	.698

❼

그림 8-2 항목제거시 신뢰도

항목을 제거할 경우 구성개념이 무너질 정도라면 해당문항이 아니라 다른 문항을 제거할 것으로 고려해 보아야 하며, 항목을 제거하는 방법으로 신뢰도를 확보할 수 없다면 해당 변인에 대한 분석을 포기하는 것이 연구자다운 자세이다.

2. 합산하기

분석하기에 앞서 반드시 해야 할 일이 합산이다. 합산이란 어떤 개념척도에 대해서 여러 문항으로 질문을 하였을 경우 이를 전부 합하여 하나의 자료로 만들어 주는 작업이다. 대개 척도는 여러 문항으로 하나의 개념을 묻도록 구성되어 있다. 가령 로젠버그의 자아존중감 척도는 10문항으로 구성되어 있다. 특별한 경우가 아니라면 이 10개의 문항을 개별적으로 분석하지는 않는다. 10문항을 묶어서 하나로 만들고 이것을 자아존중감으로 분석하게 된다. 이렇게 척도의 문항을 묶어주는 것을 합산이라고 한다. SPSS상에서는 여러 개의 변수를 묶어서 하나의 변수로 만들어 주는 상황이 된다.

합 산
변환 → 변수계산 → 목표변수 설정 → 통계 → mean → MEAN(?,?) 설정 → 확인

앞서 사용했던 코딩_스크리닝후_역문항처리완료 데이터 파일을 연다. 그림 8-3과 같이 변환과 변수계산을 차례로 클릭한다. '변수계산'창이 뜬다. 지금까지 했던 것과 같이 왼쪽에는 변수들이 쭉 나열되어 있고 오른쪽은 빈칸으로 뜬다. 변수보기 창에서 먼저 '목표변수'를 설정한다. 목표변수는 새롭게 만들어질 변수이름을 정하는 것이다. 합산을 하면 합산하

여 새로운 변수가 하나 발생하게 된다. 이것의 이름을 먼저 정해주어야 한다. 이때 주의할 것은 데이터에서 변수병이 같은 게 두 개 될 수 없다는 점이다. 따라서 지금까지 사용하지 않은 변수이름을 지정해 주어야 한다. 여기서는 '자아존중감'이라고 하였다. 오른쪽 중간의 함수집단을 스크롤하면 '통계'가 나온다. 통계를 클릭하면 아래 빈칸에 여러 함수들이 생성된다. 그중에서 'mean'을 클릭한 후 옆에 있는 화살표를 클릭하면 그림에서 보는 바와 같이 비었던 '숫자표현식'란에 'MEAN(?,?)'라는 함수식이 나타난다. 함수집단이나 함수 및 특수변수를 활용하지 않고 '숫자표현식'란에 직접 MEAN(,)를 써서 넣어도 된다. 이때 MEAN은 괄호 안에 있는 문항(변수)들을 평균(mean)으로 합산하겠다는 의미이다. 그렇다면 '?,?'는 합산할 문항들을 차례대로 콤마(,)를 찍어가면서 나열하라는 의미이다.

왼쪽에 있는 변수에서 해당변수들을 찾아 클릭한 후 화살표를 이용하여 숫자표현식으로 보내면서 콤마(,)를 찍어 그림에 덧붙여 제시한 대로 MEAN(자존감1, 자존감2, 자존감3, 자존감4, 자존감5, 자존감6, 자존감7, 자존감8, 자존감9, 자존감10)이라고 완성한다. 이때 해당문항에서 더블클릭을 하면 화살표를 이용하지 않고도 왼쪽에 있는 변수를 오른쪽으로 이동할 수 있다. 위의 형태대로 숫자표현식이 정확하게 작성되어야 다음 단계로 넘어갈 수 있다. 예를 들어, 콤마(,)를 찍어야 할 자리에 피리어드(.)를 찍으면 함수식 계산이 이루어지지 않는다. 따라서 천천히 정확하게 작업을 하는 것이 중요하다. 다른 변수(문항)를 넣고 합산할 경우 역시 오류가 되므로 천천히 정확하게 하는 것이 바람직하다. 숫자표현식을 작성되면 아래 '확인'인 활성화된다. 클릭을 하면 자아존중감이 합산된다. 변수보기 창으로 가서 맨 아래 부분으로 가면 그림에서 보는 바와 같이 자아존중감이라는 새로운 변수가 생성된 것을 볼 수 있다. 또한 데이터보기 창으로 가서 제일 뒷부분으로 가면 역시 자아존중감이라는 변수가 생성되었고, 각 사람의 자아존중감 평균이 나타나는 것을 볼 수 있다.

앞에서는 실습을 위하여 자아존중감이라는 하나의 변수만 합산하여 보았다. 분석을 하려면 모든 척도에 대해서 합산을 해야 한다. 따라서 코드북에 나타난 다른 변수에 대해서도 동일한 방법으로 합산을 해야 한다.

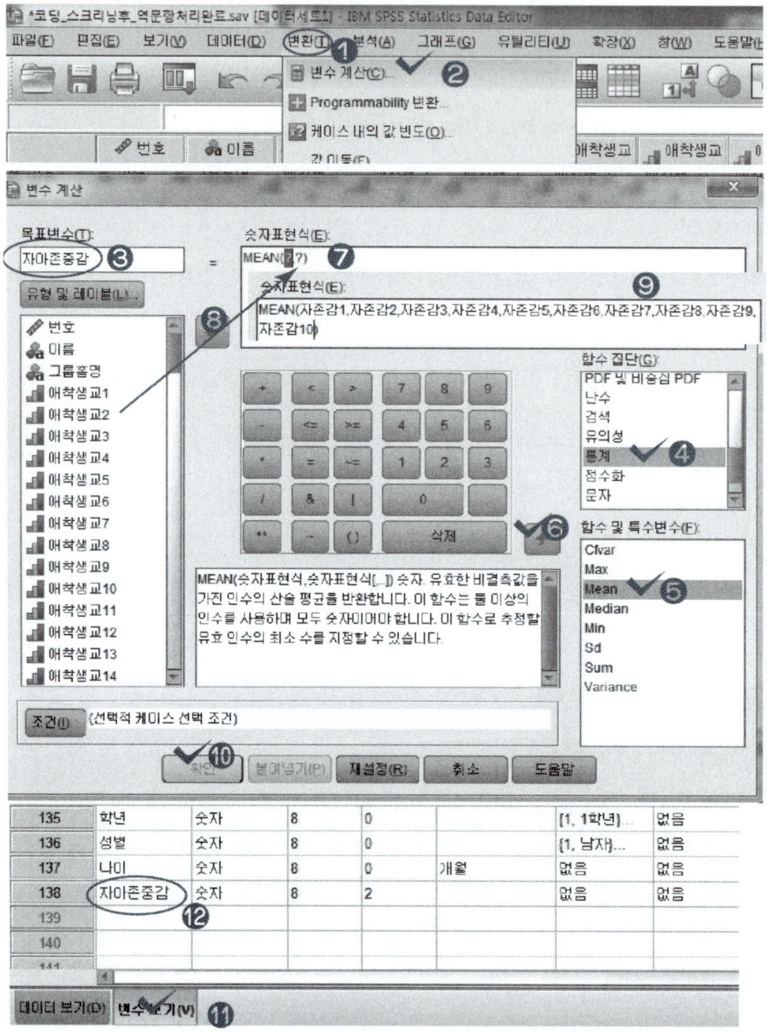

그림 8-3 합산하기

c.f.

합산하는 대표적인 두 가지 방법 : MEAN과 SUM

합산은 대표적으로 두 가지 방법 중 하나로 한다. 하나는 앞서 제시한 MEAN(평균)이고 다른 하나는 SUM(합산)이다. 자료처리를 평균(mean)으로 하든 아니면 합산(sum)으로 하든 통계적인 계산에는 아무런 영향을 미치지 않는다. 따라서 합산의 방식은 둘 중 하나를 선택해서 일관되게 처리하기만 하면 된다. 다만 분석을 한 후 결과를 제시할 때 장단점이 있다. 결측이 없다고 가정할 때 MEAN은 질문문항에서 사용한 척도와 같은 수준에서 이해하기 쉬운 장점이 있다. 가령 4점 척도를 사용한 경우 MEAN은 문항수가 몇 개이든지 상관없이 4점 안에서 나오게 되어 있다. 그러므로 전체 응답에 대해서 원래 척도와 비교하여 어느 정도인지 파악하는 데 용이하다. 어느 조사대상자의 자아존중감의 MEAN이 3.02로 나왔다면 그는 자신의 자아존중감에 대해서 '매우아니다, 아니다, 그렇다, 매우그렇다' 중 '그렇다'보다 약간 높은 수준의 자아존중감을 보이는 것을 알 수 있다. 반면 SUM은 조사대상자의 자아존중감 수준을 응답범위 내에서 파악하는 데 용이하다. 4점 척도이면서 10개의 문항으로 물었다면 나올 수 있는 범위는 최소 10에서 최대 40이다. 조사대상자 중 한 사람의 자아존중감이 35점이 나왔다면 나올 수 있는 범위 10-40 중 35이므로 다소 높은 수준을 보이는 것을 알 수 있다. 이는 원자료 데이터가 결측이 없을 때 적용된다. 만약 원자료에서 결측이 있다면 MEAN으로 합산할 것을 권장한다. 왜냐하면 SUM은 단순히 모든 것을 합해주는 기능으로 합산하지만 MEAN은 결측이 하나 있을 경우 그것을 제외하고 평균값을 제시한다는 점에서 자료의 명확성이 보다 높아진다고 할 수 있다.

여기까지 오시느라고 수고하셨습니다. 하지만 아직 분석은
시작도 안 했는걸요? 다시 한 번 앞으로 가서 복습을
철저히 하고... 이제 분석의 실제로 들어가 볼까요?

PART

III

분석실전

CHAPTER 09_기술통계: 빈도분석, 기술통계분석
CHAPTER 10_교차분석과 x^2검증
CHAPTER 11_평균비교 1: t-test
CHAPTER 12_평균비교 2: ANOVA와 ANCOVA
CHAPTER 13_상관관계분석
CHAPTER 14_회귀분석 1: 단순회귀분석, 다중회귀분석
CHAPTER 15_회귀분석 2: 위계적 회귀분석, 더미회귀분석, 로지스틱 회귀분석
CHAPTER 16_매개효과검정
CHAPTER 17_조절효과검정
CHAPTER 18_비모수검정
CHAPTER 19_요인분석

CHAPTER 09

기술통계: 빈도분석, 기술통계분석

통계는 크게 기술통계와 추리통계로 구분된다. 기술통계란 어떤 것에 대해서 있는 그대로 기술해주는 것을 의미한다. 반면 추리통계는 모수를 추정하든지 아니면 가설을 검정하는 분석을 이른다. 기술통계에는 빈도분석, 기술통계분석, 교차분석이 포함된다. 빈도분석은 주로 빈도와 %로 결과를 제시하는 특성이 있고, 기술통계분석은 평균(Mean)과 표준편차(S.D.)로 결과를 제시하는 특성이 있다. 교차분석은 교차테이블을 활용하여 자료가 어떤 형태를 보이는가를 알려준다. 그런데 교차분석은 경우에 따라 가설을 검정하는 χ^2분석과 같이 사용되기에 대표적인 기술통계에는 빈도분석과 기술통계분석이 있다고 할 수 있다. 이 세 가지 분석은 모두 SPSS에서 '기술통계량'이라는 항목 안에 함께 묶여 있다.

1. 빈도분석

1) 빈도분석은 언제 사용하는가?

적용 예

수천중학교에 재학 중인 1, 2, 3학년의 각 학생 수는 몇 명인가요? 그 비율은 어떻게 되지요?

꼭 기억하세요!

학년(1학년, 2학년, 3학년) → 명목변수

- 기술통계분석과 함께 가장 기본적인 통계기법이다.
- 모든 척도에 활용 가능하지만 주로 명목척도와 서열척도의 특성을 기술할 때 사용한다.
- 빈도(단위: 명, 개, 회 등)와 퍼센트(%)로 특성을 기술하게 된다.
- 예를 들면,

  어린이집 유형은 서울형이 6개소, 국·공립이 2개소, 민간이 15개소, 사회복지법인이 1개소이다. 등원 유아는 서울형이 100명(25.8%), 국·공립이 48명(12.4%), 민간이 231명(59.5%), 사회복지법인이 9명(2.3%)으로 나타났다. 이번 조사대상자들은 남자가 65명(63.11%), 여자가 38명(36.89%)으로 나타나 남자가 여자보다 많이 표집되었다.

  <박재학, 2013, p.42>
- 빈도분석은 보통 기술통계분석과 함께 활용된다.

2) 빈도분석을 하기 위한 전제조건은 무엇인가?

- 분석하고자 하는 변수가 명목척도 또는 서열척도로 구성되어야 한다.
- 등간척도나 비율척도의 경우에서 변환과 변수계산을 이용하여 적당한 구간으로 구분한 후 빈도분석을 할 수 있다.

3) 빈도분석 실전

빈도분석
분석 → 기술통계량 → 빈도분석 → 변수이동 → (챠트, 막대형챠트, 계속) → 확인

- 자료실*에서 합산 파일을 열어 성별과 성적에 대한 빈도분석을 실시하여보자.

* 자료실에 대해서는 일러두기를 참조하라.

- 코드북을 보면 성별은 남자는 '1'로, 여자는 '2'로 코딩되어 있어 명목척도인 것을 알 수 있고, 성적은 상, 상중, 중, 중하, 하를 1-5로 코딩하게 되어 있어 서열척도인 것을 알 수 있다. 즉, 빈도분석을 실시하기 위한 전제조건을 이루고 있는 것을 알 수 있다.
- 빈도분석은 이미 데이터 스크리닝 부분에서 다뤘다(그림 6-1, 6-2). 동일한 방법으로 분석을 실시하면 된다. 제시된 성별과 성적에 대한 빈도분석을 하려면 그림 9-1과 같이 **분석**을 클릭한 후 **기술통계량, 빈도분석** 순으로 커서를 이동한 후 클릭한다. 빈도분석창이 뜨면 왼쪽에 나열된 변수들 중에서 성별과 성적을 찾아 오른쪽으로 이동시킨다. 다른 작업 없이 빈도분석을 하려면 이 상태에서 그대로 확인을 클릭하면 빈도분석이 실행된다.
- 만약 시각적인 자료를 제시하기 원하면 그림 9-1과 같이 빈도창에서 차트를 클릭한다. 그러면 여러 차트 중에서 선택할 수 있게 된다. 그림에서는 막대형 차트를 선택하였다. 계속을 클릭하면 차트창이 사라지고 빈도분석 창이 남는다. 확인을 클릭하면 빈도분석을 실행한다. 결과 창(.spv)이 제시된다.
- 여기서는 막대형차트를 선택했으나 연구자의 필요에 따라 다양한 차트를 활용할 수 있다. 또한 다른 정보들도 함께 산출하려면 빈도 창에서 통계량을 클릭한다. 그러면 왜도와 첨도를 비롯한 여러 정보들을 선택할 수 있게 된다. 필요한 정보에 대해서 선택을 하면 분석결과에 함께 제시된다.

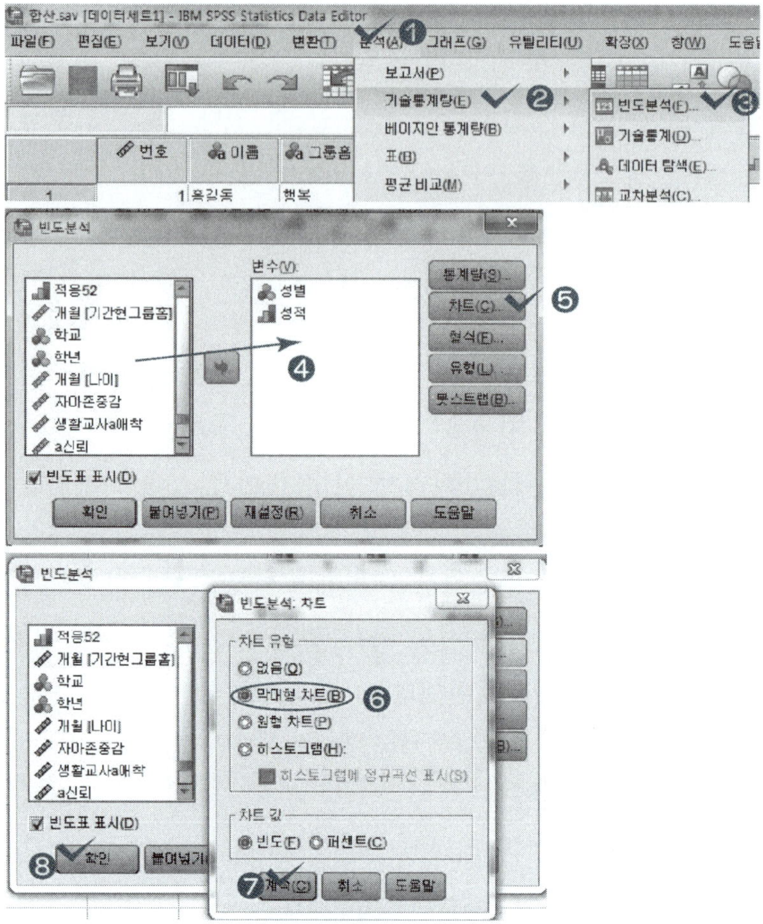

그림 9-1 빈도분석

- 그림 9-2를 보면 빈도분석의 결과로써 빈도표가 나타난다. 먼저 성별에 대한 결과를 보면 남자는 162명이고, 이에 대한 퍼센트는 53.6으로 나타나고 있다. 여자는 140명이고 46.4%로 나타나고 있다. 이때 퍼센트와 유효퍼센트가 동일하게 나타나고 있다. 그런데 성적을 보면 퍼센트와 유효퍼센트가 다르게 나타나고 있다. 무엇의 차이일까? 그림을 보면 성적부분에서 성별과 달리 결측에 대한 정보가 있는 것을 볼 수 있다. 즉, 성별은 결측이 없는 상태에서 분석을 한 것이고 성적은

결측이 5개인 상태에서 분석을 한 것이다. 결국 유효퍼센트라는 것은 결측을 제외하고 실질적인 페센트를 계산한 것임을 알 수 있다.

- 그럼 보고서에 자료를 제시할 때 퍼센트와 유효퍼센트 중 어떤 것을 제시하는가? 분석자의 의도에 따라 퍼센트나 유효퍼센트 중 하나를 선택해서 제시하면 된다. 총계에 맞춰서 자료를 제시하고자 한다면 퍼센트를 제시하면 되고, 그보다는 실질적으로 의미 있는 분포를 드러내고 싶으면 유효퍼센트를 제시하면 된다. 결측이라는 것은 결국 어느 쪽으로든지 들어갈 빈도이고, 어디에 들어갈지 모르는 것이기에 아예 빼고 퍼센트를 계산하는 것, 즉 유효퍼센트를 사용하는 것이 더 적절하다고 할 수 있다. 다만 비고란 등에 결측에 대해서 밝히는 게 바람직하다.

빈도표

성별

		빈도	퍼센트	유효 퍼센트	누적 퍼센트
유효	남자	162	53.6	53.6	53.6
	여자	140	46.4	46.4	100.0
	전체	302	100.0	100.0	

성적

		빈도	퍼센트	유효 퍼센트	누적 퍼센트
유효	상	12	4.0	4.0	4.0
	상중	33	10.9	11.1	15.2
	중	90	29.8	30.3	45.5
	중하	104	34.4	35.0	80.5
	하	58	19.2	19.5	100.0
	전체	297	98.3	100.0	
결측	시스템	5	1.7		
전체		302	100.0		

그림 9-2 빈도분석 결과

- 자료를 제시할 때 시각적인 효과를 나타내는 것이 유용할 때가 있다. 이럴 때는 그림 9-3과 같이 그래프(차트)를 제시하는 것도 가능하다. 그래프만 제시할 수도 있고 레이블에 대한 값을 빈도와 퍼센트까지 포함하여 제시할 수도 있다. 그림 9-3에는 빈도와 퍼센트까지 차트 안에 함께 표현했으나 원래 결과에는 이것이 제시되지 않는다. 이럴 때 파란색 막대 안에서 기능키를 클릭하면 '데이터레이블표시'를 선택할 수 있다. 이를 활용하여 정보가 그래프 안에 들어가도록 하면 된다.
- SPSS에서 제시하는 차트의 형식이 마음에 들지 않을 경우에는 엑셀을 활용하여 그래프를 만드는 것도 좋은 방법이다.

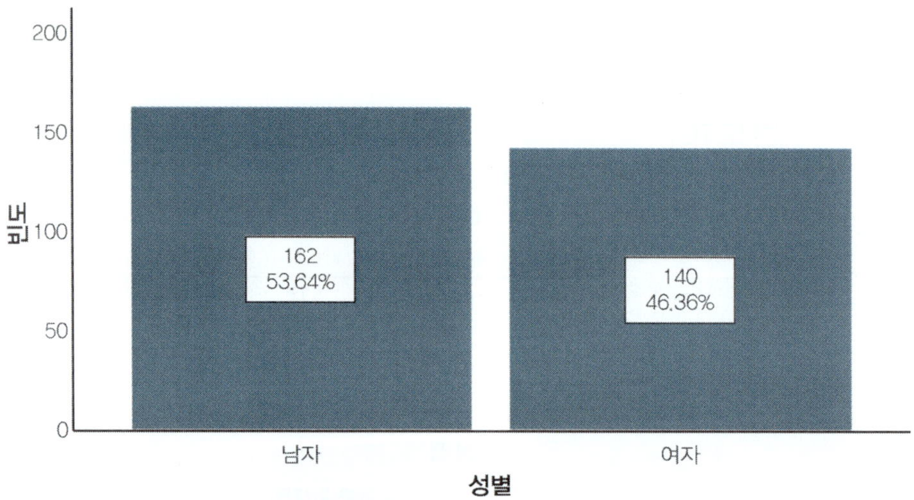

그림 9-3 빈도에 대한 막대그래프

4) 빈도분석의 결과는 어떻게 제시하는가?

- 앞서 분석한 데이터를 보고서로 작성해보자. 학위논문이나 학회 학술지의 경우 각 학교나 학회는 데이터를 제시하는 방법까지 지정해 준다. 표의 양식과 제시해야 할 데이터까지 지정하는 경우도 있다. 따라

서 보고서를 제출할 기관을 확인한 후 그에 맞게 결과를 제시하는 게 좋다. 이 책에서 제시하는 방법은 하나의 예시일 뿐이다.

- 통계치를 표로 제시하는 것이 가장 일반적이다. 앞의 분석에서 나타난 결과를 표로 제시하면 다음과 같다. 빈도분석에서는 빈도와 %를 제시하는 게 일반적이다.

표 9-1 조사대상자의 성과 성적의 분포 N=302

구분		빈도(%)	비고
성별	남자	162(53.6)	
	여자	140(46.4)	
	계	302(100.0)	
성적	상	12(4.0)	결측 5
	상중	33(11.1)	
	중	90(30.5)	
	중하	104(35.0)	
	하	58(19.5)	
	계	297(100.0)	

- 표의 앞이나 뒤에 해석을 기술한다. 위의 표에 대한 해석을 제시하면 다음과 같다.

조사대상자의 성별 분포는 남자 161명(53.%), 여자 140명(46.4%)으로 나타나 남자가 여자보다 더 많은 것을 알 수 있다. 성적의 분포는 상 12명(4.0%), 상중 33명(11.1%), 중 90명(30.3%), 중하 104명(35.0%), 하 58명(19.2%)으로 나타났다. 자신의 성적을 중하로 인식한 경우가 가장 많고, 이어 중, 하 순으로 나타나는 것을 볼 때 그룹홈 청소년의 경우 자신의 성적을 비교적 낮은 것으로 인식하는 것을 알 수 있다.

- 보고서를 제시할 때는 통계와 아울러 자신만의 해석이 함께 들어가야 한다. 앞서 제시한 글을 볼 경우 통계치들의 제시는 통계일 뿐이다. 성적 부분에서 '그룹홈 청소년들은 자신의 성적을 비교적 낮은 정도로 인식한다'는 것은 연구자의 해석이라고 할 수 있다. 통계치의 제시보다 해석을 의미 있게 제시하는 것이 더 중요하다. 그리고 해석을 독창적으로 제시하는가는 관련된 자료를 얼마만큼 훑어보았는가에 따라 달라진다. 관련된 다른 자료를 풍부하게 알 경우 그것들과 비교하여 어떤 의미를 갖는지 보다 더 풍부하게 제시할 수 있기 때문이다.
- 보고서를 작성할 때 필요한 경우에는 앞서 분석을 할 때 나왔던 그래프 등 이미지 자료를 제시하는 것도 바람직하다. 특히 빈도분석이 중심이 되는 분석에서는 그래프로 결과를 보여 주는 것이 표로 제시하는 것보다 더 깔끔할 수도 있다. 욕구조사의 경우 빈도분석이 대부분일 경우가 많다. 분석한 내용에 따라 표, 그래프 등을 적절하게 제시하는 것이 바람직하다. 모든 분석결과에 대해서 표, 그래프, 해석 등을 모두 제시하는 것보다는 독자의 이해를 돕는 것을 선택적으로 제시하는 것이 바람직하다. 일반적으로 학술지에서는 표와 해석을 제시한다.

2. 기술통계분석

1) 기술통계분석은 언제 사용하는가?

적용 예

수천중학교에 재학 중인 1, 2, 3학년 학생들의 키에 대해 다음의 값은 어떻게 되나요?
- 학년별 평균과 표준편차
- 전체 학생의 키를 나열했을 때 정 중앙에 위치하는 키(중앙값 또는 중위수)
- 전체 학생의 키 중에 가장 많은 학생의 키(최빈값)
- 가장 작은 아이의 키(최소값)와 가장 큰 아이의 키(최대값)
- 첨도와 왜도(학생들 키의 분포 특성)

꼭 기억하세요!

학년(1학년, 2학년, 3학년) → 명목변수
키 → 연속변수

- 빈도분석과 함께 가장 기본적인 통계기법이다.
- 주로 수치형 척도로 되어있는 변수의 특징을 나타내고자 할 때 사용한다.
- 평균(Mean)과 표준편차(S.D.)로 특성을 기술하게 된다.
- 예를 들면,

  나이는 평균 15.1세(S.D.=2.0)였고, 그룹홈 거주기간은 평균 37.6개월(S.D.=38.6)로 약 3년 2개월 정도였다, 현재 살고 있는 그룹홈의 대리양육자와 지낸 기간은 평균 25.3개월(S.D.=26.0)로 약 2년 1개월이었다(이수천, 김형태, 2012, pp.96-97).

  - 어떤 연구이든 조사대상자의 일반적 특성에서는 빈도분석과 기술통계분석을 함께 사용하기 마련이다.
- 또한 본 분석에 앞서 사용할 데이터의 정규분포곡선에 대해서 확인하고자 할 때 기술통계분석을 실시한다. 정규분포에 대해서는 왜도와 첨도로 판단할 수 있다.

2) 기술통계분석을 하기 위한 전제조건은 무엇인가?

- 분석하고자 하는 변수가 수치형 척도, 즉 등간척도나 비율척도로 구성되어 있어야 한다. 수치형 척도라 함은 수치에 대한 질문을 어떻게 했느냐에 관한 것이다. 해당하는 수치를 응답자가 직접 쓰도록 한 것이 수치형 척도이다. 수치에 대한 정보를 묻는 것이더라도 항목구간으로 응답을 체크하게 하면 서열척도가 된다. 응답자가 직접 수치를 기입하는 것이 수치형 척도이다.
- 쉽게 이야기하여 평균으로 자료 제시가 가능한 변수인지를 보면 된다. 설문을 할 때 해당하는 것에 대해서 직접 쓴 것들이 대개 수치형 척도가 된다.

3) 기술통계분석 실전

기술통계분석
분석 → 기술통계량 → 기술통계 → 변수이동 → (옵션, 왜도/첨도, 계속) → 확인

- 자료실에서 합산 파일을 열어 조사대상자의 나이, 그룹홈 생활기간, 생활교사와의 만남기간에 대해서 기술통계분석을 실시하여 보자.
- 코드북을 보면 세 변수는 모두 개월로 측정하고 있다. 즉, 비율척도를 사용하고 있음을 알 수 있다. 따라서 기술통계분석이 가능하다.
- 그림 9-4와 같이 **분석**을 클릭하면 스크롤이 내려오고 커서를 **기술통계량**을 거쳐 **기술통계**로 이동하여 클릭하면 기술통계 창이 뜬다. 좌측에 있는 여러 변수들 중 나이, 기간현그룹홈, 기간생활교사 변수를 분석할 창으로 이동한다. 자료의 정규분포를 살펴보고자 한다면 옵션을 클릭한 후 왜도와 첨도를 선택하고 계속을 클릭한다. 굳이 왜도와 첨도를 볼 필요가 없을 경우에는 그냥 확인을 클릭하면 기술통계분석이 실행된다.

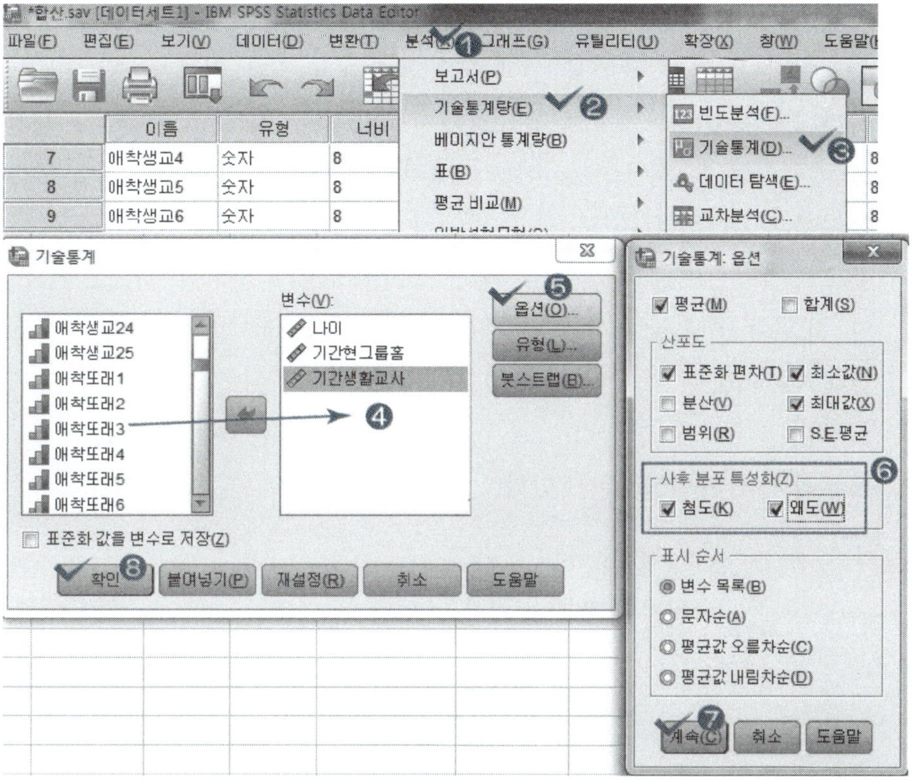

그림 9-4 **기술통계분석**

- 그림 9-5와 같이 결과 창을 보면 선택한 변수에 따라 N, 최소값, 최대값, 평균, 표준편차, 왜도, 첨도를 보여 주고 있다. 최소값과 최대값은 나타나는 자료의 범위를 보여 주고, 평균은 현재 자료가 어느 정도인지를 보여 준다. 일반적으로 연구자는 평균을 통해서 자료의 속성을 기술할 것이다. 하지만 보고서를 보는 사람 입장에서는 범위를 알고 싶어 하는 경우도 있다. 따라서 보고서를 작성할 때는 필요에 따라 이 네 가지를 전부 활용할 수도 있다. 다만 일반적으로 평균과 표준편차는 반드시 제시하는 것이 바람직하다.
- 그림 9-5의 결과 창 뒷부분에 왜도(skewness)와 첨도(kurtosis)가 제시되

어 있다. 이는 옵션에서 왜도와 첨도를 선택했기 때문에 보여 주는 통계치이다. 만약 옵션을 선택하지 않았다면 결과 창에서 이 부분은 나타나지 않는다. 왜도(skewness)는 자료가 좌우 대칭인 정규분포곡선을 기준으로 왼쪽(양의 왜도)이나 오른쪽(음의 왜도)으로 편중되어 분포하는지를 보여 준다. 첨도(kurtosis)는 자료의 분포가 정규분포곡선을 기준으로 위(+) 또는 아래(−)로 얼마나 뾰족하게 분포하는가를 보여 준다. 왜도와 첨도는 모두 기준이 0이다. 일반적으로 절대값을 기준으로 했을 때 왜도는 3 이하이면 첨도는 8 또는 10 이하이면 정규분포를 이루는 것으로 판단한다(Kline, 2005). 자료의 정규성에 대해서는 정규성분석에서 확인할 수도 있다.

기술통계량

	N	최소값	최대값	평균	표준편차	왜도		첨도	
	통계량	통계량	통계량	통계량	통계량	통계량	표준오류	통계량	표준오류
나이	302	107	227	171.12	32.025	-.068	.140	-1.029	.280
기간현그룹홈	302	1.00	156.00	25.3974	23.93348	2.141	.140	7.136	.280
기간생활교사	302	1.00	120.00	20.4470	20.89085	2.015	.140	5.553	.280
유효 N(목록별)	302								

그림 9-5 기술통계 결과

4) 기술통계분석의 결과는 어떻게 제시하는가?

- 앞서 실행한 분석을 보고서에서는 표 9-2와 같이 보기 좋기 제시하는 것이 바람직하다. 그림 9-5의 결과 창에서는 소수점 아래 세 자리, 네 자리, 다섯 자리까지로 나타나고 있다. 이를 그대로 제시해도 좋다. 그런데 보고서에서 통일성을 갖기 위하여 자신이 제시하고 싶은 자리수로 통일하는 것도 좋다. 정해진 법칙은 없으나 비교적 소수점 아래 두 자리까지 제시하는 게 깔끔하여 보기에 좋다. 즉, 소수점 아래 세 번째 자리에서 반올림하거나 버리기를 하여 소수점 아래 두 자리로 모든 자료를 통일하는 것이 일관성 있어 보인다.

- 중요한 것은 평균(mean)과 표준편차(S.D.)를 함께 제시해야 한다는 점이다. 일반적으로 독자들은 평균으로 자료의 특성을 파악한다. 그런데 평균이 갖는 의미를 정확하게 해 주는 것이 표준편차이다. 표준편차는 자료가 평균으로부터 떨어져 있는 정도를 보여 주기 때문에 표준편차가 적을수록 제시된 평균값의 밀도가 높아진다고 할 수 있다.
- 표에서 비고란에 '개월'이라고 제시한 것은 단위이다. 이는 코드북을 보면 해당 변수들이 모두 '개월'로 측정하고 있는 것을 볼 수 있다. 단위를 알아야 독자들이 자료에 대한 의미를 파악할 수 있기에 제시한 것이다. 단위가 동일할 경우에는 표 오른쪽 상단에 제시된 n수와 더불어 제시하기도 한다. 어떤 방법으로 제시하든 보고자의 자유이다. 보고자는 독자가 이해하기 쉬운 방법으로 제시하는 걸 원칙으로 하면 된다.

표 9-2 조사대상자의 나이, 그룹홈거주기간, 교사만남기간 n=302

	Mean(S.D.)	Min./Max.	비고
현재 나이	171.12(32.03)	107/227	개월
그룹홈거주기간	25.40(23.93)	1/156	개월
생활교사와의 만남기간	20.45(20.89)	1/120	개월

- 역시 제시된 표 앞이나 뒤에 해석이 나오는 것이 바람직하다. 위의 표를 해석하여 기술하면 다음과 같다.

> 조사대상자들의 나이는 평균 171.12개월(약 14세, S.D.=32.03)로 나타나고 있다. 현재 그룹홈에 거주한 기간은 25.40개월(약 2년 1개월, S.D.=23.93)로, 생활교사와의 만남기간은 20.45개월(약2년 8개월, S.D.=20.89)로 나타나고 있다. 그룹홈에 거주한 기간의 평균이 약 2년 1개월인 반면 생활교사와의 만남기간의 평균은 약 1년 8개월로 나타나는 것으로 볼 때 청소년이 그룹홈에 거주하는 기간보다 생활교사와 만남기간이 더 짧은 것을 볼 수 있다. 이는 생활교사가 자주 바뀜으로써 생활교사가 그

룹홈에 근무하는 기간보다 아동들이 그룹홈에 살고 있는 기간이 더 긴 것을 보여 준다. 그룹홈에서 생활교사는 가정에서의 부모역할을 하는 존재라는 점을 고려하면 생활교사의 잦은 변경은 그룹홈 청소년들의 심리적 안정에 부정적인 영향을 미칠 것으로 예상할 수 있다.

- 역시 수치들은 통계치에 불과하다. 그 수치가 주는 의미까지 밝히는 게 해석의 역할이다. 위의 해석부분에서 평균과 표준편차의 제시는 모두 통계이다. 그런 반면 그 통계치들을 참고할 때 청소년들의 그룹홈 거주기간보다 생활교사와의 만남기간이 짧다는 것을 비교하여 또 다른 의미를 도출해 내는 것을 연구자의 독창적인 해석이라고 할 수 있다. 이때 다른 연구들을 통하여 근거자료를 제시하면 더욱 좋다. 예를 들어, '그룹홈에서 생활교사는 가정에서의 부모역할을 하는 존재라는 점을 고려하면'이라는 부분을 그냥 기술하는 것보다는 그렇게 이야기하는 다른 근거를 제시하면 더욱 좋다. 또한 다른 연구들에서 나타난 생활교사들의 근무기간을 제시하고 자신의 자료가 그에 대해서 어떤 의미를 갖는지 밝혀주는 더욱 좋다.

c.f.

표준편차(S.D., standard deviation)

기술통계분석을 하면서 평균과 표준편차로 제시한다고 했다. 그런데 해석하는 부분에서는 평균만 언급할 뿐 표준편차는 언급을 하지 않고 있다. 그런데 왜 표준편차를 제시했을까? 표준편차는 무엇을 의미하는가? 이를 이해하기 위하여 다음 표를 보도록 하자.

	형태팀	수천팀	재학팀
1	20	50	100
2	40	50	0
3	60	50	100
4	80	50	0
합	200	200	200
평균	50	50	50

위의 표는 자료분석에 대한 시험을 본 3팀의 성적표이다. 각 팀은 모두 총점은 200점이고 평균은 50점으로 나타났다. 그렇다면 각 팀은 자료분석 실력이 같다고 할 수 있을까? 총점이나 평균으로 보면 3팀은 모두 같은 값을 갖기 때문에 실력차가 없다고 할 수 있다. 하지만 구성원 각자의 실력을 고려해 보면 또 다른 생각을 할 수가 있다. 이를 알아보기 위하여 각 팀의 점수가 어떤 상태로 분포하고 있는가를 볼 필요가 있다. 분포의 정도는 각 구성원이 평균으로부터 얼마나 떨어져 있는가를 보면 된다. 가령 수천팀의 경우 모든 구성원이 평균과 같은 위치에 있는 것을 볼 수 있다. 하지만 형태팀은 각 구성원마다 평균으로부터 떨어져 있는 정도가 다 다르다. 재학팀은 구성원 중 두 사람씩 각각 평균으로부터 서로 반대 위치에 있는 것을 알 수 있다. 이와 같이 각 구성원이 평균으로부터 떨어져 있는 정도를 갖고 보면 실력의 분포가 어떤지를 알 수 있다. 그런데 평균으로부터 떨어진 값을 구하여 더하면 0이 될 수밖에 없다. 따라서 단순히 평균에서 각자의 점수를 빼는 것으로는 평균으로부터 얼마나 떨어져 있는가를 알 수가 없다. 그래서 수학적으로 +와 −의 영향을 받지 않는 방법을 사용하게 된다. 각 팀별로 구성원의 평균으로부터 차를 구한 후 그 수를 제곱한다. 이를 합산하여 구성원 수만큼으로 나눈 값을 변량이라고 한다. 그리고 제곱을 한 것이기에 이 값의 제곱근을 구할 필요가 있다. 변량에 제곱근을 한 것이 표준편차이다. 이런 절차에 따라 위의 표를 재구성하는 다음과 같다.

	형태팀			수천팀			재학팀		
	점수	차이	제곱	점수	차이	제곱	점수	차이	제곱
1	20	30	900	50	0	0	100	50	2,500
2	40	10	100	50	0	0	0	-50	2,500
3	60	-10	100	50	0	0	100	50	2,500
4	80	-30	900	50	0	0	0	-50	2,500
합		0	2,000		0	0		0	10,000
변량	2,000 ÷ 4 = 500			0 ÷ 4 = 0			10,000 ÷ 4 = 2,500		
S.D.	$\sqrt{500}$ = 22.36			$\sqrt{0}$ = 0			$\sqrt{2,500}$ = 50		

따라서 결과를 이렇게 제시할 수 있다. "각 팀의 분석론 평균 점수는 각각 형태팀 50점(S.D.=22.36), 수천팀 50점(S.D.=0), 재학팀 50점(S.D.=50)으로 나타나 평균으로는 모두 같았다. 그러나 표준편차를 비교하면 수천팀이 가장 적어 팀원 모두가 평균으로부터 멀리 떨어져 있지 않음을 알 수 있다. 따라서 분석론에 대한 학습효과는 수천팀이 가장 좋은 것을 알 수 있다." 즉, 표준편차는 해석할 때 별로 사용하지는 않지만 보고서를 읽는 사람은 제시된 평균값이 어떤 성질을 갖는가를 판단하는 자료로 사용하는 것이다. 따라서 굳이 해석을 하지 않더라도 기술통계에서는 반드시 제시해야 한다.

c.f.

분포를 나타내는 통계치들

기술통계는 말 그대로 자료가 어떤 특성을 갖고 있는가를 보여 주는 것이다. 따라서 우리는 실제 분석에서 다루는 빈도분석과 기술통계분석만 다뤘다. 즉, 빈도, %, 평균, 표준편차만 다뤘다. 그러나 기술통계를 정리하면 다음과 같다.

- ✔ 분포 : 왜도, 첨도
- ✔ 중앙경향 : Mean, Median, Mode
- ✔ 산포도 : 범위, 자승의 합, 변량, 표준편차
- ✔ 빈도와 퍼센트
- ✔ 범위 : 최소값~최대값

분포를 나타내는 왜도와 첨도는 변인의 분포가 정상분포곡선으로부터 얼마나 벗어났는지를 보여 주는 지표이다. 이에 따라 모수통계를 사용할 것인지 비모수통계를 사용할 것인지를 결정하게 된다. 물론 정규성에 대해서는 정규성검정을 따로 하는 것도 하나의 방법이 된다. 하지만 정규성검정을 하지 않을 경우 왜도와 첨도를 통하여 분포의 성질을 보여 줄 수 있다.

중앙경향을 나타내는 지표들로는 평균(mean), 중위수(median), 최빈값(mode)이 있다. 평균(mean)은 각 사례의 합을 사례로 나눈 산술평균을 의미한다. 중위수(median)는 모든 사례들 중 가장 중앙에 위치한 사례의 값을 의미한다. 흔히 누적백분율 50%에 위치한 값으로 본다. 최빈값(mode)은 가장 많은 분포를 보이는 값이다. 보통은 평균을 가장 많이 사용하지만 필요에 따라서는 중위수나 최빈값으로 해석할 때도 있다. 비모수통계인 맨휘트니 차이분석은 평균보다는 중위수에 대한 개념을 바탕으로 분석이 이루어진다.

산포도는 평균값의 성질을 보여 주는 값이라고 할 수 있다. 평균값은 한눈에 보기 좋은 장점은 있지만, 개별 자료들이 그 평균으로부터 얼마나 떨어져 있는지, 즉 자료들의 동질성에 대해서는 정보를 주지 않는다.

자료들의 동질성에 대한 자료가 바로 산포도이다. 자료들은 평균으로부터 많이 떨어지지 않을수록 동질적이라고 판단할 수 있다. 범위는 최대값에서 최소값을 뺀 것이다. 자승의 합(제곱의 합), 변량, 표준편차는 사실상 같은 개념이라고 볼 수 있다. 이미 앞의 참고에서 알아보았듯이 평균의 차를 합할 경우 0이 나오는 것을 해결하기 위하여 수학적인 과정으로 제곱을 활용하였다가 다시 제곱근을 구한 것이기 때문이다.

왜도, 첨도, 중위수, 최빈값, 범위, 변량은 일일이 계산해야 하는가? 그렇지 않다. 그림 9-4에서 본 바와 같이 기술통계 창에서 '옵션'을 클릭하면 제시된 값들을 선택할 수 있다. 그러나 일반적으로 기술통계를 할 때는 빈도와 퍼센트, 평균과 표준편차를 주로 사용하는 점을 잊지 말자.

CHAPTER 10

교차분석과 χ^2검증

교차분석은 SPSS프로그램 구성상으로 볼 때 기술통계에 속한다. 이는 두 변수 간 교차 테이블에 따라 어떤 분포 양상을 보이고 있는가를 기술하는 기능이 있기 때문이다. 그러나 교차분석은 단순히 자료의 분포만 다루는 것이 아니라 카이제곱(χ^2)검정에 따라 두 변수 사이의 상관성에 대해서 검정을 할 수가 있다. 즉, 추리통계가 가능하다. 이럴 경우에는 단순히 기술하는 기능을 넘어선다고 할 수 있다. 따라서 교차분석은 카이제곱(χ^2)검정 없이 기술통계로 사용할 수도 있으며, 카이제곱(χ^2)검정을 추가 사용함으로써 가설을 세워 검정하는 경우에는 추리통계로 사용할 수도 있다. 용어가 교차분석, 카이제곱(χ^2)검정, Chi-square분석으로 나타나더라도 결국 동일한 분석을 실행하는 것이라고 볼 수 있다.

1. 교차분석(χ^2검증)

1) 교차분석은 언제 사용하는가?

적용 예

수천중학교에 재학 중인 학생들은 학년에 따라 사는 지역이 다를까요?

꼭 기억하세요!

교차분석(χ^2검증)은 두 개의 명목형 변수 간에 관계가 있는지 검증합니다.
- 학년(1학년, 2학년, 3학년) → 명목변수
- 사는 지역(회현동, 약수동, 옥수동) → 명목변수

- 명목형 척도 즉, 명목척도와 서열척도로 된 두 개의 변수에 대해서 교차 테이블을 활용하여 그 특성을 알아보고자 할 때 사용한다. 예를 들면, 성별(①남자, ②여자)과 성적(①상, ②중, ③하)에 대해서 교차 테이블을 구성하여 분포를 알아본다고 할 때 성별은 명목척도이고 성적은 서열척도이다. 따라서 이 두 변인을 교차하였을 때 분포가 어떤지와 그것이 통계적 의미가 있는지를 살펴볼 수 있다.
- 가설을 세워서 검증하는 것이 가능하다. 앞서 든 예를 본다면 '성별에 따라 성적인식은 차이가 있을 것이다'라는 가설을 세웠을 경우 교차 테이블의 한축에는 성별이, 다른 한축에서는 성적을 지정한 후 옵션에서 카이제곱(χ^2)검정하여 검증할 수 있다.
- 가설을 검증하는 방법을 사용할 경우 대표적인 비모수 추리통계가 되는 것이다.
- 가설검증은 χ^2값과 유의도를 기준으로 하여 판단한다.

2) 교차분석을 하기 위한 전제조건은 무엇인가?

- 척도의 구성이 명목척도나 서열척도로 구성되어야 한다. 만약 수치형으로 된 변인에 대해서 교차분석(또는 카이제곱검정)을 하고자 한다면 수치형을 적절한 구간으로 나눠줌으로써 서열척도로 자료를 변환하는 것이 필요하다.
- 교차 테이블에서 각 셀의 기대빈도는 5 이상이어야 한다. 적어도 기대빈도 5 이하가 20% 이하이어야 한다. 어떤 사람은 25%까지 보기도 한다. 기대빈도가 5 이하인 것이 20%(또는 25%) 이상일 때는 해당하는 낮은 기대빈도 구간을 그 전후 다른 구간과 합치는 것이 필요하다. 기대빈도에 대한 정보는 일단 분석을 실행하면 볼 수 있다. 즉, 분석하기 전에 신경쓸 일이 아니라 분석한 후에 기대빈도 5 이하인 것이 얼마나 나타나는지 확인할 필요가 있다.

- 분석의 편의를 위하여 가설을 세워서 검증하는 것이 편리하다. 카이제곱(x^2)검정만 선택하면 되기 때문이고, 교차 테이블은 좌우 양방향이기 때문에 분석을 할 때마다 어떻게 교차 테이블을 구성할지 고민이 되기 때문이다. 아예 가설을 설정하고 이에 따라 독립변수와 종속변수 개념으로 접근하면 편리하다.

3) 교차분석 실전

교차분석, x^2검정
분석 → 기술통계량 → 기술통계 → 교차분석 → 변수이동 → (옵션, 왜도/첨도, 계속) → 확인

- 자료실에서 합산 파일을 열어 그룹홈 거주기간과 성적과의 관계에 대해 교차분석을 실시해 보자.
- 먼저 가설을 세워보자. 그룹홈 거주기간을 독립변수로 하고, 성적을 어떻게 인식하는가를 종속변수로 설정할 수 있다. 가설을 세우면 다음과 같다. "그룹홈 거주기간에 따른 성적인식은 차이가 있을 것이다."
- 코드북에서 해당 데이터에 대한 형태를 보면 거주기간(기간현그룹홈)은 단위가 개월이다. 따라서 비율척도이다. 교차분석을 위한 전제조건에서 밝혔듯이 명목형 척도가 아니면 교차분석은 불가능하다. 따라서 이를 명목형 척도로 변환작업이 필요하다. 이미 그림 7-2와 그림 7-3에서 변환작업을 하였다. 거주기간에 대해서 이렇게 변환한 '거주기간대'라는 변수를 사용하면 된다.
- 그림 10-1과 같이 **분석**을 클릭하고 내려온 스크롤에서 **기술통계량**, **교차분석**을 차례로 클릭한다. 그러면 그림 10-2와 같이 교차분석 창이 뜬다.

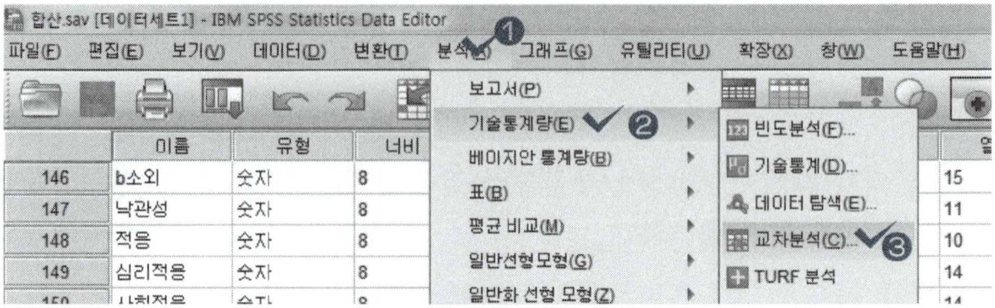

그림 10-1 교차분석1

- 교차 테이블은 행과 열 구분 없이 사용할 수 있으나 분석의 편의성을 위하여 아예 '행종열독'이라고 암기를 하자. 행종열독은 '행에는 종속변수를 열에는 독립변수를 보낸다'는 의미이다. 그림 10-2와 같이 행에 성적을, 열에 거주기간대를 보낸다.
- 교차분석 창에서 통계량을 클릭하면 그림 10-2 왼쪽 아래와 같이 '교차분석: 통계량' 창이 뜬다. 카이제곱을 설정한 후 계속을 누르고, 이어 셀을 클릭하면 그림 오른쪽 아래와 같이 '교차분석: 셀 표시' 창이 뜬다. 백분율에서 열을 체크한 후 계속을 누르고, 확인을 누르면 교차분석이 실시된다. 카이제곱(x^2)을 설정하는 이유는 가설을 검정하기 위함이다. 따라서 가설을 검정할 목적이 없다면 카이제곱은 설정하지 않아도 된다. 백분율을 열로 체크한 것은 독립변수를 기준으로 결과를 보기 위해서이다. 행과 열을 모두 체크하면 백분율이 행과 열에 따라 모두 보여 주기 때문에 오히려 보는데 어려움이 있다. 열(독립변수)에 맞춰서 백분율을 표시하는 것이 바람직하다.

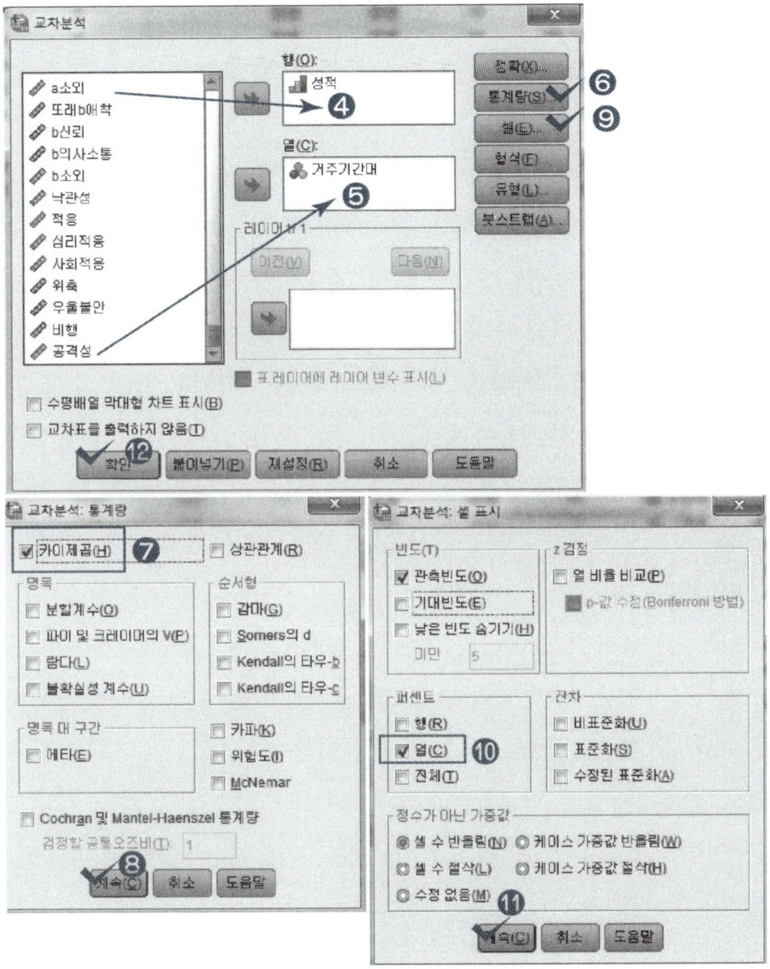

그림 10-2 **교차분석2**

- 그림 10-3은 교차분석의 결과 창이다. 세 개의 표가 제시된다. 케이스처리요약은 분석에 사용된 케이스의 수와 처리결과에 대해서 알려주는 표이다. 각 분석을 할 때마다 케이스처리요약이라는 표가 나타나는 것을 알 수 있다. 크게 신경 쓰지 않아도 된다. 교차분석에서 주로 관심을 갖고 보는 표는 그 아래 나타나는 교차표와 카이제곱검정이다.

- 가설을 검정하기 위해서는 먼저 카이제곱검정을 본다. 그림 10-3의 카이제곱검정을 보여 주는 표 아래 부분을 보면 기대빈도에 대한 정보가 나타난다. 여기서는 기대빈도가 5보다 작은 것이 4셀 20%로 나타나고 있다. 기대빈도가 5 이하인 경우가 20% 이하 또는 25% 이하일 때 카이제곱(x^2)검정을 실시할 수 있는 것이다. 20%로 나타나기 때문에 제시된 카이제곱(x^2)검정을 살펴보아도 된다. 만약 여기서 25% 이상이 나타났다면 카이제곱(x^2)검정은 불가능하다. 기대빈도가 5 이하인 셀을 찾아 변수변환을 이용하여 다른 부분과 합친 후에 다시 카이제곱(x^2)검정을 실시해야 한다. 기대빈도가 5 이하인 셀은 그림 10-3과 같이 빈도가 가장 낮은 것들(3,3,4,2)이다. 이를 정확하게 알고자 하면 그림 10-2에서와 같이 '교차분석: 셀 표시' 창에서 기대빈도를 선택하면 된다.
- 기대빈도가 적정한 조건을 갖추고 있음을 확인한 후 카이제곱(x^2)을 검증한다. 피어슨 카이제곱값이 28.547로 나왔으며, 이에 대한 유의수준은 .005로 나온 것을 볼 수 있다. 이는 영가설인 '거주기간대는 성적과 연관성이 없다'가 나올 확률이 .4%이므로 영가설을 기각하게 되는 것이다. 그렇다면 대립가설인 '거주기간대는 성적과 연관성이 있다'를 채택하게 된다. 즉, 통계적으로 의미가 있다고 할 수 있는 것이다.
- 가설과 영가설에 대한 개념이 복잡하다. SPSS 프로그램은 각 프로그램마다 영가설로 세팅이 되어 있다. 일단 유의도가 .05, .01, .001을 기준으로 하여 그 이하가 나오면 통계적인 의미가 있다고 보면 된다. 즉, 본 분석의 경우 그룹홈 거주기간대는 성적과 연관성이 있는 것으로 나타났다고 해석할 수 있다. 영가설과 가설의 채택에 대해서는 교차분석 제일 뒤에 제시하는 참고부분을 보라.

• 카이제곱(x^2)검정은 가설을 검정하는 경우에 사용하는 것이다. 만약 가설검정을 굳이 하지 않고 교차 테이블에 따른 분포만 보려면 그림 10-2에서 통계량에서 카이제곱검정을 선택하지 않아도 된다. 또한 선택했다 하더라도 그림 10-3의 결과 창에서 카이제곱검정에 대한 부분은 살펴보지 않아도 된다. 따라서 이럴 경우에는 기대빈도가 5 이하인 것이 많이 나와도 상관없다.

성적 * 거주기간대 교차표

			거주기간대				
			1년미만	2년미만	3년미만	3년이상	전체
성적	상	빈도	3	3	4	2	12
		거주기간대 중 %	2.7%	6.4%	6.2%	2.8%	4.0%
	상중	빈도	5	8	6	14	33
		거주기간대 중 %	4.4%	17.0%	9.2%	19.4%	11.1%
	중	빈도	40	9	16	25	90
		거주기간대 중 %	35.4%	19.1%	24.6%	34.7%	30.3%
	중하	빈도	41	12	31	20	104
		거주기간대 중 %	36.3%	25.5%	47.7%	27.8%	35.0%
	하	빈도	24	15	8	11	58
		거주기간대 중 %	21.2%	31.9%	12.3%	15.3%	19.5%
전체		빈도	113	47	65	72	297
		거주기간대 중 %	100.0%	100.0%	100.0%	100.0%	100.0%

카이제곱 검정

	값	자유도	근사 유의확률 (양측검정)	
Pearson 카이제곱	28.547[a]	12	.005	❷
우도비	28.679	12	.004	
선형 대 선형결합	5.129	1	.024	
유효 케이스 수	297			

a. 4 셀 (20.0%)은(는) 5보다 작은 기대 빈도를 가지는 셀입니다. 최소 기대빈도는 1.90입니다. ❶

그림 10-3 교차분석 결과

- 카이제곱(x^2)검증으로 가설이 검증되었으며 이제 실질적으로 데이터가 어떤 양상을 보이는지를 알아야 한다. 교차 테이블이 2×2인 경우에는 그 양상을 읽기가 수월하다. 좌측에서 보는 바와 같이 교차분석표가 있다고 하자. 이런 경우 해석을 할 때 '남자는 매체 중 신문보다는 텔레비전을 선호하지만 여자는 텔레비전보다는 신문을 선호한다'고 하면 된다. 교차 테이블이 비교적 단순하기 때문에 해석하는데도 어려움이 없는 것이다.

성별과 선호하는 매체간의 관계

	남성	여성
텔레비전	100명(83.3%)	20명(15.4%)
신문	20명(16.7%)	110명(84.6%)
계	120명(100%)	130명(100%)

x^2=11.54, d.f.=1, p<.05, λ=.712

출처: 최현철(2007). p.131

- 그러나 그림 10-3의 교차 테이블은 4×5로 복잡한 양상을 띠고 있다. 이럴 경우에는 경향성을 읽어주면 된다. 경향성을 파악할 때는 독립변수 안에서 어떤 패턴이 나타나고 있는가 그리고 이런 패턴은 독립변수가 바뀌면서 일정한 방향성을 갖는가 등을 종합적으로 고려하면 된다. 독립변수를 기준으로 본다는 건 결국 독립변수에 따라 종속변수가 어떤 양상을 보이는지를 보는 것이다.
- 본 예제와 같은 경우 그룹홈 거주기간이 1년 미만인 경우에는 자신의 성적으로 중이나 중하로 인식하는 경우가 대부분이었는데, 1년 이상 2년 미만 거주한 경우에는 성적을 하로 인식하는 경우가 제일 많고 이어 중하, 중, 상중, 상의 순으로 인식하는 것으로 드러났다. 그룹홈 거주기간이 1년 미만인 경우에 비하여 2년 미만인 경우가 보다 더 성적을 낮게 인식하는 것을 알 수 있다. 그러던 것이 거주기간 3년 미만 그리고 3년 이상으로 가면서 점차로 성적에 대한 인식이 나아지는 것을 알 수 있다. 이는 그룹홈 청소년의 경우 그룹홈에 새로 거주하게 된 초창기에는 불안감이 많이 작용하고, 이런 불안감은 2년 정도 지

나면서 상당 부분 해소되는 것을 볼 수 있다. 그룹홈에 거주한지 2년이 넘으면 어느 정도 불안감이 사라지고 자신의 성적에 대해서도 다소 긍정적으로 인식하는 경향을 나타내고 있는 것으로 판단할 수 있다. 즉, 그룹홈에 2년 이상 거주하게 되면 그 상황에 적응하여 자신에 대해서 달리 생각하게 되는 것으로 볼 수 있는 것이다.

- 만약 가설검정을 하는 경우가 아니라면, 즉 카이제곱(x^2)검정을 무시하고 교차 테이블을 통하여 기술통계만 본다면 경향성에 대해서 읽는 것은 조심해야 한다. 기술통계라는 건 지금 있는 상태를 기술해주는 것이지, 통계적 의미가 있는 것이 아니기 때문에 경향성을 해석하는 것은 위험하다. 경향성을 해석하고 싶으면 반드시 카이제곱(x^2)검정을 실시한 후 해석하는 것이 바람직하다.

4) 교차분석(x^2검정)의 결과는 어떻게 제시하는가?

- 그림 10-3에 나타난 성적*거주기간대 교차표를 결과로 제시로 해주면 된다. 다만 보고서에서는 보다 정제된 모습의 표로 제시해 줄 필요가 있다.
- 그림 10-3에 나타나는 것을 표로 제시하면 표 10-1과 같다. 표를 제시할 때 필요한 통계치를 반드시 제시해 주어야 한다. 카이제곱(x^2)값과 유의수준(p)은 반드시 제시해 주어야 한다. 표에서와 같이 표 아래 부분에 제시해도 되고, 경우에 따라서는 표 오른쪽에 칸을 만들어서 제시하기도 한다. 독자가 알아볼 수 있도록 하면 된다. 유의수준은 $p=.005$와 같이 결과를 그대로 표시해 주어도 되고, 통상적인 기준을 적용하여 $p<.01$로 제시해도 된다.

표 10-1 거주기간에 따른 성적인식의 분포

		거주기간				
		1년 미만	2년 미만	3년 미만	3년 이상	계
성적	상	3(2.7%)	3(6.4%)	4(6.2%)	2(2.8%)	12(4.0%)
	상중	5(4.4%)	8(17.0%)	6(9.2%)	14(19.4%)	33(11.1%)
	중	40(35.4%)	9(19.1%)	16(24.6%)	25(34.7%)	90(30.3%)
	중하	41(36.3%)	12(25.5%)	31(47.7%)	20(27.8%)	104(35.0%)
	하	24(21.2%)	15(31.9%)	8(12.3%)	11(15.3%)	58(19.5%)
	계	113(100.0%)	47(100.0%)	65(100.0%)	72(100.0%)	297(100.0%)

χ^2=28.55, d.f.=12, p<.01

- 결과를 표로 제시하면 보고서를 읽는 사람들은 표만 보아도 어떤 의미인지를 알 수 있다. 하지만 연구자는 결과에 대한 해석을 해 주어야 한다. 위의 표에 대해서 다음과 같이 제시할 수 있다. 기술하는 방법과 통계치를 제시하는 방법에 유의하여 보도록 하자.

그룹홈 청소년의 거주기간대에 따른 자신의 성적의 인식은 서로 관련성이 있는 것으로 나타났다(χ^2=28.55, p<.01). 이때 성적을 인식하는 정도는 다음과 같다. 먼저 그룹홈 거주기간이 1년 미만인 청소년의 경우 자신의 성적으로 중이나 중하로 인식하는 경우가 각각 40명(35.4%), 41명(36.3%)으로 나타나 전체의 70% 이상을 차지하고 있었으며, 다음으로 성적을 하로 인식하는 경우가 24명(21.2%)으로 나타나고 있어 전반적으로 자신의 성적에 대해서 낮은 것으로 인식하는 것을 알 수 있다. 그룹홈 거주기간이 1년 이상 2년 미만의 청소년의 경우에는 자신의 성적을 하로 인식하는 경우가 15명(31.9%)로 나타났고, 이어서 중하 12명(25.5%), 중 9명(19.1%), 상 8명(17.0%), 상중 3명(6.4%)으로 나타나 1년 미만인 경우와 비교하였을 경우 확연하게 성적을 하로 인식하는 경우가 늘어난 것을 알 수 있다. 그룹홈에 거주한지 2년 이상 3년 미만인 경우에는 중하 31명(47.7%), 중 16명(24.6%), 하 8명(12.3%), 상중 6명(9.2%), 상 4명(6.2%)으로 나타나 중하에서 중으로 인식하는 경우가 많아진 것을 알 수 있다. 그룹홈에 거주한지 3년 이상인 청소년의 경우에는 자신의 성적으로 중으로 인식하는 경우가 25명(34.7%)으로 가장 많은 가운데 중하 20명(27.8%), 상중 14명(19.4%), 하 11명(15.3%), 상 2명(2.8%) 순으로 나타나고 있어 성적을 중 이상으로 인식하는 경우가 현격하게 늘어난 것을 알 수 있다. 청소년들이 그룹홈에

처음 와서 2년 정도까지는 새로운 환경에 적응하느라고 자신의 성적에 대해서 다소 낮게 인식하다가 2년 이상 거주하게 되면 새로운 환경에 어느 정도 적응하여 자신의 성적에 대해서 비교적 중간과 그 이상으로 인식하는 경향이 나타나는 것을 알 수 있다. 따라서 그룹홈 청소년의 경우 새로운 그룹홈에 2년 정도는 거주할 때 그 환경에 적응하는 것을 알 수 있다.

- 첫 문장 "그룹홈 청소년의 거주기간대에 따른 자신의 성적의 인식은 서로 관련성이 있는 것으로 나타났다(x^2=28.55, p<.01)"는 통계적인 결과를 보여 주는 기술이다. 보고자에 따라서는 이를 여러 문장으로 보고하기도 한다. 예를 들면, "그룹홈 청소년의 거주기간대에 따른 성적인 인식은 1%의 유의수준에서 통계적으로 의미가 있는 것으로 나타났다. 이때 x^2은 28.55이었고 자유도는 12로 나타났다"고 기술할 수도 있다. 기술의 방법은 연구자 자신의 취향이나 보고받는 기관(학교, 학회 등)의 양식 등을 따라서 작성하면 된다.
- 위의 기술에서 카이제곱검증에서 유의도가 적절하지 않게 나왔으면, 즉 p>.05이면 통계적 추리를 나타내는 수치는 의미가 없어진다. 즉, 거주기간대에 따라서 성적인식은 서로 관련성이 없는 것으로 판단해야 하며, 따라서 추론을 제거하고 있는 그대로 자료를 기술하는 것만 가능하다. 그리고 이런 결과기술은 이번 자료에 한정해서 이야기하는 것이 된다. 즉, 이번 조사대상자에 대한 기술통계가 되는 것이다. 다시 정리하면 교차 테이블에 따른 자료의 분로만 보면 교차분석이고, 이것에 대한 가설검정을 하면 카이제곱(x^2)검정이다.

c.f.

정말 교차분석에서는 x^2, p만 제시하면 끝인가?

다른 무언가가 있을 거라는 막연한 불안감에 뭔가 찜찜하다. 그렇다. 위에서 제시한 두 개의 값으로는 통계적으로 두 변수가 서로 연관성이 있는지 없는지만 판단하게 되어 있을 뿐 두 변인 간의 관련성의 정도(강도)에 대해서는 아무런 정보를 제공하지 않는다. 일반적으로 위에서 제시한 정도로 교차분석(χ^2 검정)을 실행하여 결과를 제시해도 문제가 될 것은 없다. 하지만 두 변인이 서로 관련이 있다면 그 관련의 정도까지 보고하고 싶다면 또 다른 통계치로 눈을 돌려야 한다. 예를 들면, 그림 10-3 아래에 제시된 표(최현철의 책에서 가져온 자료)를 보면 '람다'(λ)가 제시되어 있는 것을 볼 수 있는데, 이것이 바로 두 변인의 관련성 정도를 표시하는 통계치이다. 이런 것을 보는 통계치로는 Phi, Cramer's V, Kendall's τ(타우)_b, Kendall's τ(타우)_c, λ(람다), γ(감마) 등이 있다. 모두 그림 10-2의 왼쪽 아래에 있는 '교차통계분석표: 통계량' 창에서 선택을 할 수 있다. 여기서 선택을 하면 결과 창에서 카이제곱검정 아래로 선정한 값들에 대한 정보가 제시된다. 아래의 원칙에 따라 그 강도를 보면 된다.

① 교차 테이블이 2×2인 경우에는 Phi(파이)를 해석한다. 그 이상 복잡한 교차 테이블에서는 Cramer's V(크래머의 V)를 해석한다. 이 두 값은 모두 .1이면 두 변수의 관계의 강도가 약하고, .3이면 보통이고, .5는 높다고 해석한다(수치에 대해선 이윤로, 유시순(2013) p.85에서).
② Phi나 Cramer's V 대신 λ(람다)를 사용하기도 한다. λ는 명목형 척도의 상관의 정도를 보는 대표적인 지수이다. λ는 0-1 사이에서 값이 나오며 1에 가까울수록 상관의 정도가 높은 것이다. 0-.1 미만이면 변인 간의 관계가 거의 없다고, .1-.3 미만이면 변인 간의 관계가 어느 정도 있다고, .3-.5 미만이면 변인 간의 관계가 상당히 깊다고, .5-.8 미만이면 변인 간의 관계가 매우 깊다고, .8-1.0이면 변인 간의 관계가 거의 일치한다고 해석한다(수치에 대해선 최현철(2007), p.127에서).
③ 두 변인이 모두 서열척도인 경우에는 γ(감마)나 Kendall's τ(타우)_b, Kendall's τ(타우)_c를 해석한다. γ는 나타날 수 있는 범위가 '$-1 \leq \gamma \leq 1$'이므로 1에 가까울수록 순방향성이 강하다고 해석할 수 있다. Kendall's τ_b도 나타날 수 있는 범위는 '$-1 \leq \tau \leq 1$'이다. Kendall's τ_b는 교차 테이블이 n×n(정방형)일 경우에 사용하고, Kendall's τ_c는 교차 테이블이 n×m일 경우에 사용한다.

결국 두 변인 간 관련성의 정도를 보는 것이기 때문에 명목형 변수 또는 서열형 변수간의 상관관계를 분석하는 것과 같은 것이다. 등간척도 이상의 변인 간 상관관계를 보는 대표적인 분석은 피어슨 상관관계분석이다.

c.f.

영가설, 1종오류, 유의도란?

연구와 관련된 글을 보다 보면 '영가설', '1종오류', '유의도'라는 말이 자주 등장한다. 이는 통계(검증, 연구)의 기초가 되기 때문에 그 개념에 대해서 정확하게 알아두는 것이 필요하다. 먼저 가설은 연구가설, 영가설, 대립가설이 있다. 연구가설은 연구의 주된 가설이 되고, 영가설은 연구가설과 반대되는 가설이다. 대립가설은 영가설을 기각하고 대신 채택하고자 하는 가설이다. 결국 대립가설은 연구가설과 같은 개념인 것을 알 수 있다.

이해를 쉽게 하기 위해 '백조는 하얀색이다'라는 연구가설(H_1)을 검증한다고 하자. 이 연구가설을 검증하기 위해 '백조는 하얀색이 아니다'라는 영가설(H_0)을 세우고 영가설을 검증하게 된다. 그렇다면 연구가설을 직접적으로 검증하지 않는 이유는 뭘까? 연구가설을 검증하는 것은 불가능하기 때문이다. 백조가 하얀색인지 알아보기 위해 1천 마리의 백조를 조사했더니 모두 하얀색이었다고 하자. 그럼 백조는 하얀색이라는 것이 증명된 것일까? 아직 조사하지 않은 백조 중에 하얀색이 아닌 백조가 있을 수도 있으므로 백조는 하얀색이라는 결론을 내릴 수 없다.

1만 마리를 조사해도, 1천만 마리를 조사해도 마찬가지이다. 여전히 하얀색이 아닌 백조가 존재할 가능성이 있다. 연구가설은 증명이 불가능한 것이다. 과학은 영원불변의 진리를 다루지 않으며, 제한된 시간과 공간의 임시적 설명을 다루는 영역이다. 실제로 호주에서 검은 백조가 발견되면서 백조는 하얀색이라는 오랜 믿음이 더 이상 사실이 아닌 것이 되었다. 이러한 오류의 가능성 때문에 연구가설을 직접 검증하지 않고 영가설을 검증하여 연구가설의 지지 여부를 확인한다. 이것이 오류를 줄일 수 있는 방법이기 때문이다. 정리하자면, 가설검증(연구, 통계)에 있어 영가설(H_0)을 사용하는 이유는 오류의 가능성을 줄이기 위한 것이며, 영가설이 기각되고 연구가설이 채택되면 연구자가 밝히고자 하는 주장이 강화되는 것이다.

한편, 검증을 하다 보면 오류가 발생할 수 있는데 오류의 종류는 1종오류, 2종오류, 3종오류로 구분할 수 있다. 영가설이 참이면 이를 채택하고 연구가설을 기각해야 하는데, 영가설이 참임에도 영가설을 기각하고 연구가설을 채택하여 범하는 오류를 1종오류라고 한다. 영가설이 거짓이면 이를 기각하고 연구가설을 채택해야 하는데 영가설이 거짓임에도 영가설을 채택할 때 범하는 오류를 2종오류라고 한다. 3종오류는 가설의 설정 자체가 틀린 것을 의미한다. 그럼 가설자체가 틀린 3종오류는 차치하고 1종오류와 2종오류 중 어떤 오류가 더 신경써야 할 오류일까? 흔히 '파스칼의 도박'(신의 존재에 베팅하라!)에서 나타나듯이 1종오류가 더 심각한 문제를 유발할 수 있으며, 2종오류에 비해 1종오류를 범할 가능성이 훨씬 높다. 연구자들은 자기가 세운 연구가설을 입증하고 싶어 하고, 영가설을 기각하고 연구가설이 채택될 것을 기대하게 된다. 따라서 영가설이 참임에도 영가설을 기각할 가능성이 크다. 즉, 1종오류를 범할 가능성이 매우 크다. 유의도란 1종오류를 범할 확률을 의미하는 것으로 유의도가 5%라면 1종오류를 범할 확률이 5% 이하이라는 의미이다. 즉, 1종오류가 발생할 가능성이 유의수준이고 이를 확률로 표시한 게 유의도이다. 통계적으로 5%를 기준으로 유의수준을 본다. 유의도가 .05 미만이면 1종오류를 범할 확률, 즉 영가설을 기각했을 때 오류를 범할 확률이 5%가 안된다는 의미이므로 영가설(H_0)을 기각하고 연구가설(H_1)을 채택하게 되는 것이다. 유의도가 .05 미만이라는 것을 '$p<.05$'로 표시하며, 이는 100번의 조사를 했을 때 오류를 범할 확률이 5번 미만이라는 의미이다. 사회과학연구에서 유의도는 5%, 1%, 0.1% 기준을 주로 사용하며, 이는 통계적으로 .05, .01, .001에 해당한다. 다만 연구자의 판단에 따라 부득이하게 유의도를 10%, 즉 .10 수준에서 설명하는 경우도 간혹 있다. 이때는 그렇게 볼만한 합당한 이유를 제시해야 한다.

아래 표는 각 분석방법이 통계프로그램 상 설정하고 있는 영가설을 정리한 것이다.

	영가설	비고
교차분석 (χ^2검정)	두 변수 간의 관계는 독립적이다. 즉, 관계가 없다.	기대빈도와 관측빈도의 차가 0이다.
t-test, ANOVA	집단 간 차이가 없다.	집단 간 평균의 차가 0이다.
상관관계분석	변수 간 상관관계가 없다.	모집단에서 두 변수 간 상관계수가 0이다.
회귀분석	모집단에서 종속변수와 독립변수 간에 선형관계가 없다.	집단 간 평균의 차가 0이다. (모집단의 회귀선의 기울기는 0이다.)

아무리 읽어도 이해가 안 된다면 일단 여기에서는 더 이상 읽으려고 하지 않아도 된다. 일단, p<.05이면 통계적으로 유의미한 수준이라고 생각하면 된다. 따라서 p값이 얼마인지를 항상 잘 살펴야 한다.

2. 일표본 χ^2검정

1) 일표본 χ^2검정은 언제 사용하는가?

적용 예

수천중학교에 재학 중인 학생들은 요일에 따라 결석생의 수가 다를까?

꼭 기억하세요!

일표본 χ^2검증은 하나의 명목변수에 대해 검증합니다.
- 요일별 결석생(월, 화, 수, 목, 금, 토) → 명목변수

- 일반적으로 교차분석은 명목형으로 구성된 두 변수 사이의 관계를 검증하는 것이다. 이를 약간 변형하여 하나의 변수의 빈도를 분석하는 것이 일표본 χ^2검정이다.
- 예를 들어, 다음과 같은 경우를 생각해 볼 수가 있다. 교통안전공단에서는 최근 5년 간 여름 휴가철인 7, 8월의 교통사고 현황을 분석하여,

요일별로는 금, 토요일에 사고가 가장 많이 집중되는 것으로 보도자료를 냈다(2015.7.23., 그림 6-5참조). 과연 이 보도자료는 통계적인 의미가 있을까?

- 이 경우 요일별 교통사고라는 하나의 변수밖에 없다. 이런 경우 일표본 χ^2검정으로 통계적 의미를 검정할 수 있다.

2) 교통안전공단(이사장 오영태)이 최근 5년간 여름 휴가철인 7월과 8월 교통사고 현황을 분석한 결과 요일별로는 금요일과 토요일에, 시간대별로는 오후 8시에서 10시 사이에 사망사고가 집중되는 것으로 나타났다고 밝혔다.

- 최근 5년간 7·8월 요일·시간대별 교통사고 사망자수 현황(출처: 경찰청 사고통계)

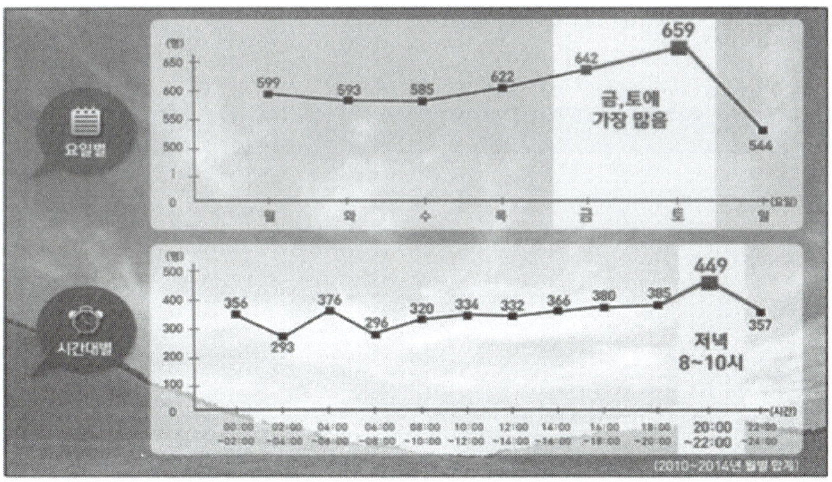

그림 10-4 최근 5년 간 7-8월 교통사고 현황

3) 일표본 χ^2검정을 하기 위한 전제조건은 무엇인가?

- 명목형 변수 하나만 있어야 한다.

4) 일표본 χ^2검정 실전

일표본 χ^2검정
분석 → 비모수검정 → 레거시대화상자 → 카이제곱 → 변수이동 → 확인

- 위의 사례를 갖고 일표본 χ^2검정을 실시해 보자. 엑셀을 이용하여 다음과 같은 표를 만든다. 이는 실제로 일표본 χ^2검정을 실시하면 결과창에 제시되는 것과 같은 양식이다. 함수식을 활용하여 카이제곱, 자유도, 근사유의확률을 구해보자.

		관측빈도	기대빈도	잔차
1	월	599	606.29	-7.29
2	화	593	606.29	-13.29
3	수	585	606.29	-21.29
4	목	622	606.29	15.71
5	금	642	606.29	35.71
6	토	659	606.29	52.71
7	일	544	606.29	-62.29
계		4244		
카이제곱				
자유도				
근사유의확률				

PART III

분석실전

- 카이제곱 공식과 함수식은 다음과 같다. 엑셀을 이용하여 각 값을 구하면 카이제곱(x^2)은 14.61912이 된다. 이를 카이제곱분포표에서 자유도(d.f.) 6인 라인을 따라 가보면 α=.025에 해당하는 카이제곱보다는 크고 α=.01에 해당하는 카이제곱보다는 작다. 따라서 $p<.05$이므로 영가설을 기각한다. 즉, 요일별로 일어난 사고는 금요일과 토요일이 집중되는 현상이 통계적으로 의미가 있다고 판단할 수 있다.

$$\chi^2 = \sum \frac{(\text{관측빈도} - \text{기대빈도})^2}{\text{기대빈도}}$$

자유도 = (행-1) × (열-1)

SUMSQ	제곱의 합
CHIDIST(x2,d.f.)	근사유의확률
CHINV(p,d.f.)	역함수값

$$\text{기대빈도} = \frac{\text{행의 빈도합} \times \text{열의 빈도합}}{\text{전체빈도}}$$

※일표본에서 기대빈도는 총빈도(관측빈도의 합)를 빈자리 수만큼으로 나누면 된다. 그리고 기대빈도를 모두 같게 표시한다.

- 실제로 일표본 χ^2검정을 SPSS프로그램으로 해보자. 적절하지는 않지만 연습을 위하여 그룹홈 청소년들이 자신의 성적으로 어떻게 인식하고 있는지 그리고 그것은 통계적으로 의미가 있는지 검정해 보자. 일단 코드북을 확인해 보면 성적은 서열척도로 물어본 자료이기에 통계적으로 일표본 χ^2검정을 할 수 있는 자료 형태인 것을 알 수 있다. 자료실에서 코딩 파일을 열어 그림 10-5와 같이 **분석**을 클릭하여 아래로 쭉 내려가 **비모수검정, 레거시대화상자, 카이제곱** 순으로 커서를 이동한 후클릭한다. 카이제곱검정 창이 뜨면 왼쪽에서 성적이라는 변수를 찾아 오른쪽 검정변수로 이동한다. 확인을 클릭하면 일표본 χ^2검정을 실시한다.

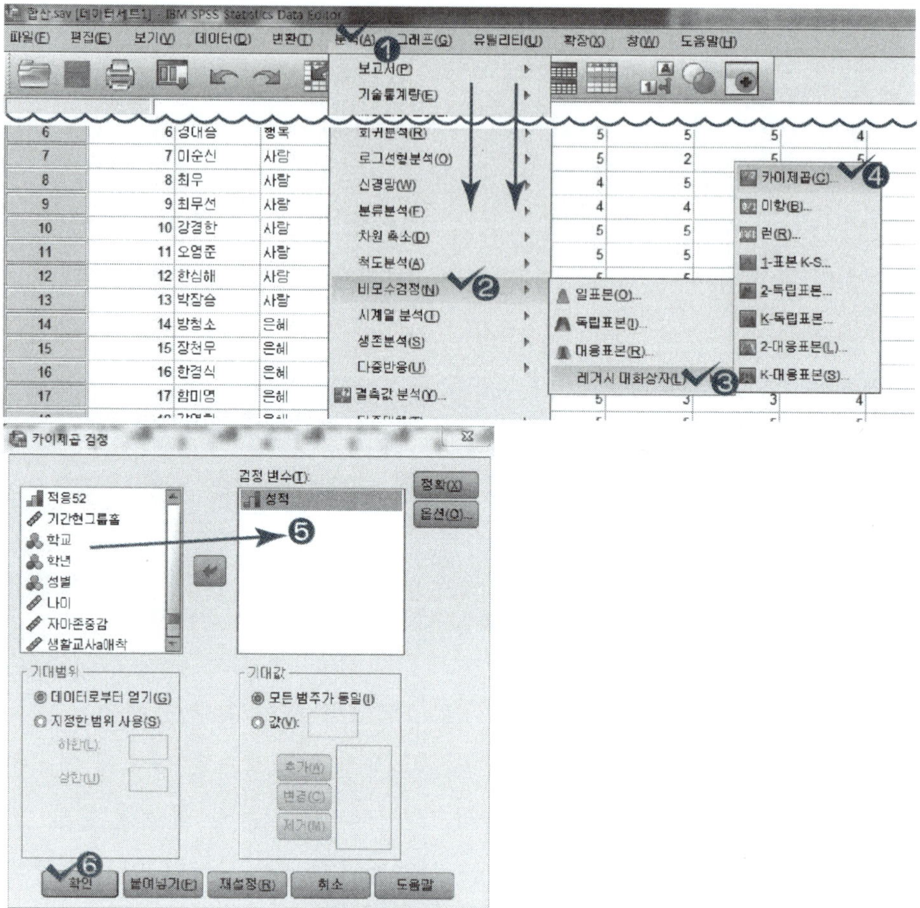

그림 10-5 일표본 χ^2검정

- 일표본 χ^2검정에 대한 결과는 그림 10-6과 같이 나타난다. 먼저 성적에 대한 빈도표를 보면 중하가 104명으로 가장 많이 나타난다. 그런데 이것이 통계적 의미가 있는지는 아래 검정 통계량에서 확인할 수 있다. χ^2값을 보면 98.842로 나타나고 있고 이에 대한 유의확률은 .000으로 나타나고 있다. $p<.001$이므로 영가설을 기각하고 대립가설을 채택한다. 즉, 성적이 중하가 가장 많이 나타나는 것이 통계적으로 의미가 있는 것이다.

- 그림 10-6에 나타난 관측빈도를 갖고 앞서 사용했던 엑셀에서 계산하던 방법대로 그대로 해보면 제시된 χ^2값이 그대로 산출되는 것을 알 수 있다. 이를 카이제곱분포표에서 자유도(d.f.) 4인 라인을 따라가 보면 그림 10-6에 나타난 결과와 동일한 결과를 확인해 볼 수 있다.

성적

	관측빈도	기대빈도	잔차
상	12	59.4	-47.4
상중	33	59.4	-26.4
중	90	59.4	30.6
중하	104	59.4	44.6
하	58	59.4	-1.4
전체	297		

검정 통계량

	성적
카이제곱	98.842[a]
자유도	4
근사 유의확률	.000

a. 0개의 셀 (0.0%)은(는) 5보다 작은 기대빈도를 가집니다. 기대 빈도 셀 값 중 최소값은 59.4입니다.

그림 10-6 일표본 χ^2검정 결과

5) 일표본 χ^2검정의 결과는 어떻게 제시하는가?

- 위의 분석결과에 대해서 보고서에서는 다음과 같이 표로 제시할 수 있다. 결과창에서 나타난 수치를 그대로 가져다 사용하되 χ^2값과 유의확률(p)을 반드시 표시해 주어야 한다. χ^2값과 유의확률(p)은 표와 같이 별표로 제시해도 되고, 달리 하나의 칸으로 구분해서 제시해도 상관없다.

- 관측빈도에 대한 %는 빈도분석을 실시하여 유효퍼센트로 제시해주면 된다. 빈도분석에 대해서는 앞서 살핀 부분으로 돌아가서 확인해 보도록 하자.

표 10-2 성적인식에 대한 일표본 x^2검정

성적인식	관측빈도(%)	기대빈도	잔차
상	12(4.0)	59.4	-47.4
상중	33(11.1)	59.4	-26.4
중	90(30.3)	59.4	30.6
중하	104(35.0)	59.4	44.6
하	58(19.5)	59.4	-1.4
계	302(100.0)		

x^2=99.842, d.f.=4, p<.001

- 역시 표 앞이나 뒤에 해석을 제시하면 된다. 해석은 다음과 같이 할 수 있다.

> 그룹홈 청소년들의 성적에 대한 주관적인 인식에 대해서 일표본 x^2검정을 실시한 결과는 통계적으로 의미가 있는 것으로 나타났다(x^2=99.842, d.f.=4, p<.001). 중하가 105명(35.0%)으로 가장 많이 나타나고, 이어서 중 94명(30.3%), 하 58명(19.5%), 상중 33명(11.1%), 상 12명(4.0%) 순으로 나타나고 있다. 전체적으로 자신의 성적을 중하로 인식하는 경우가 가장 많으며, 또한 성적 인식이 대체로 낮은 편으로 인식하는 것을 볼 수 있다. 그룹홈 청소년들은 원가정이 아닌 곳에서 생활한다는 점에서 자신들의 삶이 다른 또래들과 다르다고 인식할 수 있으며, 이런 인식이 성적을 비롯한 여러 부분에서 자신감을 떨어뜨리는 것이라고 볼 수 있다. 따라서 그룹홈 청소년에게 학습에 대한 자신감을 심어줄 프로그램이 제공될 필요가 있음을 알 수 있다.

- 통계적으로 의미가 있다는 기술과 어떤 순서로 나타났는지를 밝히는 것은 통계이다. 이를 기반으로 왜 이런 결과가 나왔는지 그리고 이것이 어떤 의미를 갖는 것인지 기술을 하는 것이 해석이라고 할 수 있다. 다만 해석은 독자가 받아 들일만 한 내용이어야 하며, 다른 자료를 논거로 사용하면 더욱 좋다.

CHAPTER 11 평균비교 1: t-test

수치형 자료에 대해서 집단 간 차이를 보는 분석이 평균비교이다. 이미 기술통계에서 수치형자료(등간척도, 비율척도)는 평균과 표준편차로 그 특성을 기술한다는 것을 밝혔다. 예를 들어, 지난 학기 분석론에 대한 A, B, C 각 반의 평균 각각 95점, 93점, 90점이라고 할 때 이 평균 그대로 분석론 실력이 A, B, C반 순으로 나타난다고 할 수 있을까? 혹시 90~95점은 큰 차이 없이 나타날 수 있는 점수는 아닐까? 90점과 95점은 몰라도 90점과 93점은? 93점과 95점은? 이럴 경우 단순히 평균만 보고서 실력의 차이를 이야기하기가 쉽지 않다. 이런 평균이 서로 같은 변화의 폭 안에 있는 것인지, 아니면 아무리 변하더라도 서로 다른 폭에서 변화하는 것인지 등에 대해서 검정하는 것이 평균비교이다. t-test는 두 집단 사이의 평균을 비교하는 것이고, ANOVA는 세 집단 이상 간의 평균을 비교하는 것이다. t-test도 독립표본 t-test, 대응표본 t-test, 일표본 t-test로 구분된다. 어떤 종류이건 t-test는 두 집단 사이의 차이를 검정하는 것이라고 보면 된다.

1. 독립표본 t-test

1) 독립표본 t-test는 언제 사용하는가?

적용 예

수천중학교에 재학 중인 여학생과 남학생의 수학 점수는 다를까요?

꼭 기억하세요!

독립표본 t-test 분석은 두 집단 간의 평균에 차이가 있는지를 검증합니다.
- 성별(여학생, 남학생) → 명목변수
- 수학 점수 → 연속변수

- 독립표본 t-test는 두 개의 집단이 갖는 평균에 대해서 차이를 검정하는 것이다. 집단 변인이 독립변수가 되고 평균이 종속변수가 되어 집단 간 차이를 검증한다.
- 예를 들어, '성별에 따른 신장의 차이'를 검증한다고 하자. 집단변인이 되는 성별이 독립변수가 되고, 키의 평균이 종속변수가 된다. 통계 프로그램 상으로 표현하면 신장은 검정변수, 성별은 집단변수라고 한다. 여기서 알 수 있듯이 검정할 변수(종속변수)는 수치형 자료여야 하고, 집단변수(독립변수)는 명목형 자료여야 한다. 특히 명목형 척도 중에서도 집단은 남자와 여자처럼 2개의 집단으로 구성되어야 한다.

2) 독립표본 t-test를 하기 위한 전제조건은 무엇인가?

- 모수적 추리통계이기 때문에 데이터의 정규성이 확보되어야 한다. 또한 두 집단의 등분산성이 가정되어야 한다. 하지만 독립표본 t-test는 다른 추리통계기법과는 달리 기본 가정의 만족 여부에 대해 상대적으로 엄격하지 않다(이종환, 2010: 217).

- 표본수는 최소 30개 이상이어야 한다. 이 부분은 엄격하게 보아야 한다. 표본수가 30개 이상이어야 한다는 것은 정규성을 확보하는 것을 담보한다. 표본수가 30개 미만일 경우 정규성검정을 한 후 정규성을 확보하면 독립표본 t-test를 실시할 수 있으나 그렇지 않으면 비모수통계로 검정해야 한다. 표본수가 10개 미만일 경우에는 정규성을 확보하지 못하는 것으로 판단하여 비모수통계로 검정해야 한다. 표본 수는 하나의 분석에 대한 것이다(2장의 '기술통계와 추리통계' 부분 참조).

3) 독립표본 t-test 실전

독립표본 t-test
분석 → 평균비교 → 독립표본T검정 → 변수이동 → 집단정의 → 확인

- 자료실에서 합산 파일을 열어 그룹홈 청소년을 대상으로 성별에 따라 낙관성이 차이가 있는지 검증해 보자.
- 코드북을 보면 성별은 남자는 1로, 여자는 2로 코딩된 것을 알 수 있으며, 낙관성은 10개의 문항으로 된 질문들 중 4개의 허위문항을 제외하고 6개의 문항을 합산(평균)한 것임을 알 수 있다. 독립변인인 성별이 남자(1)와 여자(2)로 두 집단인 것을 충족하고 있으며, 종속변인인 낙관성은 리커트척도로 등간척도화된 것을 알 수 있다. 표본수는 302개로 정규분포는 문제가 되지 않을 것을 추정할 수 있다. 독립표본 t-test를 실시한 조건이 갖추어졌다.
- 그림 11-1과 같이 **분석을 클릭한 후 내려온 스크롤에서 커서를 평균비교를 선택하면 독립표본 T검정 창이 나타난다.**

- 검정변수와 집단변수가 보이게 된다. 검정변수는 비교하고자 하는 수치형 데이터를 이르고, 집단변수는 어떤 집단 간 비교인지를 의미한다. 쉽게 말해 검정변수는 종속변수이고 집단변수는 독립변수이다. 왼쪽에 있는 변수들 중 검정하고자 하는 낙관성을 찾아 검정변수로 옮긴다. 성별을 찾아 집단변수로 옮긴다.
- 그러면 집단변수 부분에 '성별(?,?)'이라고 나타난다. 성별이라는 집단이 무엇과 무엇으로 구분되는지를 묻는 것이다. 코드북에 남자는 '1'로, 여자는 '2'로 되어 있으므로 '성별(1,2)'형태로 바꾸어 주면 된다. 바꾸려면 집단정의를 클릭하면 집단정의 창이 뜬다.
- 집단정의 창에서 그룹1에 '1'을, 그룹2에 '2'를 넣은 후 계속을 클릭하면 그룹정의 창이 사라지고 독립표본 T검정 창에서 확인이 활성화된다. 확인을 클릭하면 독립표본 t-test를 실시하게 된다.
- 참고로 집단정의 창에서 '절단점'이라는 부분이 있는 것을 볼 수 있다. 이는 수치형 자료일 경우에 지정하는 값 이상과 이하로 나누어 두 집단을 형성하여 비교하겠다는 의미이다. 예를 들어, 자아존중감 상하집단에 따른 낙관성의 차이를 검정한다면 동일한 순서에 따라 지정을 하다가 집단정의에서 절단점에 자아존중감의 평균값인 2.7255를 지정하면 된다. 그러면 자아존중감 2.7255까지와 그 이상의 집단으로 구분하여 이 두 집단 간 낙관성의 차이를 검정하겠다는 의미가 된다.

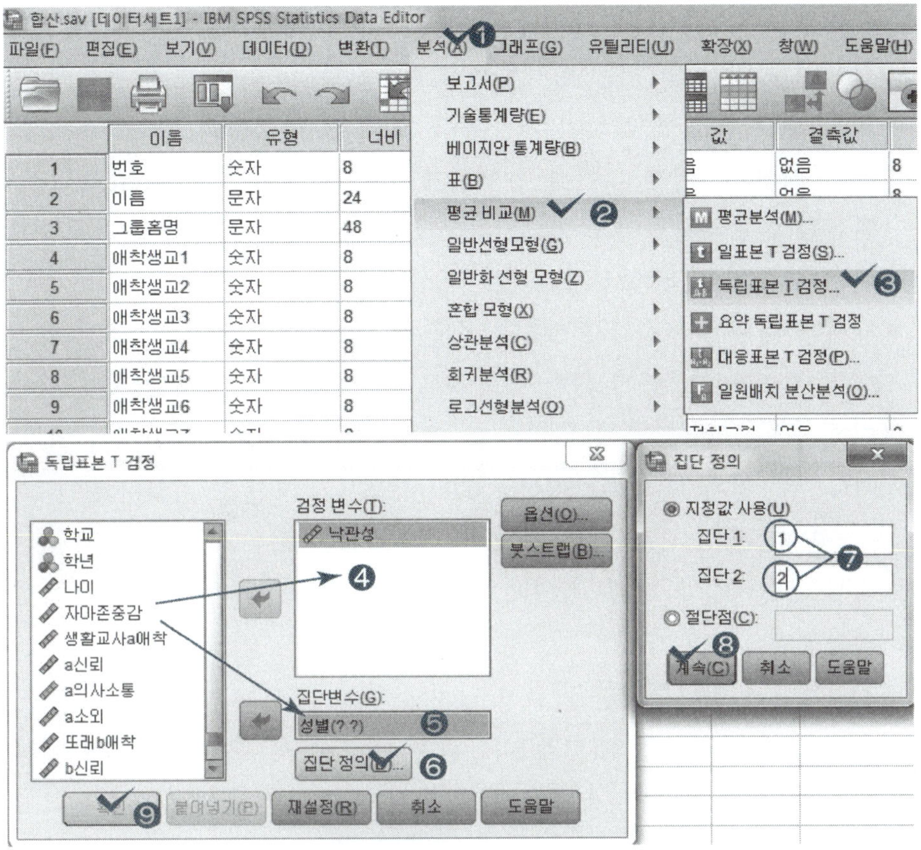

그림 11-1 **독립표본 t-test**

• 그림 11-2와 같이 결과는 두 개의 표로 제시된다. 독립표본 t-test를 실시하는 조건에서 밝혔듯이 두 집단의 분산이 같은지를 먼저 살펴야 한다. 이에 대해서는 독립표본검정 표에서 Levene의 등분산검정을 해석하면 된다. Levene의 등분산검정은 영가설이 '두 집단의 분산은 같다', 즉 '두 집단의 분산에 차이가 없다'가 영가설이다. 따라서 p<.05일 경우에는 '두 집단의 분산에 차이가 없다'는 영가설을 기각하게 된다. 반면 p>.05일 경우에는 영가설 '두 집단의 분산에 차이가 없다'는 영가설을 채택하게 된다. 본 자료에서는 Levene의 등분산검정 유

의확률(p)이 .000으로 나타나고 있다. 즉, 'p<.001'이므로 '두 집단의 분산에 차이가 없다'는 영가설을 기각함으로써 '두 집단의 분산에 차이가 있다' 즉, '등분산이 가정되지 않음'을 선택하게 되며, 두 줄로 된 통계치 중 아래 부분을 채택하게 되는 것이다. 만약 Levene의 등분산검정 유의확률이 p>.05로 나타났을 경우에는 등분산을 가정함이라는 윗줄을 선택해서 통계치를 해석해야 한다.

- 제시한 대로 등분산을 가정하지 않음에 해당하는 줄을 선택해서 보면 t값은 5.407이고, 이에 대한 유의수준(p)은 .000이다. 이 부분이 t-test에 대한 해석을 할 부분이다. t-test의 영가설은 '두 집단 간 차이가 없다'이다. 이 경우 유의수준이 'p<.001'이므로 영가설을 기각하게 된다. 즉, '두 집단은 서로 다르다' 또는 '두 집단은 차이가 있다'라는 대립가설을 채택하게 된다. 성별에 따른 낙관성은 집단 간 차이가 있다고 해석할 수 있다.
- 결과창에서 집단통계량을 보면 남자의 낙관성 평균은 3.5247이고, 여자의 낙관성 평균은 3.1512이다. 이 두 평균은 서로 차이가 있다고 검증이 되었으므로 비로소 남자의 낙관성이 여자의 낙관성보다 높다고 이야기할 수 있는 것이다.

집단통계량

	성별	N	평균	표준화 편차	표준오차 평균
낙관성	남자	162	3.5247	.67776	.05325
	여자	140	3.1512	.52052	.04399

❸

독립표본 검정

❶ ❷

		Levene의 등분산 검정		평균의 동일성에 대한 T 검정					차이의 95% 신뢰구간	
		F	유의확률	t	자유도	유의확률 (양측)	평균차이	표준오차 차이	하한	상한
낙관성	등분산을 가정함	16.840	.000	5.306	300	.000	.37350	.07039	.23499	.51201
	등분산을 가정하지 않음			5.407	296.039	.000	.37350	.06907	.23757	.50943

그림 11-2 독립표본 t-test 결과

- 만약 평균의 동일에 대한 T 검정 부분에서 유의확률(p)이 .05보다 크게 나타났다면 '두 집단 간 차이는 없다'라는 영가설을 채택해야 한다. 즉, 두 집단은 차이가 나타나지 않는 동일집단으로 봐야 한다. 이럴 경우 비록 남자의 낙관성이 여자의 낙관성보다 수치상으로 높게 나타났다 하더라도 남자가 여자보다 더 높다고 할 수 없다. 그 변화의 폭이 같은 집단 내에서 나타날 수 있는 변화이기 때문이다.

4) 독립표본 t-test의 결과는 어떻게 제시하는가?

- 연구결과를 보고할 때는 Levene의 등분산검정은 제시하지 않아도 된다. 연구의 주된 초점은 남자와 여자에게 있어 낙관성의 차이가 있냐는 것이다. 따라서 이를 중심으로 필요한 자료만 표를 통하여 제시할 필요가 있다. 평균과 표준편차 그리고 t값과 유의도는 반드시 제시해야 한다. 다음과 같이 제시할 수 있다.

표 11-1 성별에 따른 낙관성의 집단 간 차이

		N	Mean(S.D.)	t
낙관성	남자	162	3.53(.68)	5.407***
	여자	140	3.15(.52)	

*** p<.001

- 평균, 표준편차, t, t의 유의수준을 중심으로 제시하면 된다. 학교나 학회에 따라서는 d.f.(자유도)를 요구하는 경우도 있으나, 일반적으로 t-test에서는 d.f.를 제시하지 않는다. 그림 11-2에서 나타난 통계치 중 어떤 것들을 가져다 제시했는지 살펴보라.
- 표 아래에 *** p<.001이라고 표시하는 것은 유의도에 대한 설명이다. 보통 t값을 제시하고 그 t값에 별표시로 유의도를 나타낸다. 유의도는 일반적으로 * p<.05, ** p<.01, *** p<.001 등 세 경우로 약속하고 있다.

표에서 별을 표시했을 경우 해당하는 내용을 반드시 표 아래에 표시해 주어야 한다.

- 역시 표 전후에 해석해 준다. 다음과 같이 할 수 있다.

> 성별에 따른 낙관성은 남녀에 따라 집단 간 차이가 있는 것으로 나타났다(t=5.407, p<.001). 이때 남자는 평균 3.53(S.D.=.68)으로, 여자는 평균 3.15(S.D.=.52)로 나타나고 있어 남자집단이 여자집단보다 낙관성이 더 높은 것을 알 수 있다. 청소년의 경우 여자는 정서적인 반면 남자는 외향적인 성향이 많이 나타나는 것을 반영하고 있음을 볼 수 있다.

- '집단 간 차이가 나타났다'는 서술은 사실 통계에 대한 정보이다. 남자와 여자의 낙관성의 평균 및 표준편차 역시 모두 통계치이다. 즉, '남자가 여자보다 낙관성이 높게 나타났다'는 것은 통계이다. 이에 대해서 의미를 도출해야 보다 나은 해석이라고 할 수 있다. 즉, 그렇게 나타난 이유나 원인을 다른 자료와 더불어 제시한다면 한층 더 풍부한 해석이라고 할 수 있다.

2. 대응표본 t-test

1) 대응표본 t-test는 언제 사용하는가?

적용 예

수천중학교에 재학 중인 학생들의 수학 점수는 학기가 시작할 때와 학기가 끝날 때 다를까요?

꼭 기억하세요!

대응표본 t-test 분석은 한 집단의 두 값에 차이가 있는지를 검증합니다.
- 학기 초 수학 점수 → 연속변수
- 학기 말 수학 점수 → 연속변수

- 대응표본이라는 말은 같은 표본에서 대응되는 변수를 일컫는 것이다. 본질적으로 t-test는 두 집단 간 평균을 비교하는 분석이다. 앞서 살펴보았듯이 독립표본 t-test는 서로 다른 두 집단에 대해서 비교하는 것이라면 대응표본 t-test는 동일한 집단에 대해서 두 시점 간 비교라고 할 수 있다. 즉, 대응표본 t-test에서 집단 간 비교는 서로 다른 집단이 아니라 서로 다른 시점이라고 할 수 있다. 어쨌든 둘 사이를 비교한다는 점은 공통적이다.
- 대응표본 t-test는 시계열설계를 했을 경우 시간의 경과에 따라 무엇인가가 변했는지를 검정하고자 할 때 사용할 수 있다. 예를 들어, 같은 반 학생들의 친구관계가 학기 초에 비해서 학기말에 더 깊어졌는지를 비교해 볼 수 있을 것이다.
- 실험설계를 했을 경우 실험집단 내에서 사전과 사후에 대한 차이를 검정할 수 있다. 이와 같이 가장 대표적으로 대응표본 t-test가 활용되는 연구설계는 실험설계라고 할 수 있다.

2) 대응표본 t-test를 하기 위한 전제조건은 무엇인가?

- 같은 집단의 서로 다른 시점에 대한 비교이기 때문에 등분산의 가정은 의미가 없다. 하나의 집단이기 때문에 등분산은 당연히 전제되는 것이다. 즉, 등분산의 가정을 염두에 둘 필요가 없다.
- 반드시 한 집단 안에서의 동일한 것에 대한 변화를 측정하는 두 개의 값이 있어야 한다. 예를 들어, 1학기 수학성적과 2학기 수학성적이랄지 또는 프로그램 실시 전의 자아존중감과 프로그램 실시 후의 자아존중감 등과 같은 형태가 될 수 있다. 두 집단에 대한 비교이지만 사실상 같은 집단 내에서 변화를 검정하기에 집단 내 차이 검정이라는 말을 사용하기도 한다(당연히 앞서 살폈던 독립표본 t-test의 경우는 집단 간 차이 검정이라고 한다.).

- 정규성은 요구되나 표본수가 충분히 많으면 정규성을 확보하는 것으로 가정할 수 있다. 표본수가 30개 이상이면 정규성을 확보한 것으로 보지만, 그 이하이면 정규성 검증을 하여 정규성이 확보되면 대응표본 t-test를 실시하고, 그렇지 않을 경우에는 비모수통계를 실시한다. 표본이 10개 이하이면 정규성을 가정할 수 없으므로 비모수통계로 검정을 한다.

3) 대응표본 t-test 실전

대응표본 t-test
(10<n≤30일 경우 정규성검정 실시) → 분석 → 평균비교 → 대응표본T검정 → 변수이동 → 확인

- 자료실에서 사전사후 데이터 파일을 열어 그룹홈 교사들의 소진에 대해서 사전과 사후의 변화가 통계적으로 의미가 있는지 검증해 보자. 사전사후 데이터는 그룹홈역량강화사업이 있었던 2009/2010년의 데이터 중 일부를 발췌하여 변화시킨 것이다. 변수 중 '사전'이라고 시작하는 것은 프로그램을 시작하기 전에 측정한 것을 가정하고, '중간'이 붙은 것은 프로그램이 진행되는 중간에 측정한 것을 가정하고, '사후'가 붙은 것은 프로그램을 마친 후에 측정한 것을 가정한다. 비인간화, 정서적 소모, 개인적 성취감 저하는 소진의 하위요인들이다.
- 소진에 대해서 사전과 사후의 변화가 통계적으로 의미가 있는지를 검정하는 것이니까 '사전소진'과 '사후소진'에 대해서 집단 내 차이검정을 하면 된다. 가설은 '역량강화사업은 그룹홈교사들의 소진에 있어 사전과 사후 집단 간 차이가 있을 것이다'로 정하면 된다.

- 먼저 표본수가 16개 밖에 되지 않는 것을 볼 수 있다. 표본이 30개를 넘지 않으므로 정규성검정을 먼저 할 필요가 있다.

정규성검정

분석 → 기술통계량 → 데이터탐색 → 검정변수 이동 → 도표 → 검정과 함께 정규성도표 → 계속 → 확인

- 그림 11-3과 같이 **분석, 기술통계량, 데이터탐색** 순으로 이동 후 클릭을 하면 데이터탐색 창이 뜬다. 사전소진과 사후소진에 대해서 정규성검정을 해야 한다. 왼쪽에서 사전소진과 사후소전을 찾아 종속변수란으로 이동을 시킨다. 도표를 클릭하면 데이터 탐색 도표 창이 뜬다. 검정과 함께 정규성 도표를 체크한 후 계속을 누르면 데이터탐색 창으로 돌아온다. 확인을 클릭하면 정규성검정이 이루어진다.

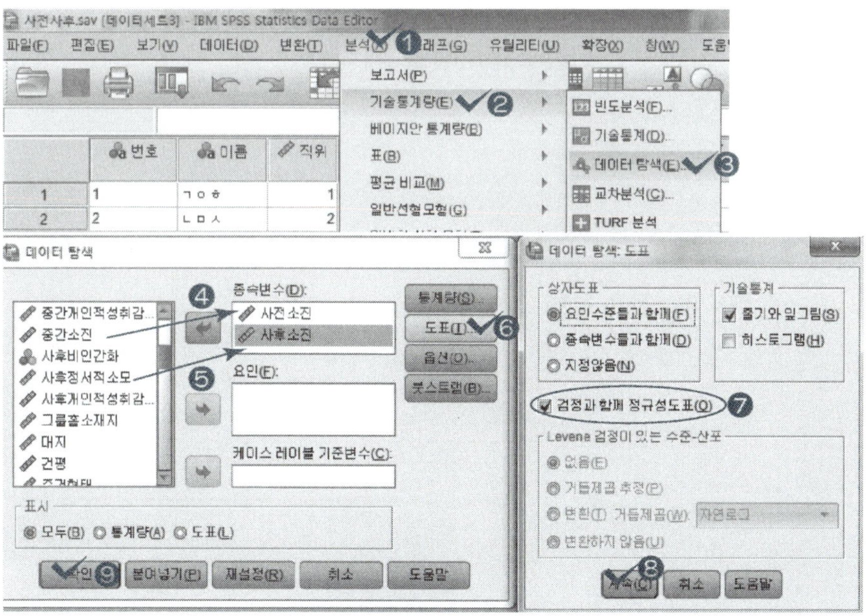

그림 11-3 정규성검정

- 결과 창에는 여러 데이터가 나온다. 그중 두 가지를 통하여 정규성을 확인해 보자. 제시된 여러 자료 중 그림 11-4와 같이 정규성검정과 Q-Q도표를 통해서 확인한다. 먼저 정규성검정표를 보면 두 개가 정규성검정이 제시된다. 하나는 Kolmogorov-Smirnov검정이고, 다른 하나는 Shapiro-Wilk검정이다. 둘 다 영가설은 '정규분포를 이룬다'이므로 유의수준이 p>.05이면 영가설을 채택한다. 일반적으로 샘플수가 2,000개를 기준으로 그 이하이면 Shapiro-Wilk검정을 사용하고, 그 이상이면 Kolmogorov-Smirnov검정을 사용한다.

본 자료에서는 사전에 측정한 소진의 Shapiro-Wilk 통계량은 .891로 나타나고 그것에 대한 유의확률은 .057로 나타나고 있다. 영가설이 '정규분포를 따른다'이고 p>.05이기 때문에 '정규분포를 이룬다'는 영가설을 채택한다. 즉, 사전소진은 정규성이 확보되었다고 할 수 있다. 사후에 측정한 소진의 Shapiro-Wilk 통계량은 .951로 나타나고 그것에 대한 유의확률은 .505로 나타나고 있다. 영가설이 '정규분포를 따른다'이고 p>.05이기 때문에 영가설을 채택한다. 즉, 사후소진은 정규성이 확보되었다고 할 수 있다.

정규성 검정

	Kolmogorov-Smirnov[a]			Shapiro-Wilk		
	통계량	자유도	유의확률	통계량	자유도	유의확률
사전소진	.211	16	.056	.891	16	.057
사후소진	.121	16	.200*	.951	16	.505

❶

*. 이것은 참 유의성의 하한입니다.

a. Lilliefors 유의확률 수정

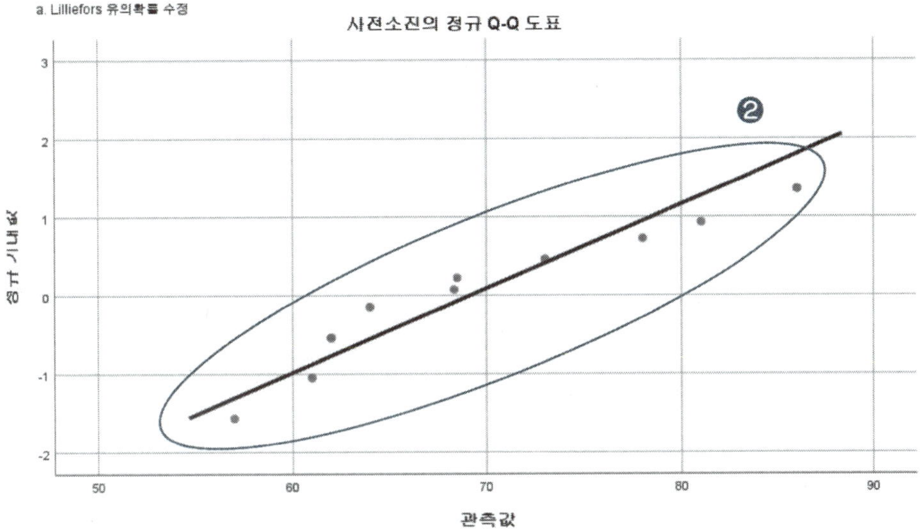

그림 11-4 정규성검정 결과

- 정규성을 확인하는 다른 하나는 그림 11-4의 아래 부분에 나타나는 Q-Q 도표이다. Q-Q 도표는 시각적으로 정규성을 확인할 수 있는 장점이 있다. 점들이 기울기를 나타내는 직선과 일치하는 정도로 정규성을 판단한다. 즉, 직선에 따라 데이터들이 위치하고 있으면 정규성을 확보한 것으로 판단한다.
- 정규성에 대한 탐색은 대응표본 t-test가 가능한가만 판단하는 자료로 사용하지 보고할 때는 굳이 밝히지는 않는다. 보고에 포함되지 않더라도 연구자를 연구윤리에 맞게 이런 것을 착실하게 확인해 나가야 한다.
- 만약 표본이 10-30개인데 정규성검증에서 정규분포를 가정하지 않는 것으로 판단되면 어떻게 할까? 이때는 t-test 대신에 비모수통계로 검정을 하면 된다.

- 정규성에 대한 확인이 끝났으면 대응표본 T검정을 실시한다. 그림 11-5와 같이 **분석, 평균비교, 대응표본T검정** 순으로 이동하며 클릭한다. 대응표본T검정 창이 뜨면 변수1에 사전소진을 보내고 변수2에 사후소진을 보낸다. 확인을 클릭하면 분석을 실시한다.

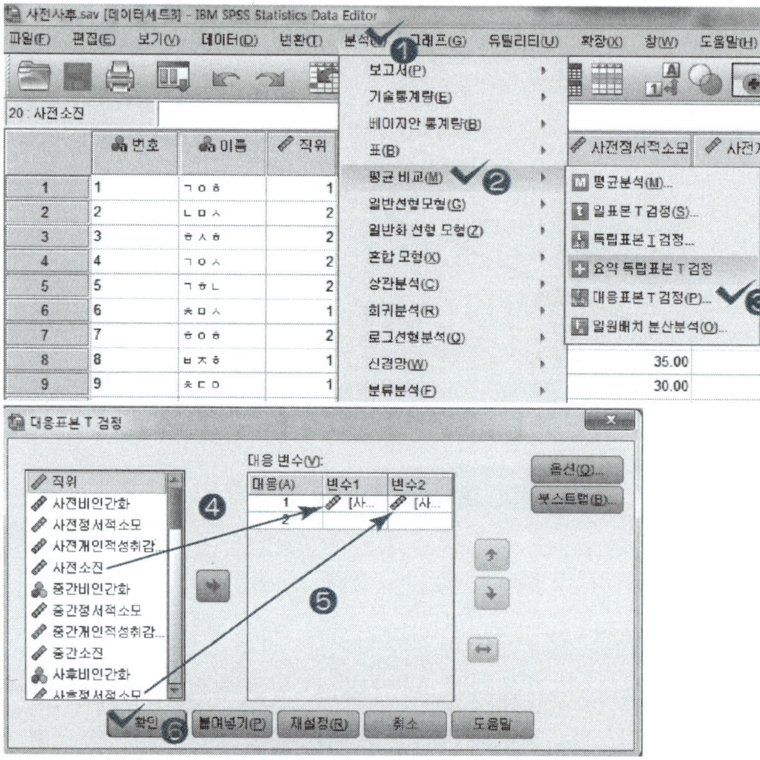

그림 11-5 대응표본 t-test

- 그림 11-6과 같이 대응표본 t-test는 세 개의 표로 결과를 보여 준다. 이 중 첫 번째 표를 보면 사전소진과 사후소진의 평균과 표준편차가 나타난다. 사전은 69.1763(S.D.=9.33)이고 사후는 64.2837(S.D.=10.61)로 나타나고 있다. 그냥 보기에는 사전보다 사후가 수치가 떨어졌다. 즉, 소진이 떨어진 것처럼 보인다. 그렇다고 단정할 수 있을까? 맨 아래

대응표본검정표에서 통계적 의미가 있는지를 살펴보아야 그 차이에 대해서 해석을 할 수가 있다.

- 대응표본검정표를 보면 '사전소진 – 사후소진'이 4.89263으로 나타난다. 차(–)가 양의 값이 나온다는 건 사후소진이 낮아졌다는 걸 의미한다. 그럼 이게 통계적 의미가 있는지 보자. t값과 그에 대한 유의확률을 확인하면 된다. t값은 2.278로 나타나고 유의확률은 .037로 나타나고 있다. 대응표본 t-test의 영가설은 '사전과 사후 사이에 차이가 없다'이고, $p<.05$이므로 영가설을 기각하고 대립가설이 '사전과 사후 사이에 차이가 있다'를 채택하게 된다. 즉, 앞서 제시된 '사전소진 – 사후소진'이 통계적인 의미를 갖는 것이다. 차(–)가 양의 수이기 때문에 소진을 떨어뜨리는 효과가 있었다고 해석할 수 있다.

대응표본 통계량

		평균	N	표준화 편차	표준오차 평균
대응 1	사전소진	69.1763	16	9.32456	2.33114
	사후소진	64.2837	16	10.60496	2.65124

대응표본 상관계수

		N	상관관계	유의확률
대응 1	사전소진 & 사후소진	16	.638	.008

대응표본 검정

		대응차					t	자유도	유의확률 (양측)
					차이의 95% 신뢰구간				
		평균	표준화 편차	표준오차 평균	하한	상한			
대응 1	사전소진 - 사후소진	4.89263	8.55650	2.13913	.33319	9.45207	2.287	15	.037

그림 11-6 대응표본 t-test 결과

4) 대응표본 t-test의 결과는 어떻게 제시하는가?

- 대응표본 t-test 역시 표로 제시하면 그 결과를 쉽게 볼 수 있다. 표에는 정규성검정과 같은 것은 제시하지 않는다. 사전값과 사후값, 사전 사후의 차, t값, 유의수준(p)을 중심으로 제공하면 된다.

표 11-2 소진의 사전-사후 변화

	사전(S.D.)	사후(S.D.)	사전-사후(S.D.)	t
소진	69.18(9.33)	64.28(10.61)	4.89(8.56)	2.287*

* p<.05

- 앞의 표에 대한 해석을 다음과 같이 제시할 수 있다.

> 프로그램 실시에 따른 생활교사들의 소진의 사전과 사후는 서로 차이가 있는 것으로 나타났다(t=2.287, p<.05). 프로그램 실시 이전의 소진은 69.18(S.D.=9.33)이었던 것이 프로그램 실시 이후에는 64.28(S.D.=10.61)로 나타나 사전과 사후의 소진 차가 4.89(S.D.=8.56)로 나타나는 것을 볼 수 있다. 따라서 제공된 프로그램은 그룹홈 생활교사들의 소진을 낮추는 효과가 있음을 알 수 있다.

- 경우에 따라서는 사전과 사후뿐만 아니라 여러 시점의 비교를 제시할 수도 있다. '사전-중간-사후' 비교도 가능하고, '사전-사후-추후' 비교도 가능하다. 사전-중간-사후 비교를 하는 방법은 변화해 나가는 추이를 보여 주는 자료가 될 수 있고, 사전-사후-추후 비교는 프로그램이 효과성이 있다고 분석된 것이 프로그램이 끝나고 일정 기간이 지난 후에도 그 영향이 지속적인지를 보여 주는 자료가 될 수 있다. 다만 이렇게 여러 시점을 놓고 대응표본 t-test를 할 경우 결국 여러 번의 대응표본 t-test를 실시해야 하고, 그에 따라 자료를 어떻게 제시할 것인가에 대해서도 고민을 해야 한다. 그림 11-7은 2009년에 실시된 (사)한국아동청소년그룹홈협의회에서 진행한 그룹홈 역량강화사업의 효과성 검증 중 일부이다. 그림을 보면 3차례에 걸쳐 데이터를 수집했음을 알 수 있다. '순회교사'라는 프로그램은 중학생을 대상으로 하였을 경우에 공격성을 낮추는 효과가 있음을 알 수 있다. 1, 2, 3차에 따라서 공격성이 차례로 낮아지고 있는 것을 볼 수 있다. 통계적인 검증은 1차와 3차 간의 차이를 검증하여 전체적으로 변화하는

게 의미 있음을 보여 주고 있다. '대체교사'라는 프로그램은 초등학생을 대상으로 하였을 경우에 공격성을 낮추는 효과가 있음을 알 수 있다. 역시 1, 2, 3차에 따라 공격성이 낮아지고 있으며, 통계적인 검증은 1차와 3차 간의 차이를 검증하는 것으로 보여 주고 있다.

<표14>심리사회적응의 하위 요인의 변화 추이

사업	학교	척도	하위 요인	평균			집단 간 차이		
				1차(A)	2차	3차(B)	A-B	df	t
순회 교사	중교	사회적응	공격성	12.7362	11.0571	10.2857	2.47734	34	2.063*
대체 인력	초교	사회적응	공격성	8.8912	8.3889	6.5275	2.36345	35	2.518*

* : p<.05

그림 11-7 **여러 시점의 비교 예**

3. 일표본 t-test

1) 일표본 t-test는 언제 사용하는가?

적용 예

수천중학교에 재학 중인 학생들의 수학 점수는 전국 중학생 수학 점수 평균인 89점과 다를까요?

꼭 기억하세요!

일표본 t-test 분석은 한 집단의 값이 특정한 값과 차이가 있는지를 검증합니다.
- 수천중학교 학생들의 수학 점수 → 연속변수
- 전국 중학생의 수학 점수 평균(89점) → 연속변수

- t-test는 기본전제가 두 집단에 대한 비교이다. 독립표본 t-test는 독립된 두 집단에 대한 비교를 하는 것이고(이를 집단 간 비교라고 한다), 대응표본 t-test는 동일한 집단 내에서 상이한 두 시점 간을 비교하는 것이다(이를 집단 내 비교라고 한다). 어쨌든 두 개의 집단을 비교하는 것이 전제조건이다.
- 그런데 데이터의 집단이 하나만 있을 경우가 있다. 그리고 비교하고 싶은 집단의 통계치를 확보할 수 있다고 하자. 그렇다면 내가 가진 자료와 이미 있는 통계치 사이의 집단 간 비교가 가능하지 않을까? 이것이 바로 일표본 t-test이다.
- 예를 들어, 2015년 7월 30일자 보도에서 독일 동독지역의 월평균 수입이 1인당 2,800유로로 나타났다. 그렇다면 우리나라 또는 우리 지역의 월평균 소득은 동독지역에 비해서 어떤지를 비교할 수 있지 않을까? 이미 기준이 2,800유로로 정해졌기 때문에 비교하고 싶은 집단의 1인당 평균 소득만 조사하면 비교가 가능하다.

(출처: http://www.ytn.co.kr/_ln/0104_201507232006019299)

(2015년7월30일 기준 2,800유로=3,591,700원)

2) 일표본 t-test를 하기 위한 전제조건은 무엇인가?

- 내가 확보한 데이터가 있어야 하고 이것과 비교하고자 하는 기준 수치가 있어야 한다.
- 만약 비교하고자 하는 기준이 이미 있고 이것과 비교하기 위하여 자료를 수집한다면 수집하는 자료는 기준이 되는 것과 동일한 수준으로 조사를 실시해야 한다.
- 표본수가 같아야 한다. 사실 일표본 t-test는 대응표본 t-test를 가정하고 비교를 하는 것이다. 따라서 기존의 비교집단과 새로운 집단의 수가 같아야 한다. 하지만 이는 현실적으로 불가능하기 때문에 무시하

고 분석을 실행할 수 있다. 같은 형태의 자료일 경우 새로 조사하는 집단과 같은 표본에 대한 값으로 가정하고 계산을 하게 된다. 어차피 조사는 한 집단에 대해서만 하게 되어 있다.

3) 일표본 t-test 실전

일표본 t-test
분석 → 평균비교 → 일표본T검정 → 변수이동 → 확인

- 2009년 8-9월에 조사한 자료에 의하여 그룹홈 청소년의 자아존중감에 대한 정보를 이미 가지고 있다. 남녀 전체 2.84(S.D.=.50), 남자 2.90(S.D.=.49), 여자 2.78(S.D.=.51)로 나타나고 있다(김형태 · 이수천 · 전준현 · 방미진, 2012: 9). 이것을 기준으로 하여 새로 조사한 자료의 자아존중감이 어떤지를 분석하여 보자.
- 자료실의 합산 파일 데이터는 2011년 8-9월에 조사한 자료라는 가정 하에 그룹홈 청소년의 자아존중감은 변했는지를 검정하여 보라.
- 먼저 두 자료가 같은 형태로 조사된 자료인지를 살펴본다. 먼저 김형태 외(2012)의 논문을 보면 자아존중감은 로젠버그의 척도를 사용했으며, 4점 척도로 질문한 것을 알 수 있다. 또한 제시된 값을 볼 때 합산방법을 평균(Mean)으로 한 것을 알 수 있다. 자료실의 합산 파일 역시 코드북을 보면 로젠버그의 척도를 사용하고 있으며 4점 척도로 질문한 것을 알 수 있다. 합산방법 역시 평균(Mean)으로 하고 있다. 따라서 이미 발표된 김형태 외(2012)의 자료와 같은 방법으로 자아존중감이 표집되었다. 따라서 일표본 t-test로 양자 사이의 차이를 검증할 수 있다.
- 먼저 남녀 전체의 자아존중감을 비교하여 보자. 그림 11-8과 같이 **분석, 평균비교, 일표본 T검정** 순으로 클릭을 한다. 일표본 T검정 창이 뜨

면 왼쪽에서 자아존중감 변수를 찾아 검정변수란으로 이동한다. 검정값 부분에 이미 갖고 있는 정보를 설정한다. 앞서 2009년도 자료에서 자아존중감 남녀 전체의 평균이 2.84라고 했으니 이 값을 정정값으로 설정하면 된다. 확인을 클릭하면 일본표 t-test를 실시한다.

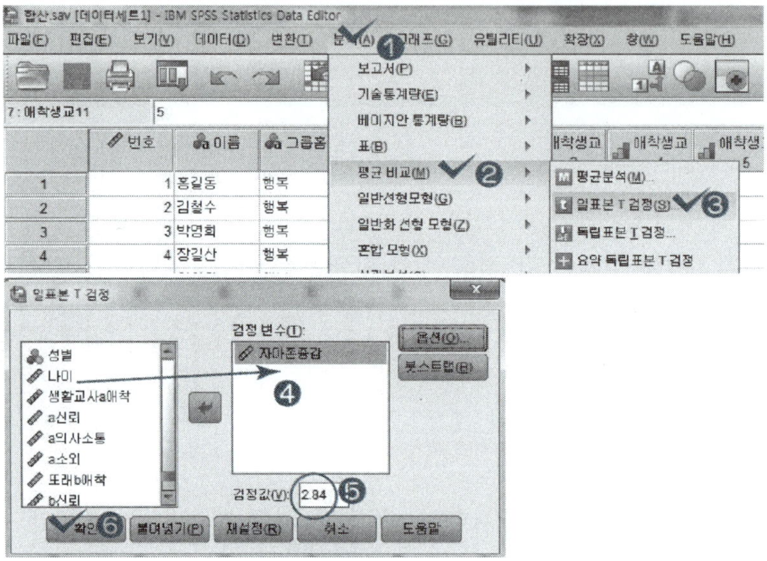

그림 11-8 일표본 t-test

- 분석결과가 그림 11-9와 같이 나타난다. 먼저 이번 조사에서의 자아존중감 평균(2.73)과 표준편차(.48)가 나타난다. 2009년 자료 자아존중감이 2.84였으니 이것을 기준으로 할 때 자아존중감이 다소 낮아진 것을 볼 수 있다. 그러나 이것이 통계적 의미가 있는지는 일표본검정을 확인하여 판단해야 한다. 일표본검정을 보면 t값이 −4.172로 나타나고, 이에 대한 유의수준(p)이 .000으로 나타나고 있다. p<.001이므로 영가설을 기각하고 대립가설을 채택한다. 즉, 두 집단은 서로 차이가 있다고 결론을 내릴 수 있다. 차이가 나는 정도는 평균차이를 보면 −.11450으로 나타나는 것으로 볼 때 .11450 정도 낮아진 것을 알 수

있다. 그런데 이것이 통계적으로 의미가 있다는 것이다. 즉, 무슨 이유인지를 모르지만 그룹홈 청소년들은 2009년에 비해 2011년에 자아존중감이 낮아진 것을 알 수 있다.

- 이와 같은 조사는 일종의 **추이조사**(trend study)라고 할 수 있다. 다만 조사대상자가 같은 계층이냐 등과 같은 문제를 해결해야 한다. 단순히 통계치만 갖고 분석한 것이기에 이런 조건들을 면밀히 살펴 동일한 계층군으로 볼 수 있다면 비교가 가능한 것이다.

일표본 통계량

	N	평균	표준화 편차	표준오차 평균
자아존중감	302	2.7255	.47696	.02745

일표본 검정

	검정값 = 2.84					
	t	자유도	유의확률 (양측)	평균차이	차이의 95% 신뢰구간 하한	차이의 95% 신뢰구간 상한
자아존중감	-4.172	301	.000	-.11450	-.1685	-.0605

그림 11-9 일표본 t-test 결과

- 위와 동일한 방법으로 남자와 여자의 자아존중감의 변화가 어떤지와 그것이 통계적으로 의미가 있는지를 검정할 수 있다. 이때 중요한 것은 '케이스선택'을 이용해야 한다는 점이다. 먼저 남자청소년의 자아존중감의 추이가 변화했는지를 보자. 그러기 위해서는 데이터 중 남자만 선택해야 한다.

케이스 선택

데이터 → 케이스선택 → 조건을 만족하는 케이스 → 조건 → 성별=1 → 계속 → 확인

• 그림 11-10과 같이 데이터를 클릭하고 케이스 선택을 클릭한다. 케이스선택 창이 뜨면 '조건을 만족하는 케이스'를 체크한 후 조건을 누른다. 왼쪽 변수 창에서 성별을 찾아 오른쪽으로 보낸 후 수식을 완성한다. 코드북을 보면 남자를 '1'로 코딩했으므로 '성별=1'로 완성하면 된다. 남자 케이스만 선별하여 분석하겠다는 의미이다. 이어서 계속을 누른다. 이후 바로 확인을 누르지 말고 출력결과 부분을 확인해 본다. 일반적으로 프로그램은 선택하지 않은 케이스 필터로 세팅이 되어 있다. 이는 데이터를 삭제하지 않고 필터링만 하겠다는 의미이다. 이 부분이 체크되어 있는지 확인한 후 활성화되어 있는 확인을 누른다. 그러면 데이터들 중에서 남자들만 선택한 것이 된다.

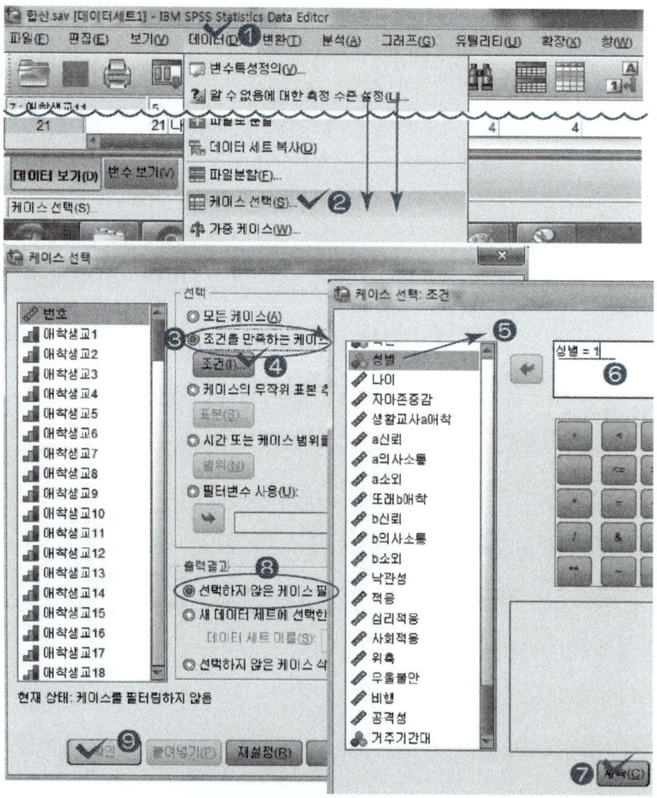

그림 11-10 케이스 선택

- 데이터보기 창을 누르면 그림 11-11과 같이 빗금이 치어진 게 나온다. 이 케이스들의 성별을 확인해 보면 모두 '2'로 코딩된 것을 볼 수 있을 것이다. 즉, 2번으로 코딩된 여자들을 분석에서 제거한다는 의미이다. 반대로 빗금이 나타나지 않은 남자들을 선택해서 분석에 투입하겠다는 의미이다.
- 주의할 것은 이렇게 케이스를 선택하면 다시 케이스 선택을 바꾸기 전까지 그대로 유지한다는 점이다. 만약 특정 케이스를 선택하여 분석을 마친 후 다른 케이스를 선택하거나 전체 케이스로 분석하려면 이를 다시 설정해 주어야 한다. 전체 케이스를 선택할 경우 케이스선택 창에서 모든케이스를 클릭해 주면 된다.

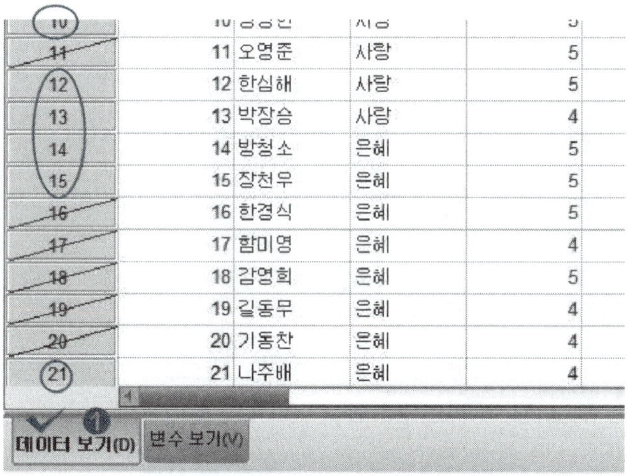

11	11	오영준	사랑	5
12	12	한심해	사랑	5
13	13	박장승	사랑	4
14	14	방청소	은혜	5
15	15	장천우	은혜	5
16	16	한경식	은혜	5
17	17	함미영	은혜	4
18	18	감영희	은혜	5
19	19	길동무	은혜	4
20	20	기동찬	은혜	4
21	21	나주배	은혜	4

그림 11-11 케이스 선택한 모습

- 남자만 선택했으면 그림 11-8에서 순서대로 일표본 t-test를 실시하면 된다. 이때 검정값은 2009년 기존 자료에서 남자 청소년의 자아존중감이 2.90이라 하고 있으므로 검정값에 2.90을 설정한 후 분석을 실시하면 된다. 결과를 제시해 보면 t값이 −2.102로 나타나고 그에 대한

유의확률(p)이 .037로 나타난다. 그리고 평균차이는 −.08333으로 나타난다. p<.05이므로 영가설을 기각하고 대립가설을 채택한다. 즉, 2009년에 비해 2001년 그룹홈 남자 청소년들의 자아존중감은 감소한 것이 통계적으로 의미가 있는 것이다. 감소했음을 알 수 있는 것을 평균차이가 음(−)의 값이기 때문이다.

- 같은 방법으로 여자를 케이스 선택한 후 일표본 t-test를 실시하면 된다. 이때 2009년 여자 청소년의 자아존중감은 평균 2.78이었으므로 검정값을 이것으로 설정하면 된다. 분석을 실행하면 t값이 −4.503으로 나타나고 그에 대한 유의확률(p)이 .000로 나타난다. 그리고 평균차이는 −.16000으로 나타난다. p<.001이므로 영가설을 기각하고 대립가설을 채택한다. 즉, 2009년에 비해 2001년 그룹홈 여자 청소년들의 자아존중감은 감소한 것이 통계적으로 의미가 있는 것이다.
- 남자와 여자에 대한 변화의 추이의 결과는 결과제시방법 부분에 제시되었다. 먼저 연습삼아 케이스선택을 활용하는 것과 일표본 t-test 실시하는 것을 제시한 대로 해보도록 하자.

4) 일표본 t-test의 결과는 어떻게 제시하는가?

- 일표본 t-test의 결과제시는 대응표본 t-test와 크게 다르지 않다. 앞서 다루었던 2009년도 그룹홈 청소년들의 자아존중감과 2011년의 자아존중감에 대해서 그 변화 추이를 표로 제시하면 된다. 또한 그에 대한 해석은 이어지는 박스에서 볼 수 있다.
- 이때 2009년도 자료에서 S.D.를 표시하지 않은 이유는 의미가 없기 때문이다. 또한 일표본이기 때문에 자칫 S.D.에 대해서 이번 조사한 것 같은 착각을 할 수 있기 때문에 제시하지 않았다. d.f.의 경우 역시 새로 조사한 데이터의 표본수를 기준으로 한다. 전체가 302명이기에 전체 자유도는 301이 되는 것이다. 보통 자유도(d.f.)는 'n-1'이다.

표 11-3 자아존중감의 추이변화

	Mean(S.D.)		A-B	d.f.	t
	2009년(B)	2011년(A)			
전체	2.84	2.73(.48)	-.115	301	-4.172***
남자	2.90	2.82(.51)	-.083	161	-2.102*
여자	2.78	2.62(.42)	-.160	139	-4.503***

* p<.05, *** p<.001

2011년도 그룹홈 청소년의 자아존중감을 2년 전과 비교하여 그 변화를 보면 다음과 같다. 첫째, 전체 청소년의 자아존중감은 2009년과 2011년이 서로 차이가 나타났다(t=-4.172, p<.001). 2009년보다 2011년이 .115 낮아진 것을 알 수 있다. 둘째, 남자 청소년의 자아존중감은 2009년과 2011년이 서로 차이가 나타났다(t=-2.102, p<.05). 역시 2009년에 비해 2011년이 .083 낮아진 것을 알 수 있다. 셋째, 여자 청소년의 자아존중감 역시 2009년과 2011년이 서로 차이가 있는 것으로 나타났다(t=-4.503, p<.001). 여자 청소년 역시 2009년에 비해 2011년이 .160 낮아진 것을 알 수 있다.

CHAPTER 12 평균비교 2: ANOVA와 ANCOVA

ANOVA 역시 수치형으로 된 자료의 평균차이를 검증하는 분석방법이다. 수치형 자료에 대해서 범주형 자료를 집단으로 하여 평균의 차이를 본다는 점에서는 t-test와 같은 목적을 수행하는 것을 볼 수 있다. t-test와 다른 점은 세 집단 이상의 평균 차이를 검증한다는 점이다. t-test가 두 집단의 차이를 검증하는 것이라면 ANOVA는 세 집단 이상의 집단들에 대한 평균을 비교하는 것이다. 세 집단 이상의 집단 간 차이를 검정하려면 논리적으로 t-test를 여러 번 실행하여 결과를 제시할 수도 있다. 그러나 ANOVA라는 분석방법이 한 번에 여러 집단을 비교하여 주기 때문에 굳이 t-test를 여러 번 하지 않더라도 편리하게 활용할 수 있다. ANOVA는 **An**alysis **of** **Va**riance의 줄임말이다. 변량분석, 분산분석 등은 모두 같은 용어이다.

ANOVA는 독립변수가 하나일 경우 일원분산분석(One-Way ANOVA), 독립변수가 두 개일 경우 이원분산분석(Two-Way ANOVA), 독립변수가 여러 개일 경우 다원분산분석(Multi-Way ANOVA)이라 한다. 또한 분산분석과 회귀분석이 결합된 형태의 분석을 공분산분석(ANCOVA; **An**alysis of **Cova**riance) 이라고 한다. 여기서는 가장 기초적이면서 많이 사용되는 One-Way ANOVA를 중심으로 소개하기로 한다. 그 이유는 보통 평균비교를 하는 논문의 경우 가장 많이 사용하기 때문이다. 그리고 실험설계에서 실험집단과 통제집단의 동질성이 확보되지 않았을 경우에 활용을 많이 하는 ANCOVA에 대해서 살펴본다. Two-Way ANOVA에 대해서는 회귀분석에서 조절효과를 다루는 부분에서 다루기로 한다.

1. One-Way ANOVA

1) ANOVA는 언제 사용하는가?

적용 예

수천중학교에 재학 중인 1, 2, 3학년 학생들의 수학 점수는 다를까요?

꼭 기억하세요!

ANOVA(분산분석)는 셋 이상 집단 간의 평균에 차이가 있는지를 검증합니다.
- 학년(1, 2, 3학년) → 명목변수
- 수학 점수 → 연속변수

- 평균값을 가진 어떤 데이터에 대해 세 집단 이상의 비교를 할 때 사용한다. 즉, 독립변수는 셋 이상의 집단으로 구성된 변수가 되고(명목척도 or 서열척도), 종속변수는 평균값을 갖는 변수가 된다(등간척도 or 비율척도).
- 예를 들어, "A, B, C 세 반의 자료분석론 점수는 차이가 있는가?"라는 연구문제가 있을 경우 A, B, C 세 반에 대한 자료분석론 점수의 차이를 ANOVA를 통하여 검증할 수 있다.

2) ANOVA를 하기 위한 전제조건은 무엇인가?

- 종속변수는 수치형 자료여야 하고, 독립변수는 3집단 이상으로 구성된 명목형 척도여야 한다.
- 자료의 정규성과 분산의 동질성을 확보해야 한다.
- 자료의 정규성 확보를 위하여 한 집단에 적어도 표본이 30개 이상 되도록 한다. 최소한 20명 이상은 되도록 한다.
- ANOVA가 유의하게 나오면 사후분석을 해야 한다. 이때 분산의 동질성을 확보하는 것이 기본이나 그렇지 않은 경우에도 t-test와 마찬가지로 분석을 할 수 있다. 분산의 동질성이 확보될 경우와 그렇지 않은

경우에 사후분석이 달라진다.

3) ANOVA 실전

ANOVA(분산분석)

분석 → 평균비교 → 일원배치분산분석 → 변수이동 → 사후분석 → Scheffe → 계속 → 옵션 → 기술통계 → 분산 동질성 검정 → 계속 → 확인

- 자료실에서 합산 파일을 열어 그룹홈 청소년의 그룹홈 거주기간대에 따른 위축의 차이를 검정해 보자.
- 다음과 같이 가설을 세울 수가 있다. "그룹홈 청소년의 위축은 거주기간에 따라 차이가 있을 것이다."
- 그림 12-1과 같이 **분석을 클릭하면 스크롤이 내려온다. 평균비교, 일원배치분산분석** 순으로 커서를 이동한 후 클릭한다. 일원배치분산분석 창이 뜨면 왼쪽 변수들에서 위축을 찾아 종속변수란으로 이동하고 거주기간대를 찾아 요인란으로 이동한다. t-test와 같이 집단을 규정하는 과정은 나타나지 않는다. 이는 거주기간대에 구성되어 있는대로 집단 간 비교를 하게 된다. 본 데이터에서는 제7장에서 변환하였듯이 거주기간대를 1년 미만, 2년 미만, 3년 미만, 3년 이상 등 4집단으로 구분하였다. 이렇게 구분된 집단대로 비교하겠다는 것이다. 혹시 집단구분을 다르게 할 경우 다른 변수로 코딩변경을 활용하여 분석하고자 하는 집단구분을 해 주어야 한다. 이 부분은 7장을 다시 확인해보면서 연습하도록 하자.
- ANOVA에서는 사후검정을 선택해야 한다. t-test의 경우 집단 간 차이가 있는 것으로 나타나면 두 집단을 직접 비교하면 되었다. 두 집단 뿐이기 때문에 직접 비교가 가능하다. 집단 간 비교가 비교적 간단했다.

그런데 ANOVA는 세 집단 이상을 비교하기 때문에 집단 간 차이가 있는 것으로 나타났을 경우 어떤 집단과 어떤 집단에서 차이가 나타나는지를 알 수가 없다. 따라서 ANOVA에서는 이를 살피기 위하여 사후분석을 실시하게 된다. 다만 자동적으로 사후분석을 하는 것이 아니기 때문에 반드시 연구자가 설정해 주어야 한다. 사후분석을 클릭하면 사후분석 창이 뜬다. 사후분석을 선택할 수 있는 항목이 많다. 여러 통계학자들이 사후분석방법을 개발한 것이다. 사회과학에서는 일반적으로 Scheffe 검정을 많이 사용한다. 그 외에도 Tukey, Duncan, LSD 방법들이 주로 많이 사용된다. 여기서는 Scheffe 검정을 선택하여 본다. 계속을 누르면 다시 일원배치분산분석 창으로 돌아간다.

- ANOVA에서는 몇 가지 옵션을 선택할 필요가 있다. 옵션을 클릭하여 새롭게 뜬 옵션 창에서 기술통계와 분산 동질성검정을 클릭하고 계속을 클릭한다. t-test는 이 부분이 분석프로그램 자체에 자동 설정되어 있어 분석을 실시하면 이에 대한 정보도 자동적으로 결과 창에서 보여 주었다. 하지만 ANOVA는 연구자가 옵션에서 선택을 해야 한다. 분산의 동질성 부분은 샘플수가 충분히 많다면 굳이 설정하지 않아도 된다. 본 자료는 302개의 데이터이고 한 집단에 대해서 30샘플 이상 배치되기 때문에 굳이 분산의 동질성검정은 하지 않아도 되지만, 일단 체크하여 확인해 보기도 한다. 모든 설정을 마쳤으면 확인을 누른다. 그러면 ANOVA가 실행된다.

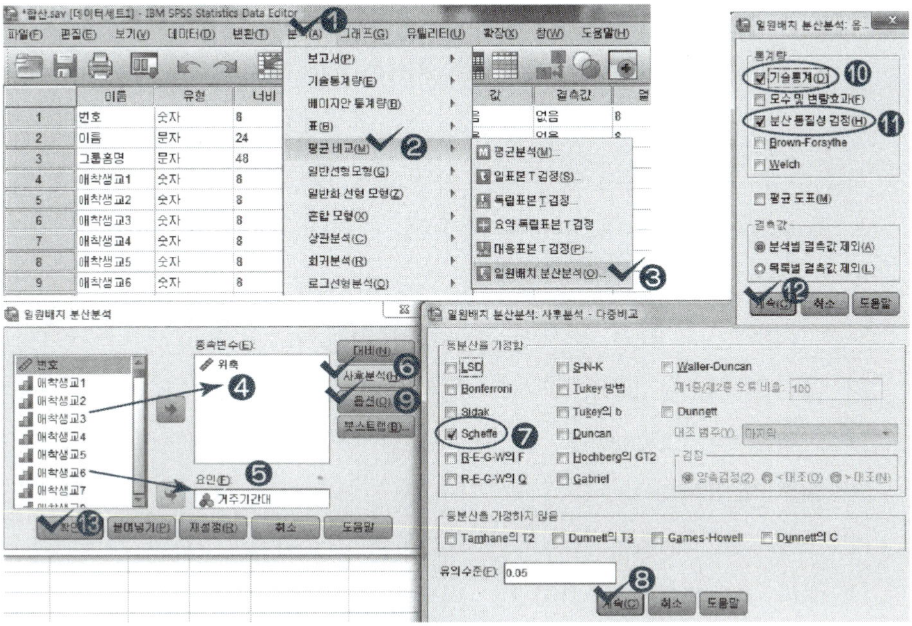

그림 12-1 ANOVA

- 그림 12-2는 결과창의 일부이다. 먼저 기술통계가 나타난다. 거주기간대별로 위축의 평균과 표준편차가 제시되어 있는 것을 볼 수 있다. 눈으로 훑어보았을 때 거주기간이 길수록 위축의 평균이 줄어드는 것을 볼 수 있다. 그러나 이것이 통계적 의미가 있는지는 아래 부분이 통계치를 해석해야 알 수 있다.
- 먼저 분산의 동질성검정을 본다. Levene의 동질성검정이 제시되고 있다. 위축에 대해서 평균, 중위수, 수정된 중위수, 절삭평균에 따라서 통계량이 제시되고 있다. 평균비교이므로 가장 위에 있는 평균을 기준으로 보자. 통계량이 1.684가 나오고 그에 대한 유의확률(p)이 .170으로 나타나고 있다. p>.05이므로 영가설을 채택해야 한다. 즉, 분산의 동질성은 확보되었다고 볼 수 있다. 샘플수가 충분히 많을 경우 이 부분은 참고 정도로 사용하면 된다. 기술통계 부분에서 각 집단에

대해서 샘플수가 30개 이상인 것을 볼 수 있기에 분산의 동질성은 자동적으로 확보된다고 할 수 있는 것이다. 만약 이 부분에서 p<.05로 나타나는 경우라면 어떻게 할까? 그럴 경우에는 분석으로 다시 가서 사후분석 선택 창에서 등분산을 가정하지 않는 경우에 사용할 수 있는 사후검정 방법을 사용하면 된다. 보통 'Dunnett의 T3'가 많이 일반적으로 사용된다. 그런데 실제로 이것과 등분산이 가정되는 경우의 사후검정인 Scheffe를 동시에 선정해서 비교해보면 큰 차이가 나타나지 않는걸 볼 수 있다. 그래도 정확하게 한다면 등분산이 가정되지 않을 경우에는 'Dunnett의 T3'을 선택한 후 다시 분석을 실행하는 것도 좋은 방법이다.

- ANOVA를 보여 주는 통계치를 해석한다. F값이 7.219로 나타나고 이에 대한 유의확률(p)이 .000으로 나타나고 있다. p<.001이므로 영가설을 기각하고 대립가설을 채택하게 된다. 즉, 위축은 집단 간 차이가 있는 것으로 해석할 수 있다. F값으로 제시되는 이유는 분산분석은 F분포를 통하여 분석하기 때문이다. 마찬가지로 t-test에서 t값으로 제시되는 이유는 t-test는 t분포를 통하여 분석하기 때문이다. 중요한 것은 F값의 유의확률(p)이 .05보다 낮아야 집단 간 차이가 있다고 해석할 수 있는 것이다. t-test도 마찬가지이다. t값의 유의확률(p)이 .05보다 낮아야 집단 간 차이가 있다고 해석할 수 있는 것이다.

기술통계

위축

	N	평균	표준화 편차	표준화 오류	평균에 대한 95% 신뢰구간 하한	평균에 대한 95% 신뢰구간 상한	최소값	최대값
1년미만	116	.6909	.45291	.04205	.6076	.7742	.00	1.86
2년미만	47	.6809	.38863	.05669	.5667	.7950	.00	1.43
3년미만	66	.4827	.35506	.04371	.3954	.5700	.00	1.29
3년이상	73	.4697	.33033	.03866	.3926	.5467	.00	1.14
전체	302	.5904	.40746	.02345	.5442	.6365	.00	1.86

분산의 동질성 검정

		Levene 통계량	자유도1	자유도2	유의확률	
위축	평균을 기준으로 합니다.	1.684	3	298	.170	❶
	중위수를 기준으로 합니다.	2.157	3	298	.093	
	자유도를 수정한 상태에서 중위수를 기준으로 합니다.	2.157	3	264.293	.094	
	절삭평균을 기준으로 합니다.	1.788	3	298	.149	

ANOVA

위축

	제곱합	자유도	평균제곱	F	유의확률	
집단-간	3.386	3	1.129	7.219	.000	❷
집단-내	46.588	298	.156			
전체	49.974	301				

그림 12-2 ANOVA 결과 1

- ANOVA 통계치에서는 집단 간 차이가 있는지만 검정하는 것이다. F 값의 유의확률이 통계적으로 의미가 있게 나타났다면 이젠 어떤 집단 간 차이가 나타나는지를 살펴보아야 한다. 이를 검정하는 것이 바로 그 아래로 나타나는 사후검정의 다중비교이다(그림 12-3 참조). 이는 분석을 실시할 때 선택한 사후검정을 보여 준다. 좌측을 보면 Scheffe라는 것이 보인다. 사후검정을 선택할 때 Scheffe를 선택했기에 Scheffe 검정을 보여주고 있는 것이다. 평균차이 부분에 나타난 수치에 별이 붙은 것을 볼 수 있다. 이 부분이 서로 집단 간 차이가 있는 것으로

나타난다는 것이다. 그런데 표가 복잡하기 때문에 다음과 같은 작업을 할 필요가 있다.

- 먼저 왼쪽에 거주기간대를 1년 미만 = a, 2년 미만 = b, 3년 미만 = c, 3년 이상 = d로 생각을 한다. 아래 칸도 그에 맞춰서 생각을 해야 한다. 다음으로 별표가 붙은 것들만 찾아서 수식(≠)을 작성해 본다. 그러면 a≠c, a≠d, b≠d, c≠a, d≠a, d≠b라는 결과를 보게 된다. 그런데 기준이 차례대로 돌아가기 때문에 반복으로 나타나는 것들이 있기 마련이다. 결국 a≠c, a≠d, b≠d가 서로 다르게 나타나는 것을 볼 수 있다.

사후검정

다중비교

종속변수: 위축

Scheffe

(I) 거주기간대 ❶	(J) 거주기간대	❷ 평균차이(I-J)	표준화 오류	유의확률	95% 신뢰구간 하한	95% 신뢰구간 상한 ❹
1년미만 a	2년미만 b	.01004	.06837	.999	-.1822	.2023
	3년미만 c	.20820*	.06096	.009	.0368	.3796
	3년이상 d	.22122*	.05907	.003	.0551	.3873
2년미만 b	1년미만 a	-.01004	.06837	.999	-.2023	.1822
	3년미만 c	.19817	.07547	.078	-.0140	.4103
	3년이상 d	.21118*	.07394	.045	.0033	.4191
3년미만 c	1년미만 a	-.20820*	.06096	.009	-.3796	-.0368
	2년미만 b	-.19817	.07547	.078	-.4103	.0140
	3년이상 d	.01302	.06716	.998	-.1758	.2018
3년이상 d	1년미만 a	-.22122*	.05907	.003	-.3873	-.0551 ❸
	2년미만 b	-.21118*	.07394	.045	-.4191	-.0033
	3년미만 c	-.01302	.06716	.998	-.2018	.1758

a≠c a≠d b≠d c≠a d≠a d≠b

*. 평균차이는 0.05 수준에서 유의합니다.

그림 12-3 ANOVA 결과 2

- 사실 다중비교는 다소 복잡한 면이 있다. 따라서 보다 더 단순하게 집단 간 차이를 비교해 보기를 원한다면 다중비교 아래 제시된 동질적 부분집합을 보는 것이 편리하다(그림 12-4 참조). 동질적 부분집합은 집단이 어떻게 구분되는지 한 눈에 볼 수 있도록 제시해주고 있다. 역시 동일하게 거주기간대를 1년 미만=a, 2년 미만=b, 3년 미만=c, 3년 이상=d로 생각을 한다. 그런 후에 우측의 집단구분이 1과 2로 된 것을 보면서 구분해 주면 된다. 그러면 본 자료는 a,b < c,d라고 단순화하여 보여 주는 걸 알 수 있다.
- 동질적 부분집합은 사용하기 편리한 점은 있지만 경우에 따라서는 집단구분이 나타나지 않을 때도 있다. 즉, 다중비교에서는 별표가 나타나서 집단 간 차이를 구분을 해주고 있는데, 동질적 부분집합에서는 1과 2가 아니라 1로만 나타나는 경우가 있다. 이럴 때는 다중비교를 비교하여 집단을 구분해야 한다.
- 사후검정을 할 때 또 다른 경우 이런 문제도 나타날 수도 있다. 분명히 F값과 F값의 유의확률(p)은 통계적으로 의미가 있는 것으로 나타났는데, 사후검정 다중비교에서 별표가 하나도 붙지 않는 경우가 있다. 이런 결과가 나타나는 때는 분산분석(ANOVA)으로는 집단 간 차이가 나타나지만, 사후검정으로 집단 구분이 일어나지 않는 경우이다. 엄밀하게 이야기하면 ANOVA와 여러 사후검정은 별개의 분석이다. 그렇기에 충분히 나타날 수 있는 현상이다. 이럴 경우 집단 간 차이가 있는 것으로 해석하고, 사후검정에서는 집단 구분이 나타나지 않았다고 해석해 주면 된다.
- 어떤 경우이든 해석을 할 때는 ANOVA에 나타난 평균을 보면서 경향성을 읽어주면 된다. 구체적으로 어떤 집단과 어떤 집단이 다르다고 이야기하는 것도 의미 있지만, 여러 집단의 경우 어떤 경향성이 나타나는가를 보여 주는 것도 좋은 해석방법이기 때문이다.

동질적 부분집합

위축

Scheffe[a,b]

거주기간대	N	유의수준 = 0.05에 대한 부분집합 1	2
3년이상 d	73	.4697	
3년미만 c	66	.4827	
2년미만 b	47		.6809
1년미만 a	116		.6909
유의확률		.998	.999

동질적 부분집합에 있는 집단에 대한 평균이 표시됩니다.

a. 조화평균 표본크기 68.088을(를) 사용합니다.

b. 집단 크기가 동일하지 않습니다. 집단 크기의 조화평균이 사용됩니다. I 유형 오차 수준은 보장되지 않습니다.

d, c < b, a

그림 12-4 ANOVA 결과 3

c.f.

사후분석은 어떤 것으로 하는 게 좋을까?

이 책에서는 Scheffe 검정을 선택해서 분석을 실시해 보았다. 그런데 사후검정 방법은 여러 가지이며 그중에서도 Scheffe, Tukey, Duncan, LSD가 많이 사용되는 방법들이라고 했다. 그럼 어떤 것을 선택해야 할까? 선택하는 방법이 있을까?

먼저 여러 사후검정들은 모두 독립적인 통계기법이라는 점을 알아둘 필요가 있다. 즉, ANOVA를 실행하면서 다른 통계기법을 첨가하여 실행하는 것이라고 생각하면 된다. 그러면서 목적은 하나이다. 어느 집단 간에 차이가 있는지를 보여 주는 것이다. 따라서 어떤 방법을 선택하더라도 문제가 되지 않는다. 경우에 따라서는 학문적 전통에 따르기도 한다. 예를 들어, 유아교육 분야에서는 LSD를 활용하는 경우가 많으며, 사회복지 등 사회학 분야에서는 Scheffe를 사용하는 경우가 많다. 그러나 이런 전통은 정해진 규칙이 있는 게 아니므로 연구자가 어느 하나를 정하여 실행하면 된다. 보고서를 제시할 때도 유아교육 분야에서 Scheffe를 사용했다고 해서, 또한 사회복지학 분야에서 LSD를 사용했다고 해서 문제제기를 하지 않는다. 따라서 자신이 선호하는 방법을 사용하면 된다.

참고로 많이 사용되는 Scheffe, Tukey, Duncan, LSD 사후검정들은 집단 간 차이를 검정할 때 보수적인 편이냐 진보적인 편이냐의 정도가 다르긴 하다. 보수적인 경우는 집단 간 차이가 분명할 경우에 집단 간 차이가 있는 것으로 판단하려는 경향이 있고, 진보적인 경우에는 집단 간 차이가 조금만 나타나더라도 집단 간 차이가 있는 것으로 판단하려는 경향이 있다. 그 정도는 다음과 같다. 그림 12-5는 LSD 검정으로 사후분석을 한 것이다. 이는 Scheffe 검정으로 사후분석한 그림 12-3과 비교하여 볼 때 2개(a,b) 더 집단구분을 하고 있는 것을 볼 수 있다. LSD가 Scheffe보다 사후검정에 있어 보다 진보적인 것을 보여준다.

보수적 ←――――――――――――→ 진보적

Scheffe　　Turkey　　Duncan　　LSD

다중비교

종속변수: 위축

LSD

(I) 거주기간대	(J) 거주기간대	평균차이(I-J)	표준화 오류	유의확률	95% 신뢰구간 하한	95% 신뢰구간 상한
1년미만	2년미만	.01004	.06837	.883	-.1245	.1446
	3년미만	.20820*	.06096	.001	.0882	.3282
	3년이상	.22122*	.05907	.000	.1050	.3375
2년미만	1년미만	-.01004	.06837	.883	-.1446	.1245
	3년미만	.19817*	.07547	.009	.0497	.3467
	3년이상	.21118*	.07394	.005	.0657	.3567
3년미만	1년미만	-.20820*	.06096	.001	-.3282	-.0882
	2년미만	-.19817*	.07547	.009	-.3467	-.0497
	3년이상	.01302	.06716	.846	-.1191	.1452
3년이상	1년미만	-.22122*	.05907	.000	-.3375	-.1050
	2년미만	-.21118*	.07394	.005	-.3567	-.0657
	3년미만	-.01302	.06716	.846	-.1452	.1191

*. 평균차이는 0.05 수준에서 유의합니다.

a　b　8개

그림 12-5 **사후분석의 차이**

그렇다면 연구자는 당연히 분석이 결과를 보여 주고 싶은 마음에 Scheffe보다는 LSD를 사용하려고 하지 않을까? 연구자의 목적이 단순히 결과를 자신에게 유리한 방향으로 제시하는 것이라면 그럴 수 있을 것이다. 그런데 연구자는 연구윤리를 가진 사람이다. 자신이 연구에 대해서 왜 이런 결과가 나왔을까를 생각하는 자가 되어야 한다. 따라서 보고하기 좋은 데이터만 수집하여 보고하기보다는 자신이 세운 논리에 맞는 보고를 하는 것이 바람직하다. 사후분석의 경우 한 논문 안에서는 일관된 방식으로 사후분석을 실행하고 결과를 제시하는 게 바람직하다.

참고로 그림 12-2의 결과에서 보듯이 등분산이 가정될 경우에는 문제가 되지 않지만 만약 이 부분에서 등분산이 가정되지 않는 결과가 나온다면 어떻게 해야 할까? 즉, 분산의 동질성검정 부분에서 Levene의 검정값과 그 유의확률(p)이 .05 이하여서 등분산이 가정되지 않으면 ANOVA를 실행할 수 있는 것일까? 원칙적으로는 등분산이 가정되지 않기 때문에 실행할 수 없다. 하지만 t-test에서도 등분산이 가정되지 않을 경우까지 계산을 해놓았던 것처럼 ANOVA에서도 등분산이 가정되지 않을 경우에도 계산을 해놓는다. 다만 사후분석에서 Dunnett의 T3 검정을 선택해 주면 된다. Dunnett의 T3 검정은 등분산이 가정되지 않은 경우 사후검정에 대한 계산을 한 것이다. 그런데 등분산이 가정되지 않더라도 그대로 Scheffe 검정으로 사후분석을 해도 Dunnett의 T3 검정으로 분석한 것과 별반 차이가 없는 것을 발견하게 된다. 따라서 한 집단 안에 샘플수가 30개 이상만 반영된다면 Levene의 검정이 어떤 결과를 나타내든지 상관없이 등분산은 가정되는 것으로 판단하여도 무방하다.

4) ANOVA의 결과는 어떻게 제시하는가?

- 그림 12-2, 12-3, 12-4에 나타난 결과에 따라 필요한 통계치를 활용하여 표를 만들어 결과를 제시한다. 표 12-1은 이에 대한 결과에 대한 제시이다.
- 분산의 동질성에 때한 결과는 따로 제시하지 않아도 된다. 일반적으로 표본수가 30 이상이면 정규성은 확보한 것으로 가정할 수 있다. 다만 어느 한 집단에 대해 샘플수가 30개 이하이고, 분산의 동질성검정 부분에서 등분산이 가정되지 않은 결과를 나타낼 때 사후검정을 Dunnett이 T3로 검정했음을 밝혀주면 된다.

표 12-1 거주기간대에 따른 자아존중감의 차이

	N	Mean(S.D.)	F	Scheffe
1년 미만(a)	116	.69(.45)	7.219***	a,b>c,d
2년 미만(b)	47	.68(.39)		
3년 미만(c)	66	.48(.36)		
3년 이상(d)	73	.47(.41)		

*** p<.001

- 제시된 표에 따라 그 해석을 제시하면 된다. 이때도 중요한 것은 수치를 제시하는 것은 통계수준이다. 그 수치를 통하여 의미를 드러내는 해석을 제공하는 것이 중요하다.

그룹홈 거주기간대에 따라서 그룹홈 청소년의 위축은 집단 간 차이가 있는 것으로 나타났다(F=7.219, p<.001). 이때 사후검정 결과 그룹홈 거주기간 1년 미만인 집단, 2년 미만인 집단과 거주기간 3년 미만인 집단, 3년 이상인 집단 사이에서 집단 간 차이가 있는 것으로 나타났다. 전체적인 추이를 보면 거주기간이 길어질수록 위축이 낮아지는 것을 볼 수 있다. 이는 아동이 그룹홈에 처음 왔을 때 새로운 환경으로 인하여 위축되었다가 2년 정도 지나면 주어진 환경에 익숙해짐으로 위축이 떨어지는 것이라고 볼 수 있다.

- t-test와 ANOVA의 결과제시는 크게 다르지 않다. 사후검정을 통하여 차이가 나는 집단을 표시하는 것만 다르다. 따라서 보통 연구들에서 이 두 분석은 하나의 표에서 제시되기도 한다.

2. ANCOVA

1) ANCOVA는 언제 사용하는가?

적용 예

수천중학교와 재학중학교 학생들의 통학시간이 같다고 한다면 두 학교 학생들의 수학 점수는 다를까요?

꼭 기억하세요!

ANCOVA(공분산분석)은 변수를 통제했을 때 집단 간 평균에 차이가 있는지를 검증합니다.
- 학교(수천중학교, 재학중학교) → 명목변수
- 수학 점수 → 연속변수
- 통학시간 → 연속변수(통제변수)

- 공분산분석(ANCOVA, Analysis of Covariance)은 범주형 집단의 평균값을 비교하되 수치형 자료의 통제변수를 갖는 것이다.
- 예를 들어, 삶의 만족도에 대해서 학력이 높은 집단과 학력이 낮은 집단을 비교하고자 하는데 자아존중감을 통제하고 싶을 경우 공변량 분석을 할 수 있다. 이때 종속변수는 삶의 만족도이고, 고정요인은 학력 상하이고, 공변량은 자아존중감으로 하면 된다.
- 그런데 공분산분석(ANCOVA)을 사용하는 가장 일반적인 경우는 실험설계에서 사전조사를 한 결과 실험집단과 통제집단 두 집단이 동일집단으로 나타나지 않았을 때이다. 실험설계 원칙상 사전조사에서 실험집단과 통제집단은 동일집단이 되어야 한다. 따라서 사전조사에서 실험집단과 통제집단이 다른 집단으로 구분될 경우에 결과의 타당성을 담보할 수가 없다. 이때 사전조사에 대한 것을 공변량으로 설정하여 공변량분석(공분산분석, ANCOVA)을 실시할 수 있는 것이다. 즉, 사전조사값을 통제한 상태에서 사후조사에서 실험집단과 통제집단의 차이가 나타난다면 효과가 있는 것으로 볼 수 있는 것이다.
- 그 외에도 통계적 검증력을 높이고자 할 때 사용한다.

2) ANCOVA를 하기 위한 전제조건은 무엇인가?

- 종속변수는 수치형 척도여야 한다. 모수요인은 명목형이어야 한다. 공변량은 수치형 척도여야 한다.

3) ANCOVA 실전

ANCOVA(공분산분석)
분석 → 일반선형모형 → 일변량 → 변수이동 → 옵션 → 기술통계량, 동질성검정 → 계속 → 확인

• 자료실의 데이터 중 공분산 파일을 열어 사전조사를 통제한 상태에서 실험집단에서의 변화가 통계적 의미가 있는 검정해 보자.

• 먼저 사전조사에 대한 집단 간 차이를 독립표본 t-test로 실시하면(독립표본 t-test에 대한 방법은 그림 11-1 참조) 결과가 그림 12-6과 같다. 독립표본 검정부분을 보면 Levene의 등분산검정은 p>.05이므로 등분산이 가정된다. 윗줄의 통계치를 보면 된다. t값은 3.724로 나타나고 그에 대한 유의확률(p)은 .001이므로 영가설을 기각하고 대립가설을 채택한다. 즉, 사전조사를 실시한 결과 실험집단과 통제집단 간에는 차이가 나타났다. 원래 실험집단과 통제집단은 동일집단일 것을 가정한다. 그런데 결과에 나타난 바로는 서로 같은 집단이라고 할 수 없다. 따라서 이 경우 사후조사한 후에 실험집단과 통제집단 간 비교를 하는 것은 의미가 없어진다. 이럴 경우 사전조사를 통제한 후에 사후조사를 비교하는 방법을 사용해야 한다. 이렇게 할 수 있는 것이 바로 ANCOVA이다.

집단통계량

	집단	N	평균	표준화 편차	표준오차 평균
사전소진	실험집단	14	71.3077	5.57752	1.49066
	통제집단	18	64.5556	4.68065	1.10324

독립표본 검정

		Levene의 등분산 검정		평균의 동일성에			
		F	유의확률	t	자유도	유의확률 (양측)	평균차
사전소진	등분산을 가정함	.005	.942	3.724	30	.001	6.752
	등분산을 가정하지 않음			3.641	25.330	.001	6.752

그림 12-6 사전조사의 집단 간 차이

- 그림 12-7과 같이 **분석**을 클릭한 후 스크롤이 나타나면 커서를 **일반선형모형**, **일변량**을 차례로 거쳐 클릭한다. 일변량분석 창이 뜨면 종속변수에는 사후소진을, 고정요인에는 집단을, 공변량에는 사전소진을 각각 이동시킨다. 옵션을 클릭하여 옵션 창이 뜨면 기술통계량과 동질성검정을 한다. 계속과 확인을 이어 누르면 ANCOVA가 실행된다. 이는 사전소진을 통제한 상태에서 사후소진에 대해서 실험집단과 통제집단의 변화를 비교하겠다는 의미가 된다.

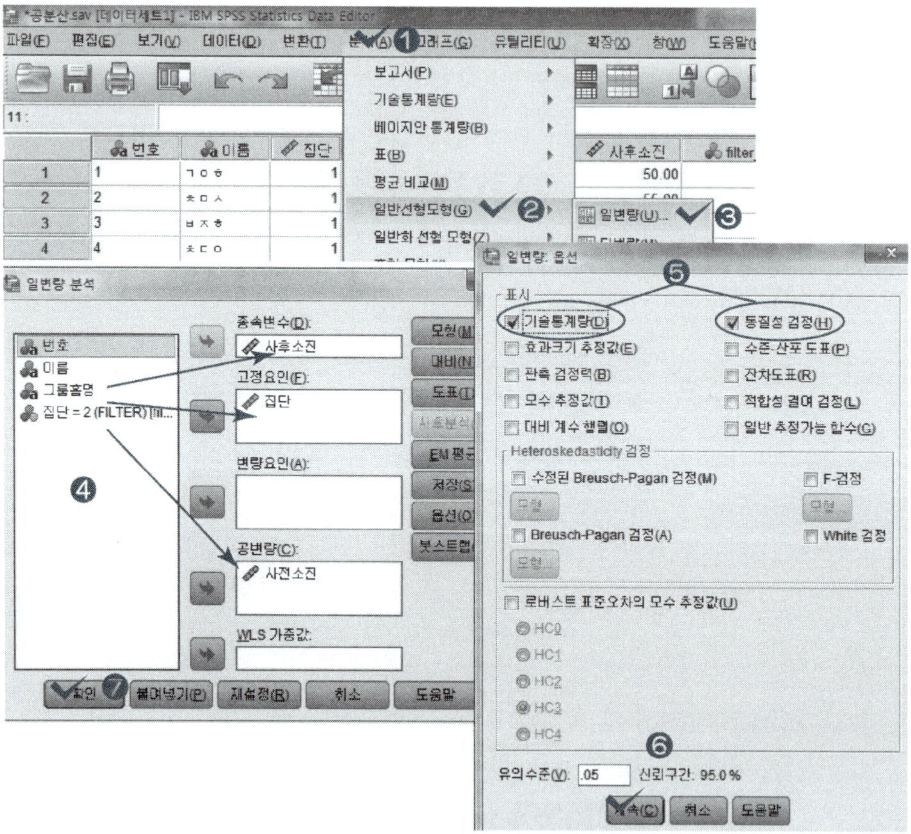

그림 12-7 ANCOVA

- 결과는 그림 12-8과 같다. 원래 결과 창에는 모두 4개의 결과표가 제시된다. 그림 12-8에서는 제일 위에 있는 표를 생략했다. 이는 집단에 대한 정보로 기술통계량을 보아도 나오기 때문에 생략했다. 그림에서 나타나는 첫 번째 표는 기술통계량이다. 실험집단의 사후소진이 57.46(S.D.=8.60)으로 나타나고, 통제집단의 사후소진은 63.48(S.D.=7.93)로 나타나고 있다. 이 둘은 사전소진을 통제한 상태에서 차이가 있는 것일까? 이어지는 결과를 참고해 보아야 한다. Levene의 등분산검정을 보면 $p>.05$이므로 영가설을 채택한다. 즉, 등분산이 가정되었다고 할 수 있다.
- 이제 실제로 보고자 하는 개체 간 효과를 보도록 하자. 수정된 모형에 대한 F값이 4.757로 나타났고, 이에 대한 유의확률(p)은 .016로 나타났다. $p<.05$이므로 영가설을 기각하고 대립가설을 채택한다. 즉, 투입된 변인들로 분석하는 것이 가능하다고 할 수 있다. 본 예제는 사전소진을 통제한 상태에서 사후소진의 집단 간 차이를 보는 것이다. 소스 부분의 사전소진으로 나타나는 부분이 바로 통제하였음을 보여주는 것이다. 이때 독립변인에 해당하는 집단을 살펴보면 된다. 집단의 F값은 9.176이고, 이에 대한 유의확률(p)은 .005이다. $p<.01$이므로 영가설을 기각하고 대립가설을 채택한다. 즉, 사전소진이 통제된 상태에서도 실험집단과 통제집단의 사후소진은 통계적인 차이가 있는 것이다. 이제 다시 기술통계량으로 올라가서 확인해 보면 실험집단의 사후소진 57.46(S.D.=8.60)은 통제집단의 사후소진 63.48(S.D.=7.93)과 차이가 있는 것으로 해석할 수 있다. 즉, 사전소진을 통제한 상태에서도 실험집단의 사후소진은 통제집단의 사후소진보다 낮은 걸 알 수 있다.
- 이는 두 집단 간 차이만 검정한 것이다. 실험집단에서의 결과가 소진을 떨어뜨리는 효과가 있는지에 대해서는 실험집단만 선택해서 대응표본 t-test로 확인해 보아야 한다.

기술통계량

종속변수: 사후소진

집단	평균	표준편차	N
실험집단	57.4615	8.59910	14
통제집단	63.4786	7.92554	18
전체	60.8462	8.64018	32

오차 분산의 동일성에 대한 Levene 의 검정[a]

종속변수: 사후소진

F	자유도1	자유도2	유의확률
2.808	1	30	.104

여러 집단에서 종속변수의 오차 분산이 동일한 영가설을 검정합니다.

a. Design: 절편 + 사전소진 + 집단

개체-간 효과 검정

종속변수: 사후소진

소스	제 III 유형 제곱합	자유도	평균제곱	F	유의확률
수정된 모형	571.662[a]	2	285.831	4.757	.016
절편	61.813	1	61.813	1.029	.319
사전소진	286.544	1	286.544	4.769	.037
집단	551.358	1	551.358	9.176	.005
오차	1742.575	29	60.089		
전체	120786.379	32			
수정된 합계	2314.237	31			

a. R 제곱 = .247 (수정된 R 제곱 = .195)

그림 12-8 ANCOVA 결과

4) ANCOVA의 결과는 어떻게 제시하는가?

- 위에서 분석한 것을 표로 제시하면 다음과 같다. 먼저 실험집단의 삶의 만족도에 대해서 대응표본 t-test를 실시하여 사전과 사후의 변화를 제시한 후에 ANCOVA를 제시하면 좋다. 대응표본 t-test에 관하여는 앞장을 참조하여 분석하여 보라.

표 12-2 실험집단에서 소진의 사전-사후 변화

	사전(S.D.)	사후(S.D.)	사전-사후(S.D.)	t
실험집단	71.31(5.58)	57.46(8.60)	13.85(9.75)	5.313***

*** p<.001

표 12-3 사전 삶의 만족도를 통제한 후 집단 간 차이

소스	유형 III 제곱합	df	평균 제곱	F
수정한 모형	571.662[a]	2	285.831	4.757*
절편	61.813	1	61.813	1.029
사전소진	286.544	1	286.544	4.769*
집단	551.358	1	551.358	9.176**

* p<.05, *** p<.001, adj.R^2=.769

- 위의 두 표에 대해서 해석을 제시하면 다음과 같다.

○○프로그램에 대한 소진의 변화를 살펴보기 위하여 실험집단에 대해서 사전-사후 집단 간 차이를 검정하였다. 검정결과 소진은 사전과 사후 사이에서 차이가 있는 것으로 나타났다(t=5.313, p<.001). 이때 사전소진은 71.31(S.D.=5.58)로 나타나고 사후소진은 57.46(S.D.=8.60)으로 나타나 프로그램 사전에 비해 사후의 소진이 현저하게 떨어진 것을 볼 수 있다. 그러나 이것에 대한 검정력을 높이기 위하여 통제집단과 비교해볼 필요가 있다. 통제집단과 실험집단이 프로그램을 실시하기 이전에 동질집단인지 검정하기 위하여 독립표본 t-test를 실시한 결과 집단 간 차이가 있는 것으로 나타났다(t=3.724, p<.01). 즉, 실험집단과 통제집단이 동일집단이라고 보기 어렵기 때문에 사전조사를 통제한 상태에서 사후조사의 실험집단과 통제집단의 차이를 검정할 필요가 있다. 이를 위하여 ANCOVA를 실시한 결과 전체 모형은 통계적으로 의미가 있는 것으로 나타났다(F=4.757, p<.05). 이때 집단변인에 대한 F값이 9.176으로 나타나고 이에 대한 유의확률이 .01보다 작으므로 사전소진을 통제한 상태에서 실험집단과 통제집단의 사후소진은 차이가 있는 것이라고 볼 수 있다.

CHAPTER 13 상관관계분석

상관관계분석이라고 이야기하는 분석은 보통 피어슨의 이변량 상관관계분석을 의미한다. 이변량이라는 것은 하나의 대상에 대해서 두 개의 수량적 자료를 의미한다. 이 둘 간의 상관관계를 보는 것이 이변량 상관관계인 것이다. 그리고 보통 상관관계라고 한다. 두 변수 간의 상관관계란 두 변수가 서로 관계가 있음을 의미한다. 관계는 있지만 굳이 두 변인 간 방향성에 대해서는 염두에 두지 않는 분석이다. 회귀분석의 경우에는 변수 간의 논리적 방향성이 중요하지만 상관관계분석의 경우에는 상관성만 보는 것이다.

1. 상관관계분석

1) 상관관계분석은 언제 사용하는가?

적용 예

수천중학교 학생들의 키와 몸무게는 관계가 있을까요?

꼭 기억하세요!

상관관계분석은 두 변수 간에 관계가 있는지를 검증합니다.
- 키 → 연속변수
- 몸무게 → 연속변수

- 두 변수 간의 상관관계를 보고자 할 때 이용한다.
- 예를 들어, 성별, 연령, 자아존중감, 위축 등이 서로 상관관계가 있는지 검정한다고 하면 각각 변수들에 대해서 맞대응해서 상관관계가 있는지 분석하는 것이다. 즉, 4개의 변수를 갖고 상관관계를 보면 동일한 것끼리 묶이는 완전자기상관을 제외하면 성별 - 연령, 성별 - 자아존중감, 성별 - 위축, 연령 - 자아존중감, 연령 - 위축, 자아존중감 - 위축 등 6개의 상관관계분석이 이루어진다.
- 또한 상관관계 자체가 분석의 목적이 아니라 다른 분석에 대한 기초자료를 제공하기 위해서 실시하기도 한다. 회귀분석에 앞서 다중공선성이 있는지를 살펴보거나 구조모형분석에 앞서 자료들의 가능성을 살펴보기 위하여 상관관계분석을 하기도 한다. 회귀식에 투입될 변인이 너무 많을 경우 일부를 추려내기 위하여 상관관계분석을 하기도 한다. 따라서 상관관계분석은 상관관계 그 자체의 목적보다는 다른 분석에 대한 정보를 제공해 준다는 차원에서 실시하는 경우가 많다. 이런 점에서 연구보고서에는 되도록 상관관계분석 자료를 제시하는 것이 바람직하다. 이는 다른 주된 분석을 판단하는 근거가 되기도 하기 때문이다.

2) 상관관계분석을 하기 위한 전제조건은 무엇인가?

- 수치형 자료의 분석이기 때문에 정규성이 확보되어야 한다.
- 독립변수와 종속변수가 모두 수치형 자료여야 한다. 즉, 등간척도 이상이어야 하고, 서열척도인 경우에는 리커트척도일 경우 합산하여 사용하면 수치형 척도로 인정할 수 있다.
- 투입하고자 하는 변인 중 서열척도가 포함된 변인이 있다면 서열상관관계분석으로 분석이 가능하다. 이 책에서는 이에 대해서는 참고부분에서 분석하는 방법만 제시하고 따로 다루지는 않는다.

- 또한 투입하고자 하는 변인 중 명목척도가 있다면 더미화를 한 후에 분석에 투입할 수 있다.

3) 상관관계분석 실전

상관관계분석
분석 → 상관분석 → 이변량상관 → 변수이동 → 확인

- 자료실에서 합산 파일 데이터를 열어 성별, 나이, 자아존중감, 위축에 대한 상관관계를 분석해 보자. 상관관계는 서로 맞대응하는 변인끼리 서로 상관관계를 볼 수 있기에 총 4개의 변인이기 때문에 6개의 상관관계가 가능하다. 즉, 가설은 6개로 설정할 수 있다. 그러나 위축이라는 변인에 대해서 다른 변인들이 상관관계를 갖는 것을 보고자 한다고 가정할 경우 가설을 다음과 같이 세울 수 있다. "성별, 나이, 자아존중감은 위축과 상관관계가 있을 것이다." 이를 검정해 보자.
- 그림 13-1과 같이 분석을 클릭한 후 스크롤된 **분석** 메뉴 중 **상관분석**, **이변량상관**을 차례대로 거쳐 클릭한다. 이변량 상관계수 창이 뜨면 왼쪽에 나열된 변수들 중 가설에서 설정한 변수들을 변수란으로 이동한다. 이때 종속변수로 설정한 위축은 제일 아래 부분으로 보낸다. 변인을 보내고 보면 그림에서 보는 바와 같이 성별은 명목척도로 나타나고 있다. 상관관계분석의 원칙상 수치형 자료만 투입해야 하는데 명목척도가 포함된 것이다. 그런데 코드북을 보면 성별은 남자 ①과 여자 ②로 코딩된 것을 볼 수 있다. 이 경우 이것이 0과 1로 더미화되었다고 가정하고 그대로 분석해도 문제되지 않는다.
- 나머지는 원래 프로그램이 세팅되어 있는대로 사용해도 된다. 확인해 보면 상관계수에 Pearson이 체크되어 있다. 이는 수치형 변인들 간 상

관관계를 보는 Pearson **상관관계분석**을 의미한다. 유의성검정을 보면 양측에 체크되어 있는 것을 볼 수 있다. 유의성 검층을 단측이 아니라 양측으로 검정하겠다는 의미이다. 만약 이 두 부분이 다른 게 설정되어 있다면 설정을 바꾸어 주어야 한다. 확인을 누르면 상관관계분석이 실행된다.

- 그림 13-1의 우측 하단에 결과창이 나타나고 있다. 우선 대각선으로 '1'이 나타나는 것을 볼 수 있다. 대각선을 따라 변인을 보면 성별과 성별인 경우, 나이와 나이인 경우, 자아존중감과 자아존중감인 경우, 위축과 위축인 경우가 모두 '1'로 표시된 것을 알 수 있다. 즉, 상관관계에서는 양쪽이 똑같을 경우 상관의 정도가 '1'로 표시된다. 상관계수가 1로 나타나는 경우를 완전자기상관이라고 한다.
- 1이 나타나는 대각선을 기준으로 양쪽이 포개지는 것을 볼 수 있다. 좌측과 위쪽에 변인이 같은 차례로 나열되어 있기에 결국 동일한 상관관계가 나타나는 것을 볼 수 있다. 따라서 결과를 해석하고자 할 때는 대각선을 기준으로 위쪽이든 아래쪽이든 한쪽만 보면 된다.
- 상관계수에 *표시가 붙은 것을 볼 수 있다. 이는 상관관계가 있음을 표시하는 것이다. 본 데이터에서는 모든 관계에서 *표시가 붙어 있으므로 모든 관계에서 상관관계가 있다고 할 수 있다. 상관관계가 나타나지 않는 경우에는 *표가 붙지 않는다. 따라서 연구자는 *표시가 붙은 변인들 사이에서만 상관관계가 있다고 해석하면 된다. 다만 피어슨 상관관계분석에서는 *이 2개까지 밖에 붙어있지 않다. 통상적으로 *은 유의수준에 따라 3개까지 붙는다. 따라서 유의수준을 .001이하까지 보고 싶으면 *이 2개 붙은 결과들 중 유의수준을 참고하여 .001이하인 것을 찾아 *을 하나 더 추가해 주어도 된다.

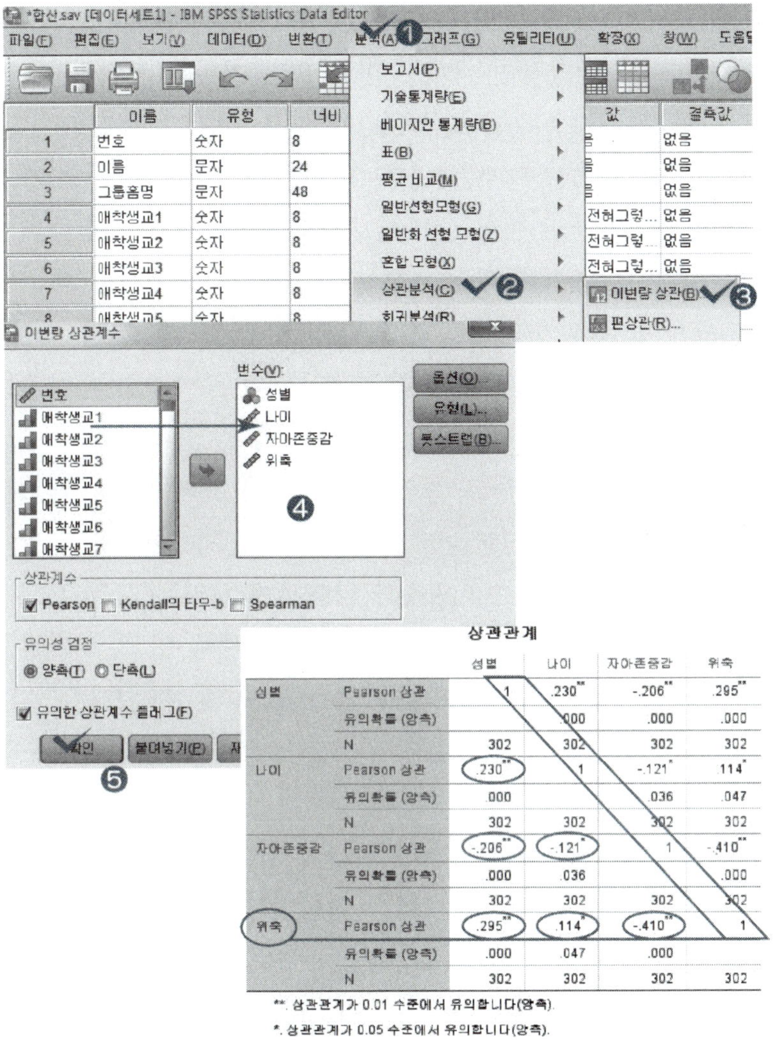

		성별	나이	자아존중감	위축
성별	Pearson 상관	1	.230**	-.206**	.295**
	유의확률 (양측)		.000	.000	.000
	N	302	302	302	302
나이	Pearson 상관	.230**	1	-.121*	.114*
	유의확률 (양측)	.000		.036	.047
	N	302	302	302	302
자아존중감	Pearson 상관	-.206**	-.121*	1	-.410**
	유의확률 (양측)	.000	.036		.000
	N	302	302	302	302
위축	Pearson 상관	.295**	.114*	-.410**	1
	유의확률 (양측)	.000	.047	.000	
	N	302	302	302	302

그림 13-1 상관관계분석과 결과

- 이제 상관의 방향을 생각해 보자. 상관관계가 있는 것으로 나타난 것들 중 부호를 본다. 양의 부모(+)이면 정적 상관관계가 있는 것이고 음의 부호(−)이면 부적 상관관계가 있는 것이다. 예를 들어, 나이와 위축의 관계를 보면 정적관계가 있는 것을 볼 수 있다. 이는 나이가

한 단위 늘어나면 위축 역시 한 단위 증가하는 걸 의미한다. 그런데 위축이 한 단위 증가하면 나이도 한 단위 증가하는 것이라고 볼 수도 있다. 다만 논리적으로 위축이 증가한다고 나이가 증가한다고는 볼 수 없다. 따라서 상관관계는 원래 양방향성을 갖지만 이럴 경우에는 나이가 많아지지만 위축이 증가한다고 보는 것이 더 타당하다. 한편, 자아존중감과 위축의 관계를 보면 부적관계가 있는 것을 볼 수 있다. 자아존중감 한 단위가 증가하면 위축은 한 단위 감소하는 것이다. 이는 반대로 이야기해도 된다. 위축이 한 단위 증가하면 자아존중감이 한 단위 감소하는 것이다.

- 앞서 세운 가설부분만 놓고 보았을 경우에는 표의 제일 아래 부분인 '위축'과 관련이 있는 변인들만 보면 된다. 본 자료에서는 성별, 나이, 자아존중감 등 모든 변인이 위축과 상관관계가 있는 것을 알 수 있다. 성별과 나이는 위축에 대해서 정적인 상관관계에 있고, 자아존중감은 위축에 대해서 부적인 상관관계에 있는 것을 알 수 있다.

- 서로 상관관계에 있을 경우 해석을 할 때 주의해야 한다. 단순히 'A는 B에 영향을 미친다'고 기술하는 것보다는 'A가 1단위 상승할수록 B도 1단위 상승한다'(+의 관계일 경우) 또는 'A가 1단위 상승할수록 B는 1단위 떨어진다'(−의 관계일 경우) 등으로 표현하는 것이 좋다. 이런 표현은 순서를 바꿔서 해도 동일하게 적용된다. 즉, 'B가 1단위 상승할수록 A도 1단위 상승한다'(+의 관계일 경우) 또는 'B가 1단위 상승할수록 A는 1단위 떨어진다'(−의 관계일 경우) 등으로 표현해도 틀린 것이 아니다. 이는 상관관계는 일방향성이기보다는 쌍방향성을 의미하기 때문이다. 굳이 단위라고 표현하는 것은 서로 측정도구가 동일하지 않기 때문이다.

- 앞서 '1'로 이루어진 대각선을 설명하면서 결국 두 변인 간 상관계수

(r)가 '1'인 경우는 두 변인이 같은 내용임을 이야기한다고 하였다. 이를 완전상관이라 한다. 따라서 상관의 정도는 절대값 0-1 사이에서 결정되는 것을 알 수 있다. Cohen(1988, James, 2003: 78-80 재인용)은 상관의 정도를 다음과 같이 제시하였다.

$|r| = .1$ 상관의 정도가 작다(small).
$|r| = .3$ 상관의 정도가 중간이다(medium).
$|r| = .5$ 상관의 정도가 크다(large).

최현철(2007: 202)은 상관의 정도를 다음과 같이 제시하고 있다.

$|r| < .1$ 관계가 거의 없다.
$|r| < .3$ 관계가 약간 있다.
$|r| < .5$ 관계가 상당히 깊다.
$|r| < .8$ 관계가 매우 깊다.
$|r| < 1$ 관계가 거의 일치한다.

뿐만 아니라 상관이 정도에 대해서는 각 책들마다 저마다의 기준을 제시하고 있다. 따라서 상관의 정도는 연구자가 상관계수(r)를 보판단하면 된다. 보면서 적절하게 판단을 하면 된다. 다만 이 책에서는 Cohen의 것을 기준으로 하고 여기서 최현철의 것을 가미하여 다음과 같이 해석할 것을 권장한다.

$|r| < .3$ 상관의 정도가 약하다.
$|r| < .5$ 상관의 정도가 약하지 않다. 상당한 정도의 상관관계가 있다.
$|r| < .8$ 상관의 정도가 크다.
$|r| < 1$ 상관의 정도가 매우 크다.

c.f.

더미화

여기서 잠깐 '성별'은 분명히 명목척도인데 수치형 척도들만 투입 가능한 상관분석에서 사용할 수 있는 것일까? 상관분석도 그렇고 이후에 살필 회귀분석도 마찬가지로 모두 수치형 자료만 분석에 투입할 수 있다. 그런데 굳이 수치형이 아니더라도 단 두 개로 구분되는 변수가 있다면 더미화했다고 할 수 있다. 이를 더미변수(dummy variable)라고 한다. 굳이 번역하자면 임시변수 또는 거짓변수이다. 실제로는 수치형 변수가 아니지만 임시로 수치형 변수처럼 사용한다는 의미이다.

이것이 가능한 이유는 변수의 변화가 단 둘이기 때문에 가능하다. 즉, 수치를 0과 1로 고정하면 변하는 건 0에서 1이나 1에서 0 두 경우 밖에 없다. 따라서 해석에만 주의를 기울인다면 얼마든지 수치형 분석에 투입하여 분석과 해석을 할 수 있는 것이다. 본 데이터에서 남자는 '0'으로 여자는 '1'로 가정할 경우, 성별에서는 '높아질수록'이라는 표현 대신에 '여자일 경우에는' 또는 '낮아질수록'이라는 표현 대신에 '남자일 경우에는' 식으로 해석을 해주면 된다. 복잡한 더미화는 더미회귀분석에서 다루기로 하고, 명목척도로 된 변수일지라도 일단 코딩이 0과 1로 되어 있는 경우는 더미화되었다고 생각하자.

4) 상관관계분석의 결과는 어떻게 제시하는가?

- 앞서 분석한 것을 결과로 제시하면 다음과 같다.

표 13-1 변인 간의 상관관계

	성별	나이	자아존중감	위축
성별[1]	1			
나이	.230***	1		
자아존중감	-.206***	-.121*	1	
위축	.295***	.114*	-.410***	1

* p<.05, ** p<.01, *** p<.001

1) 성별: 남자 = 0, 여자 = 1

- 표 13-1에 대해서 제시한 가설을 중심으로 기술하면 다음과 같이 제시할 수 있다.

성별, 나이, 자아존중감이 위축에 대하여 상관관계가 있는지 분석한 결과는 다음과 같다. 성별은 위축과 상관관계가 있는 것으로 나타났다($r=.295$, $p<.001$). 이때 상관의 방향은 정(+)의 방향이며 상관의 정도는 크지 않은 것을 볼 수 있다. 남자 청소년보다 여자 청소년일 경우 위축이 더 높아지는 것을 알 수 있다. 이는 그룹홈의 경우 뿐 아니라 일반적으로 여자 청소년이 위축 등 심리적인 기제에 더욱 예민한 것으로 반영하는 것을 알 수 있다. 나이는 위축과 상관관계가 있는 것으로 나타났다($r=.114$, $p<.05$). 역시 상관의 방향은 양(+)의 방향이며 상관의 정도 또한 크지 않은 것을 볼 수 있다. 나이가 많을수록 위축이 높아지는 것을 알 수 있다. 자아존중감은 위축과 상관관계에 있는 것으로 나타났다($r=-.410$, $p<.001$). 이때 상관의 방향은 음(-)의 방향이며 상관의 정도는 상당한 정도인 것을 알 수 있다. 자아존중감이 높을수록 위축이 낮아지는 것을 볼 수 있다. 따라서 그룹홈 청소년에게 있어 위축을 줄여주기 위하서는 자아존중감을 높여주는 프로그램을 제공할 필요가 있다.

- 위에서는 가설을 중심으로 해석을 제시하였는데 상관관계분석을 한 이유에 따라 표 제시와 해석이 달라질 수 있다. 예를 들어, 위의 분석이 위축을 종속변수로 하는 회귀식에 투입하기 전에 변인 간 다중공선성이 있는지 살펴보기 위한 것이라면 위축과의 상관관계를 제외한 변인 간 상관관계에서 상관계수(r)가 .50 이하이면 다중공선성의 문제가 없을 것으로 판단을 하게 된다.
- 위축을 종속변인으로 하는 회귀식에 투입될 변수를 가려내기 위한 것이라면 위축과 상관관계가 있는 변수들이 최종 회귀식에 투입하겠다고 해석하면 된다. 본 데이터의 경우 모든 변수가 위축과 상관관계에 있기 때문에 모두 투입하는 것으로 결론을 내면 된다.
- 경로모형에서 모형이 가능한지 알아보기 위하여 상관관계분석을 한 경우에는 다른 특별한 해석 없이 결과가 이렇게 나타났다고만 제시해도 된다.

c.f.

분석하고자 하는 변인이 서열척도로 구성되었을 경우 역시 피어슨 상관관계분석과 크게 다르지 않다. 예를 들면, 성별, 거주기간대, 교사와의 만남기간대, 성적에 대해서 상관관계를 알아보면 그림 13-1과 동일한 순서대로 진행해 나가면 된다. 그리고 이때 상관계수에서 Pearson이 아니라 Spearman을 체크한다. 확인을 클릭하면 결과가 제시된다.

결과 창을 보면 Pearson 상관관계분석을 했을 경우와 같은 형식으로 제시되어 있다. 즉, r값 대신에 Spearman의 Rho값이 제시된다. 해석하는 방법은 Pearson 상관관계와 동일하다.

CHAPTER 14

회귀분석 1: 단순회귀분석, 다중회귀분석

회귀분석은 수치형 자료의 영향관계를 분석하는 대표적인 통계기법이다. 상관관계분석이 쌍방향성이었던 것과는 달리 회귀분석은 논리적으로 일방향성이 되어야 한다. χ^2검정, t-test, ANOVA, 상관관계분석을 모두 인과형 모형이라고 한다. 그래서 해석을 할 때 모두 인과적인 표현을 사용하기도 한다. 하지만 본질적으로 회귀분석이 인과모형을 검증하는 분석기법이라고 할 수 있다. 그렇기에 회귀분석을 할 때는 보다 더 엄중한 논리적 개연성을 따져보아야 한다. 독립변수와 종수변수가 인과관계의 기본 요소인 선후성, 상관성, 참관계성을 만족해야 한다. 또한 인과관계로 묶을 논리적 근거가 제시되어야 한다. 이런 가정들이 성립하지 않으면 분석해서 나온 결과가 아무런 의미가 없는 것이다.

회귀분석의 종류는 다양하다. 단순회귀분석, 다중회귀분석, 더미회귀분석, 로지스틱 회귀분석, 위계적 회귀분석 등이 있다. 뿐만 아니라 연구자가 활용하기에 따라서 매개효과를 검정하는 회귀분석, 조절효과를 검정하는 회귀분석 등이 가능하다. 이 장에서는 회귀분석의 기초적인 이해와 논문을 쓰는데 활용하기 위한 것을 중점으로 제시한다. 즉, 회귀분석을 이해하는 장으로써 단순회귀분석과 다중회귀분석을 다루기로 한다.

1. (단순/다중)회귀분석

1) 회귀분석은 언제 사용하는가?

적용 예

수천중학교 학생들의 수면시간과 공부시간 그리고 게임시간은 학교성적에 영향을 미칠까요?

꼭 기억하세요!

회귀분석은 1개 또는 그 이상의 독립변수가 1개의 종속변수에 미치는 영향을 검증합니다.
- 학교성적 → 종속변수(연속변수)
- 수면시간, 공부시간, 게임시간 → 독립변수(연속변수)

- 회귀분석은 변인 간 인과관계를 검정할 때 사용한다. 독립변인을 원인변인이라 하고 종속변인을 결과변인이라고 한다.
- 예를 들어, '자아존중감은 위축에 영향을 미치는가'를 검정하고자 할 때 자아존중감을 독립변인으로, 위축을 종속변인으로 설정하여 검정할 수 있다.
- 단순회귀분석은 독립변인이 하나인 것을 이야기하고 다중회귀분석은 독립변인이 둘 이상인 것을 이야기한다.

2) 회귀분석을 하기 위한 전제조건은 무엇인가?

- 독립변수와 종속변수가 모두 수치형 자료여야 한다.
- 회귀분석을 실시하기 위하여 자료는 정규성, 선형성, 등분산성을 가져야 한다.
- 독립변인 간 다중공선성이 없어야 하며, 오차의 독립성이 확보되어야 한다.
- 충분한 표본을 확보해야 한다. 일반적으로 표본의 수가 300-500 정도

라면 표집오차가 1% 정도 밖에 나타나지 않는다고 한다(최현철, 2007: 47). 따라서 표본을 선정할 때 300 샘플 이상을 선정하면 좋다. 하지만 샘플링이 쉽지 않을 경우에는 부득이 그보다 낮은 샘플링을 하게 된다. 이럴 경우에는 다음과 같은 공식을 적용해서 높은 값을 따르는 게 바람직하다(이윤로 · 유시순, 2013: 163). 이는 독립변인 1개당 10-20개의 샘플이 필요하다는 가정을 기반으로 한다. 그렇지 않을 경우 2종 오류를 범할 확률이 높다.

[50 + 8 × 독립변인 수] 또는 [104 + 독립변인 수]

- 독립변수의 결정은 선행연구를 통하여 논리적 관계가 성립되어야 한다. SPSS는 계산기라고 보면 된다. 어떤 변수를 투입하더라도 수치는 나오고, 그 수치에 대해서 통계적인 의미가 있다고 결과를 제시할 수 있다. 그런데 계산기가 이런 수치를 보여 준다고 진짜 두 변수의 관계를 인과관계라고 할 수 있을까? 계산기의 계산값이 의미가 있는 것은 논리적인 전제가 맞을 경우이다. 따라서 독립변수와 종속변수의 관계가 논리적으로 성립되는 것이 우선적인 과제이다. 연구를 설계할 때 선행연구를 충실히 해야 하는 이유가 여기에 있다. 이것은 아주 중요한 연구의 기초이다. **독립변수와 종속변수의 인과관계는 선행연구를 통하여 성립되어야 한다.** 이를 내적타당성이라고 한다.
- 인과관계이기 때문에 인과관계의 3요소를 충족시켜야 한다. 이것 역시 논리적인 관계를 의미하는 것이므로 선행연구가 중요함을 다시 한 번 강조한다. 인과관계의 3요소는 다음과 같다.

> - 선 후 성: 독립변수는 시간적으로 종속변수보다 앞서야 한다.
> - 상 관 성: 독립변수와 종속변수는 서로 관련성이 있어야 한다.
> - 비허위성: 독립변수와 종속변수의 관련성이 참의 관계이어야 한다.

- 단순회귀분석으로 할 것인지 다중회귀분석으로 할 것인지를 결정해야 한다. 먼저 다중회귀분석을 왜 하는지를 이해해야 한다. 어떤 결과에 대해서 예측되는 변인이 하나라면 당연히 단순회귀분석을 실시하면 된다. 그런데 또 다른 변인에 의하여 예측변인이 심각한 변화를 일으킨다면 그 예측변인을 독립변인이라고 할 수 있을까? 예를 들어, 내가 주로 분석하고자 하는 변인의 관계는 '자아존중감과 위축과의 인관관계'라고 할 때, 선행연구를 살펴보았더니 위축에 영향을 미치는 요인들로는 성별, 나이, 관계의 기간 등이 제시되는 것을 발견했다. 이 경우 자아존중감을 독립변수로 하고 위축을 종속변수로 하여 단순회귀분석을 실시해도 되지만, 논리적 관계가 드러난 성별, 나이, 관계의 기간 등을 고려했을 때에도 자아존중감이 위축에 영향을 미치는지를 살펴보는 것이 더 바람직할 것이다. 이런 논리적 결론에 이르면 성별, 나이, 관계의 기간을 통제변수로 하여 분석에 투입하는 것이 더 바람직하다. 즉, 이들을 통제하였을 때도 과연 자아존중감의 영향력이 나타나는지가 더 정확한 분석이라고 할 수 있다. 여기서 우리는 통제한다는 것은 결국 분석에 투입하는 것임을 알 수 있다. 함께 분석했을 때 독립변인의 고유한 값이 변하지 않으면 더 설득력이 있는 것이다. 물론 독립변인이 2개 이상일 때는 당연히 다중회귀분석을 하게 된다.

3) 회귀분석 실전

단순회귀분석
분석 → 회귀분석 → 선형 → 변수이동 → 확인

- 자료실에서 합산 자료를 열어 자아존중감이 위축에 영향을 미치는지 검정해보자. 가설은 '자아존중감은 위축에 영향을 미칠 것이다'가 된다. 독립변수가 자아존중감 하나이기 때문에 변인 간 다중공선성은 신경쓸 필요가 없다.
- 그림 14-1과 같이 **분석**, **회귀분석**, **선형**을 차례대로 거치면서 클릭을 한다. 선형회귀 창이 뜨면 종속변수에 위축을, 독립변수에 자아존중감을 보내고 확인을 클릭하면 회귀분석이 실행된다.

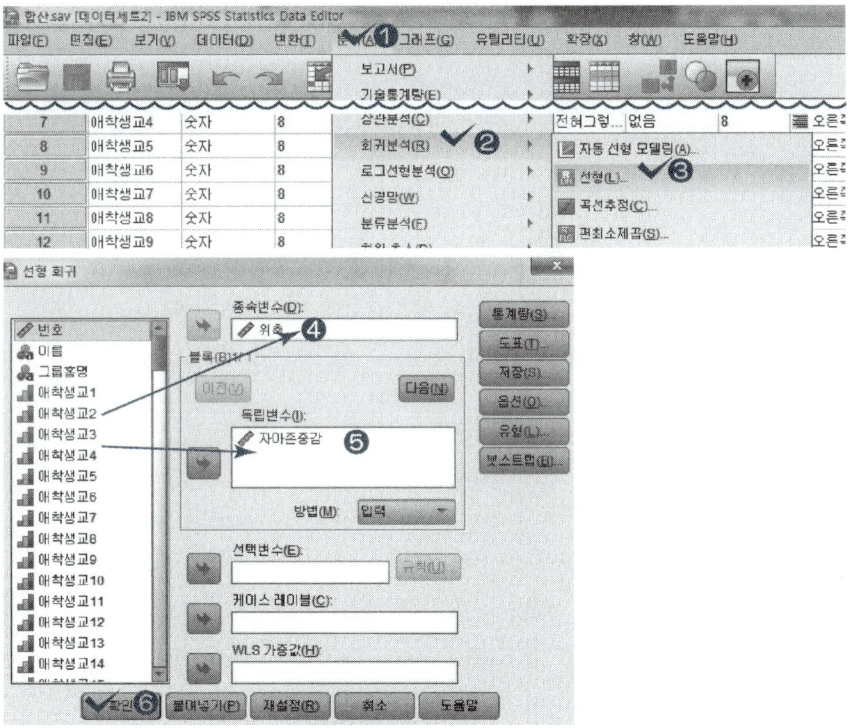

그림 14-1 단순회귀분석

- 그림 14-2에서 결과를 살펴보자. 먼저 분산분석(ANOVA)을 본다. 분산분석은 회귀식이 통계적으로 의미있는지를 판단하는 기준이다. 분산분석에서 통계적 의미가 나타나지 않으면 그 다음 단계는 볼 필요가 없다. 결과에서는 F값이 60.563으로 나타나고 그에 대한 유의확률(p)이 .000으로 나타나 통계적으로 의미가 있는 것을 알 수 있다. 영가설을 기각하고 대립가설을 채택한다. 즉, 회귀식이 의미가 있다고 판단한다. 일단 회귀식은 다음과 같다.

위축 = α + a자아존중감 + ε
α : 상수, a : 계수, ε: 오차

- 회귀식이 의미 있게 나타났으면 이어 모형요약의 R^2값 또는 조정된 R^2값을 본다. 이 값은 위의 회귀식의 설명력을 의미한다. 조정된 R^2값이 보다 엄밀하게 계산한 것을 의미한다. 둘 중 어느 것을 사용하든지 무방하다. 연구자에 따라서 선택할 사항이다. R^2값을 볼 경우 자아존중감을 회귀식에 투입했을 때의 설명력은 16.8%인 것을 알 수 있다. 위축을 설명하는 데 있어 자아존중감이라는 변인 하나가 갖는 설명력을 의미한다.
- 마지막으로 계수부분으로 가서 t값과 유의확률(p)로 자아존중감이 영향요인인지 아닌지를 판단한다. t값이 −7.782로 나타나고 유의확률(p)은 .000으로 나타난다. $p<.001$이므로 영가설을 기각하고 대립가설을 채택한다. 즉, 자아존중감이 위축의 영향요인이라고 판단할 수 있다.

모형 요약

❷

모형	R	R 제곱	수정된 R 제곱	추정값의 표준 오차
1	.410[a]	.168	.165	.37229

a. 예측자: (상수), 자아존중감

ANOVA[a]

모형		제곱합	자유도	평균제곱	F	유의확률
1	회귀	8.394	1	8.394	60.563	.000[b]
	잔차	41.580	300	.139		
	전체	49.974	301			

❶

a. 종속변수: 위축

b. 예측자: (상수), 자아존중감

계수[a]

모형		비표준화 계수 B	비표준화 계수 표준화 오류	표준화 계수 베타	t	유의확률
1	(상수)	1.545	.124		12.409	.000
	자아존중감	-.350	.045	-.410	-7.782	.000

❸

a. 종속변수: 위축

그림 14-2 **단순회귀분석 결과**

- 이와 같이 독립변인 하나만을 투입하여 결과를 분석하는 것을 단순회귀분석이라 한다. 그럼 이제 자아존중감이 위축에 영향을 미치는 것이 다른 요인들을 투입하였을 때도 그대로 나타나는지를 살펴보자. 선행연구에 의하여 성별과 나이도 위축에 영향을 미치는 요인으로 나타났다고 가정을 하자. 따라서 이 변인들을 통제한 상태에서도 자아존중감이 위축에 영향을 미치는지를 검정해 보자. 통제변수는 독립변수와 함께 영향요인으로 투입하면 된다. 다음과 같은 순서로 분석을 할 수 있다. 단순회귀분석과 다르지 않다. 다만 통계와 도표라는 선택 부분을 활용할 필요가 있다.

다중회귀분석

분석 → 회귀분석 → 선형 → 변수이동 → 통계량 → 공선성진단 → Durbin-Watson → (케이스별 진단 → 계속 → 도표 → Y: *ZPRED → X: *ZRESID → 히스토그램 → 정규확률도표) → 계속 → 확인
(if 정규성 등이 확보되었다고 가정할 경우, then 케이스별진단에서 정규확률도표는 생략)

- 앞선 단순회귀분석에서는 정규성, 선형성, 등분산성, 다중공선성 없음, 오차항의 독립성 등에 대해서 검증하지 않았다. 단순회귀분석은 거의 사용하지 않기 때문에 단순회귀분석의 이해를 위하여 분석하는 경로만 이해한 것이다. 이번에는 이런 전제조건까지 확인하면서 다중회귀분석을 실시해 보다.
- 그림 14-1에서 한 것과 같이 선형회귀 창을 띄우는 과정은 동일하다. 그림 14-3과 같이 선형회귀 창이 뜨면 종속변수는 동일하게 위축을 투입하고, 독립변수에 성별, 나이, 자아존중감을 투입한다.
- 여러 가지 설정을 한다. 먼저 통계량를 누르면 통계량에 대해서 선택할 수 있는 창이 뜬다. 추정값과 모형적합은 원래부터 세팅되어 있다. 공선성진단, Durbin-Watson, 케이스별진단을 체크한다. 공선성진단은 다중공선성을 파악하기 위함이고, Durbin-Watson은 다중공선성 및 잔차의 독립성을 검증하기 위함이고, 케이스별진단은 이상치를 살펴보기 위한 것이다. 케이스별진단에서 그 밑에 수치를 기입하는 란이 활성화되는데 3으로 세팅되어 있다. 이는 3표준편차 밖에 있는 값들을 이상치(out-lier)로 나타내겠다는 의미이다. 모두 설정이 되었으면 계속을 클릭하여 선형회귀 창으로 돌아간다.
- 이어 도표를 클릭한다. 도표 창이 뜨면 Y축에는 *ZPRED를, X축에는 *ZRESID를 보낸다. 히스토그램과 정규확률도표를 체크한다. 계속을 클릭하여 선형회귀 창으로 가서 확인을 클릭한다. 그러면 다중회귀분석이 실시된다.

- 학습을 위해서 여러 가지 설정을 했으나 샘플수가 충분히 많아서 정규성 등에 대해서 특별히 문제가 되지 않을 것 같으면 통계량에서 공선성진단과 Durbin-Watson 정도만 체크해도 된다. 일반적으로 충분한 샘플수를 확보하면 정규성 등에 대해서는 특별히 확인하지 않아도 가정된다. 그러나 다중공선성이나 잔차의 독립성은 회귀분석의 중요 가정이기 때문에 반드시 확인해 보아야 한다.

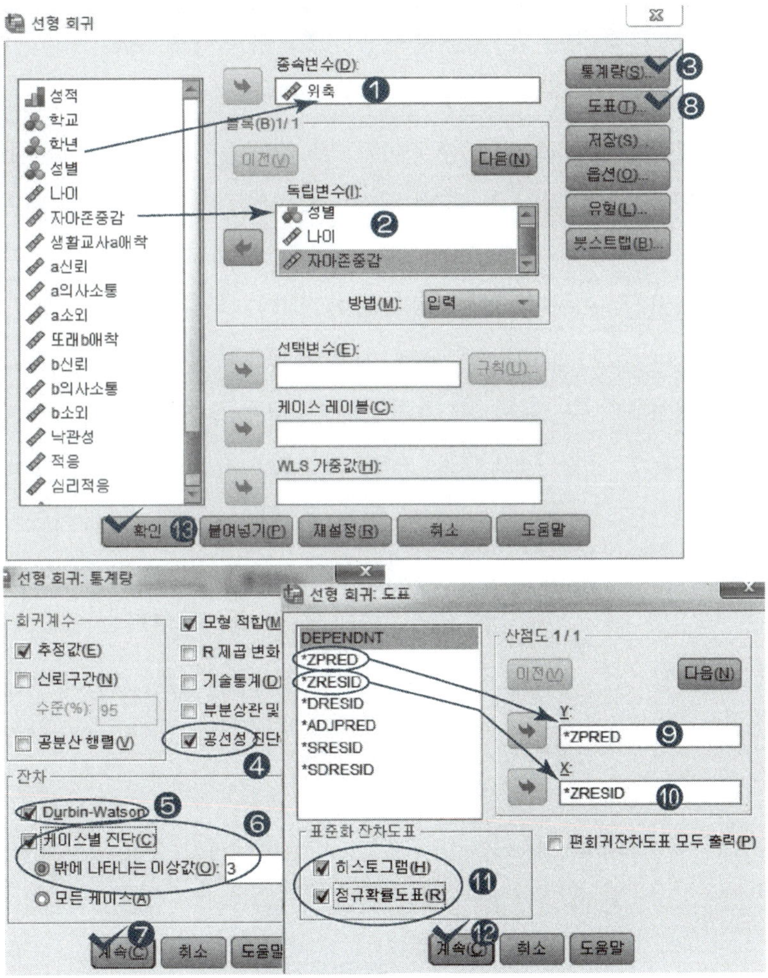

그림 14-3 다중회귀분석

- 앞에서 설정한 것이 많기에 회귀분석 결과도 여러 자료가 나타난다. 표도 여러 개이고 그래프도 나타난다. 따라서 어떤 것을 어떻게 볼지 엄두가 나지 않는다. 일단 회귀분석의 가정을 충족하는지부터 본다. 대략 다중공선성, 잔차의 독립성, 이상치, 정규성 등을 본다. 다중공선성은 계수에서 VIF 계수가 10을 넘지 않는지를 본다. 잔차의 독립성은 Durbin-Watson 값이 2에 가까운지를 본다. 정규성은 그래프 중 히스토그램이 정규분포곡선을 그리고 있는지를 본다. 잔차의 정규성은 P-P도표에서 점들이 일직선상에 잘 분포하는지를 본다. 자료의 등분산성은 산점도로 파악하는데 특별한 패턴이 발견되지 않으면 된다.
- 앞서 제시한 여러 전제들 중 케이스별 진단을 가장 먼저 본다. 샘플 수가 많으면 다른 것들은 대개 일정 정도 조건을 충족하게 되기 때문이다. 그림 14-4와 같이 케이스별 진단표가 나타났다는 자체가 회귀식을 위협하는 요인들이 있다는 이야기가 된다. 살펴보면 7번, 66번, 115번, 174번, 225번, 284번 코딩 자료에서 3표준편차 이상의 값이 나타나는 것을 볼 수 있다. 표준화잔차가 모두 3 이상인 것을 보게 된다. 이에 따라 잔차 통계량을 보면 표준화잔차에서 최대값이 3.377로 3 이상으로 나타나는 것을 보게 된다. 따라서 7개의 설문지는 이상치를 나타낸다고 볼 수 있다. 회귀분석에서 이상치는 회귀식을 교란시키는 요인이 된다. 따라서 이상치는 제거하고 분석하는 것이 바람직하다.

케이스별 진단[a]

케이스 번호	표준화 잔차	위축	예측값	잔차
7	3.377	1.57	.3457	1.22569
66	3.290	1.86	.6633	1.19385
115	3.377	1.57	.3457	1.22569
174	3.290	1.86	.6633	1.19385
225	3.377	1.57	.3457	1.22569
284	3.290	1.86	.6633	1.19385

a. 종속변수: 위축

잔차 통계량[a]

	최소값	최대값	평균	표준화 편차	N
예측값	.1025	1.0260	.5904	.18878	302
잔차	-.64982	1.22569	.00000	.36109	302
표준화 예측값	-2.584	2.308	.000	1.000	302
표준화 잔차	-1.791	3.377	.000	.995	302

a. 종속변수: 위축

그림 14-4 케이스별 진단

- 그럼 이런 이상치를 어떻게 제거할 것인가? 앞서 해당된 번호의 표본들을 필터하거나 삭제한 후 분석을 다시 실행하면 된다. 필터한다는 것은 해당 데이터를 살려놓고 분석에서만 제외하는 걸 의미하고, 삭제한다는 것은 해당 데이터 자체를 삭제한다는 것이다. 여기서는 삭제가 아니라 필터를 하는 것으로 해 보자. 필터든 삭제든 케이스선택을 활용하면 된다. 케이스선택에 대해서는 그림 11-10과 11-11에서 이미 제시한 대로 하면 된다. 다만 함수식을 이용해야 한다.
- 그림 11-10에서 제시한 대로 데이터를 클릭하면 스크롤 아래 부분에 케이스선택이 있다. 이를 클릭하여 케이스선택 창이 뜨면 조건을 만족하는 케이스를 클릭한 후 조건을 클릭한다. 그림 14-5와 같이 케이스선택조건의 함수식을 완성한다. 이후 계속을 누르고 확인을 누르면 함수식에 제시된 설문지들만 제외한 나머지 케이스를 갖고 분석하도

록 데이터 선택이 이루어진다.

- 만약 이때 케이스선택이 아니라 케이스 삭제를 하려고 한다면 함수식을 작성한 후 계속을 누르면 케이스선택 창으로 돌아가는데 확인을 누르기 전에 필터인지, 제거인지를 확인하고 제거를 선택하면 된다. 프로그램은 선택(필터)으로 세팅되어 있다.

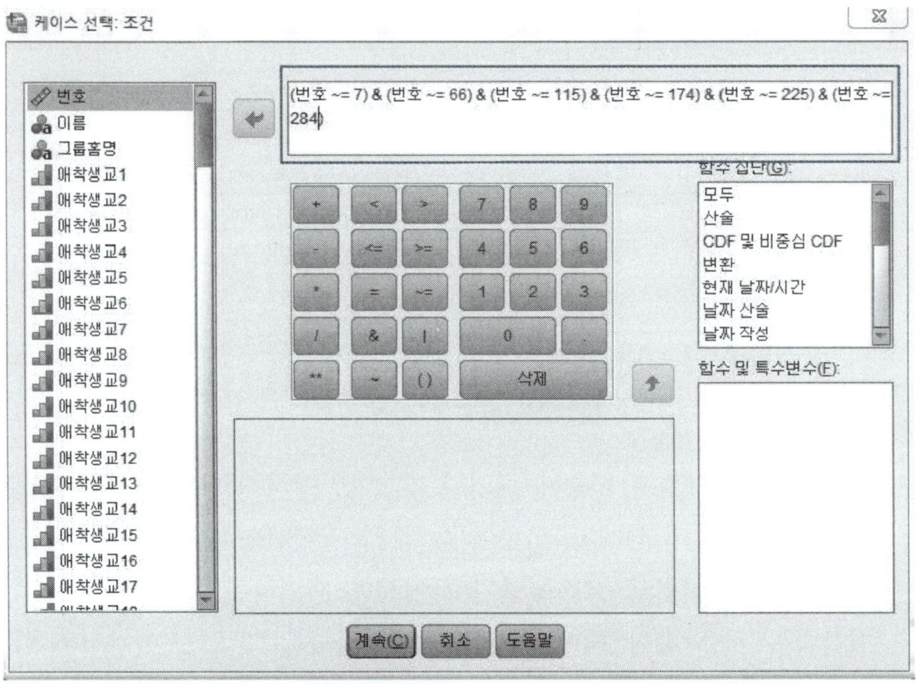

그림 14-5 **케이스선택 함수식**

간단한 함수식

작다, 크다	: <, >
같거나 작다, 같거나 크다	: <=, >=
같다, 같지 않다	: =, ~=

PART III

분석실전

그리고(교집합), 또는(합집합) : &, |
가감승제 : +, -, *, /

- (번호~=7)&(번호~=66)&(번호~=115)&(번호~=174)&(번호~=225)&(번호~=284)는 (번호가 7이 아닌 것)∩(번호가 66이 아닌 것)∩(번호가 115가 아닌 것)∩(번호가 174가 아닌 것)∩(번호가 225가 아닌 것)∩(번호가 284가 아닌 것)이라는 의미가 된다. 결국 해당번호들을 빼라는 의미가 된다.
- 예제) 만약 자아존중감이 2 이상인 사람들과 낙성은 3 이상인 사람들만 선택하여 분석할 것이라면 그림 14-5에 어떤 함수식을 제시해야 할까?
  함수식은 다음과 같다.
  (자아존중감>=2)&(낙관성>=3)

- 함수식의 번호가 필터되었는지 데이터보기 창에 가서 확인해 볼 수 있다. 번호변수에서 7번, 66번, 115번, 174번, 225번, 284번 데이터에 사선이 그어져 있을 것이다. 이것들을 제외하고 나머지를 선택하였다는 의미이다.

- 케이스선택을 했으면 회귀분석을 다시 실행한다. 그림 14-3과 같이 실행하면 된다. 컴퓨터나 SPSS프로그램을 껐다 다시 켠 게 아니면 앞서 분석했던 정보가 그대로 남아 있다. 따라서 이럴 경우에는 새롭게 설정하지 않아도 된다. 그대로 확인을 클릭하여 회귀분석을 실행하면 된다.
- 여러 결과들 중에서 먼저 잔차통계량를 확인한다. 그림 14-4에서 보았던 케이스별진단이 나오지 않는 걸 볼 수 있다. 이는 앞서 이 케이스들을 삭제했기에 더 이상 3표준편차를 넘어서 존재하는 것이 없음을 의미한다. 즉, 이상치(out-lier)가 제거된 것이다. 그림 14-6에서 보듯이 표준화잔차에서도 최대값이 2.664로 나타나는걸 볼 수 있다. 앞서 그림 14-4에서 3.777이 나타났던 것이 사라졌다. 따라서 이상치(out-lier)로 인하여 회귀분석에 영향을 주는 것은 없다고 판단할 수 있다.

잔차 통계량[a]

	최소값	최대값	평균	표준화 편차	N
예측값	-.0084	1.0427	.5676	.20602	296
잔차	-.61760	.84823	.00000	.31674	296
표준화 예측값	-2.796	2.306	.000	1.000	296
표준화 잔차	-1.940	2.664	.000	.995	296

a. 종속변수: 위축

그림 14-6 잔차통계량

PART III

- 이어 히스토그램, 잔차정규도표, 산점도를 살펴본다. 그림 14-7에서 보듯이 히스토그램은 정규분포곡선을 그리고 있고, 잔차정규도표는 일직선 상에 점들이 놓여 있으며, 산점도는 특별한 패턴을 보이지 않고 있다. 따라서 잔차통계확인, 정규성확인, 등분산확인이 모두 되었다고 할 수 있다. 회귀식을 구성하는데 문제되지 않음을 의미한다. 이제 비로소 회귀식에 대한 판단으로 넘어갈 수 있는 것이다.
- 앞서 단순회귀분석을 할 때는 이러한 것들을 살펴보지 않았다. 회귀분석을 하는 방법을 익히기 위함이다. 회귀분석은 보통 다중회귀분석으로 실행하는 경우가 많다. 따라서 회귀분석에 대한 실행은 다중회귀분석 부분을 통하여 숙지하는 게 바람직하다. 단순회귀분석을 하더라도 앞부분에서 실행하지 않았던 잔차통계확인, 정규성확인, 등분산확인을 차례대로 하는 것이 바람직하다.

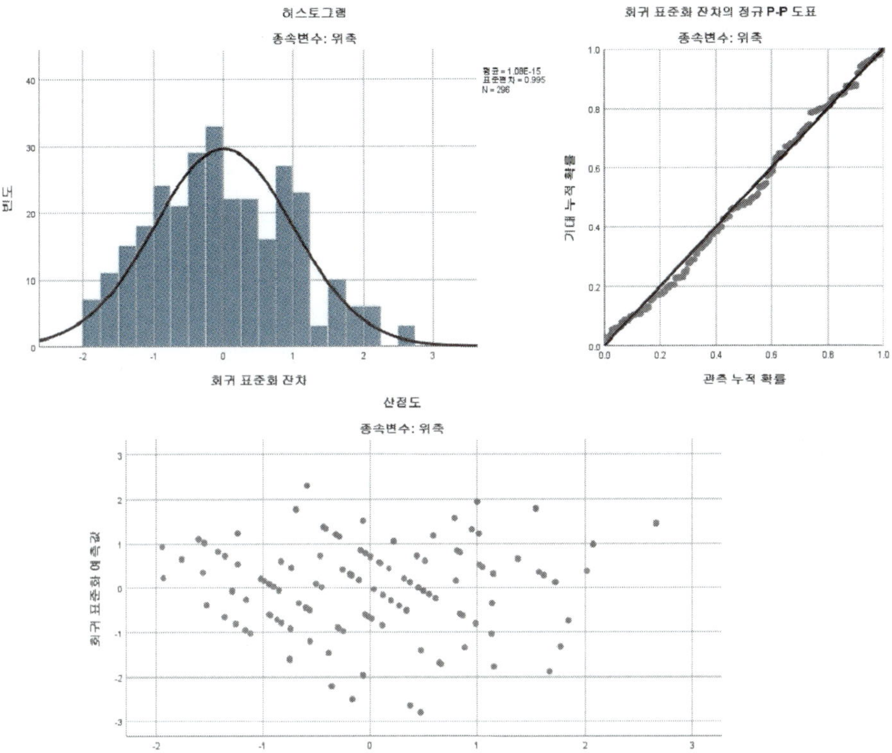

그림 14-7 **히스토그램, 잔차정규도표, 산점도**

- 회귀식에 대한 판단은 그림 14-8에서 나타난 결과통계량으로 파악할 수 있다. 먼저 분산분석(ANOVA)을 본다. F값이 41.180이고 이에 대한 유의확률(p)이 .000으로 나타나고 있다. p<.001이므로 기울기가 0이라는 영가설을 기각하고 회귀식이 성립한다는 대립가설을 채택할 수 있다. 즉, 회귀식이 성립되는 것이다. 이때 회귀식은 일단 'y=α+a성별+b나이+c자아존중감+ε'라고 하자. 어쨌든 회귀식이 통계적으로 의미가 있으며, 이때 R^2이 .297이므로 회귀식의 설명력은 29.7%라고 할 수 있다. 성별, 나이, 자아존중감 등 3개의 요인으로 위축을 29.7% 설명하고 있는 것이다.

- 이미 파악했지만 다중공선성과 잔차의 독립성을 확인해 보면 VIF 계수가 모두 10 이하이므로 다중공선성은 문제가 되지 않는다. 이미 상관관계분석에서도 독립변수가 되는 변인들 간의 상관계수(r)가 가장 높은 것이 .230으로 .50을 넘는 것이 나타나지 않으므로(그림 13-1, 표 13-1 참조) 다중공선성의 문제는 나타나지 않는다고 볼 수 있다. 다중공선성은 공선성 통계량의 공차로도 파악할 수 있다. 이는 VIF 팽창계수의 역개념이다. 공차한계(허용오차)라고 보면 된다. 이 경우는 .1 이상이면 문제가 없는 것으로 판단한다. 이윤로와 유시순(2013: 175)은 엄격하게 볼 경우 .3 이상을 기준으로 할 것을 제시하고 있다. 또한 다중공선성은 상관관계로도 파악할 때 일반적으로 상관계수(r)가 .50 이하이면 다중공선성에 문제가 없는 것으로 판단하지만, 이윤로와 유시순(2013: 175)은 상관계수가 .8을 넘지 않는 것을 기준으로 본다.
- 오차항 독립성에 대해서는 Durbin-Watson 지수로 판단한다. Durbin-Watson 지수는 0~4 사이에서 나타나고 0이나 4에 가까울수록 오차항 간에 상관관계가 높은 것이다. 2가 오차항 간 상관관계가 나타나지 않는 것이다. 오차항들이 서로 독립적이라는 의미이다. 본 데이터에서는 1.687로 나타나 오차항 간 독립성도 확보되었다고 할 수 있다, 다만 Durbin-Watson의 d임계치는 시계열 자료가 아닐 경우에는 크게 문제 삼지 않으므로 주로 시계열 자료일 때 확인을 한다.

모형 요약[b]

모형	R	R 제곱	수정된 R 제곱	추정값의 표준 오차	Durbin-Watson
1	.545[a]	.297	.290	.31837	1.687

a. 예측자: (상수), 자아존중감, 나이, 성별

b. 종속변수: 위축

ANOVA[a]

모형		제곱합	자유도	평균제곱	F	유의확률
1	회귀	12.522	3	4.174	41.180	.000[b]
	잔차	29.596	292	.101		
	전체	42.118	295			

a. 종속변수: 위축

b. 예측자: (상수), 자아존중감, 나이, 성별

계수[a]

모형		비표준화 계수		표준화 계수	t	유의확률	공선성 통계량	
		B	표준화 오류	베타			공차	VIF
1	(상수)	1.393	.166		8.378	.000		
	성별	.097	.039	.128	2.478	.014	.896	1.116
	나이	.001	.001	.051	1.011	.313	.940	1.064
	자아존중감	-.394	.041	-.489	-9.662	.000	.939	1.065

a. 종속변수: 위축

그림 14-8 다중회귀분석 결과

- 회귀식이 성립되었다. 그렇다면 투입된 변인들 중 실제로 영향을 미치는 요인들은 무엇일까? 이에 대한 것은 그림 14-8이 계수를 통해서 확인한다. 다른 것보다도 t값과 t값의 유의확률(p)을 보면 된다. $p<.05$의 기준으로 보면 성별과 자아존중감이 통계적으로 의미가 있는 변인인 것을 알 수 있다. 상수도 기준에 포함되지만 상수는 의미가 없다. 따라서 변인 중에서 실질적인 영향요인이 되는 것은 성별과 자아존중감이라고 할 수 있다.
- 앞서 회귀식이 '$y=\alpha+a$성별$+b$나이$+c$자아존중감$+\varepsilon$'이라고 잠정적으로 이야기했는데, 이제 정확한 회귀식을 작성할 수 있다. 계수부분에 B

값을 넣으면 되는 것이다. 따라서 본 분석의 회귀식은 다음과 같다.

$$위축 = 1.393 + .097성별 + .001나이 + (-).394자아존중감 + \varepsilon$$

- 회귀식에서도 나타나듯이 나이의 계수가 .001이기에 이 변인은 영향을 거의 미치지 않는 것을 알 수 있다.
- 그럼 그룹홈 청소년의 위축에 영향을 미치는 성별과 자아존중감 중에는 어떤 것이 더 큰 영향력을 미칠까? 단순히 회귀식의 계수를 보면 성별의 계수는 .097이고, 자아존중감의 계수는 –.394이므로 자아존중감이 더 크다. 양수(+)냐 음수(–)냐는 영행이 방향성이고 절대값의 크기를 보는 것이다. 그런데 성별을 측정하는 단위와 자아존중감을 측정하는 단위는 같을 수 없으므로 이를 단순히 비교하는 것은 바람직하지 않다. 그림 14-8에서 보면 표준화 계수 베타라고 되어 있는 것을 볼 수 있다. 이것은 계수를 표준화시켰음을 의미한다. 따라서 B값으로는 서로의 크기를 비교하기가 어렵지만 표준화 작업을 한 β값으로는 서로의 크기를 비교하는 것이 가능해진다. 우리는 β값의 비교를 통하여 영향력의 크기를 제시할 수 있다. 성별의 β값은 .128인데 반하여 자아존중감의 β값은 –.489이다. 따라서 자아존중감이 더 크게 영향을 미치는 요인임을 알 수 있다.

4) 회귀분석의 결과는 어떻게 제시하는가?

- 회귀분석은 여러 과정을 거쳐서 시행되었다. 특히 회귀분석의 기본전제인 정규성, 독립성, 등분산성, 다중공선성 없음 등을 모두 분석과정에서 확인해 보았다. 하지만 결과물을 제시할 때는 필요한 경우가 아닌 다음에는 이러한 과정을 전부 설명하지는 않는다. 연구결과는 필

요한 것만 간략하게 제시하는 게 바람직하다. 분산분석(ANOVA), 설명력, 다중공선성, 개별 요인의 t값 등을 제시하는 게 일반적이다. 물론 연구자의 의도에 따라 필요한 항목을 선택적으로 제시할 수 있다. 예를 들어, 매개모형을 검정하였을 경우 소벨테스트를 하기 위해서는 비표준화계수와 표준화오류를 반드시 제시해야 한다. 뿐만 아니라 검정과정에서 β값이 변화도 보기 때문에 이도 제시해야 한다. 연구목적이나 연구자의 의도에 따라 제시할 것들을 선택하면 된다.

- 앞서 분석한 다중회귀분석은 실제로는 자아존중감이 위축에 영향을 미치는 것인가를 파악하기 위한 것이었다. 다만 우리가 전제하기를 선행연구 결과 성별과 나이도 위축에 영향을 미치는 요인으로 드러나서 이러한 요인을 통제하였을 경우에도 자아존중감이 영향요인인지를 살펴보고자 했던 것이다. 그렇다면 성별과 나이를 통제변인으로 하고, 자아존중감을 독립변인으로 하여 표 14-1과 같이 결과를 제시할 수 있다.

표 14-1 위축에 영향을 미치는 요인

		계수		t
		B	β	
통제변인	(상수)	1.393		8.378***
	성별[1)]	.097	.128	2.478*
	나이	.001	.051	1.011
독립변인	자아존중감	-.394	-.489	-9.662***
F		41.180***		
R^2(adj.R^2)		.297(.290)		
VIF/Durbin-Watson		1.064-1.116/1.687		

* p<.05, *** p<.001
1) 성별: 남자 : 0 여자 : 1

- 표 14-1에 대해서 다음과 같이 설명할 수 있다. 이때도 역시 수치의 나열은 통계적인 것이다. 그리고 회귀분석에서는 선행연구를 통하여 설정한 회귀식이 맞는지를 검증하는 것이 주된 목적인 것임으로 이것을 중심으로 해석을 한다.

성별, 나이, 자아존중감이 위축에 영향을 미치는지 살펴본 결과는 다음과 같다. 먼저 성별, 나이, 자아존중감으로 구성한 위축에 대한 회귀식은 통계적으로 의미가 있는 것으로 나타났다(F=41.180, p<.001). 이때 회귀식의 설명력은 29.7%로 나타나 비교적 높은 설명력을 갖는 것을 알 수 있다. 독립변인 간 다중공선성이 있는지를 파악한 결과 VIF계수가 1.064~1.116으로 나타나 다중공선성의 문제는 없는 것으로 판단할 수 있다. 이는 d임계치가 1.731로 나타난 것과 상관관계분석 결과 모든 변인 간 상관계수가 .50 이하인 것을 통해서도 확인할 수 있었다. 구체적으로 위축에 영향을 미치는 요인을 보면 통제변인 중 성별(t=2.478, p<.05)과 독립변인인 자아존중감(t=-9.662, p〈.001)이 영향요인인 것으로 드러났다. 그룹홈 청소년은 여자일 경우가 남자일 경우보다 더 위축되는 것을 알 수 있으며, 자아존중감이 높을수록 위축이 낮아지는 것을 알 수 있다. 따라서 그룹홈 청소년들의 위축을 줄이기 위해서는 남자보다는 여자들에 대한 관심이 더 필요하며, 자아존중감을 높이는 프로그램을 제공할 경우 위축을 낮출 수 있음을 알 수 있다. 한편 통제변인 중 나이는 영향요인으로 드러나지 않은 것을 볼 수 있다. 이에 대해서는 더 많은 연구를 해볼 필요가 있다.

c.f.

다중공선성

다중공선성이란 비슷한 성격의 변인이 회귀식에 투입될 경우 서로의 설명력을 잠식하는 것을 의미한다. 이럴 경우 정확한 설명력을 보기가 힘들어진다. 따라서 다중공선성을 문제를 반드시 해결해야 한다.

상관관계계수(r), 공차한계(허용오차), VIF계수, Durbin-Watson 임계치 등이 다중공선성을 판단하는 지수들이다. 이들의 기준을 다시 한 번 정리하면 다음과 같다.

상관관계수(r) : .5 이하이면 좋다, 최대한 .8을 넘어서면 곤란하다.
공차한계(허용오차) : .1 이상이면 된다. 엄격하게 .3이상이면 된다.
VIF 계수 : 10 이하이면 된다.
Durbin-Watson 임계치 : 2에 가까우면 된다.

그러나 이런 기준들은 어디까지나 연구자가 판단할 부분이다. 이런 기준들을 다 충족함에도 불구하고 다중공선성의 문제가 있을 수 있다. 예를 들어, β값이 .46 정도로 높은데도 유의하지 않거나, 전체 모형(F)만 유의하게 나오고 개별 요인(t)은 유의하게 나오지 않거나, 변수의 부호가 +, −를 왔다갔다 하는 등이 나타나면 다중공선성이 있는 것으로 판단한다(이윤로 · 유시순, 2013: 164). 따라서 변수를 선정할 때 다중공선성을 고려하여 선정하는 것이 바람직하다.

TIP

입력방식과 단계입력 방식

회귀분석을 할 때 변인을 투입하는 방식에 따라서 색다른 결과를 볼 수가 있다. 일반적으로 회귀분석하면 입력방식을 선택하게 되고, 이는 SPSS에서 설정되어 있는 기준값이기 때문에 다루지 않았다. 그러나 회귀분석을 할 때 그림 14-1과 14-3에서 보는 바와 같이 '방법'이라는 것이 있다. 이것은 변인들을 어떤 방식으로 투입할 것인가를 지정하는 창이다. 프로그램 자체로 세팅되어 있는 '입력'(enter)방식은 연구자가 고려하는 모든 변인들이 동시에 종속변인을 설명하는 정도를 보여 준다. 모든 영향요인을 한꺼번에 투입하는 것이다. 반면 '단계적'(stepwise)입력 방식은 회귀식에 영향력이 있는 변인만 투입하는 방식이다. 그런데 전단계에서 회귀식에 포함된 독립변인수도 나중에 나오는 변수 때문에 설명력이 매우 낮아지면 회귀식에서 제거를 한다. 쉽게 이야기하여 단계적 입력방식은 종속변수를 설명하는 데 있어서 설명력이 어느 정도 되는 회귀식을 찾고자 할 때 사용하는 방법이다.

c.f.

모델의 적합도

기계적으로 F값과 유의수준(p)이 통계적 의미만 갖는 수준이면 회귀식이 성립되는 것으로 설명하였다. 하지만 엄밀하게 따지자면 F값과 R2을 함께 비교하는 것이 필요하다.

F값↑, R2↑ : 이상적인 모델이다.
F값↑, R2↓ : 독립변수 추가를 고려해 본다.
F값↓, R2↑ : 표본수를 늘릴 것을 고려해 본다.
F값↓, R2↓ : 모델포기가 바람직하다.

CHAPTER 15 회귀분석 2: 위계적 회귀분석, 더미회귀분석, 로지스틱 회귀분석

이전 장에서는 회귀분석에 대한 이해를 하였다. 단순회귀분석과 다중회귀분석으로, 특히 다중회귀분석으로 회귀분석에 대해서 기본적인 이해를 하는 것이 가장 중요하다. 하지만 논문을 쓸 때는 다중회귀분석을 변형하여 또 다른 형태의 분석을 할 필요가 있을 수 있다. 가장 많이 사용되는 것이 위계적 회귀분석이다. 위계적 회귀분석은 앞장 마지막 부분 tip.에서 입력방식을 '입력'(enter)으로 할 것이냐 '단계적'(stepwise)로 할 것이냐 부분에 다룬 단계적 입력방식을 활용하는 것이라고 보면 된다. 다만 연구자가 논리적 근거를 갖고 어떤 변인을 먼저 넣고 후에 다른 변인을 추가할 것인지를 정한다는 면에서 차이가 있다. 석박사 논문에서 많이 활용되는 분석방법이므로 반드시 익혀둘 필요가 있다. 더미회귀분석은 독립변인 중에 명목형 척도가 있을 경우 이를 더미화하여 분석하는 것을 의미한다. 역시 논문을 쓸 때 명목형 척도를 아무 생각 없이 회귀식에 투입하는 것보다는 더미화하여 투입하는 것이 정확한 분석방법이라는 점을 염두에 두어야 한다. 로지스틱 회귀분석은 종속변수가 명목형 척도일 경우에 사용한다.

1. 위계적 회귀분석

1) 위계적 회귀분석은 언제 사용하는가?

적용 예

수천중학교 학생들의 수면시간이 학교성적에 미치는 영향은 어떠한가요?
수천중학교 학생들의 수면시간과 공부시간이 학교성적에 미치는 영향은 어떠한가요?
수천중학교 학생들의 수면시간과 게임시간이 학교성적에 미치는 영향은 어떠한가요?
수천중학교 학생들의 공부시간과 게임시간이 학교성적에 미치는 영향은 어떠한가요?
수천중학교 학생들의 수면시간, 공부시간, 게임시간이 학교성적에 미치는 영향은 어떠한가요?

꼭 기억하세요!

위계적 회귀분석은 이론이나 선행연구에 따라 독립변수를 서로 다르게 투입하여 종속변수에 대한 영향력을 비교하기 위해 사용합니다.
- 학교성적 → 종속변수(연속변수)
- 수면시간, 공부시간, 게임시간 → 독립변수(연속변수)

종속변인에 대한 독립변인의 영향력 변화를 알아보고자 할 경우에 사용할 수 있다.

- 예를 들어, 위축에 영향을 미치는 요인들을 살펴본 바, 개인의 인구사회학적 특성 중 성별과 나이가, 심리적 특성 중 자아존중감이 그리고 사회관계적 특성 중 생활교사와의 애착이 영향요인으로 여겨진다면, 이들을 한꺼번에 회귀식에 투입하여 영향요인을 알아볼 수도 있지만 각각 특성에 따른 영향력의 변화를 볼 필요도 있다. 이 경우에 위계적 회귀분석을 실시할 수 있다(실제로 애착관계는 사회적 관계라기보다는 심리적 관계라고 보는 게 더 타당하다. 여기서는 연습을 위하여 사회적 관계라고 가정한다. 또한 실제로는 같은 심리적 특성 중에서도 각 변인의 설명력을 알아보기 위하여 위계적 회귀분석을 활용하기도 한다).

2) 위계적 회귀분석을 하기 위한 전제조건은 무엇인가?

- 앞서 회귀분석에서 제시한 기준들, 즉 정규성, 독립성, 등분산성, 다중공선성 없음 등이 모두 충족되어야 한다.
- 당연히 투입되는 변인들은 모두 수치형 척도로 구성되어야 한다. 즉, 등간척도 이상이어야 한다.

c.f.

서열척도를 직접 회귀식에 투입할 수 없을까?

엄밀하게 서열척도는 명목형 척도이기 때문에 수치형 분석에 투입하는 것이 불가능하다. 자연과학 분야에서는 이런 기준이 더욱 엄격하다. 하지만 사회과학은 사람을 대상으로 하기 때문에 엄격한 기준을 충족하기가 어려운 경우가 많다. 따라서 사회과학에서는 다소 기준을 완화하여 서열형 척도인 경우에 수치형 분석에 직접 투입하기도 한다. 이때 중요한 것은 최소한 5점 척도 이상으로 물어보는 것이 바람직하며, 응답에 있어 서열적인 의미가 분명히 있어야 한다. 아울러 각 항목에 적어도 20-30명 이상이 들어가는 것이 바람직하다. 응답항목에 따라 너무 적은 경우 수치형 분석에 왜곡을 줄 수 있기 때문이다. 따라서 가능한 수치형 척도로 설문을 하여 회귀식 등에 투입하는 것이 바람직하다. 부득이 서열형 척도를 회귀식에 직접 투입할 경우에는 문항 자체에서 5점 척도 이상이었는지와 더불어 빈도분석을 통하여 각 항목에 20-30명 이상이 배치되는지를 판단해 보는 것이 중요하다.

3) 위계적 회귀분석 실전

위계적 회귀분석

분석 → 회귀분석 → 선형 → (1차)변수이동 → 다음 → (2차)변수이동 → (3차)변수이동 → 통계량 → R제곱변화량 → 공선성진단 → Durbin-Watson → (케이스별진단) → 계속 → 확인
(위계적으로 볼 변인의 차원수에 따라 1,2,3차가 결정된다.)

- 그룹홈 청소년의 위축에 영향을 미치는 요인을 살펴보자. 이때 독립변인은 인구학적 특성(성별, 나이), 심리적 특성(자아존중감), 사회적 특성(교사와의 애착관계)이며, 이들 변인들의 영향력의 변화를 살펴보자.
- 자료실에서 합산 데이터 파일을 열어 **분석**을 실시한다. 회귀분석에서 분석했던 것처럼(그림 14-1 참조) 분석을 클릭하면 스크롤이 내려온다. 커서를 **회귀분석**과 **선형** 순으로 이동하고 클릭하면 그림 선형회귀 창이 뜬다.
- 그림 15-1과 같이 종속변수에 위축을, 독립변수에 성별과 나이를 이동시킨 후 다음을 클릭하면 다음 독립변수가 빈칸으로 뜬다. 이곳에 자아존중감을 이동시킨 후 다음을 클릭하면 또 다음 독립변수가 빈칸으로 뜬다. 생활교사와의 애착을 이동시킨 후 통계량을 클릭하면 통계량 창이 뜬다. 이곳에서 R제곱 변화량, 공선성 진단, Durbin-Watson, 케이스별 진단을 설정하고 계속을 클릭한다. 케이스별 진단을 자료의 샘플이 크고, 특이한 문제점이 없다고 판단될 때는 생략해도 된다. 선형회귀 창에서 확인을 클릭하면 위계적 회귀분석이 실행된다.
- 만약 자료의 정규성 등을 살펴보기 원한다면 회귀분석에서 실시했던 것처럼 도표를 눌러 그림 14-3과 같이 도표창을 설정한다. 즉, Y축에 ZRESID를 보내고, X축에 ZPRED를 보내고 히스토그램과 정규확률분포를 체크한 후 계속을 누른다. 그러면 자료의 정규성 등에 대해서도 살펴볼 수 있다.

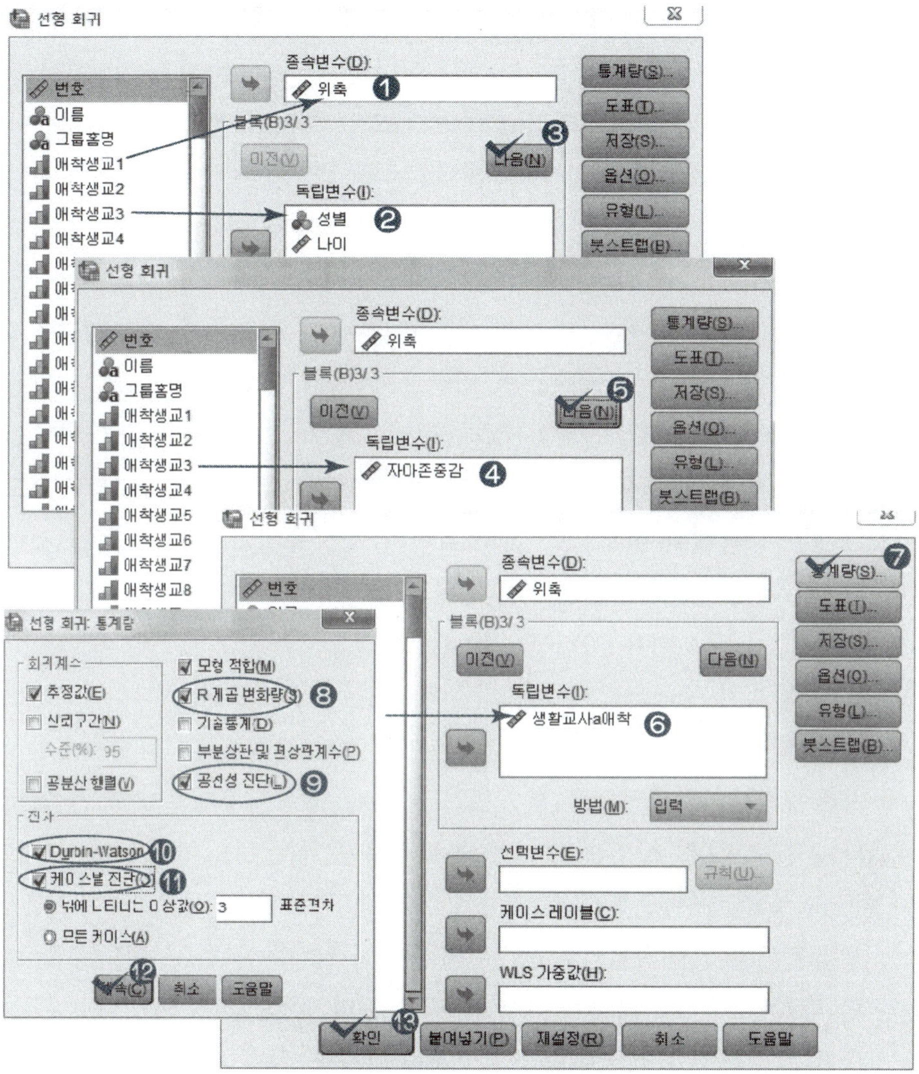

그림 15-1 **위계적 회귀분석**

- 여러 결과 통계치들 중 케이스별 진단과 잔차통계를 먼저 그림 14-4와 마찬가지로 이번에도 7번, 66번, 115번, 174번, 225번, 284번이 표준편차 3을 넘는 것으로 나타나고 있다. 잔차통계량 역시 표준화 예측값에서 최대값이 3.445로 3이 넘게 나타나고 있다. 이 설문지들은

이상치로 판단하고 제거하는 것이 바람직하다. 회귀분석에서는 이상치가 의외의 결과를 가져오기 때문이다.

- 그림 11-10과 그림 14-5와 동일한 방법으로 제시된 설문지를 제외한다.
- 다시 위계적 회귀분석을 한다. SPSS는 한 번 설정한 것은 프로그램을 닫기 전에는 인식하기 때문에 회귀분석 창에서 바로 확인을 누르면 된다.
- 결과를 살피는 방법도 역시 앞장 회귀분석과 동일하다. 이상치를 모두 제거했기 때문에 케이스별 진단은 나타나지 않을 것이고, 잔차통계를 보았을 때 표준잔차가 절대값으로 볼 때 모두 3 이하로 나타날 것이다. 만약 도표를 설정하였다면 히스토그램과 정규도표와 산점도가 회귀분석에서 실시했던 것과 마찬가지로 동일한 결과를 보일 것이다. 즉, 정규성, 등분산성이 확보된 것을 알 수 있다. 그림 14-7과 큰 차이 없이 비슷하게 나타날 것이다.
- 여러 통계치 중 그림 15-2에 제시된 것을 중심으로 살펴본다. 모형요약을 살펴보면 모형이 3개로 제시된다. 앞서 분석할 때 독립변수를 3차례에 걸쳐 위계적으로 투입했기 때문에 모형이 3개로 나오는 것이다. 즉, 모형1은 성별과 나이를 독립변수로 투입했을 경우이다. 모형2는 모형1에 자아존중감을 더하여 투입한 경우이다. 모형3은 모형2에 생활교사와의 애착을 더하여 투입한 경우이다. 이때 R^2 변화량을 보면 각각 .073, .225, .023으로 나타나고 있다. 위축을 성별과 나이로 설명하는 정도가 7.3%, 위축을 자아존중감으로 설명하는 정도가 22.5%, 위축을 생활교사와이 애착으로 설명하는 정도가 2.3%라는 의미이다. 모형1에 비해 변인이 추가될 때마다 늘어난 R^2이다. F변화량의 유의확률이 모두 $p<.01$이므로 각 모형의 변화량이 모두 통계적으로 의미가 있는 것을 알 수 있다. 즉, 새로운 변인이 투입될 때마다 변한 R^2이 통계적으로 의미가 있다는 것이다. 위계적 회귀분석에서 보고자

하는 것은 바로 이 부분이다. 모형이 변할 때마다 그 변화량이 통계적 의미가 있었다는 것이다!

- 모형요약의 Durbin-Watson의 d임계치가 1.744로 2에 가까워 잔차들 간 독립성이 확보된 것을 알 수 있다. 또한 계수의 VIF 팽창계수가 가장 높은 것이 1.177로 10 이하이기에 다중공선성의 문제 역시 없는 것을 알 수 있다. 아울러 이미 살펴본 잔차통계량에서 3표준편차 이상 넘는 것이 없는 것으로 나타났으므로 회귀식에 대한 문제는 없는 것으로 판단할 수 있다.
- ANOVA(분산분석)를 통하여 세 개의 회귀식이 의미가 있는지를 판단한다. 모형1의 F값은 11.473이고, 유의확률(p)은 .000이므로 통계적 의미가 있다. 모형2의 F값은 41.180이고 유의확률(p)은 .001이므로 역시 통계적 의미가 있다. 모형3의 F값은 34.251이고 유의확률(p)은 .000이므로 역시 통계적 의미가 있다. 즉, 세 모형 모두 p<.001이므로 영가설을 기각하고 대립가설을 채택한다. 세 개의 회귀식이 모두 가능하다.
- 이제 계수에 각각 투입된 변인들 중 영향요인이 어떻게 나타나는지를 살펴본다. 세 개의 모형에서 성별은 모두 영향요인으로 나타났다. 모형2에서는 자아존중감이 영향요인으로 추가되었다. 모형3에서는 성별과 자아존중감에 더하여 생활교사와의 애착이 영향요인으로 추가되었다. 나이는 위축에 영향을 미치는 요인으로 나타나지 않았다. 따라서 인구사회학적 특성에서는 성별이, 심리적 특성에서는 자아존중감이, 사회적 특성에서는 생활교사와의 관계가 그룹홈 청소년의 위축에 영향을 미치는 것을 알 수 있다(다시 한 번 언급하지만 애착관계는 사회적 요인이라기보다는 심리적 요인에 더 가깝다. 여기서는 사회적 요인으로 가정하고 분석한 것이며, 실제로 심리적 요인 중에서도 변인 간 차이를 보기 위해서 위계적 회귀분석을 실시하기도 한다).

모형 요약[a]

모형	R	R 제곱	수정된 R 제곱	추정값의 표준오차	통계량 변화량: R 제곱 변화량	F 변화량	자유도1	자유도2	유의확률 F 변화량	Durbin-Watson
1	.269[a]	.073	.066	.36511	.073	11.473	2	293	.000	
2	.545[b]	.297	.290	.31837	.225	93.359	1	292	.000	
3	.566[c]	.320	.311	.31370	.023	9.759	1	291	.002	1.744

a. 예측자: (상수), 나이, 성별
b. 예측자: (상수), 나이, 성별, 자아존중감
c. 예측자: (상수), 나이, 성별, 자아존중감, 생활교사a애착
d. 종속변수: 위축

❶ (R 제곱 변화량, 유의확률 F 변화량) ❷ (Durbin-Watson)

ANOVA[a]

모형		제곱합	자유도	평균제곱	F	유의확률
1	회귀	3.059	2	1.529	11.473	.000[b]
	잔차	39.059	293	.133		
	전체	42.118	295			
2	회귀	12.522	3	4.174	41.180	.000[c]
	잔차	29.596	292	.101		
	전체	42.118	295			
3	회귀	13.482	4	3.370	34.251	.000[d]
	잔차	28.636	291	.098		
	전체	42.118	295			

❹ ❺ ❻

a. 종속변수: 위축
b. 예측자: (상수), 나이, 성별
c. 예측자: (상수), 나이, 성별, 자아존중감
d. 예측자: (상수), 나이, 성별, 자아존중감, 생활교사a애착

계수[a]

모형		비표준화 계수: B	표준화 오류	표준화 계수: 베타	t	유의확률	공선성 통계량: 공차	VIF
1	(상수)	.147	.120		1.221	.223		
	성별	.182	.044	.240	4.144	.000	.943	1.060
	나이	.001	.001	.078	1.346	.179	.943	1.060
2	(상수)	1.393	.166		8.378	.000		
	성별	.097	.039	.128	2.478	.014	.896	1.116
	나이	.001	.001	.051	1.011	.313	.940	1.064
	자아존중감	-.394	.041	-.489	-9.662	.000	.939	1.065
3	(상수)	1.665	.186		8.973	.000		
	성별	.098	.039	.130	2.541	.012	.896	1.116
	나이	.001	.001	.058	1.160	.247	.939	1.066
	자아존중감	-.353	.042	-.439	-8.367	.000	.850	1.177
	생활교사a애착	-.106	.034	-.159	-3.124	.002	.902	1.109

❸

a. 종속변수: 위축

그림 15-2 위계적 회귀분석 결과

4) 위계적 회귀분석의 결과는 어떻게 제시하는가?

- 위계적 회귀분석에 대한 결과 제시는 연구자가 어떤 분석을 하느냐에 따라 제시하는 형태를 결정할 수 있다.
- 회귀계수를 제시할 것인지 아니면 t값을 제시할 것인지 결정해야 한

다. 통계치를 다 제시하면 좋지만 위계적 회귀분석은 회귀분석을 여러 번 한 것과 같은 경우이기 때문에 모든 것을 다 보여 주기에 한계가 있을 수밖에 없다. 따라서 보고하여 나타내고자 하는 방향을 잡는 것이 필요하다.

- 또한 R^2의 변화량에 포커스를 맞출 수도 있고, 영향요인의 변화에 초점을 맞출 수도 있다. 표 15-1은 이런 것을 종합적으로 고려하여 제시하는 양식이다.

표 15-1 각 모델에 따른 위축에 미치는 영향

		Model1		Model2		Model3	
		β	t	β	t	β	t
개인특성	성별	.240	4.144***	.128	2.478*	.130	2.541*
	나이	.078	1.346	.051	1.011	.058	1.160
심리특성	자아존중감			-.489	-9.662***	-.439	-8.367***
사회특성	애착생교					-.159	-3.124**
F/ΔF		11.473***/-		41.180***/93.359***		34.251***/9.759**	
$R^2/\Delta R^2$		.073/-		.297/.225		.320/.023	
VIF		1.060-1.060		1.064-1.116		1.066-1.177	
Durbin-Watson				1.744			

* p<.05, ** p<.01, *** p<.001
Dummied 성별(0=남자, 1=여자)

- 해석은 연구자의 관점에 따라 다르게 제시할 수 있다. 여기서는 전체적인 해석과 아울러 R^2의 변화에 따른 해석을 제시하도록 한다. 해석을 할 때는 다른 연구와 비교하여 제시하는 것도 의미가 있으며, 자신의 연구에서 드러내고자 하는 방향성의 특징을 드러내 주는 게 바람직하다.

위축에 영향을 미치는 요인은 주요 특성에 따라 살펴보기 위하여 개인특성변인을 회귀식에 투입하여 모델1로, 모델1에 심리특성변인을 추가 투입하여 모델2로, 모델2에 사회특성변인을 추가 투입하여 모델3으로 구성하였다. 모델1(F=11.473, p<.001), 모델2(F=41.180, p<.001), 모델3(F=34.251, p<.001)은 모두 회귀식이 통계적으로 의미가 있는 것으로 나타났다. VIF계수와 Durbin-Watson의 임계치를 살펴보았을 때 모든 회귀식에서 다중공선성이 문제없음을 알 수 있다.

이때 그룹홈 청소년의 위축에 영향력을 미치는 요인은 개인특성 중에서는 성별, 심리특성인 자아존중감, 사회특성인 생활교사와의 애착관계로 드러났다. 각 모델의 영향력을 비교하였을 때 성별과 나이를 투입한 개인변인의 고유 설명력은 7.3%로 나타났으며, 심리요인인 자아존중감의 고유 설명력은 22.5%로 나타났고, 사회특성인 생활교사와의 애착관계의 고유 설명력은 2.3%로 나타났다. 따라서 위축을 설명하는 데 있어 심리특성인 자아존중감의 설명력이 큰 것을 알 수 있다.

2. 더미회귀분석

1) 더미회귀분석은 언제 사용하는가?

적용 예

수천중학교 학생들의 수면시간, 공부시간, 게임시간 뿐만 아니라 성별이 학교성적에 영향을 미칠까요?

꼭 기억하세요!

더미회귀분석도 회귀분석과 똑같이 1개 또는 그 이상의 독립변수가 1개의 종속변수에 미치는 영향을 검증합니다. 그런데 독립변수 중에 더미변수가 포함되면 더미회귀분석이라고 합니다.

- 학교성적 → 종속변수(연속변수)
- 수면시간, 공부시간, 게임시간 → 독립변수(연속변수)
- 성별 → 독립변수(더미변수인 명목변수)

※ 더미변수: 둘 중 하나로 표현되는 명목변수(성별은 여자와 남자, 둘 중 하나로 표현되는 변수입니다.)

- 회귀식은 수치형 자료로 구성된다. 따라서 종속변인은 물론 영향요인으로 투입되는 변인들 모두 수치형 자료이어야 한다. 그런데 연구설

계를 하다 보면 영향요인 중 명목척도로 구성되어 있는 변인이 있을 수 있다. 정말 중요한 영향요인이 아니라면 회귀식에 투입하지 않는 것이 바람직하지만, 부득이 명목형 변수를 투입하고자 한다면 더미화를 하여서 투입하는 방법이 있다.

- 우리는 이미 상관관계분석을 다룰 때 '더미화'에 대해서 이야기하였다. 수치형 분석인 상관관계분석을 할 때 성별이 명목척도임에도 불구하고 투입하였었다. 그럴 수 있는 이유는 성별의 경우 남자는 '1'로, 여자는 '2'로 코딩되는 경우가 대부분이어서 비록 명목척도라 하더라도 두 개의 집단이기 때문에 해석을 할 때 그 방향성만 이해하면 되기에 투입한다고 하였다. 이렇게 명목형 척도를 이분형으로 구분할 경우 수치형과 같은 효과로 분석을 할 수 있게 된다. 이렇게 명목척도를 수치형분석에 사용할 수 있게 만드는 것을 '더미화'라 하며, 성별의 경우에는 자동적으로 더미화가 되어 있는 것이다.
- 예를 들어, 그룹홈 청소년의 위축에 영향을 미치는 요인을 검정하는 연구에서 다른 요인들보다 애착유형이 영향을 미치는지를 검증하고자 한다. 또한 자아존중감을 통제한 후에 분석을 하고자 한다. 그런데 이미 변수명에서도 드러나듯이 애착유형은 명목척도이다. 원칙상 명목형 척도를 회귀분석을 사용할 수 없으나, 이 변수를 넣어서 분석하고자 할 때 더미회귀분석을 할 수 있다.

2) 더미회귀분석을 하기 위한 전제조건은 무엇인가?

- 명목척도를 더미화할 경우에는 각 집단에 충분한 수가 카운트되어야 한다. 따라서 집단 중 너무 적은 수를 가진 것이 있으면 비슷한 것끼리 묶어주는 작업이 필요하다.
- 그 외의 조건들은 회귀분석과 동일하다.

3) 더미회귀분석 실전

더미회귀분석

변수의 더미화 → 분석 → 회귀분석 → 선형 → 변수이동 → 통계량 → R제곱변화량 → 공선성진단 → Durbin-Watson → (케이스별진단) → 계속 → 확인
(더미회귀분석은 투입할 명목형 척도를 더미화하는 작업만 추가할 뿐이지 실질적인 분석은 회귀분석과 동일하다.)

- 자료실에서 합산 데이터 파일을 연다. 자아존중감을 통제한 후 애착유형이 비행에 영향을 미치는지 검정해 보자. 코드북을 보면 애착유형은 명목척도이다. 코드북에서 애착유형을 보면 안정형, 무시형, 몰입형, 두려움형이 있는 것을 알 수 있다. 이것은 더미화해야 회귀식에 투입할 수 있다. 더미화는 여러 방법으로 할 수 있다.

일반적인 더미변수 만들기

더미변수 숫자 파악하기(n-1) → 테이블만들기(기준을 0으로 정하기) → D1, D2, D3 변수생성하기 → D1, D2, D3 조건지정하기 → 회귀식에 투입

(응답항목이 4개인 것을 예로 하였음. 즉, n-1=3임)

- 더미화를 할 때는 응답 중 하나를 기준으로 정해야 한다. 이것을 기준으로 다른 응답과의 조합을 만드는 것이다. 따라서 응답범주가 4개였다면 더미변수는 3개가 만들어진다. 즉, 더미변수는 응답범주보다 하나 적은 수만큼 만들어야 한다. 마치 자유도와 같은 개념이라고 보면 된다.

- 편리하고 정확하게 더미화를 하기 위해서는 아래 테이블처럼 더미화할 경우를 만들어 놓는 것이 바람직하다. 기준이 되는 응답항목을 0으로 하고 그 외에 살펴보고자 하는 응답항목을 1로 고정하면 된다. 결국 더미화라는 것은 0과 1로 코딩을 변화시켜 주는 것이다. 코드북에 나타난 안정형, 무시형, 몰입형, 두려움형 중 안정형을 기준으로 하여 더미테이블을 만들면 아래와 같다. D1은 안정형과 무시형을, D2는 안정형과 몰입형을, D3는 안정형과 두려움형을 더미화한 것이다. 이렇게 이야기할 수 있는 이유는 세 개의 더미변수에서 공통으로 0이 된 것은 안정형이기 때문이다.

애착유형	응답값	D1	D2	D3
안정형	①	0	0	0
무시형	②	1	0	0
몰입형	③	0	1	0
두려움형	④	0	0	1

- 위에서 제시한 더미변수를 만든다. SPSS에서 변환을 클릭하고 변수계산을 클릭하면 변수계산 창이 뜬다. 변환에는 여러 처리가 들어있기 때문에 자주 활용하는 버튼이 된다. 이미 역문항처리 등을 할 때 제일 먼저 변환을 클릭한 것을 알 수 있다. 변수계산도 여러 번 사용하는 항목이다. 이미 합산을 할 때 사용했었다.
- 변환과 변수계산을 클릭하여 변수계산 창이 활성화되면 그림 15-3과 목표변수에 D1이라 정하고 숫자표현에 0이라고 정한 후 아래 부분에 있는 확인을 클릭한다. 동일한 작업을 반복하여 D2, D3까지 작업을 한다. 작업한 결과를 보기 위하여 데이터보기 창으로 가서 맨 뒤로 이동하면 그림 15-3의 아래와 같이 D1, D2, D3 변수가 생성되었고, 입력값은 모두 0으로 되어 있는 것을 볼 수 있다.

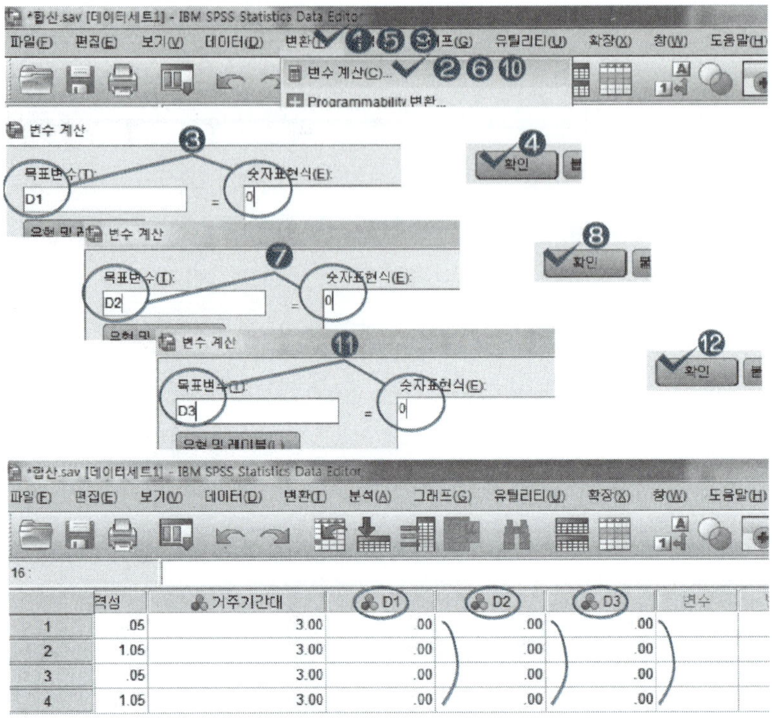

그림 15-3 더미화 작업1

- 이제 더미 테이블에 제시된 것과 같이 변환하는 작업을 해야 한다. 그림 15-4와 같이 다시변환과 변수계산을 클릭한다. 변수계산 창이 뜨면 목표변수에는 D1을 숫자표현식에는 1을 설정한다. 이번에는 아래 있는 조건을 클릭한다. 조건을 클릭하면 케이스조건 창이 뜬다. 모든 케이스 포함으로 설정되어 있을 것이다. 다음 조건을 만족하는 케이스 포함을 클릭하면 오른쪽 변수 묶음 창이 활성화된다. 변수들 중 애착유형을 찾아 함수식란으로 보낸다. 자판을 이용하여 보내진 애착유형에 대해서 '애착유형=2'가 되도록 함수식을 만든다. 이렇게 하는 이유는 코드북을 보면 무시형이 ②로 코딩되어 있기 때문이다. 즉, 그림 15-4는 안정형을 0으로 하고 무시형을 1로 하는 더미변수를 만드

는 것이다. 앞서 D1을 모두 0으로 만들었는데 조건을 지어준 부분, 즉 애착유형을 ②로 응답한 사람들만 1로 바꿔주겠다는 의미가 된다. 아래에 있는 계속을 클릭하면 변수계산 창으로 돌아간다. 제일 아래에 있는 확인을 클릭하면 '기존변수를 변경하겠습니까?'라는 창이 뜬다. 이는 D1이 전부 0이었는데 조건지어준 것들을 바꾸겠냐고 마지막으로 의사를 확인하는 것이다. 확인을 클릭하면 변수변환이 이루어진다. 이렇게 하면 D1에 대한 더미변수를 완성한 것이다.

- 이제 D2, D3도 동일한 방법을 반복하여 완성해야 한다. 이때 중요한 것은 조건에서 D2는 '애착유형=3'이라고 함수식을 완성해야 하고, D3는 '애착유형=4'라고 함수식을 완성해야 한다는 점이다. 코드북을 보면 몰입형은 ③으로, 두려움형은 ④로 코딩되었기 때문이다. 결국 D2는 안정형에 대해서 몰입형을, D3는 안정형에 대해서 두려움형을 더미화한 것을 의미한다.

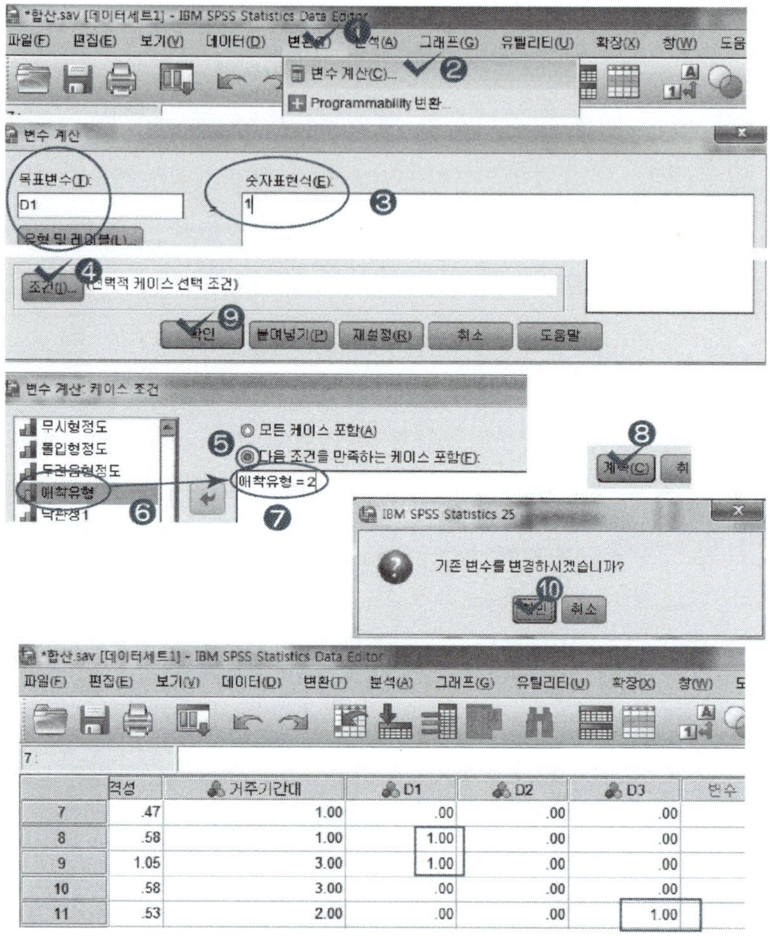

그림 15-4 더미화 작업2

- 이 방법으로 더미화를 할 경우에 주의할 점을 실제 회귀분석에서 더미화된 변수가 모두 유의한 영향요인이 되어야 한다는 점이다. 왜냐하면 엄밀하게 말해서 D1, D2, D3를 개별적으로 보면 기준을 안정형 애착이라고 볼 수 없다. D1은 여러 애착유형(0) 대비 무시형(1)이 되고, D2는 여러 애착유형(0) 대비 몰입형(1)이 되고, D3는 여러 애착유형(0) 대비 두려움형(1)이 되기 때문이다. 이 세 개의 더미변수가 모두

의미 있을 경우에 한정하여 안정형이 0이 되는 것이기 때문이다. 따라서 더미변수 중 어느 하나라도 유의하지 않게 나왔으면 이 부분에 대해서 적절하게 다른 항목과 묶는 처리를 한 후에 다시 더미변수를 만들어 투입해야 한다.

- 이제 변형한 더미변수를 회귀식에 투입해 보자. 위에서 제시한 대로 자아존중감을 통제한 상태에서 애착유형이 위축에 영향을 미치는지를 검정해 보면 된다. 분석과 회귀분석, 선형을 차례로 클릭하여(그림 14-1, 그림 15-1 등 참조. 회귀분석을 시작하는 부분은 동일하다) 선형회귀 창이 뜨면 그림 15-5와 같이 종속변수에 위축을 보내고 독립변수에 자아존중감, D1, D2, D3를 차례로 보낸다. 통계량을 선택하여 다중공선성, Durbin-Watson, 케이스별 진단을 선택하고 도표를 선택하여 Y축에 ZREDID를, X축에 ZPRED를 보내고 히스토그램과 정규확률도표를 체크한 후 계속을 누른다(통계량과 도표에 대해서는 그림 14-3 참조). 확인을 클릭하면 더미회귀분석이 실시된다.

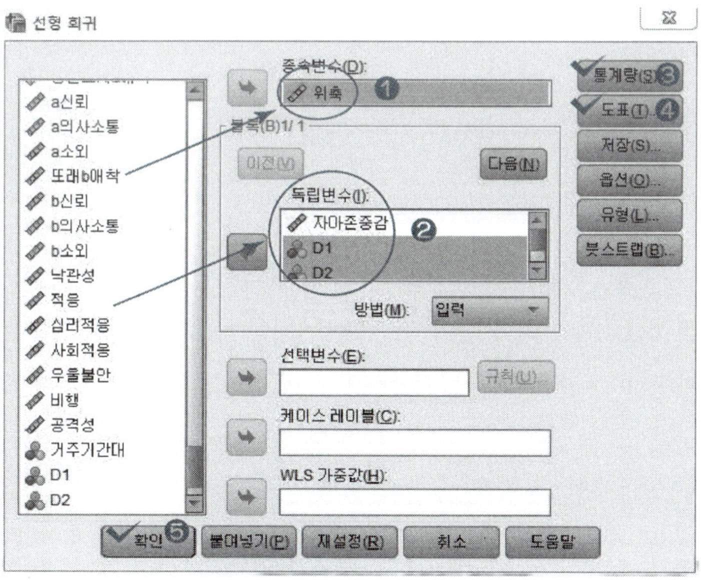

그림 15-5 더미회귀분석1

- 케이스별 진단과 잔차통계량을 먼저 살피면 앞의 결과들과 마찬가지로 7번, 66번, 115번, 174번, 225번, 284번 설문지가 표준편차 3 이상에서 나타나기에 이상치(out-lier)로 나타난다. 이는 종속변수가 위축이라는 변수를 동일하게 사용하기 때문에 합산 데이터 파일은 동일한 결과를 나타내는 것이다. 이 설문지들에 대해서 그림 14-5와 같이 케이스선택을 활용하여 해당 번호들을 제외하고 데이터를 선택한다.
- 주의할 것은 이렇게 케이스선택을 했을 경우 다른 지시를 달리 하지 않는 한 그 상태를 계속 유지한다는 점이다. 따라서 이 책에서 일일이 모든 케이스를 다시 선택하라고 지시하지 않아도 다른 분석을 연습으로 넘어가기 전에 모든 데이터 선택으로 지정해 주는 것이 필요하다.
- 다시 회귀분석을 실시한다. 선형회귀 창이 열리면 앞서 분석한 것을 기억하기 때문에 그대로 확인을 클릭만 하면 된다.
- 다시 한 번 케이스별 진단과 잔차통계량을 확인한다. 케이스별 진단이 나타나지 않고 잔차통계량만 나타난다. 잔차통계량의 표준화잔차 최대값이 2.747로 나타난다. 3 표준편차 이하인 것을 알 수 있다. 회귀분석에 적합한 데이터라는 것을 알 수 있다. 또한 아울러 그림 15-5에서 볼 수 있듯이 Durbin-Watson의 d임계치도 1.615이고, VIF 팽창계수 역시 1.210~1.330으로 나타나 잔차의 독립성이나 다중공선성은 모두 문제되지 않는 것을 알 수 있다. 아울러 히스토그램, P-P도표, 산점도 모두 문제가 없는 것을 확인할 수 있다.
- 분산분석(ANOVA)의 F값이 35.498로 나타나고, 이에 대한 유의확률(p)이 .000으로 나타나고 있어 p<.001이므로 영가설을 기각하고 대립가설을 채택한다. 즉, 회귀식을 채택할 수 있다. 계수를 보면 여러 변인이 비행에 대한 영향요인으로 나타나는 것을 볼 수 있다.
- 그런데 문제는 D1, D3변수는 p<.05이므로 통계적으로 의미가 있는 반면 D2는 p>.05이므로 통계적으로 의미가 없다. D2의 경우 영가설

을 채택해야 하므로 영향요인이 되지 못한다. 앞서 더미화를 할 경우 더미변수는 모두 영향요인이 되어야 한다고 하였다. 본 결과는 이를 위배하고 있다. 이럴 경우 안정형 애착을 0으로 보는 기준이 무너지게 된다. 따라서 더미화를 다른 방법으로 시도할 필요가 있게 되는 것이다.

모형 요약[b]

모형	R	R 제곱	수정된 R 제곱	추정값의 표준 오차	Durbin-Watson
1	.573[a]	.328	.319	.31188	1.615

a. 예측자: (상수), D3, D1, 자아존중감, D2

b. 종속변수: 위축

ANOVA[a]

모형		제곱합	자유도	평균제곱	F	유의확률
1	회귀	13.812	4	3.453	35.498	.000[b]
	잔차	28.306	291	.097		
	전체	42.118	295			

a. 종속변수: 위축

b. 예측자: (상수), D3, D1, 자아존중감, D2

계수[a]

모형		비표준화 계수		표준화 계수	t	유의확률	공선성 통계량	
		B	표준화 오류	베타			공차	VIF
1	(상수)	1.467	.125		11.761	.000		
	자아존중감	-.360	.043	-.446	-8.446	.000	.827	1.210
	D1	.146	.051	.147	2.858	.005	.874	1.144
	D2	.063	.048	.070	1.308	.192	.815	1.227
	D3	.258	.060	.239	4.307	.000	.752	1.330

a. 종속변수: 위축

그림 15-6 더미회귀분석 결과1

실제적인 더미변수 만들기

응답항목 중 더미화 할 기준 정하기 → 변환 → 다른 변수로 코딩변경 → 변환할 변수 보내기 → 이름정하기 → 변경 → 기존값 새로운 값 → 기준을 0, 그 외를 1 → 계속 → 확인 → 회귀분석 실시

- 실제적인 방법은 여러 가지로 할 수가 있다. 본 예제의 경우 응답항목이 4개 이므로 이중 기준이 되는 하나만 선정하여 나머지 응답범주 전체와 비교하는 방법과 기준이 되는 것과 다른 항목을 지정 및 매칭하여 비교하는 방법이 가능하다. 여기서는 기준이 되는 것과 나머지를 더미화하는 방법으로 실시해 보기로 한다.
- (만약 앞서 케이스선택이 그대로 살아있으면 케이스선택은 모든 케이스로 바꿔주어야 한다.)
- 이미 그림 7-2에서 다른 변수로 코딩변경을 실시하여 보았다. 그때와 마찬가지로 변환과 다른 변수로 코딩변경을 클릭한 후 애착유형 변수를 찾아서 변환할 창으로 보낸다. 출력변수 이름에 애착유형2라고 지정하고 변경을 클릭한다. 기존값과 새로운값을 선택하여 그림 15-7과 같이 설정한다. 기존값과 새로운값 그리고 추가를 적절하게 활용하면 된다. 먼저 기존값의 값에 1을 쓰고 새로운값의 값에 0을 쓴 후 추가를 클릭한다. 기존값의 범위를 클릭하여 2에서 4를 지정하여 준 후 새로운값의 값에 1을 쓰고 추가를 클릭한다. 기존값에서 기타 모든 값을 선택하고 새로운값에서 시스템결측을 선택하고 추가를 클릭하면 된다. 계속을 클릭하고 확인을 클릭하고 데이터보기 창으로 가면 그림 15-7의 아래와 같이 나타난다. 애착유형2라는 변수가 생성되고 입력값이 0과 1로 되어 있는 것을 볼 수 있다. 0은 안정형을 1은 그 외를 의미한다. 결국 애착유형2는 0과 1로 더미화된 것을 알 수 있다.

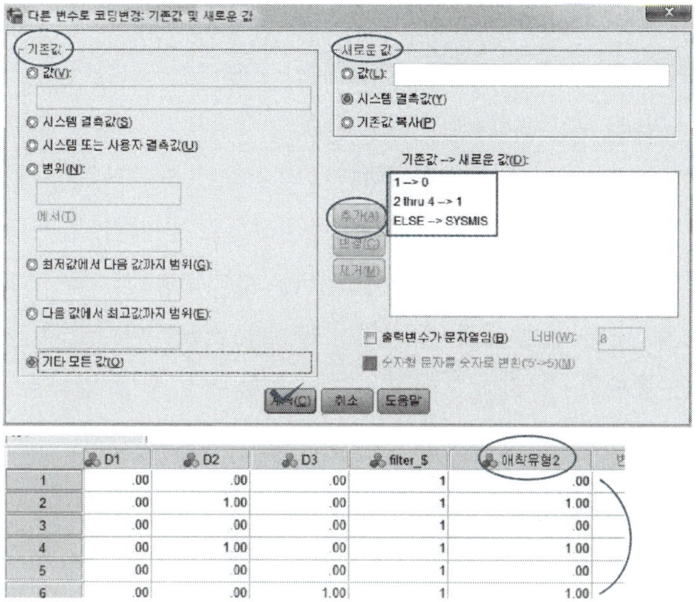

그림 15-7 더미화 작업3

- 이제 생성된 더미변수를 활용하여 다시 회귀분석을 실시한다. 그림 15-5와 같은 방법으로 하되 독립변수에 자아존중감, D1, D2, D3로 되어 있는 것에서 D1, D2, D3를 빼고 새롭게 생성한 더미변수 애착유형2를 투입한다. 나머지 설정은 이미 앞서 분석할 때 설정된 그대로 유지하기 때문에 그대로 확인을 클릭하면 된다. 그러면 새로운 변인을 투입한 더미회귀분석이 실행된다.
- (만약 컴퓨터나 프로그램을 껐다가 다시 켰거나 재설정으로 회귀분석을 작동시키는 경우라면 통계량과 도표를 모두 설정해 주어야 한다. 이에 대해서는 그림 14-3을 참조하라.)
- 먼저 결과 창에서 케이스별 진단과 잔차통계량을 확인해 본다. 역시 7번, 66번, 115번, 174번, 225번, 284번 설문지가 표준편차 3 이상에서 나타나기에 이상치(out-lier)로 나타난다. 그림 14-5와 같이 케이스선택을 활용하여 해당 번호들을 제외하고 데이터를 선택한다. 그리고 회귀분석을 다시 실행한다.

- 결과를 보면 Durbin-Watson, VIF, 케이스별진단, 히스토그램, P-P곡선, 산점도 모두 이상이 없다. 회귀식을 구성하는 조건이 만족되었다고 할 수 있다.
- 그림 15-8을 보면 분산분석(ANOVA)의 F값이 66.931로 나왔고, 그 유의수준(p)이 .000이므로 회귀식이 통계적으로 의미가 있는 것을 알 수 있다. 이때 자아존중감과 더미변수인 애착유형2가 모두 유의확률(p) .000으로 나타나 통계적으로 의미가 있는 것을 나타났다. 즉, 자아존중감을 통제한 상태에서 애착유형 안정형은 위축에 영향을 미치는 것이다.

모형 요약[b]

모형	R	R 제곱	수정된 R 제곱	추정값의 표준오차	Durbin-Watson
1	.565[a]	.319	.314	.31192	1.623

a. 예측자: (상수), 애착유형2, 자아존중감

b. 종속변수: 위축

ANOVA[a]

모형		제곱합	자유도	평균제곱	F	유의확률
1	회귀	13.024	2	6.512	66.931	.000[b]
	잔차	27.826	286	.097		
	전체	40.850	288			

a. 종속변수: 위축

b. 예측자: (상수), 애착유형2, 자아존중감

계수[a]

모형		비표준화 계수		표준화 계수	t	유의확률	공선성 통계량	
		B	표준화 오류	베타			공차	VIF
1	(상수)	1.479	.121		12.223	.000		
	자아존중감	-.371	.041	-.465	-9.068	.000	.907	1.102
	애착유형2	.158	.039	.209	4.079	.000	.907	1.102

a. 종속변수: 위축

그림 15-8 더미회귀분석 결과2

4) 더미회귀분석의 결과는 어떻게 제시하는가?

- 더미회귀분석은 회귀분석과 같은 형태로 결과를 제시하고 해석한다. 위의 분석을 표 15-2와 같이 제시할 수 있다. 독립변수는 더미변수를 제시한다. 만약 그림 15-6의 결과에서 D1, D2, D3 모두 통계적으로 유의했다면 독립변수에 D1, D2, D3를 제시하게 된다. 하지만 애착유형2로 변환하여 제시했기에 여기서는 애착유형으로 제시하면 된다. 그런데 기준이 안정형이라는 것을 나타내야 한다. 여기서는 독립변수란에 직접 안정형=0이라고 표시하였는데, 비고란에 해도 상관없다. 해석은 바로 아래 박스와 같다.

표 15-2 위축에 미치는 영향요인

		비표준계수		t
		B	표준오차	
	(상수)	1.479	.121	12.223***
통제변수	자아존중감	-.371	.041	-9.068***
독립변수	애착유형(안정형=0)	.158	.039	4.079***
	F	66.931***		
	R^2(adj.R^2)	.319(.314)		
	VIF/Durbin-Watson	1.102-1.102/1.623		

* p<.05, *** p<.001

> 애착유형을 안정형(0)과 그 외의 유형으로 더미화한 변인을 투입한 회귀식은 통계적으로 의미가 있었다(F=66.931, p<.001). 이때 회귀식의 설명력은 31.9%로 나타나 높은 편인 것을 알 수 있다. 통제변인으로 투입된 자아존중감은 위축에 영향을 미치는 요인으로 드러났다(t=-9.068, p<.001). 더미변인으로 투입된 애착유형(안정형=0)도 역시 위축에 영향을 미치는 것으로 드러났다(t=4.079, p<.001). 이때 영행의 방향이 양수(+)이므로 안정형이 아닐수록 위축이 높아지는 것을 알 수 있다. 즉, 애착유형이 안정형일수록 위축이 낮아지는 것을 알 수 있다. 따라서 그룹홈 청소년의 위축을 줄이기 위해서는 생활교사와의 애착관계가 안정형으로 형성되도록 할 필요가 있다.

3. 로지스틱 회귀분석

1) 로지스틱 회귀분석은 언제 사용하는가?

적용 예

수천중학교 학생들의 수면시간, 공부시간, 게임시간 뿐만 아니라 성별이 음주경험에 영향을 미칠까요?

꼭 기억하세요!

로지스틱 회귀분석도 회귀분석과 똑같이 1개 또는 그 이상의 독립변수가 1개의 종속변수에 미치는 영향을 검증합니다. 그런데 종속변수가 더미변수인 경우에 로지스틱 회귀분석이라고 합니다.

- 음주경험 → 종속변수(더미변수인 명목변수)

※ 음주경험이 있는 경우와 없는 경우, 둘 중 하나로 표현되므로 음주경험은 더미변수입니다.

- 수면시간, 공부시간, 게임시간 → 독립변수(연속변수)
- 성별 → 독립변수(더미변수인 명목변수)

※ 더미변수: 둘 중 하나로 표현되는 명목변수(성별은 여자와 남자, 둘 중 하나로 표현되는 변수입니다.)

- 회귀분석은 원칙상 수치형 자료에 대한 분석이다. 그래서 독립변수나 종속변수가 모두 등간척도 이상이 되어야 한다. 그런데 독립변수 중 명목형 변수가 있을 경우 더미회귀분석을 실시한다면 종속변수가 명목형일 경우에 로지스틱 회귀분석을 실시하게 된다.
- 종속변수가 두 개의 범주일 경우 이분형 로지스틱 회귀분석으로 하고, 종속변수가 여러 개의 범주일 경우 다항 로지스틱 회귀분석을 한다.
- 로지스틱 회귀분석은 원래 의료세션에서 발달한 분석방법이다. 신약을 개발할 때 약 1단위 투입 대비 변화가 있는지 아니면 없는지를 살피는 데 주로 사용된다. 따라서 로지스틱 회귀분석은 독립변인과 종속변인이 단순한 형태로 구성된 경우에 사용하는 것이 원칙이다.
- 여기서는 이분형 로지스틱 회귀분석을 다루기로 한다.

2) 로지스틱 회귀분석을 하기 위한 전제조건은 무엇인가?

- 종속변수는 0과 1의 값을 갖는다. 이는 이분형 로지스틱의 경우에 한정한다.
- 예를 들면, 참가한다와 안한다, 경험이 있다와 없다, 하고 싶다와 하고 싶지 않다 등 둘로 나누어지는 종속변수를 분석하는 것이다.

3) 로지스틱 회귀분석 실전

(이분형)로지스틱 회귀분석

분석 → 회귀분석 → 이분형 로지스틱 → 변수이동 → 통계량 → R제곱변화량 → 공선성진단 → Durbin-Watson → (케이스별진단) → 계속 → 확인

- 자료실에서 로지스틱 회귀분석 파일을 열어 성별, 나이, 선실등급, 요금이 생존에 영향을 미쳤는지 살펴보자. 이 자료는 인터넷에 공개된 타이타닉호 승객명단과 그들의 생존과 사망에 대한 자료이다.
- 이분형 로지스틱 회귀분석을 하려면 종속변수가 두 개의 범주여야 한다. 이 데이터에서 생존여부는 사망(0)과 생존(1)으로 코딩이 되어 있다. 응답이 사망과 생존이라는 것을 보면 명목척도인 것을 알 수 있다. 결국 이분형 로지스틱 회귀분석은 종속변수를 더미화하는 것과 비슷한 원리인 것을 알 수 있다.
- 그림 15-9와 같이 **분석, 회귀분석, 이분형 로지스틱**을 선택해서 클릭하면 이분형 로지스틱 창이 뜬다. 종속변수에 생존여부를 이동시키고, 블록에 성별, 나이, 선실등급, 요금을 차례대로 이동한다. 확인을 클릭하면 이분형 로지스틱분석이 실시된다.

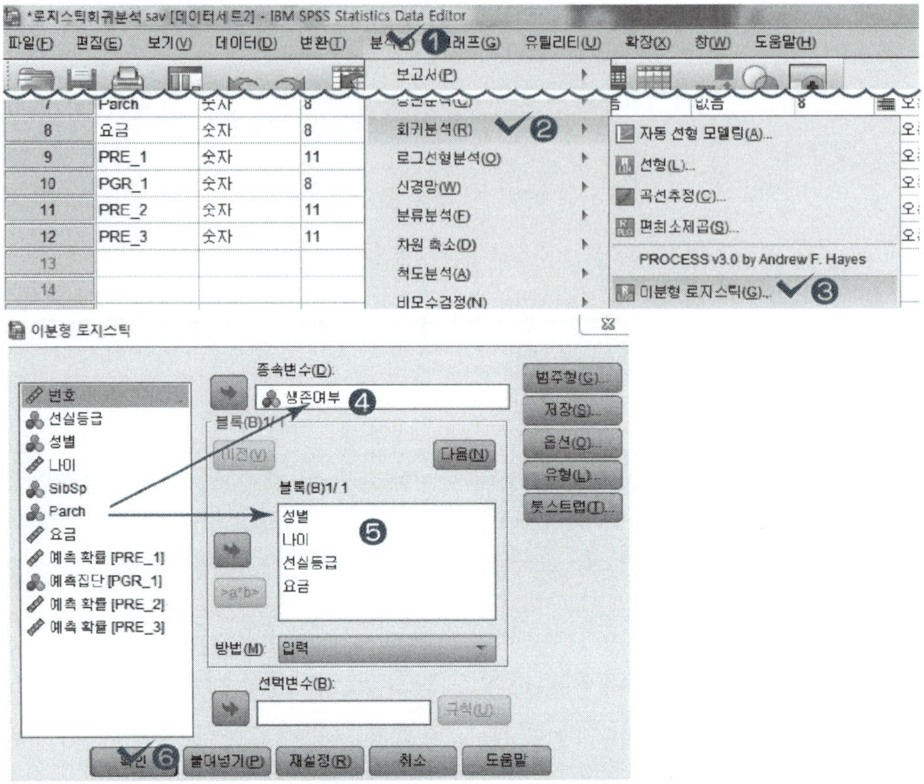

그림 15-9 로지스틱 회귀분석

- 결과 창을 보면 여러 자료가 나타난다. 이 중 블록1의 데이터를 본다. 그림 15-10은 이 중 살펴보아야 할 것들을 모아놓은 것이다. 먼저 모형계수의 총괄 검정을 보면 모형의 χ^2이 381.442로 나타나고, 이에 대한 유의확률(p)은 .000으로 나타난다. 이분형 로지스틱 회귀분석의 영가설은 '모든 독립변수의 계수가 0이다'이므로 이를 기각하고 대립가설을 채택한다. 즉, 투입된 변인들로 이분형 회귀분석을 보는 것이 적절하다는 의미가 된다. 이때 두 개의 R^2은 각각 .384와 .473으로 나타난다. 투입된 변인들도 종속변수를 38.4%~47.3% 설명하는 것을 알 수 있다. 분류표를 보면 전체적으로 보았을 때 79.9%로 나타나 꽤 높은 편인 것을 볼 수 있다.
- 방정식의 변수를 보면 우선 유의확률(p)을 볼 때 생존에 영향을 끼친 변수는 성별, 나이, 선실등급임을 알 수 있다. 이에 대한 영향관계를 보기 위하여 승산비를 볼 필요가 있다. 승산비는 EXp(B)로 표시된다. 1을 기준으로 몇 배 승산비가 있는지를 계산한다. 예를 들어, 성별의 경우 0에서 1일 될 때, 즉 여자일 경우 생존할 가능성이 13.559배 더 높아지는 것을 보여 준다. 나이의 경우 나이가 1단위 많아질수록 생존할 가능성은 .033배 낮아지는 것을 알 수 있다(1−.967=.033). 즉, 나이가 1단이 올라갈수록 3.3% 더 사망하였다. 선실등급의 경우 선실등급이 1단위 올라갈 때 생존가능성은 .683배 낮아진다(1−.317=.683). 즉, 선실등급이 1단위 올라갈수록 생존율은 68.3% 감소한다. 결국 타이타닉호에서는 여자일수록, 나이가 적을수록, 선실등급이 1등급일수록 더 생존한 것을 알 수 있다.

모형 계수의 총괄 검정

		카이제곱	자유도	유의확률
1 단계	단계	381.442	4	.000
	블록	381.442	4	.000
	모형	381.442	4	.000

모형 요약

단계	-2 로그 우도	Cox와 Snell의 R-제곱	Nagelkerke R-제곱
1	805.213[a]	.348	.473

a. 모수 추정값이 .001보다 작게 변경되어 계산반복 수 5에서 추정을 종료하였습니다.

분류표[a]

관측됨			예측: 생존여부 사망	예측: 생존여부 생존	분류정확 %
1 단계	생존여부	사망	468	81	85.2
		생존	98	244	71.3
	전체 퍼센트				79.9

a. 절단값은 .500입니다.

방정식의 변수

		B	S.E.	Wald	자유도	유의확률	Exp(B)
1 단계[a]	성별	2.607	.187	193.577	1	.000	13.559
	나이	-.033	.007	20.344	1	.000	.967
	선실등급	-1.150	.135	72.313	1	.000	.317
	요금	.001	.002	.080	1	.777	1.001
	상수항	-.549	.488	1.266	1	.260	.577

a. 변수가 1: 성별, 나이, 선실등급, 요금 단계에 입력되었습니다.

그림 15-10 로지스틱 회귀분석 결과

- 위의 경우 로지스틱 회귀분석이 효과가 있는 것으로 나타났다. 그런데 로지스틱 회귀분석은 주로 의학계에서 신약의 임상실험 결과 약효가 있는지를 검정할 때 많이 쓰인다. 호전되지 않는다(0)와 호전된다(1)로 약의 효능을 검정한다. 전형적인 이분형 로지스틱 회귀분석이

다. 그런데 만약 효과가 없는 것으로 나타날 경우 곤란에 처하게 된다. 신약개발이라는 것이 효과를 보려고 실험하는 것이기 때문이다. 이럴 때 실험 의뢰자는 연구자에게 조작에 대한 압박을 줄 수 있다. 연구자로서 당신은 이럴 때 어떻게 하겠는가? 연구자는 연구윤리에 충실해야 한다. 그래야 과학이 발전하는 것이다. 이럴 경우 그냥 효능이 없다고 결론을 내릴 것이 아니라 ES(Effect Size)를 구하여 비교함으로써 약의 효능을 재검토할 수 있다.

$$ES = \frac{\text{사전검사 평균} - \text{사후검사 평균}}{\text{사전검사 표준편차}}$$

만일 ES가 .60이상으로 나타나면 약의 효과는 유효하다고 판단할 수 있다. 다만 samlpe size가 큰 것이 유리하다(이종환, 2010).

4) 로지스틱 효과분석의 결과는 어떻게 제시하는가?

- 로지스틱 회귀분석에 대해서는 회귀분석과는 다른 형태로 결과를 제시하게 된다. 위의 분석을 다음 표와 같이 제시할 수 있다.

표 15-3 생존에 미치는 영향요인

종속변수	요인	B	Wald	Exp(B)	x^2	R^2
생존여부 사망=0 생존=1	성별	2.607	193.577***	13.559	381.442***	Cox-Snell =.348 Nagelkerke =.473
	나이	-.033	20.344***	.967		
	선실등급	-1.150	72.313***	.317		
	요금	.001	.080	1.001		
	상수	-.549	1.266	.577		

*** p<.001

성별, 나이, 선실등급, 요금이 생존여부에 영향을 미치는지에 대한 로지스틱 회귀분석은 통계적으로 의미가 있는 것으로 나타났다(x^2=381.442, p<.001). 이때 투입된 변인들이 생존여부를 설명하는 정도는 34.8%에서 47.3%라고 할 수 있다. 투입된 변인들 중 생존여부에 영향을 미치는 요인은 성별(p<.001), 나이(p<.001), 선실등급(p<.001)으로 나타났다. 이들의 승산비를 보면 여자의 경우 남자보다 13.559배 높게 생존율을 보이고 있으며, 나이가 한 단계 올라갈수록 생존율은 3.3 떨어졌으며, 선실등급이 한 단계 올라갈수록 생존율이 68.3% 떨어졌다. 결국 타이타닉호에서는 여자일수록, 나이가 적을수록, 선실등급이 1등급일수록 생존가능성이 더 높았다.

cf.1) Wald값은 선형회귀분석에서 t값과 같은 것이다. 그런데 로지스틱 회귀분석에서는 승산비를 중요하게 다루기 때문에 Wald는 해석을 할 때 잘 다루지 않는다. 대부분 제시하지 않기도 한다.

cf.2) R^2의 경우 일반적으로 Nagelkerke의 R^2만 제시하기도 한다.

CHAPTER 16 매개효과검정

매개효과검정이나 조절효과검정은 모두 독립변수와 종속변수 사이에서 연결해주는(bridge) 역할에 대해서 검정하는 것이다. 이때 연결해 주는 변인을 그 성질에 따라 매개변인(mediator)과 조절변인(moderator)이라 한다. 매개변인(mediator)은 독립변수에서 종속변수로 영향이 갈 때 거쳐 가는 것을 의미한다. 이때 매개변인은 독립변인과 종속변인을 매개한다고 한다. 조절변인(moderator)은 독립변수가 종속변수에 영향을 미치는 데 있어 상승작용이나 완충작용을 하는 것을 의미한다.

매개효과는 본질적으로 어떤 변인이 종속변수에는 직접적인 영향을 미치지는 않으나 매개하는 변인을 통하여 영향을 미치는 것을 검정하는 것이다. 하지만 이런 조건이 완화되어 독립변수가 종속변수에 직접 영향을 미치는지와 상관없이 매개변인을 거쳐 영향을 미치는 경우를 모두 이르고 있다. 매개효과에 대한 검정은 회귀분석을 활용하여 검정할 수 있다. 물론 AMOS 프로그램이 경로에 대해서 분석해주기 때문에 많이 활용하는 추세이지만 통제변인을 추가할 경우에 회귀분석이 갖는 장점이 있는 것도 사실이다. 여기서는 SPSS를 활용하는 학습이 주된 목표이기 때문에 회귀분석을 활용한 매개효과검정에 대해서 살펴본다.

1. 매개효과검정

1) 매개효과분석은 언제 사용하는가?

적용 예

수천중학교 학생들의 수면시간은 공부시간을 매개로 하여 학교성적에 영향을 미칠까요?

꼭 기억하세요!

매개효과검정은 독립변수가 매개변수를 거쳐 종속변수에 영향을 미치는지 검증합니다.
- 학교성적 → 종속변수(연속변수)
- 수면시간 → 독립변수(연속변수)
- 공부시간 → 매개변수(연속변수)

- 어떤 변인이 두 변인 사이를 매개한다고 논리적 결론에 이르렀을 때 활용하게 된다. 회귀분석에서도 이미 제시했지만 매개변인 검정 역시 논리적으로 세워진 매개효과가 실제로 있는지를 검정하는 것이다. 따라서 선행연구를 통하여 매개모형이 세워져야 한다. 대표적인 매개모형은 다음과 같다.
- 예를 들어, '애착이 낙관성을 매개로 하여 위축에 영향을 미친다'는 가설을 세웠다면 연구모형은 그림 16-1과 같다.

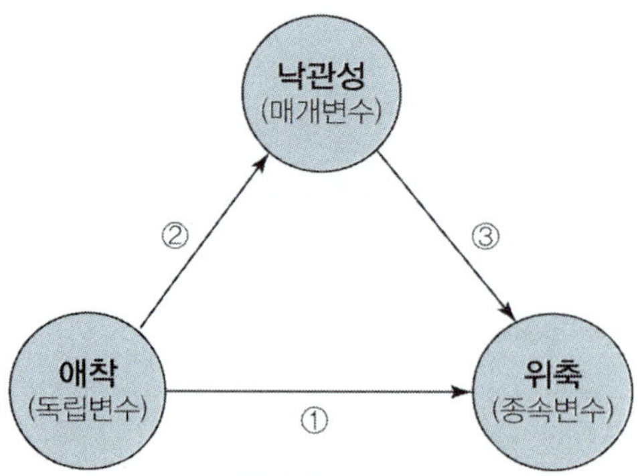

그림 16-1 매개모형

2) 매개효과분석을 하기 위한 전제조건은 무엇인가?

- 그림 16-1의 매개모형에서 ①, ②, ③의 관계가 선행연구에 의하여 논리적인 타당성이 있어야 된다.
- 각 변인은 수치형으로 측정되어야 한다. 즉, 등간척도 이상이어야 한다. 리커트척도는 합산할 경우 등간척도화되기 때문에 리커트척도로 측정하는 것이 일반적이다.

3) 매개효과검정 실전

매개효과검정

Baron과 Kenny의 매개효과검정방법
효과분해 (필수사항 아님)
Sobel Test (필수사항 아님)
부스트래핑 매개효과검정 (필수사항 아님. Process 추가 또는 AMOS 설치필요)

- 매개효과검정은 Baron과 Kenny(1986)가 제시한 방법에 따라 검정한다. 이들은 다음과 같은 세 가지 조건을 제시했다. 첫째, 독립변수가 매개변수에 유의한 영향을 미쳐야 한다. 둘째, 독립변수가 종속변수에 유의한 영향을 미쳐야 한다. 셋째, 독립변수와 매개변수를 동시에 영향요인으로 투입했을 때 매개변수가 종속변수에 영향을 미쳐야 한다. 이때 독립변수의 표준화 회귀계수가 독립변수 단독으로 투입되었을 때보다 줄어야 한다. 이를 그림 16-1과 비교하여 정리하면 다음과 같다.

Baron과 Kenny의 매개효과검정
1단계: ①에 대한 회귀분석이 의미가 있어야 한다. 2단계: ②에 대한 회귀분석이 의미가 있어야 한다. 3단계: ③에 대한 회귀분석이 의미가 있어야 한다. 4단계: 독립변인과 매개변인을 동시에 회귀식에 투입했을 경우 독립변인의 β값이 줄어야 한다. cf. 3,4단계는 동시에 시행된다.

- 자료실에서 합산_케이스삭제 데이터 파일을 열어 그림 16-1에서 가정하는 가설을 검정해 보자. 합산_케이스삭제 파일은 합산 파일에서 7, 8, 66, 115, 116, 174, 216, 225, 226, 284번을 삭제한 것이다. 이것들을 삭제한 이유는 이후로 연습할 회귀분석들의 케이스별 진단에서 3표준편차 이상 나타나는 이상치들로 나타나기 때문이다. 매 회귀분석마다 이 부분을 점검하기가 번거로워 일괄 정리한 것이다.
- 가설은 '생활교사와의 애착은 낙관성을 매개로 하여 위축에 영향을 미친다'이다.

① 먼저 1단계를 검정한다. 회귀분석을 하는 방법 그대로 하면 된다. **분석**, **회귀분석**, **선형**을 차례로 클릭하여 선형회귀 창을 뜨면 그림 16-2와 같이 종속변수에 위축을 보내고, 독립변수에 생활교사a 애착을 보낸다. 통계량을 클릭하여 공선성 진단과 Durbin-Watson을 선택하고 계속을 클릭한다. 케이스별 진단을 선택하지 않는 이유는 앞서 자료 정리를 이미 했기 때문이다. 그리고 단순회귀분석이기 때문에 사실상 **잔차의 독립성**(Durbin-Watson)이나 **다중공선성**(VIF)은 문제될 일이 없다. 만약 통제변인을 투입할 경우에는 이 부분 선택이 중요하다. 확인을 클릭하면 회귀분석이 실시된다.

- 그림 16-2에는 결과를 함께 나타나고 있다. 중요한 것만 살펴보면 F 값이 39.697이고, 그에 대한 유의확률(p)이 .000이므로 회귀식이 성립

된다. 생활교사와의 애착은 t값이 −6.301이고 그에 대한 유의확률(p)이 .000이므로 위축에 영향을 미치는 요인인 것을 알 수 있다. 이로써 ①단계 확인이 이루어졌다. 이때 생활교사와의 애착의 표준화계수(β)가 −.347인 것을 기억해 둘 필요가 있다. 왜냐하면 ③단계에서 비교해야 하기 때문이다.

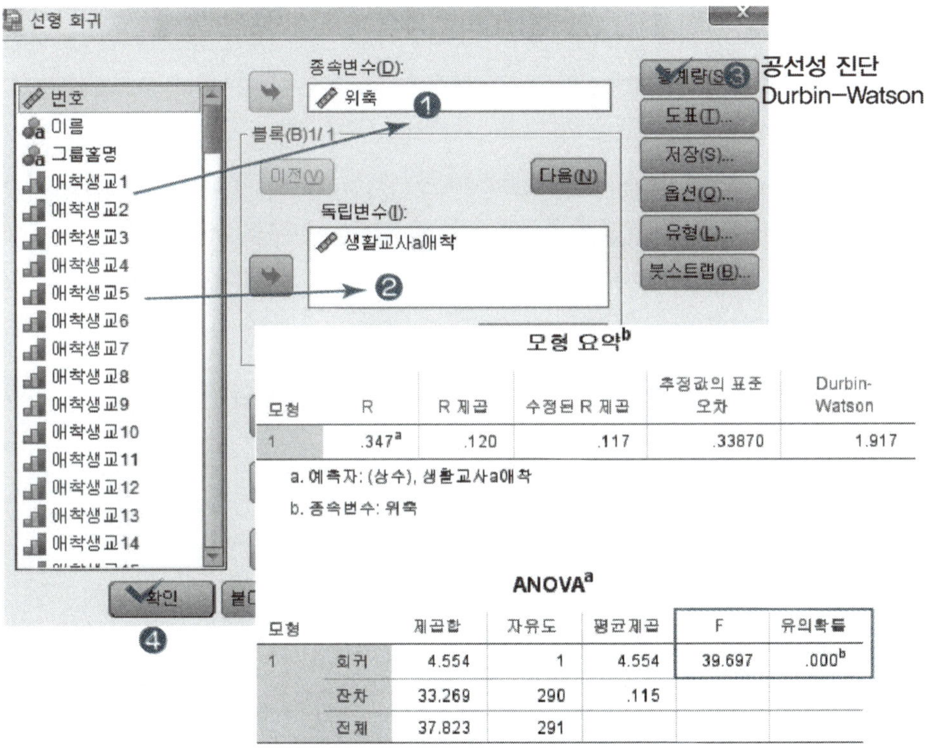

모형 요약ᵇ

모형	R	R 제곱	수정된 R 제곱	추정값의 표준오차	Durbin-Watson
1	.347ᵃ	.120	.117	.33870	1.917

a. 예측자: (상수), 생활교사a애착
b. 종속변수: 위축

ANOVAᵃ

모형		제곱합	자유도	평균제곱	F	유의확률
1	회귀	4.554	1	4.554	39.697	.000ᵇ
	잔차	33.269	290	.115		
	전체	37.823	291			

a. 종속변수: 위축
b. 예측자: (상수), 생활교사a애착

계수ᵃ

모형		비표준화 계수		표준화 계수	t	유의확률	공선성 통계량	
		B	표준화 오류	베타			공차	VIF
1	(상수)	1.384	.133	★	10.433	.000		
	생활교사a애착	-.222	.035	-.347	-6.301	.000	1.000	1.000

a. 종속변수: 위축

그림 16-2 매개모형 1단계

② 이어 2단계를 검정한다. 회귀분석을 다시 실행한다. **분석, 회귀분석, 선형**을 클릭하여 선형회귀 창이 뜨면 그림 16-3과 같이 종속변수만 낙관성으로 바꾼다. 나머지는 이미 그림 16-2에서 했던 그대로 설정이 되어 있다. 확인을 클릭하면 회귀분석이 실시된다.

- 그림 16-3과 같이 F값이 57.567이고 그에 대한 유의확률(p)이 .000이므로 회귀식이 성립된다. 이때 생활교사와의 애착은 t값이 7.587이고 이에 대한 유의확률(p)이 .000이므로 낙관성에 대한 영향요인인 것을 알 수 있다. 이로써 ②가 확인되었다.

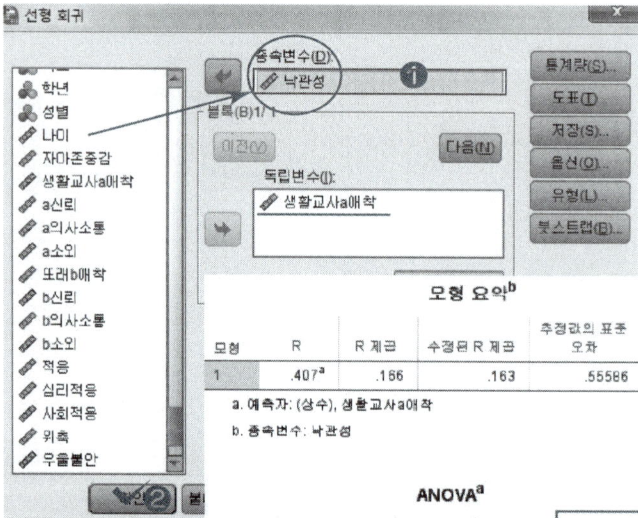

모형 요약[b]

모형	R	R 제곱	수정된 R 제곱	추정값의 표준오차	Durbin-Watson
1	.407[a]	.166	.163	.55586	1.968

a. 예측자: (상수), 생활교사a애착
b. 종속변수: 낙관성

ANOVA[a]

모형		제곱합	자유도	평균제곱	F	유의확률
1	회귀	17.787	1	17.787	57.567	.000[b]
	잔차	89.604	290	.309		
	전체	107.391	291			

a. 종속변수: 낙관성
b. 예측자: (상수), 생활교사a애착

계수[a]

모형		비표준화 계수		표준화 계수	t	유의확률	공선성 통계량	
		B	표준화 오류	베타			공차	VIF
1	(상수)	1.754	.218		8.052	.000		
	생활교사a애착	.438	.058	.407	7.587	.000	1.000	1.000

a. 종속변수: 낙관성

그림 16-3 매개모형 2단계

③ 마지막으로 3단계를 검정한다. 실질적으로는 3, 4단계를 검정하는 것이다. **분석**, **회귀분석**, **선형**을 클릭한다. 그림 16-4와 같이 종속변수에 위축을 보내고 독립변수에 생활교사a애착과 낙관성을 보낸다. 결국 독립변수와 매개변수를 함께 투입한 것이다. 통계량은 앞선 분석에서 한 것 그대로 설정되어 있다. 그래도 확인을 누르면 분석을 실시한다.

- 결과를 보면 우선 Durbin-Watson이 1.754로 잔차의 독립성이 확보되었으며, VIF도 1.199로 다중공선성의 문제는 없다. F값이 46.999로 나오고 이에 대한 유의확률(p)이 .000이므로 회귀식은 성립된다. 이때 중요한 것은 매개변인인 낙관성이 영향요인이 되어야 한다. 그런데 낙관성의 t값이 −7.291이고 이에 대한 유의확률(p)이 .000이므로 낙관성은 위축에 대한 영향요인인 것을 알 수 있다. 그리고 독립변인의 표준화 회귀계수(β)가 ①단계에서보다 떨어져야 하는데, ①단계에서 −.347이었던 것이 ③단계에서 −.182로 떨어진 것을 볼 수 있다. 따라서 낙관성은 매개효과가 있다고 결론을 내릴 수 있다. 이로써 매개효과가 검정되었다.
- (참고로 β값이 −.347이었던 것이 −.182로 되면 올라간 게 아니냐고 생각할 수가 있다. 통계에서 부호(+, −)는 영향의 방향성을 이야기하는 것이다. 영향의 크기는 절대값으로 비교하는 것임을 잊지 말자. 그래서 떨어졌다고 하는 것이다.)
- 이 경우 그림 16-4에서 보면 독립변인인 교사와의 애착도 t값이 −3.284로 나타나고 이에 대한 유의확률(p) 역시 .001로 나타났다. $p<.01$이므로 교사와의 애착 역시 위축에 영향을 미치는 요인인 것을 알 수 있다. 이럴 경우를 부분매개라고 한다. 이와 달리 독립변수가 종속변수에 대한 영향력이 상실되는 경우를 완전매개라고 한다. 매개효과는 원래 독립변수가 매개변수를 거쳐서 종속변수에 영향을 미치는 것을 가정하는 개념이다. 따라서 완전매개를 기본개념을 검정하는 것이다. 그러나 부분매개가 된다 하더라도 매개효과가 없는 것은 아니기 때문

에 모두 매개효과로 인정되는 것이다.

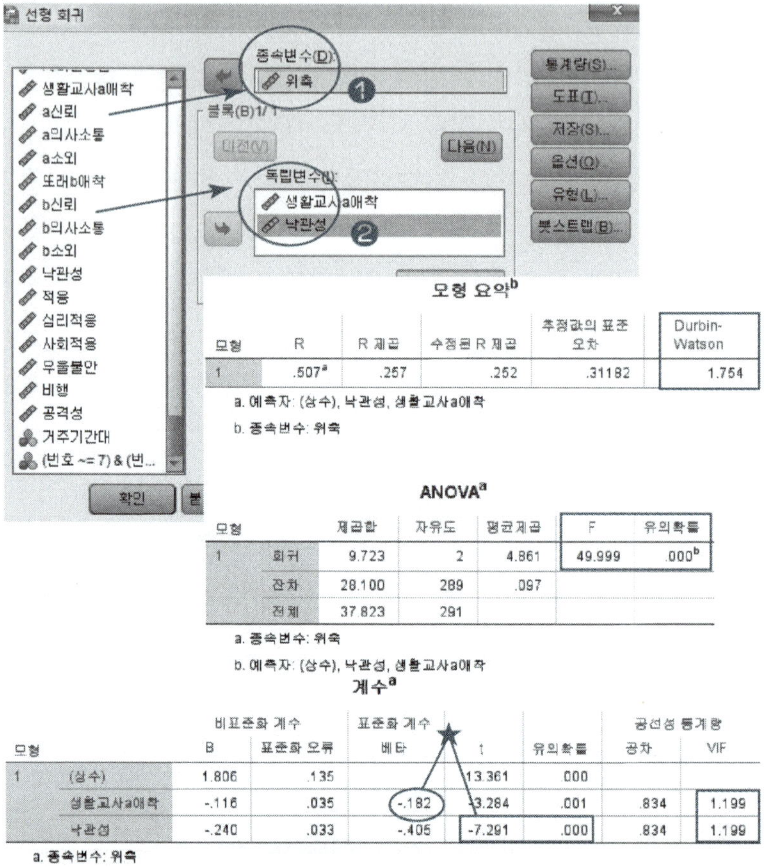

모형 요약[b]

모형	R	R 제곱	수정된 R 제곱	추정값의 표준오차	Durbin-Watson
1	.507[a]	.257	.252	.31182	1.754

a. 예측자: (상수), 낙관성, 생활교사a애착

b. 종속변수: 위축

ANOVA[a]

모형		제곱합	자유도	평균제곱	F	유의확률
1	회귀	9.723	2	4.861	49.999	.000[b]
	잔차	28.100	289	.097		
	전체	37.823	291			

a. 종속변수: 위축

b. 예측자: (상수), 낙관성, 생활교사a애착

계수[a]

모형		비표준화 계수 B	비표준화 계수 표준화 오류	표준화 계수 베타	t	유의확률	공선성 통계량 공차	공선성 통계량 VIF
1	(상수)	1.806	.135		13.361	.000		
	생활교사a애착	-.116	.035	-.182	-3.284	.001	.834	1.199
	낙관성	-.240	.033	-.405	-7.291	.000	.834	1.199

a. 종속변수: 위축

그림 16-4 매개모형 3단계

- 앞서 검정된 매개효과에 대해서 효과를 분해할 필요가 있다. 효과분해란 직접효과, 간접효과, 총효과가 어떻게 나타나는지를 살펴보는 것이다. 영향이 독립변인에서 종속변인으로 직접 미치는 것을 직접효과라 하고, 영향이 독립변인에서 매개변인을 거쳐 종속변인에 미치는 것을 간접효과라고 한다. 직접효과와 간접효과를 합한 것이 총효과가 된다. 그림 16-5는 이러한 효과분해를 이해하기 위하여 제시한 것이다.

- 앞선 최종분석(그림 16-4)에서 독립변수(생활교사a애착)의 표준화계수(β) −.182가 직접효과이다(①). 간접효과는 독립변수에서 매개변수로 가는 효과인데, 독립변수에서 매개변수로 가는 효과(②)와 매개변수에서 종속변수로 가는 효과(③)를 곱한 것이다. 그림 16-3에서 생활교사a애착의 표준화 회귀계수(β) .407(②)과 그림 16-4에서 낙관성의 표준화 회귀계수(β) −.405(③)를 곱하면 된다. 즉, 간접효과는 −.165가 된다. 부분매개이다 보니 직접효과가 간접효과보다 더 크게 나타나고 있다. 그런데 간접효과가 더해짐으로써 총효과가 커졌다는 점에서 매개변수의 필요성을 주장할 수 있다.

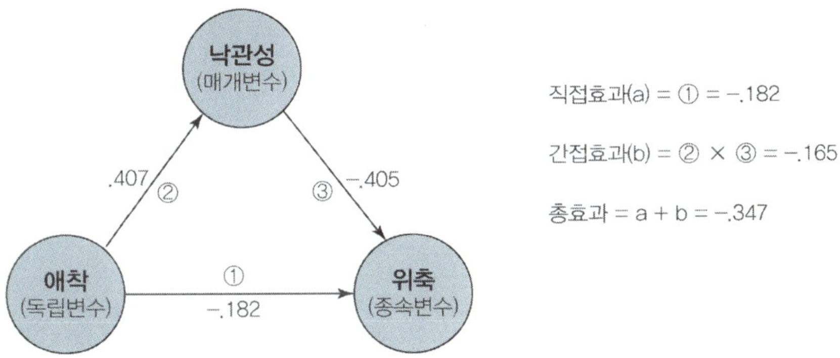

그림 16-5 효과분해

- Sobel Test는 Baron과 Kenny의 매개모형 검정법과 같이 Sobel이 개발이 매개모형 검정법이다. 더 정확하게 이야기하면 간접효과에 대한 효과성 검증이라고 할 수 있다. 흔히 Baron과 Kenny가 제시한 방법으로 매개효과를 검정한 후 재차 확인하는 차원에서 Sobel Test를 활용하는 경우가 많다. 따라서 이것은 반드시 해야만 하는 것이 아니라 연구자의 판단에 따라 할 수도 있는 것이다. 반대로 Baron과 Kenny가 제시한 방법이 아니라 Sobel Test로만 매개효과(간접효과)를 검정하는 것도 가능하다.

- Sobel Test는 다음과 같은 공식으로 검증이 된다.

Sobel Teat 검정

검정: if |Z| > 1.96, then p<.05

1) 단일매개일 경우

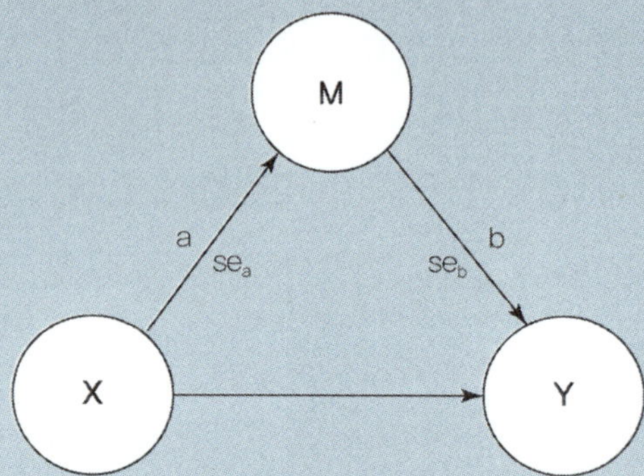

$$Z=\frac{a\times b}{\sqrt{a^2\times se_b^2+b^2\times se_a^2}}$$

a와 b : 비표준화계수(B)
sea와 seb : a와 b의 표준오차

그림 16-6 소벨테스트 단일매개

2) 복수매개일 경우(2개의 경우로 수식이 제공됨)

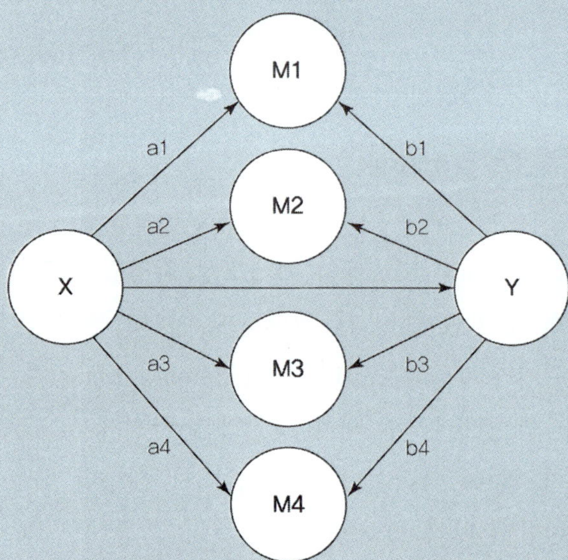

그림 16-7 소벨테스트 복수매개

$$Z = \frac{a_1 b_1 + a_2 b_2}{\sqrt{a_1^2 {se_{b1}}^2 + b_1^2 {se_{a1}}^2 + a_2^2 {se_{b2}}^2 + b_2^2 {se_{a2}}^2 + 2se_{a1b1}}}$$

$$se_{a1b1} = a_1 a_2 \sqrt{b_1^2 {se_{b2}}^2 + b_2^2 {se_{b1}}^2} + b_1 b_2 \sqrt{a_1^2 {se_{a2}}^2 + a_2^2 {se_{a1}}^2}$$

3) 경로매개일 경우

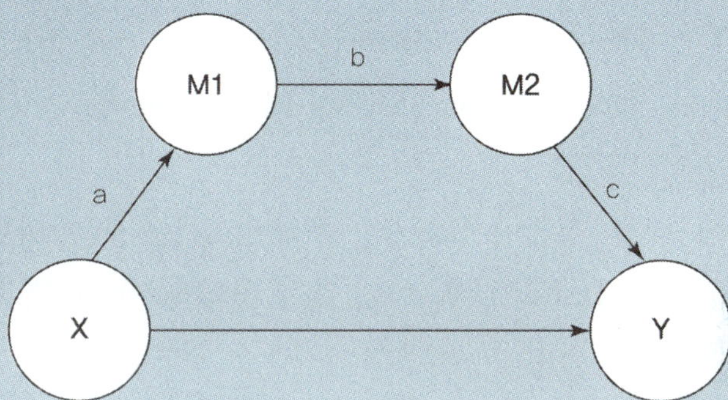

그림 16-8 소벨테스트 경로매개

$$Z = \frac{a \times b \times c}{\sqrt{a^2 se_b^2 + a^2 se_c^2 + b^2 se_a^2 + b^2 se_c^2 + c^2 se_a^2 + c^2 se_b^2}}$$

출처: Peacher, K. J., and Hayes, A. F.(2008).

- 원칙적으로 자신의 연구에서 단일매개로 설계했다면 그림 16-6과 연결된 소벨테스트 공식으로 검정을 해야 한다. 복수매개일 경우에는 그림 16-7과 연결된 소벨테스트 공식으로 검정을 해야 한다. 이때 제시된 그림에서는 복수매개가 2개가 된 것이다. 만약 그 이상이라면 수식을 더욱 확장해 나가야 한다는 점을 명심해야 한다. 경로매개일 경우에는 그림 16-8과 연결된 공식으로 검정을 해야 한다. 그리고 각 검정공식으로 계산을 한 후에 소벨테스트(Z)값이 절대값 기준으로 1.96을 넘으면 간접효과가 있는 것으로 판단할 수 있다.
- 하지만 실질적으로는 그림 16-6의 단순매개를 활용하여 소벨테스트를

하는 것이 일반적이다. 즉, 여러 매개 경로가 있다고 하더라도 모두 단순매개를 설정한 것으로 가정하여 검정하는 경우가 많다. 또한 수식에 따라 직접 계산하기보다는 이 수식을 활용하여 자동 계산이 되게끔 한 사이트들이 있다. 아래 대표적인 두 개의 사이트를 제시해 본다.

①번 사이트 https://www.danielsoper.com/statcalc/calculator.aspx?id=31

②번 사이트 http://www.quantpsy.org/sobel/sobel.htm

- 간접효과에 대한 검정이 Sobel의 공식만 있는 것은 아니다. Aroian Test와 Goodman Test도 있다. 이에 대한 공식을 제공하면 다음과 같다.

Sobel Test	$Z=\frac{ab}{\sqrt{a^2 se_b^2 + b^2 se_a^2}}$
Aroian Test	$Z=\frac{ab}{\sqrt{a^2 se_b^2 + b^2 se_a^2 + se_a^2 se_b^2}}$
Goodman Test	$Z=\frac{ab}{\sqrt{a^2 se_b^2 + b^2 se_a^2 - se_a^2 se_b^2}}$

출처: Preacher, K. J., and Leonardelli(2001).

공식에서 보는 바와 같이 Aroian test는 분모에 각 표준오차의 제곱을 곱한 것을 더한 것이고, Goodman test는 반대로 이것을 뺀 것임을 알 수 있다. 이에 따라 나타나는 Z값의 크기는 Goodman test, Sobel test, Aroian test 순으로 나오게 된다. Z가 클수록 유의확률(p)은 작아지므로 유의확률의 순은 반대로 Aroian Test, Sobel Test, Goodman Test 순으로 나타난다. 유의확률이 낮을수록 1종오류는 작아지지만 2종오류는 커지기 마련이다. 따라서 연구자 입장에서 볼 때 Aroian test가 가장 효과를 잘 검정하는 방법이 될 것이다. 그럼에도 불구하고 현재 다른 것들보다 Sobel test를 주로 사용하는 이유는 아마도 컴퓨터가 발달하기 이전에 손으로 계산하기 가장 편리한 것이 Sobel test여서 선호한 것으로 생각할 수 있다. 또한 이러한 차이가 크게 영향을 미치지 않는다. Baron과 Kenny(1986)는 Sobel test는 표준오차의 제곱을 곱한 것을 생략하였지만, 그것의 영향은 일상적으로 빼도 될 정도로 작은 것이라고 하였다.

- 그럼 앞서 분석한 자료에 대해서 매개효과를 Sobel Test로 검정해 보자. 먼저 이해를 위하여 그림 16-9와 같이 각 회귀식의 계수와 표준오차를 제시해 보았다. 애착에서 낙관성으로 가는 경로의 비표준화회귀계수와 표준오차는 그림 16-3에 나타난다. 낙관성에서 위축으로 가는 경로의 비표준화회귀계수와 표준오차는 그림 16-4에 나타내었다. 이때 중요한 것은 표준화회귀계수(β)가 아니라 비표준화회귀계수(B)를 사용해야 한다는 점이다. 제시된 통계치를 앞서 소개한 사이트로 가서 그대로 기입한 후 계산하기(calculate)를 클릭하면 간단하게 통계치(Z)와 유의확률(p)이 제공된다.

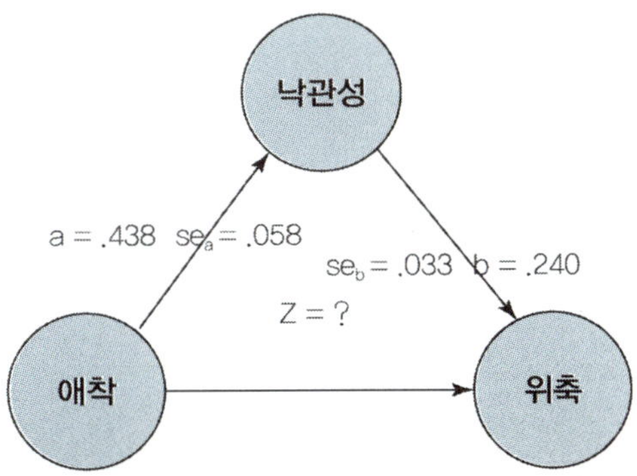

그림 16-9 수식에 투입할 계수와 표준오차

- 먼저 ①번 사이트를 활용한 결과는 그림 16-10과 같다. 먼저 회귀계수와 표준오차를 기입한다. 계산(calculate)을 클릭하면 그 아래에 결과가 제시된다. 그림 16-10과 같이 Sobel Test의 통계치(Z)는 −5.23845101로 나타난다. 유의확률(p)은 단측검정일 경우 .00000008로 나타나고 양측검정일 경우 .00000016으로 나타난다. 양측검정을 선택하여 볼 때 $p<.001$이므로 통계적 의미가 있는 것을 볼 수 있다. ①번 사이트를 활용할 경우 단측검정과 양측검정을 함께 보여 준다는 점이다.

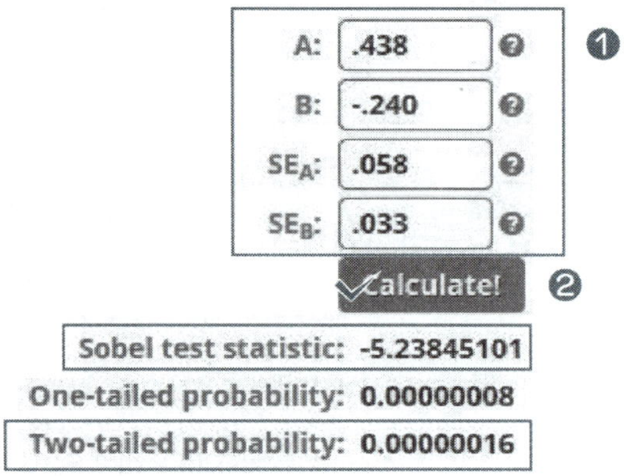

그림 16-10 Sobel test 결과1

- ②번 사이트를 활용한 결과는 그림 16-11과 같다. 방법은 동일하다. 왼쪽 Input란에 해당 경로의 비표준화계수와 표준오차를 기입하고 calculate를 클릭한다. 그러면 오른쪽에 통계치가 나타난다. Sobel Test를 기준으로 보면 Z값은 −.5.23845101로 ①번 사이트에서 검정한 것과 동일하게 나타난다. 그런데 유의확률(p)을 보면 1.6e−7으로 나타나고 있다. ①번 사이트의 결과 양측검정 .00000016과 다르게 나타났다. 그런데 숫자 뒤에 달린 e−7은 소수점 아래로 일곱자리를 의미한다. 즉, 1.6의 소수점은 사실상 그 앞으로 입곱자리를 이동하여 위치해야 한다는 의

미이다. 그러면 .00000016으로 ①번 사이트에서 나타난 양측검정의 결과와 동일한 것을 볼 수 있다. 이렇게 표현하는 것은 필요이상으로 길게 늘어지는 수를 간략하게 기록하기 위함이다. SPSS 통계치도 소수점 아래로 0이 계속 나갈 경우 이런 방법으로 표시하는 것을 볼 수 있다. ②번 사이트를 활용하여 검정할 경우 장점은 Sobel test뿐 아니라 Aroian Test와 Goodman test를 함께 보여 준다는 점이다.

- 만약 통제변인이 있다면 각 단계마다 통제변인을 함께 투입하여 분석하면 된다. SPSS의 회귀분석을 활용하여 매개효과를 검정하는 방법은 이렇게 통제변인을 설정할 수 있다는 장점이 있다. AMOS의 경우에도 통제변수를 투입할 수는 있지만 SPSS의 회귀분석만큼 편리하게 통제변수를 설정하기는 어렵다.

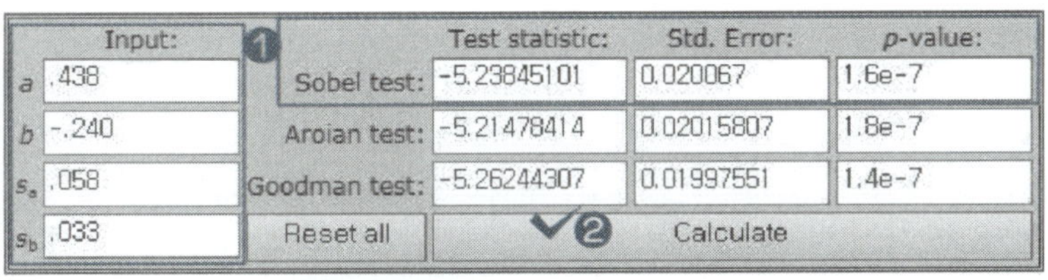

그림 16-11 Sobel test 결과2

4) 매개효과분석의 결과는 어떻게 제시하는가?

- 분석은 여러 단계를 거쳐서 하지만 보고서로 결과를 제시할 때는 아래와 같이 간략한 표 하나로 제시하게 된다. 보통 회귀분석을 실시하였을 경우 해석하는 방법에 따라 필요한 통계치를 제시하면 된다. 그런데 매개모형 검정의 경우 효과분해는 표준회귀계수(β)를 사용하고 Sobel test는 비표준회귀계수(B)와 표준오차(s.e.)를 사용하기 때문에 이들을 모두 제시하는 것이 바람직하다. t값 역시 중요한 통계치이므로 제시하는 것이 바람직하다.

표 16-1 낙관성의 매개효과 검증

DV	IV	B	s.e.	β	t
위축	애착관계	-.222	.035	-.347	-6.301***
	F=39.697***, R2=.120, d=1.917, VIF=1.000				
낙관성	애착관계	.438	.058	.407	7.587***
	F=57.567***, R2=.166, d=1.968, VIF=1.000				
위축	애착관계	-.116	.035	-.182	-3.284**
	낙관성	-.240	.033	-.405	-7.291***
	F=49.999***, R2=.257, d=1.754, VIF=1.199~1.199				

** p<.01, *** p<.001.

- 제시된 표에 따라서 해석을 하면 다음과 같다.

그룹홈 청소년의 생활교사와의 애착이 낙관성을 매개로 하여 위축에 영향을 미치는지 검정하기 위하여 Baron과 Kenny(1986)가 제시한 방법으로 분석을 실시하였다. 첫 번째 단계로 독립변수가 종속변수에 영향을 미치는지를 검정하였다. 결과 애착관계가 위축에 영향을 미치는 회귀식은 통계적으로 의미가 있는 것으로 나타났다(F=39.697, p<.001). 이때 그룹홈 생활교사와의 애착관계는 위축에 영향을 미치는 요인으로 나타났다(t=-6.301, p<.001). 표준회귀계수(β)는 -.347로 나타났다. 두 번째 단계로 독립변수가 매개변수에 영향을 미치는지를 검정하였다. 애착관계가 낙관성에 영향을 미치는 회귀식은 통계적으로 의미가 있는 것으로 나타났다(F=57.567, p<.001). 이때 생활교사와의 애착관계는 낙관성에 영향을 미치는 요인으로 나타났다(t=7.587, p<.001). 세 번째 단계로 독립변수와 매개변수를 함께 투입하여 매개변인이 영향요인이 되는지를 검정하였다. 독립변인인 애착관계와 매개변인인 낙관성이 종속변인인 위축에 영향을 미치는 회귀식은 통계적으로 의미가 있는 것으로 나타났다(F=49.999, p<.001). 이때 생활교사와의 애착관계(t=-3.284, p<.01)와 낙관성(t=-7.291, p<.001)은 모두 위축에 영향을 미치는 요인으로 나타났다. 이때 애착관계의 표준회귀계수(β)는 -.182로 나타났다. 각 단계에서 인과관계가 검정되었고 애착관계가 단독으로 투입되었을 때와 낙관성과 함께 투입되었을 때 표준화회귀계수(β)가 -.347에서 -.182로 낮아졌으므로 매개효과가 있는 것을 알 수 있다. 이때 최종모형에서 애착관계가 위축에 영향을 미치는 요인으로 나타났으므로 부분매개라고 할 수 있다(이후 Sobel Test와 효과분해를 제시하면 좋다).

CHAPTER 17 조절효과검정

조절효과검정 역시 매개효과와 마찬가지로 연결해주는(bridge) 효과이다. 또한 여러 분석방법이 있지만 가장 많이 사용되는 방법은 매개효과검정과 비슷한 방법으로 회귀분석을 여러 단계 실시하여 결과를 도출해 내는 것이다. 조절효과란 독립변수가 종속변수에 영향을 미치는 데 있어 상승작용이나 완충작용을 하는 것을 이른다. 그래서 이를 상호작용효과라고도 한다. 실질적으로 기울기의 차이를 보는 것이라고 생각하면 된다.

또한 조절효과검정은 회귀분석뿐만 아니라 이원변량분석(two-way ANOVA)을 통해서도 실행할 수 있다. 요즘은 경로분석과 회귀분석을 함께 할 수 있는 AMOS가 발달하여 AMOS를 검정하는 경우도 많다. 그러나 기본적으로 회귀분석을 이해하면 해결할 수 있기에 회귀분석을 응용하여 분석해 보기로 한다. 아울러 조절변인을 두 집단으로 구분한 경우 two-way ANOVA를 활용하는데 이에 대해서 함께 살펴보기로 한다.

1. 조절효과검정

1) 조절효과검정은 언제 사용하는가?

적용 예

수천중학교 학생들의 수면시간이 학교성적에 영향을 미침에 있어 음주여부에 따라 그 영향이 다를까요?

꼭 기억하세요!

조절효과검정은 독립변수가 종속변수에 미치는 영향이 어떤 변수에 따라 달라지는지(조절하는지)를 검증하며, 이때 조절 역할을 하는 변수를 조절변수라고 합니다.

- 학교성적 → 종속변수(연속변수)
- 수면시간 → 독립변수(연속변수)
- 음주여부 → 더미변수인 조절변수(명목변수)

※ 술을 마시든지 안 마시든지 수면시간이 짧을수록 학교성적이 좋아진다고 할 때, 술을 마시는 학생에 비해 술을 안 마시는 학생이 수면시간이 짧아짐에 따라 학교성적이 더 많이 좋아진다면, 음주여부는 수면시간이 학교성적에 영향을 미치는 관계에서 조절효과가 있다고 할 수 있습니다.

- 어떤 변인이 독립변인과 종속변인 사이를 조절하는 것을 조절변인이라 한다. 효과는 두 가지로 생각해 볼 수 있다. 효과를 상승시키거나 완충시키는 것이다. 따라서 상승효과나 완충효과가 있으면 조절효과가 있는 것이다. 이때 독립변인과 조절변인을 서로 곱하여 결과를 살펴보기 때문에 상호작용효과라고도 한다.
- 예를 들어, '생활교사와의 의사소통이 비행에 영향을 미치는데 자아존중감이 상호작용효과가 있을 것이다'라는 가설을 세웠다고 가정한다. 그렇다면 선행연구를 통하여 이에 대한 이론적 토대를 명확히 한 후에 검증하는 절차가 밟아야 한다. 대표적인 조절효과의 모형은 그림 17-1과 같다.

그림 17-1 조절모형

2) 조절효과분석을 하기 위한 전제조건은 무엇인가?

- 앞서 제시한 대로 모형이 선행연구에 의하여 논리적 근거를 가져야 한다. 모든 연구는 동일하다. 통계프로그램은 계산기라고 생각하면 된다. 위의 가설은 선행연구를 했다고 가정하고 진행하는 것일 뿐이다.
- 독립변인, 조절변인, 종속변인 모두가 수치형이어야 상호작용항을 만들어 회귀분석을 활용할 수 있다. 따라서 각 변인에 대해서 등간척도 이상으로 설문해야 한다. 최소한 리커트척도로 설문하여 합산하여 등간척도화해야 한다.
- 그런데 독립변인과 조절변인이 모두 이분형 범주형일 경우 이원변량분석(two-way ANOVA)을 활용한다. 이럴 경우 수치형 변인을 두 집단으로 구분하여 범주형으로 바꿀 수 있으므로 이런 작업을 하면 two-way ANOVA를 실시할 수도 있다. two-way ANOVA는 그래프를 함께 볼 수 있다는 장점이 있다.

3) 조절효과분석 실전1: 조절회귀분석

조절회귀분석

평균중심화 → 분석 →회귀분석 → 종속변수 투입, 독립변수 투입 → 다음 → 조절변수 추가 → 다음 → 상호작용항 추가 → 통계량(R제곱 변화량, 다중공선성, Durbin-Watson, 케이스별 진단) → 도표(*ZPRED를 Y축으로, *ZRESID를 X축으로, 히스토그램, 정규 확률도표) → 확인

(본 합산_케이스삭제 파일은 정규성, 등분산 등을 검토하여 문제되는 설문지를 삭제한 것이므로 케이스별진단과 도표 부분은 생략한다. 이에 대해서 회귀분석 부분을 참고하라.)

- 위에서 제시한 연구모형을 검정해 보자. 가설은 '그룹홈 청소년의 자아존중감은 생활교사와의 의사소통과 비행 사이에서 조절효과를 가질 것이다'이다. 이를 달리 표현하면 '그룹홈 청소년의 생활교사와의 애착은 자아존중감과 상호작용하여 비행에 영향을 미칠 것이다'라고 할 수도 있다. 회귀분석을 활용하여 조절효과를 검정하는 것은 상호작용항을 만들어 회귀식에 투입하는 것을 의미한다. 상호작용항이란 독립변수와 조절변수를 서로 곱해주는 것이다.
- 조절회귀분석 마지막 단계에서는 독립변수, 조절변수, 상호작용항을 함께 투입하게 된다. 그런데 상호작용항이라는 것은 독립변수와 조절변수를 서로 곱한 것이기에 당연히 독립변수나 조절변수와 다중공선성이 있을 수밖에 없다. 다중공선성은 회귀식을 교란하는 중요 문제가 된다. 이를 해결하기 위하여 평균중심화(mean centering)를 하여 서로 곱하게 된다.

Mean Centering :
(독립변수-독립변수의 평균) × (조절변수-조절변수의 평균)

- 자료실에서 합산_케이스삭제 파일을 열어 평균중심화를 한다. 평균중심화를 하기 위해서는 독립변수와 조절변수의 평균을 알아야 한다. 이는 기술통계분석을 통하여 구할 수 있다. 기술통계분석은 그림 9-4와 동일한 방법으로 진행한다. 편의상 다시 제시하면 그림 17-2와 같이 **분석, 기술통계량, 기술통계**를 클릭한다. 기술통계 창에서 독립변수인 a의사소통과 조절변수인 자아존중감을 변수로 이동한다. 확인을 클릭하면 결과가 나타난다. 생활교사와의 의사소통은 평균이 3.5169로 나타나고 자아존중감은 평균이 2.7168로 나타난다.

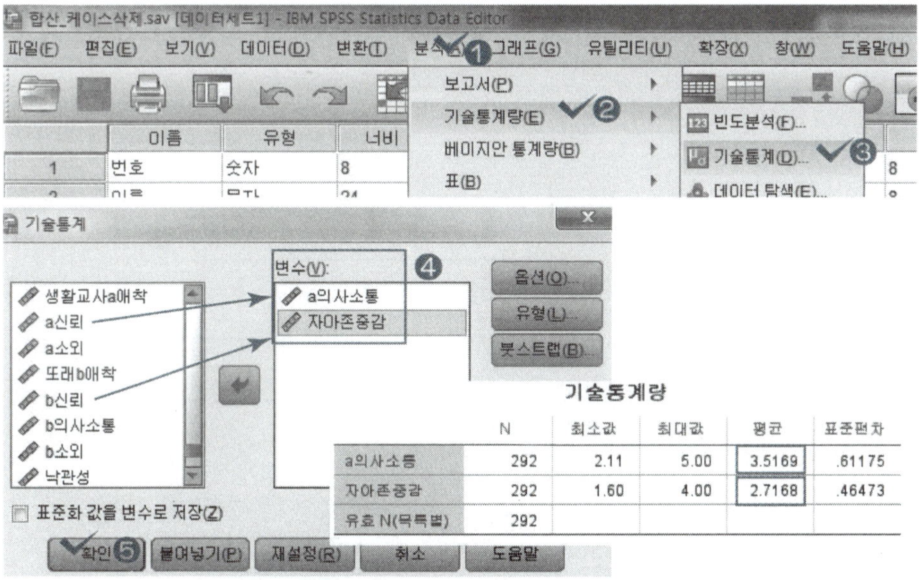

그림 17-2 평균중심화를 위한 기술통계분석

- 평균중심화(mean centering)라는 것은 독립변수와 조절변수를 각각 평균값으로 빼주어 곱하는 것을 의미한다. 이것은 달리 작업할 필요는 없고 상호작용항을 만들 때 앞서 구한 평균값을 활용하여 수식을 만들면 된다.

- 그림 17-3과 같이 변환, 변수계산을 클릭한다. 변수계산 창에서 목표변수에 상호작용항이라는 이름을 지어준다. 경우에 따라서는 독립변수×조절변수 형태로 이름을 지정하는 경우도 있다. 즉, 의사소통×자존감이라고 목표변수를 정할 수도 있다. 숫자표현식에 그림에서 나타는 것처럼 (a의사소통 − 3.5169)*(자아존중감 − 2.7168)을 완성한다. 말 그대로 의사소통에서 의사소통의 평균인 3.5169를 뺀 것과 자아존중감에서 자아존중감의 평균인 2.7168을 뺀 것을 곱한다는 의미이다. * 표는 수식에서 곱하기(×)를 의미한다. 수식이 완성되면 확인을 클릭한

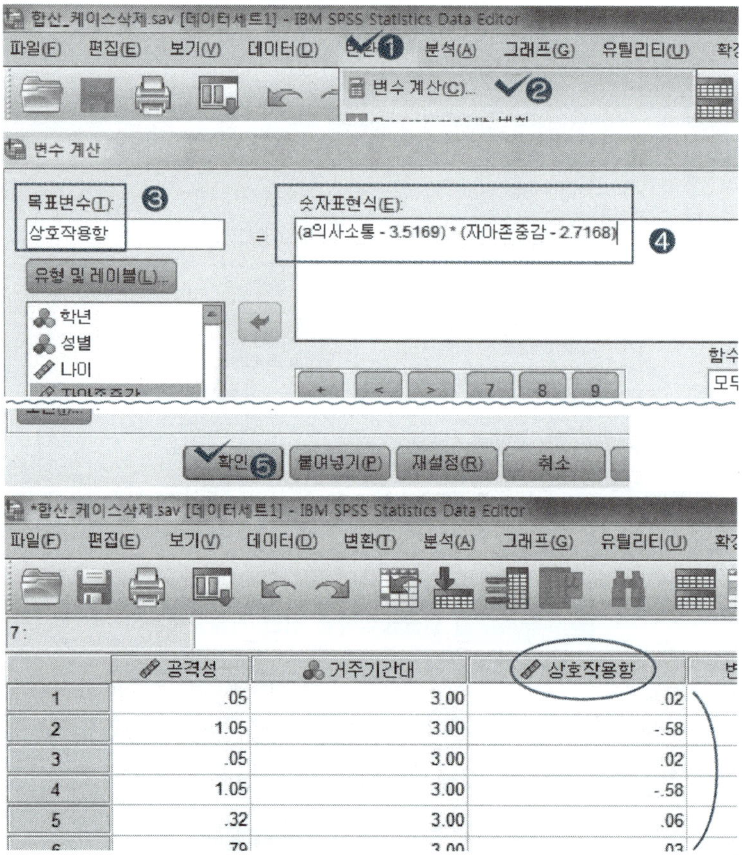

그림 17-3 상호작용항 만들기

다. SPSS에서 데이터보기 창으로 간다. 맨 뒤로 이동하면 그림과 같이 상호작용항이 새로 생성되었고, 각 설문지들마다 상호작용항의 숫자가 나타나는 걸 볼 수 있다.

- 이제 회귀분석을 활용하여 조절효과를 검정한다. 회귀분석을 하는 방법은 회귀분석과 매개모형에서 설명한 것과 동일하다. 그림 17-4와 같이 한다. 분석과 회귀분석과 선형을 차례대로 클릭하면 선형회귀

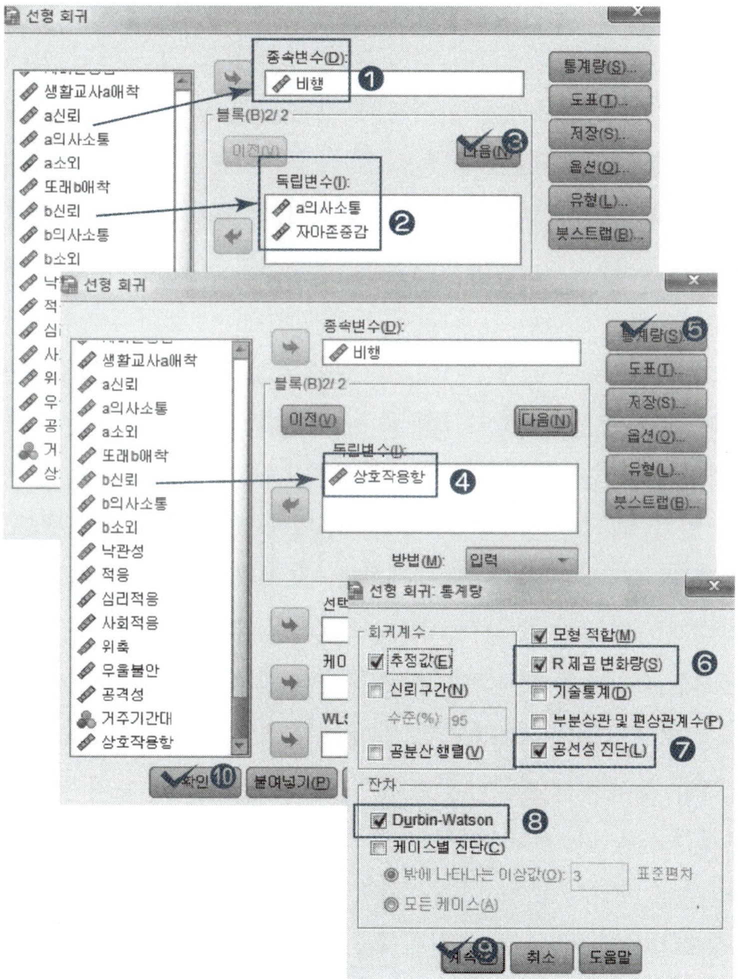

그림 17-4 조절회귀분석

창이 뜬다. 종속변수에 비행을 보내고 독립변수에 a의사소통과 자아존중감을 보낸다. 다음을 클릭하면 독립변수란이 빈칸으로 뜬다. 상호작용항을 보낸다. 이는 단계적으로 변인을 투입하여 분석한다는 의미이다. 일종의 위계적 회귀분석을 실시하는 것이다. 통계량을 클릭하여 R제곱 변화량, 다중공선성, Durbin-Watson을 선택하고 계속을 클릭한다. 케이스별 잔차는 이미 문제되는 데이터를 삭제하였기에 선택하지 않아도 된다. 마찬가지로 도표 역시 살펴볼 필요가 없다. 만약 데이터 탐색이 이루어지지 않았다면 이 부분도 체크하여 살펴볼 필요가 있다. 이에 대해서는 회귀분석 부분을 참고하라. 확인을 클릭하면 조절회귀분석이 실행된다.

- 그림 17-5와 같이 결과창이 뜬다. 그림에 제시되지 않았지만 잔차통계량의 표준화 잔차가 3 아래의 수인 것을 확인할 수 있다. 회귀식에 방해되는 이상치(out-lier)가 없다는 의미이다. 아울러 그림에 나타나 있듯이 d임계치나 VIF계수가 모두 문제되지 않는 것을 볼 수 있다.
- 모형요약을 보면 모형이 2개로 나타난다. 그 아래 모든 통계치에서 각 모형에 따른 결과를 보여 주는 것을 알 수 있다. 앞서 분석에 변인을 투입할 때 1단계에서는 독립변수와 조절변수를 투입했고, 이어 2단계에서 상호작용항을 투입하였다. 모형은 바로 이것을 이야기한다. 그러니까 모형2는 모형1에 상호작요항을 추가 투입한 것이다. 모형1의 R^2이 .163이고 모형2의 R^2이 .177로 나타난다. 그리고 그 차를 의미하는 R^2변화량은 .013으로 나타나고 있다. 중요한 것은 이렇게 변한 것이 통계적 의미가 있어야 한다. F변화량의 유의확률(p)을 보면 .031로 나타난다. $p<.05$이므로 통계적 의미가 있다. 두 개의 분산분석(ANOVA)이 모두 통계적으로 의미가 있는 것을 볼 수 있으며, 계수에서 상호작용항 부분의 유의확률(p)이 .031로 나타난 것을 알 수 있다. 상호작용항이 통계적 의미가 있다는 것이고, 이것은 곧 상호작용항의

효과가 있다는 것을 의미한다. 조절효과에 대한 판단은 독립변수나 조절변수를 통제한 상태에서 상호작용항의 유의확률로 판단한다(Baron and Kenny, 1986). 즉, 본 분석에서 조절효과가 있는 것을 알 수 있다.

모형 요약[c]

모형	R	R 제곱	수정된 R 제곱	추정값의 표준오차	통계량 변화량: R 제곱 변화량	F 변화량	자유도1	자유도2	유의확률 F 변화량	Durbin-Watson
1	.404[a]	.163	.158	.25576	.163	28.204	2	289	.000	
2	.420[b]	.177	.168	.25414	.013	4.699	1	288	.031	2.071

a. 예측자: (상수), 자아존중감, a의사소통

b. 예측자: (상수), 자아존중감, a의사소통, 상호작용항

c. 종속변수: 비행

ANOVA[a]

모형		제곱합	자유도	평균제곱	F	유의확률
1	회귀	3.690	2	1.845	28.204	.000[b]
	잔차	18.904	289	.065		
	전체	22.594	291			
2	회귀	3.993	3	1.331	20.609	.000[c]
	잔차	18.601	288	.065		
	전체	22.594	291			

a. 종속변수: 비행

b. 예측자: (상수), 자아존중감, a의사소통

c. 예측자: (상수), 자아존중감, a의사소통, 상호작용항

계수[a]

모형		비표준화 계수 B	표준화 오류	표준화 계수 베타	t	유의확률	공선성 통계량 공차	VIF
1	(상수)	1.200	.111		10.847	.000		
	a의사소통	-.097	.025	-.212	-3.806	.000	.933	1.072
	자아존중감	-.176	.033	-.294	-5.270	.000	.933	1.072
2	(상수)	1.261	.113		11.112	.000		
	a의사소통	-.106	.026	-.233	-4.144	.000	.906	1.104
	자아존중감	-.189	.034	-.315	-5.607	.000	.903	1.107
	상호작용항	.107	.049	.121	2.168	.031	.922	1.085

a. 종속변수: 비행

그림 17-5 조절회귀분석 결과

- 그런데 그림 17-5의 결과에서 보면 조절변수인 자아존중감(t=-5.607, p<.001)도 영향요인으로 나타나는 것을 볼 수 있다. 이런 경우 유사조절효과가 있다고 할 수 있다. 매개효과와 마찬가지로 조절효과 역시 조절효과에 관심을 갖고 분석하는 것이다. 그래서 조절변수는 영향을 미치지 않으나 상호작용항이 영향을 미치는 것을 순수조절효과라고 하여 본질적인 조절효과라고 할 수 있다. 그러나 유사조절효과 역시 조절효과가 아니라고 할 수 없기에 유사조절효과와 순수조절효과 모두 조

절효과가 있는 것으로 판단한다. 조절효과에 대한 판단은 다음과 같다.

- 조절변수도 유의하고, 상호작용항도 유의할 경우: **유사조절효과**
- 조절변수는 유의하지 않고, 상호작용항만 유의할 경우: **순수조절효과**
- 조절변수는 유의하고, 상호작용항은 유의하지 않을 경우: **독립변수로 봄**
- 조절변수도 유의하지 않고, 상호작용항도 유의하지 않을 경우: **모델포기**

- 조절변수는 독립변수와 종속변수 간의 인과관계가 존재하는 것을 기본 가정으로 한다. 하지만 독립변수가 종속변수에 인과관계를 갖지 않을 때도 상호작용한다는 점에서 매우 중요하다고 할 수 있다. 따라서 독립변수가 종속변수에 영향을 미치는 요인으로 드러나지 않더라도 조절효과를 판단하는 데는 무리가 없다(이학식, 2012: 126).
- 조절효과를 어떻게 해석해야 하는지도 중요하다. 상승작용을 하는 것인지 완충작용을 하는 것인지도 판단할 필요가 있다. 그런데 회귀분석을 상호작용효과를 파악할 경우 독립변수와 조절효과의 부호에 따라서 해석하기가 복잡한 경우가 있다. 이럴 경우 기준은 독립변수와 종속효과의 부호가 동일방향일 경우(+와 + 또는 −와 −)에는 상승작용을 하는 것으로 판단하고, 독립변수와 조절효과의 부호가 서로 다를 경우(+와 − 또는 −와 +)에는 완충작용을 한다고 판단한다. 정리하면 다음과 같다.

독립변수	조절효과(상호작용항)	평가
+	+	조절변수가 높을수록 독립변수의 +효과가 강하게 작용한다.
+	-	조절변수가 높을수록 독립변수의 +효과가 약하게 작용한다.
-	+	조절변수가 높을수록 독립변수의 -효과가 약하게 작용한다.
-	-	조절변수가 높을수록 독립변수의 -효과가 강하게 작용한다.

- 본 검정에서는 독립변수는 음(-)의 방향이 나오고 상호작용항은 양(+)의 방향이 나왔으므로 완충효과가 있다고 할 수 있다. 즉, 자아존중감이 높아질수록 교사와의 의사소통이 비행에 미치는 영향을 완화시켜주는 효과가 있다. 결국 자아존중감이 낮은 집단일 경우에는 생활교사와의 의사소통이 더욱 중요해지는 것을 알 수 있다.

4) 조절효과분석의 결과는 어떻게 제시하는가?

- 조절효과 역시 표로 제시한다. 제시된 표를 보면 모델1과 모델2로 구분되어 있다. 이는 상호작용항이 투입되었을 때 R^2의 변화가 통계적으로 의미가 있는 파악하기 위한 것이다. 조절효과의 본질은 이 부분이기에 가능한 모델을 구분하여 제시하는 것이 바람직하다. 또한 모델1의 Durbin-Watson값은 앞의 분석결과(그림 17-5)에서 나타나지 않는다. 위계적 회귀분석을 한 번에 실시할 경우 Durbin-Watson의 d임계치는 마지막 회귀식에 대해서 제시하게 되어 있다. 따라서 굳이 모델마다 Durbin-Watson의 d임계치를 제시하려면 모델에 따른 회귀식에 대한 분석을 따로 해야 한다. 제시된 표에서 모델1의 d임계치 2.007은 상호작용항을 투입하지 않은 회귀식을 따로 분석하여 Durbin-Watson 값을 찾아 제시한 것이다. 굳이 제시하지 않아도 문제가 되지는 않는다.
- 아울러 조절효과는 그래프를 통하여 조절효과를 확인하게 된다. 이럴 경우 회귀식을 작성하게 되는데 회귀식에는 비표준화 회귀계수(B)를 이용하므로 결과를 제시할 때도 비표준화계수를 제시하는 것이 바람직하다. 물론 t값과 그에 대한 유의확률(p)을 표시하는 것도 기본이다. 그런데 경우에 따라선 위계적 회귀분석을 3단계로 할 때도 있다. 이럴 경우 세 개의 모델에 대해서 전부 t값을 제시하는 게 용이하지 않다. 이럴 경우에는 부득이 t값은 빼고 B값에 별표로 유의확률(p)을 표시할 수도 있다.

표 17-1 비행에 대한 자아존중감의 조절효과

	Model1		Model2	
	B(s.e.)	t	B(s.e.)	t
(상수)	1.200(.111)	10.847***	1.261(.113)	11.112***
의사소통	-.097(.025)	-3.806***	-.106(.026)	-4.144***
자아존중감	-.176(.033)	-5.270***	-.189(.034)	-5.607***
의사소통×자아존중감			.107(.049)	2.168*
F(ΔF)	28.204***		20.609***(4.699*)	
$R^2(\Delta R^2)$	.163		.177(.013)	
VIF/Durbin-Watson	1.072-1.072/2.007		1.085-1.107/2.071	

* p<.05, *** p<.001

- 조절효과는 그래프를 통하여 시각적으로 판단하기도 한다. 따라서 위의 표를 해석하기 전에 그래프를 그려보자. 그래프를 그리기 위해서는 일단 회귀식을 완성해야 한다. 일반적으로 회귀식은 다음과 같다.

$$Y = a + bX + cZ + dXZ$$

Y=종속변수, X=독립변수, Z=조절변수
a=상수, b,c,d=비표준화 회귀계수

- 위의 모델2의 결과를 갖고 위의 회귀식에 대입하여 회귀식을 완성하면 다음과 같다. 만약 통제변수 등 여러 요인이 함께 있는 분석이라면 역시 회귀식을 만들고 필요 없는 변인에 대해서 모두 0을 대입하게 된다. 그러면 역시 회귀식은 여전히 독립변수와 조절변수 중심으로 구성되게 되어 있다.

$$Y = 1.261 + (-.106)X + (-.189)Z + .107XZ$$

- 앞의 회귀식에 조절변수가 저집단일 경우와 고집단일 경우를 대입하면 된다. 그런데 이때 단순화하기 위하여 회귀식에 독립변수와 조절변수를 1과 -1을 조합하여 살펴보면 된다. 그래프는 회귀식으로 계산한 값을 활용하여 엑셀에서 그리면 된다. 조절변수 저집단과 고집단은 다음과 같다.

> 조절변수 저집단: (X=-1, Z=-1), (X=+1, Z=-1)
> 조절변수 고집단: (X=-1, Z=+1), (X=+1, Z=+1)

- 완성된 회귀식에 위의 경우를 적용하면 다음과 같다.

조절변수 저집단	Y=1.261+(-.106)X+(-.189)Z+.107XZ =1.261+(-.106)(-1)+(-.189)(-1)+.107(-1)(-1) =1.261+.106+.189+.107 =1.663	Y=1.261+(-.106)X+(-.189)Z+.107XZ =1.261+(-.106)(+1)+(-.189)(-1)+.107(+1)(-1) =1.261-.106+.189-.107 =1.237
조절변수 고집단	Y=1.261+(-.106)X+(-.189)Z+.107XZ =1.261+(-.106)(-1)+(+.189)(-1)+.107(-1)(+1) =1.261+.106-.189-.107 =1.071	Y=1.261+(-.106)X+(-.189)Z+.107XZ =1.261+(-.106)(+1)+(-.189)(+1)+.107(+1)(+1) =1.261-.106-.189+.107 =1.073

- 계산된 값을 이용하여 엑셀에서 도표를 그린다. 그림 17-6과 같이 엑셀에 독립변수에 대해서 -1과 1을 지정하고 조절변수에 대해서 저집단과 고집단을 지정한 후 계산된 값을 각 위치에 맞게 입력한다. 이 부분 전체를 드래그한 후 삽입을 누르고, 꺾은선형에서 첫 번째 아이콘(꺾은선형)을 클릭하면 그림 17-6과 같이 그래프가 생성된다.

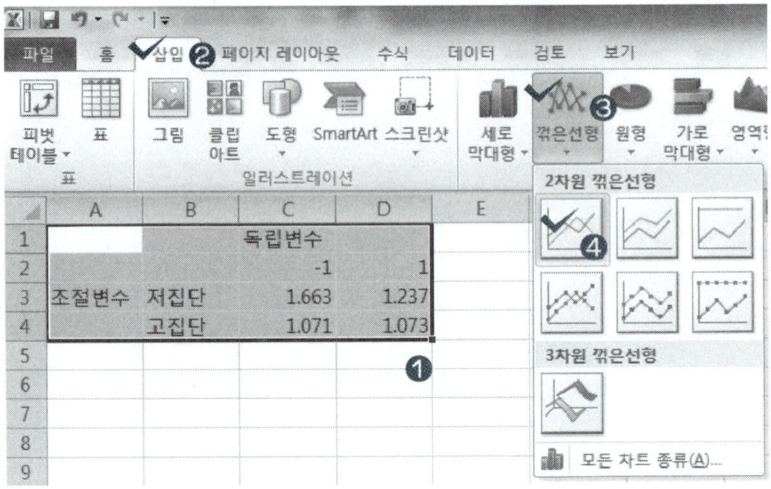

그림 17-6 조절효과 그래프 그리기

- 조절효과 그래프를 보면 조절변수에 따라 기울기가 달라진 것을 볼 수 있다. 기울기가 다르면 조절효과가 있는 것이다. 그래프는 기울기만 판단하고 해석은 앞서 제시한 대로 하는 것이 바람직하다. 마치 매개모형 검정에서 Baron과 Kenny가 제시한 분석에 대해서 Sobel test로 매개효과를 다시 한 번 검정하였던 것과 같은 개념으로 생각하면 된다.

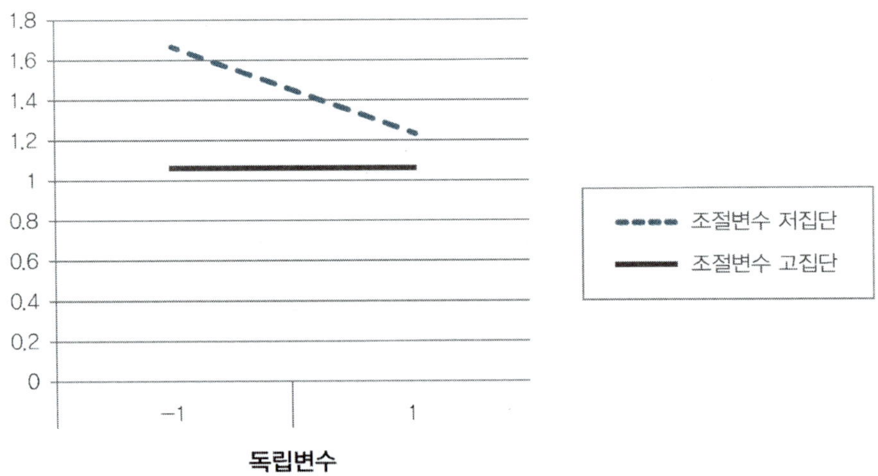

그림 17-7 조절효과 그래프

• 조절효과에 대한 해석은 다음과 같다. 조절변수를 중심으로 해석을 하면 된다. 위에서 살펴본 표와 그래프를 제시하면서 해석하면 된다.

그룹홈 청소년의 생활교사와의 의사소통이 비행에 영향을 미칠 때 자아존중감이 조절효과를 갖는지를 분석하기 위하여 독립변수와 조절변수를 영향요인으로 투입한 모델1과 모델1에 상호작용항을 추가 투입하여 모델2를 설정하여 분석하였다. 독립변수와 조절변수만 투입된 모델1의 회귀식은 통계적으로 의미가 있는 것으로 나타났다(F=28.204, p<.001). 이때 독립변수인 생활교사와의 의사소통(t=-3.806, p<.001)과 조절변수인 자아존중감(t=-5.270, p<.001)은 모두 비행에 영향을 미치는 것으로 나타났다. 이때 두 변인으로 인한 설명력은 16.3%로 나타났다.

독립변수와 조절변수에 상호작용항을 추가 투입한 모델2의 회귀식은 통계적으로 의미가 있는 것으로 나타났다(F=20.609, p<.001). 이때 의사소통(t=-4.144, p<.001), 자아존중감(t=-5.607, p<.001), 상호작용항(t=2.168, p<.05)은 모두 비행에 영향을 미치는 것으로 나타났다. 이때 R^2의 변화량은 1.3%로 나타났고, 이 변화는 통계적으로 의미가 있는 것으로 나타났다(⊿F=4.699, p<.05). 따라서 자아존중감은 조절효과가 있는 것을 알 수 있다. 즉, 자아존중감이 낮은 집단에서 생활교사와의 의사소통이 비행을 떨어뜨리는 정도가 더욱 강하게 나타나는 것을 알 수 있다. 완성된 회귀식을 토대로 독립변수와 조절변수를 각각 +1과 -1을 대입하여 조절변인의 저집단과 고집단에 대한 회귀식을 그래프로 나타난 결과 기울기가 서로 차이가 있는 것을 볼 수 있다. 따라서 검정된 조절효과에 대하여 다시 한 번 확인되었다.

TIP

조절효과 그래프 그리기 번외편

조절효과 그래프를 그리는 방법은 앞서 제시한 것 외에도 여러 가지가 있다. 이 중 독립변수와 조절변수의 평균을 이용하여 평균을 이용하여 그래프를 그리는 방법이 있다. 이는 앞서 제시한 방법과 유사한 방법으로 그래프를 그리는 것이다. 다만 먼저 기술통계를 실시하여 독립변수의 평균(3.5169)과 조절변수의 평균(2.7168)을 미리 파악하고, 이후 경우의 수에 해당하는 평균을 구해야 한다. 방법은 케이스 선택에서 아래 네 가지 경우 각각에 해당하는 함수식을 만들어 케이스를 선택하여 종속변수(비행)에 대한 기술통계를 실시하면 된다. 네 번 케이스 선택과 네 번 기술통계분석을 실시해야 하는 번거로움이 있다.

자아존중감 고, 의사소통 저 : (자아존중감>=3.5169)&(a의사소통<2.7168)
자아존중감 고, 의사소통 고 : (자아존중감>=3.5169)&(a의사소통>=2.7168)
자아존중감 저, 의사소통 고 : (자아존중감<3.5169)&(a의사소통>=2.7168)
자아존중감 저, 의사소통 저 : (자아존중감<3.5169)&(a의사소통<2.7168)

보다 편리하면서도 정확하고 각 경우마다 유의확률(p)까지 판단하는 방법은 process macro를 활용하는 것이다. 이를 실행하기 위해서는 Hayes의 PROCESS를 다운받아 SPSS에 설치해야 한다(다운로드는 http://www.processmacro.org/download.html 에서 할 수 있다). 설치가 되었으면 분석, 회귀분석, PROCESS를 클릭하여 PROCESS 창을 연다. 해당변수를 지정한 후 옵션에서 그림 17-8과 같이 선택하여 실행한다.

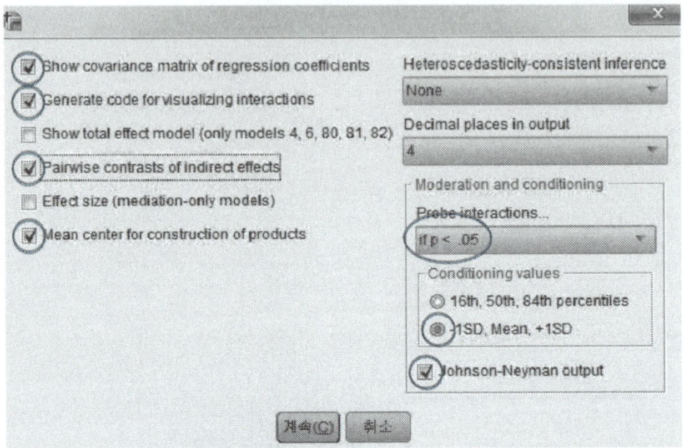

그림 17-8 Macro분석 옵션

결과창에 여러 가지 분석결과들이 제공된다. 앞서 분석한 조절회귀분석을 실시한 것을 알 수 있다. 여러 결과들 중 거의 끝부분으로 가면 그림 17-9와 같은 정보가 있다. 해당 부분을 드래그하여 블록을 설정하고 복사를 한다.

```
Data for visualizing the conditional effect of the focal predictor:
Paste text below into a SPSS syntax window and execute to produce plot.

DATA LIST FREE/
   a의사     자아      비행     .
BEGIN DATA.
     -.6118    -.4647     .5571
      .0000    -.4647     .4618
      .6118    -.4647     .3665
     -.6118     .0000     .4388
      .0000     .0000     .3739
      .6118     .0000     .3091
     -.6118     .4647     .3205
      .0000     .4647     .2860
      .6118     .4647     .2516
END DATA.
GRAPH/SCATTERPLOT=
 a의사  WITH     비행   BY        자아  .

************************ ANALYSIS NOTES AND ERRORS ************************
```

그림 17-9 Macro분석 결과

복사한 것을 SPSS로 가져가 파일, 새파일, 명령문을 차례로 클릭한다. 명령문 창이 뜨면 앞서 복사한 것을 붙여넣는다. 다시 드래그한 후 그림 17-10과 같이 녹색 실행버튼을 클릭하면 그림 17-11과 같은 그래프가 나타난다.

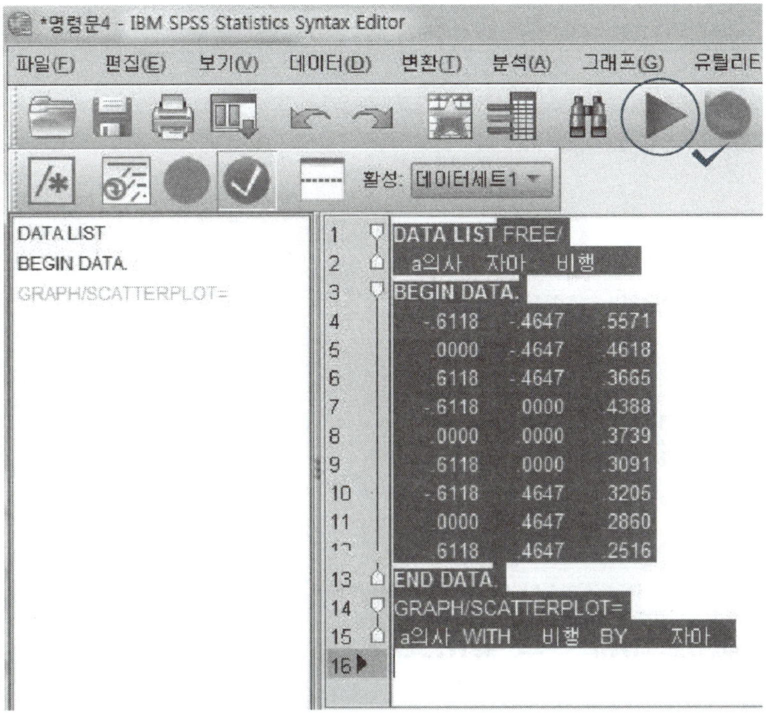

그림 17-10 **명령문 실행**

그림 17-11은 보간선을 설정하여 선을 연결한 것이다. 원래는 점으로만 나타난다. 보간선만 추가한 후 캡처하여 그림판에서 작업을 마무리하면 된다. 이 그림과 아울러 앞서 결과창에서 조건효과에 해당하는 정보(그림 17-12)를 함께 제공하면 더 정확한 정보를 제공한다는 측면에서 좋다.

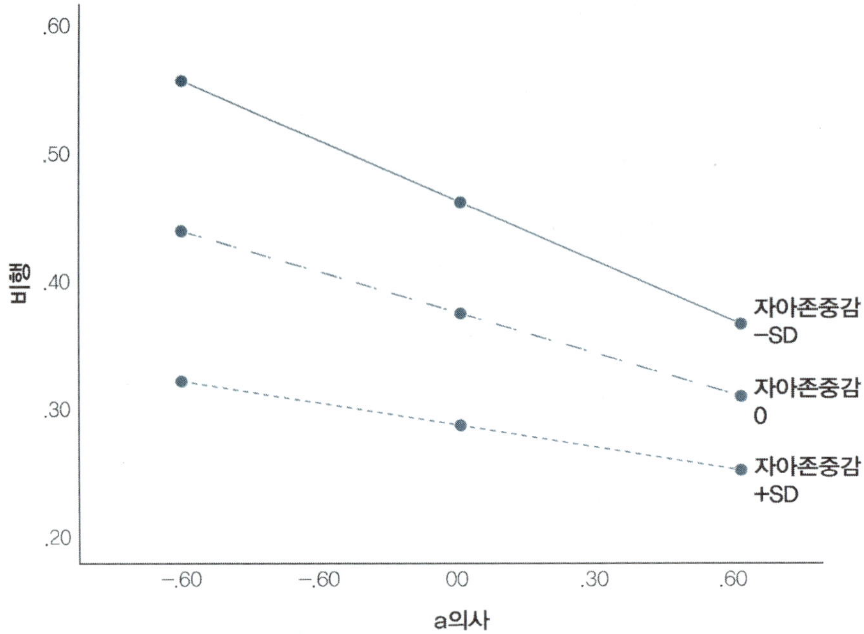

그림 17-11 Macro로 그린 조절효과 그래프

Conditional effects of the focal predictor at values of the moderator(s):

	자아	Effect	se	t	p	LLCI	ULCI
−SD	-.4647	-.1558	.0372	-4.1903	.0000	-.2290	-.0826
0	.0000	-.1060	.0256	-4.1438	.0000	-.1564	-.0557
+SD	.4647	-.0562	.0313	-1.7955	.0736	-.1179	.0054

그림 17-12 조건효과

5) 조절효과분석 실전2: 이원변량분석(two-way ANOVA)

이원변량분석(two-way ANOVA)

(범주형으로 자료 변환) → 분석 → 일반성형모형 → 일변량 → 종속변수, 고정요인 이동 → 도표 → 수평축변수, 선구분 변수 → 추가 → 계속 → 확인

- 이원변량분석(two-way ANOVA)은 독립변수와 조절변수가 범주형일 경우에 사용한다. 따라서 수치형 자료는 범주형 자료로 변환을 해야 한다. 앞서 조절회귀분석으로 한 것을 two-way ANOVA로 실시해 보자. 자료실에서 합산_케이스삭제 파일을 열어 분석을 해보자.
- 우선 생활교사와의 애착과 자아존중감이 리커트척도이고 합산한 것이기에 등간척도화되어 있다. 즉, 수치형 자료이다. 이를 범주형으로 변환해야 한다. 먼저 생활교사와의 애착과 자아존중감에 대해서 기술통계분석(그림 9-4, 그림 9-5 참조)을 해서 각각의 평균을 알아야 한다. 그림 9-4와 같이 분석, 기술통계, 기술통계로 클릭한 후 의사소통과 자아존중감을 오른쪽으로 보내고 확인을 클릭하며 평균을 알 수 있다. 앞서 조절그래프 번외편에서 이미 의사소통의 평균은 3.5169이고, 자아존중감의 평균은 2.7168인 것을 알고 있다.
- 그림 7-2와 같이 변환, 다른 변수로 코딩변경을 차례로 클릭한다. 다른 변수로 코딩변경 창이 뜨면 그림 17-13과 같이 a의사소통을 이동시킨다. 출력변수 부분의 이름에 새로운 이름을 지정한다. 그림에서는 a의사소통2로 지정하였다. 변경을 클릭한다. 기존값과 새로운값을 클릭하여 창이 뜨면 최저값에서 다음 값까지의 범위를 선택한 후 의사소통의 평균 3.5169를 넣는다. 새로운값에는 0이라고 넣은 후 추가를 클릭한다. 다음 값에서 최고값까지 범위를 선택하고 3.5170을 넣는다. 새로운 값에 1이라고 넣은 후 추가를 클릭한다. 기존값과 새로운값이 그림과 같이 제시되는지 확인한 후 계속을 누르고 확인을 눌러 변환한다.

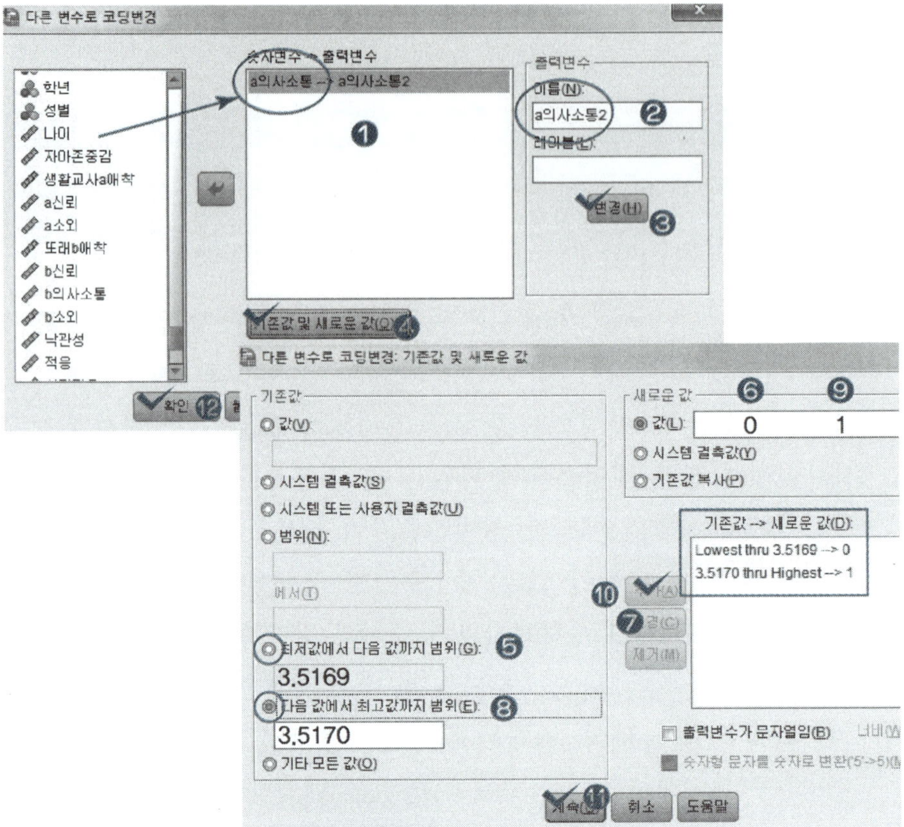

그림 17-13 범주형으로 변환

- 변수보기 창 맨 아래 부분으로 가면 a의사소통2가 생성된 것을 볼 수 있다. 값부분에 0=낮음, 1=높음으로 지정한다.
- 동일한 방법으로 자아존중감에 대해서 범주형으로 변환한다. 이름은 자아존중감2로 하고, 평균값은 2.7168을 갖고 활용한다. 역시 변수보기 창 맨 아래 부분으로 가면 새롭게 자아존중감2가 생성된 것을 볼 수 있다. 값부분에 0=낮음, 1=높음으로 지정한다.
- 독립변수와 조절변수가 범주형으로 변환되었으니 이제 two-way ANOVA로 조절효과를 검정해 본다. 그림 17-14와 같이 **분석, 일반선형모형, 일**

변량 순으로 클릭을 하여 일변량 분석 창을 뜨게 한다. 종속변수에 비행을 보내고 고정요인에 독립변수인 a의사소통2와 조절변수인 자아존중감2를 보낸다. 이때 주의할 점은 앞서 작업한 범주형으로 변환한 변수들을 투입해야 한다. 만약 통제하고 싶은 수치형 변인이 있으면 공변량 란에 넣으면 된다. 도표를 클릭하여 수평축에 독립변수 독립변수인 a의사소통2를, 선구분 변수에 조절변수인 자아존중감2를 넣고 추가를 클릭한다. 계속과 확인을 차례대로 클릭하면 two-way ANOVA가 실행된다.

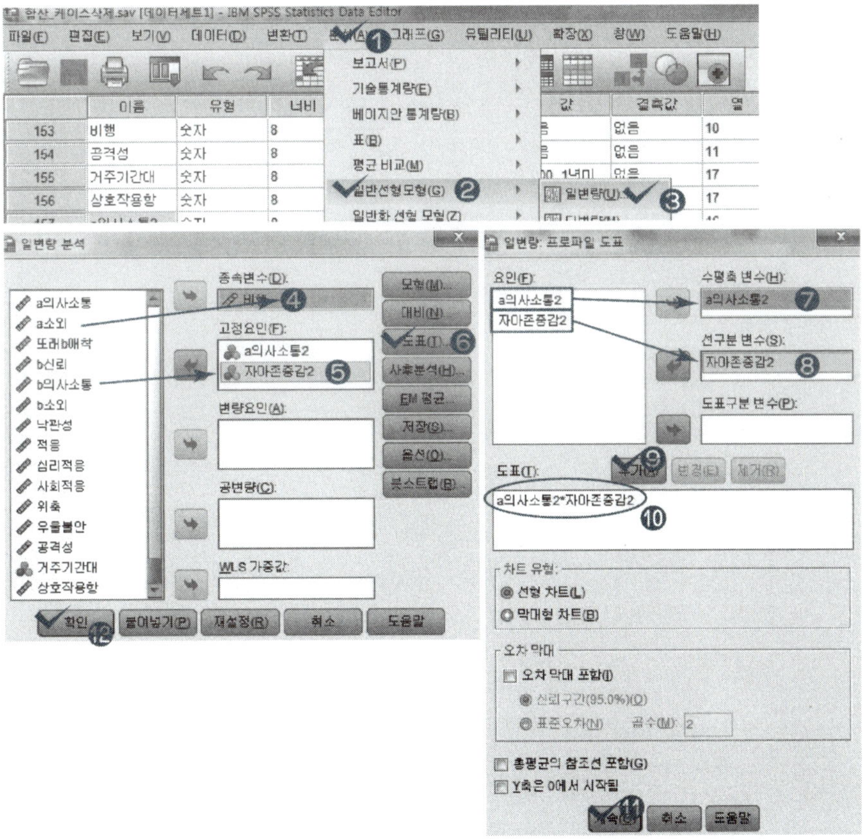

그림 17-14 이원변량분석

- 그림 17-15와 같이 결과 창이 뜬다. 먼저 수정된 모형에 대한 검정 결과를 분석 자체가 통계적으로 의미가 있는지를 판단한다. 보여지는 결과는 F값이 34.017이고, 그에 대한 유의확률(p)이 .000으로 나타난 통계적 의미가 있는 것을 알 수 있다. 이때 상호작용항의 효과가 유의미하면 조절효과가 있는 것이다. 상호작용항의 F값이 3.950으로 나타나고 그에 대한 유의확률(p)이 .048로 나타나 통계적으로 의미가 있는 것을 알 수 있다. 조절효과가 있다고 할 수 있는 것이다. 이원변량분석은 그래프가 자동적으로 제시된다. 앞서 macro로 그렸던 그래프와 유사한 것을 알 수 있다.

개체-간 효과 검정

종속변수: 비행

소스	제 III 유형 제곱합	자유도	평균제곱	F	유의확률
수정된 모형	5.911[a]	3	1.970	34.017	.000
절편	31.263	1	31.263	539.707	.000
a의사소통2	1.997	1	1.997	34.480	.000
자아존중감2	2.198	1	2.198	37.948	.000
a의사소통2 * 자아존중감2	.229	1	.229	3.950	.048
오차	16.682	288	.058		
전체	65.156	292			
수정된 합계	22.594	291			

a. R 제곱 = .262 (수정된 R 제곱 = .254)

프로파일 도표

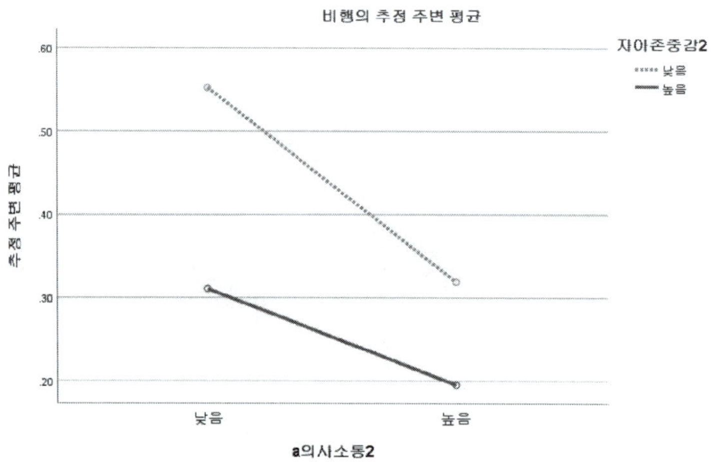

그림 17-15 이원변량분석 결과

6) two-way ANOVA의 조절효과분석의 결과는 어떻게 제시하는가?

- 조절효과에 대한 해석은 조절회귀분석과 크게 다르지 않다. 상호작용효과를 중심으로 표를 제시하고, 그래프를 함께 제시한 후 해석을 하면 된다. 여기서는 표만 제시하기로 한다. 해석은 조절회귀분석을 참고하길 바란다.

표 17-2 비행에 대한 의사소통과 자아존중감의 상호작용효과

	유형III 제곱합	df	평균제곱	F
수정한모형	5.581a	3	1.860	32.503***
절편	34.202	1	34.202	597.545***
의사소통2	1.788	1	1.788	31.240***
자아존중감2	2.047	1	2.047	35.756***
의사소통2 * 자아존중감2	.338	1	.338	5.898*
오류	17.057	298	.057	

* $p<.05$, *** $p<.001$, adj.R^2=.239

CHAPTER 18

비모수검정

실험설계를 하며 분석하고자 한다면 실험 전 실험집단과 통제집단이 같은 집단임을 검정하기 위해서 그리고 실험 후 실험집단과 통제집단이 서로 다른 집단임을 검정하기 위해서는 독립표본 t-test를 실시한다. 동시에 실험결과가 의미 있는지를 알기 위해서는 보통 실험집단 내에서 대응표본 t-test를 실시한다. 그런데 표본수가 많지 않거나 표본의 정규성이 확보되지 않았을 경우에는 모수추리를 할 수 없다. 이럴 경우 어떻게 할까? 이에 상응하는 비모수검정을 활용하는 방법이 가능하다. 독립표본 t-test에 해당하는 비모수통계는 Mann-Whitney U test이고, 대응표본 t-test에 해당하는 비모수통계는 Wilcoxon test이다. 뿐만 아니라 ANOVA에 해당하는 비모수통계로 Kruskal-Wallis test가 있어 세 집단에 대한 차이 검정 역시 비모수로 실행할 수 있다. 또한 이미 교차분석에서 다룬 χ^2의 일표본 검정 역시 비모수통계에 속한다.

	모수검정	비모수검정
샘플수	• 사례수(n)가 30개 이상이거나, • 사례수(n)가 10-30인 경우에는 정규성 검정 결과 정규성을 확보했을 때. ※ANOVA의 경우 집단이 셋이기 때문에 사례가 더 많아야 한다. 사례수는 집단마다의 경우이다.	• 사례수(n)가 10개 미만이거나, • 사례수(n)가 10-30인 경우에는 정규성검정 결과 정규성을 확보하지 못했을 때.
2집단(독립)	**독립표본** t-test	Mann-Whitney U**검정**
2집단(대응)	**대응표본** t-test	Wilcoxon**검정**
3집단 이상	ANOVA	Kruskal-Wallis **검정**

1. Mann-Whitney U검정

1) Mann-Whitney U test는 언제 사용하는가?

적용 예

수천중학교에는 동쪽에 5그루, 서쪽에 6그루의 나무가 심겨져 있습니다. 수천이는 해가 잘 드는 동쪽 나무의 키가 서쪽 나무보다 더 크지 않을까 궁금했습니다. 동쪽 나무는 서쪽 나무보다 더 클까요?

꼭 기억하세요!

Mann-Whitney U 검정은 위 예와 같이 표본이 작은 경우(위의 예에서 5그루와 6그루) t-test 분석 대신 사용하는 두 집단 간 평균의 차이 검증방법입니다.
- 방향(동쪽, 서쪽) → 명목변수
- 나무의 키 → 연속변수

- 정규성을 확보하지 못한 자료의 두 집단 간 차이를 검정할 때 사용한다.
- 독립표본 t-test와 같은 결과를 보고자 할 때 사용한다.

2) Mann-Whitney U test를 하기 위한 전제조건은 무엇인가?

- 두 집단에 대한 정보가 있어야 한다. 가령 삶의 만족도 증진 프로그램에 대해서 실험집단과 비교집단을 비교하고자 한다면 실험집단과 비교집단의 삶의 만족도를 측정해야 한다.

3) Mann-Whitney U test 실전

Mann-Whitney U Test
분석 → 비모수검정 → 레거시대화상자 → 2-독립표본 → 변수이동 → 집단정의 → 확인

- 자료실에서 비모수통계 데이터 파일을 열어 프로그램 시작 전의 삶의 만족도가 실험집단과 통제집단 간의 차이가 있는지 검정해 보자.
- 먼저 비모수통계 데이터에 대해 설명하면 집단구분은 ① a프로그램, ② 통제집단, ③ b프로그램으로 되어 있다. 따라서 ①과 ②를 갖고 실험집단(①)과 통제집단(②)으로 구분해 볼 수 있다. 'a삶의만족도'는 프로그램 사전의 삶의 만족도를 의미하고, 'b삶의만족도'는 프로그램 사후의 삶의 만족도를 의미한다.
- 따라서 'a삶의만족도'에 대해서 집단 '1'(실험집단)과 집단 '2'(통제집단)를 비교하면 된다.
- 그림 18-1과 같이 커서를 **분석, 비모수검정, 레거시대화상자, 2-독립표본**을 거쳐서 맨 마지막에 클릭을 한다. 2-독립표본 비모수검정 창이 뜨면 검정변수에 a삶의만족도를 보내고, 집단변수에 집단구분을 보낸다. 집

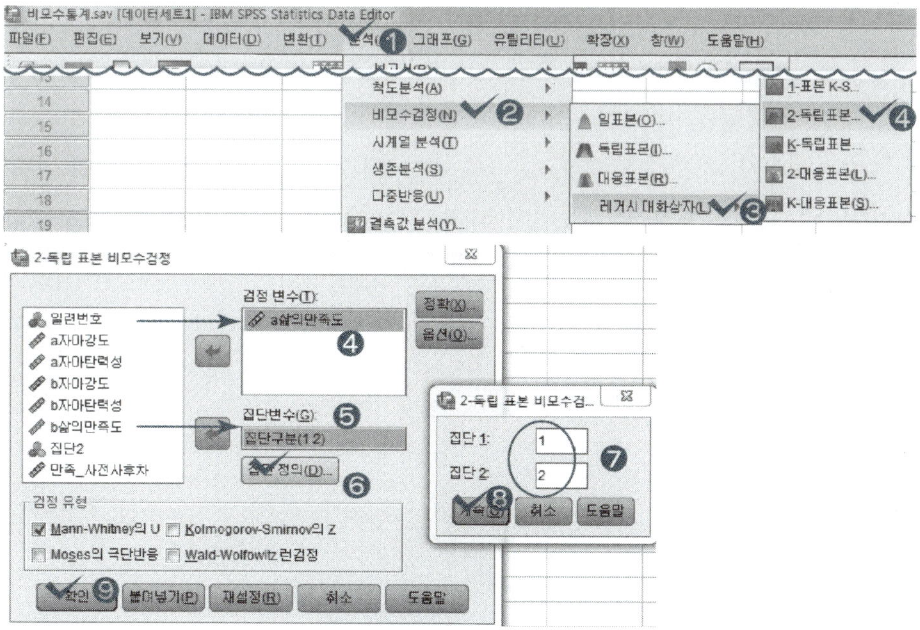

그림 18-1 맨휘트니검정

단구분을 지정해야 한다. 집단정의를 클릭하고 집단구분 창이 뜨면 1과 2를 지정한다. 지정 후 계속과 확인을 누르면 분석이 실행된다.

- 그림 18-2와 같이 결과창이 뜨면 근사유의확률을 본다. .487로 나타나는 것을 볼 수 있다. p<.05이어야 영가설을 기각하고 대립가설을 채택하게 된다. 그런데 이 경우에는 p>.05이므로 영가설을 채택해야 한다. 영가설은 '두 집단 간 차이가 없다'이므로, 이 경우에는 영가설을 채택하여 실험집단과 통제집단의 차이가 없다고 결론을 내릴 수 있다.
- 영가설, 대립가설이 나오니까 또 헷갈리기 시작한다! 지금까지 무조건 p<.05일 경우에 통계적인 의미가 있다고 하였다. 이것은 집단 간 차이가 있는 것이 통계적으로 의미가 있다는 것이다. 따라서 여기서는 실험집단과 통제집단 간 차이가 통계적으로 의미가 없다고 결론을 내릴 수 있다. 두 집단 간 차이가 통계적으로 의미가 없다는 것은 결국 '같은 집단'이라는 의미가 되는 것이다.
- 같은 기능을 하는 모수통계인 t-test는 평균을 비교하는 통계기법이다(ANOVA도 마찬가지이다). 그런데 Mann-Whitney U test는 비모수검정이기 때문에 평균을 비교할 수 없다. 평균의 의미가 정확하지 않기 때문이다. 그래서 비모수통계에서는 데이터에서 나올 수 있는 값들의 순위를 가지고 검정을 하게 된다. 따라서 제시되는 통계치가 Mean과 S.D.가 아니라 '평균순위'가 된다. 그런데 연구자가 보고할 때 평균을 사용하고자 한다면 독립표본 t-test를 실시하여 제시되는 평균을 가져다가 보고하면 된다.

Mann-Whitney 검정

순위

	집단구분	N	평균 순위	순위합
a삶의만족도	a프로그램	8	7.69	61.50
	통제집단	8	9.31	74.50
	전체	16		

검정 통계량[a]

	a삶의만족도
Mann-Whitney의 U	25.500
Wilcoxon의 W	61.500
Z	-.696
근사 유의확률 (양측)	.487
정확 유의확률 [2*(단측 유의확률)]	.505[b]

a. 집단변수: 집단구분

b. 동순위에 대해 수정된 사항이 없습니다.

그림 18-2 맨휘트니검정 결과

c.f.

실험설계에서 집단 간 차이

일반적으로 통계분석은 '차이가 있다는 것을 보여 주기 위해' 실시한다. 그런데 어떤 경우에는 '차이가 없다는 것을 보여 주기 위해' 실시하는 경우도 있다. 즉, '동일하다', '차이가 없다', '같다'를 검정하고자 하는 경우가 있다. 대표적으로 실험설계에서 프로그램을 하기 전에 실험집단과 통제집단을 비교하는 것은 '차이가 있다'는 것을 보기 위해서가 아니라 '차이가 없다'는 것을 보기 위해서이다. 두 집단이 차이가 없어야 동일집단으로 간주하여 프로그램 개입의 효과를 확인할 수 있기 때문이다. 따라서 이 경우에도 유의수준이 $p>.05$일 것으로 연구자는 기대하게 된다. 등분산검정(Levene)의 경우 $p>.05$가 되어 '분산에 차이가 없다'는 영가설이 채택되기를 기대하게 되고, 정규성검정(Kolmogorov-Smirnov, Shapiro-Wilk)의 경우 $p>.05$가 되어 '정규분포를 이룬다'는 영가설이 채택되기를 기대하게 된다. 대부분의 통계분석에서 영가설이 기각될 것을 기대하는 경우와 달리 일부 통계분석에서는 영가설이 채택되기를 기대하는 경우가 있는 것이다. 이런 경우 모두 검정하고자 하는 것이 '차이'가 아니라 '같음'이기 때문이다. 따라서 '같음'을 검증하고자 할 때 $p>.05$로 보는 경우가 나타난다.

※ 실험설계에서는 프로그램 사전에는 '실험집단과 통제집단이 동일하다'라고 보려고 한다는 점을 기억해 두자. 독립표본 t-test도 마찬가지이다. 이 경우에는 $p>.05$ 로 두 집단이 같다는 결론을 내린다. 만약 이런 경우에 $p<.05$가 나오면 통계적으로 의미가 있는 것이므로 실험집단과 통제집단은 다른 집단이라고 할 수밖에 없다. 비모수통계인 Mann-Whitney U검정도 마찬가지이다. 이런 집단을 갖고 실험을 할 경우 집단 자체가 다르기 때문에 사후의 변화에 대해서 프로그램의 변화로 결론 내리기가 어렵다. 집단 자체에 변화의 요인이 있을 수 있기 때문이다.

순위

	집단구분	N(C)	평균 순위	순위 합계
b삶의만족도	a프로그램	8	12.50	100.00
	통제집단	8	4.50	36.00
	총계	16		

검정 통계량[a]

	b삶의만족도
Mann-Whitney U	.000
윌콕슨 W	36.000
Z	-3.373
점근 유의수준 (양쪽)	.001
정확한 유의수준[2*(1-tailed 유의수준.)]	.000[b]

a. 그룹화 변수: 집단구분

b. 동률로 수정되지 않았습니다.

※ 물론 프로그램 사후에는 '실험집단과 통제집단이 다르다'는 것을 검증하려고 할 것이다. 따라서 프로그램을 실행한 후에는 독립표본 t-test나 Mann-Whitney U test 모두 $p<.05$를 기준으로 두 집단이 서로 다르기 때문에 그 다름이 프로그램에 의한 것이라고 주장하게 되는 것이다. 위의 자료를 갖고 그대로 사후 측정값인 'b삶의만족도'에 대해서 집단 간 차이를 보면 아래와 같이 나타나 실험집단과 통제집단이 서로 다른 집단이 된 것을 알 수 있다. 이를 그림 18-2와 비교하여 보라.

4) Mann-Whitney U test의 결과는 어떻게 제시하는가?

- 위에서 검정한 것을 가지고 표로 제시해 보자. 그림 18-2의 결과에서 다음과 같은 평균, 평균순위, 순위합계, U값, Z값, p값을 통하여 표를 제시하고 해석을 하면 된다. 평균은 그림 18-2에서 나타나지 않는다. 앞서 설명하였듯이 독립표본 t-test를 실시하여 필요한 값을 구하면 된다.

표 18-1 사전 삶의 만족도의 집단 간 차이

	N	평균	평균순위	순위합계	U	Z	p
실험집단	8	3.3519	7.69	61.50	25.500	-.696	.487
통제집단	8	3.2900	9.31	74.50			

프로그램을 제공하기에 앞서 실험집단과 통제집단이 동일한 집단인지를 검정하기 위하여 Mann-Whitney U검정을 하였다. 검정결과 두 집단 간의 차이는 통계적으로 의미가 없었다. 따라서 실험집단과 통제집단은 동일집단이라고 할 수 있다.

2. Wilcoxon검정

1) Wilcoxon검정은 언제 사용하는가?

적용 예

수천중학교에서 음주경험이 있는 학생 8명에 대해 중독예방 교육을 실시하였습니다. 이 교육에 참여한 학생들의 교육 참여 전과 후의 음주량에 차이가 있을까요?

꼭 기억하세요!

Wilcoxon검정은 위 예와 같이 표본이 작은 경우(위의 예에서 표본은 8명) 대응표본 t-test 분석 대신 사용하는 전후 평균의 차이 검증방법입니다.
- 교육 전 음주량 → 연속변수
- 교육 후 음주량 → 연속변수

- 정규성을 확보하지 못한 자료의 집단 내에서의 변화를 검정한다. 즉, 사전집단과 사후집단의 차이를 검정할 때 사용한다.
- 대응표본 t-test와 같은 결과를 보고자 할 때 사용한다.

2) Wilcoxon검정을 하기 위한 전제조건은 무엇인가?

- 동일 집단 내에서 최소 2시점 이상의 측정이 있어야 한다. 즉, 사전에 측정한 값과 사후에 측정한 값이 있어야 한다.
- 예를 들어, 프로그램을 실시하기 전과 실시한 이후에 삶의 만족도는 변화가 있는가를 검정하는 것과 같이 삶의 만족도에 대해서 프로그램 실시 이전과 이후 2차례에 걸친 측정이 필요하다.

3) Wilcoxon검정 실전

Wilcoxon Test
분석 → 비모수검정 → 레거시대화상자 → 2-대응표본 → 변수이동 → 옵션 → 기술통계, 사분위수 선택 → 계속 → 확인

- 자료실에서 비모수통계 데이터를 열어 삶의 만족에 대해서 실험집단과 통제집단이 사전과 사후 변화에 대해서 검정해 보자.
- 이것을 검정하려면 분석을 두 번 실시해야 한다. 먼저 실험집단의 사전과 사후 만족도를 비교해 보아야 하고, 이어 통제집단의 사전과 사후 만족도를 비교해 보아야 한다. 따라서 분석을 두 번 해야 하는데 모두 케이스 선택을 활용하여 집단을 구분하면서 분석해야 한다.
- 먼저 실험집단에 대해서 변화를 검정한다. 데이터를 실험집단으로 선택해야 한다. 그림 11-10과 그림 11-12에서 했던 것을 활용하여 케이스 선택을 해야 한다. 이곳에 다시 제시하면 그림 18-3과 같다. 데이

터에서 케이스선택을 선택하고 조건을 만족하는 케이스를 클릭한 후 조건식에서 '집단구분=1'이라고 수식을 완성한다. 집단구분의 응답이 1로 되어 있는 것만 선택하여 분석한다는 의미이다. 계속과 확인을 누르면 실험집단이 선택된다. SPSS 데이터보기 창을 가면 실험집단 이외에는 사선(/)이 쳐진 것을 확인할 수 있다.

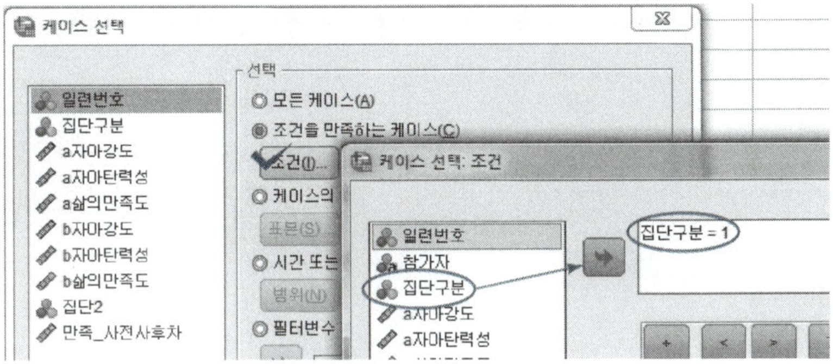

그림 18-3 실험집단 선택

- 그림 18-4와 같이 **분석, 비모수통계, 레거시대화상자, 2-대응표본**을 선택한다. 2-대응표본 비모수검정 창에서 사전, 사후 만족도를 차례대로 검정대응으로 보낸다. 대응표본 t-test 창과 유사한 것을 알 수 있다. 동일한 종류의 분석임을 알 수 있다. 옵션을 클릭하여 기술통계와 사분위수를 선택한다. 계속과 확인을 클릭하면 분석이 실행된다.

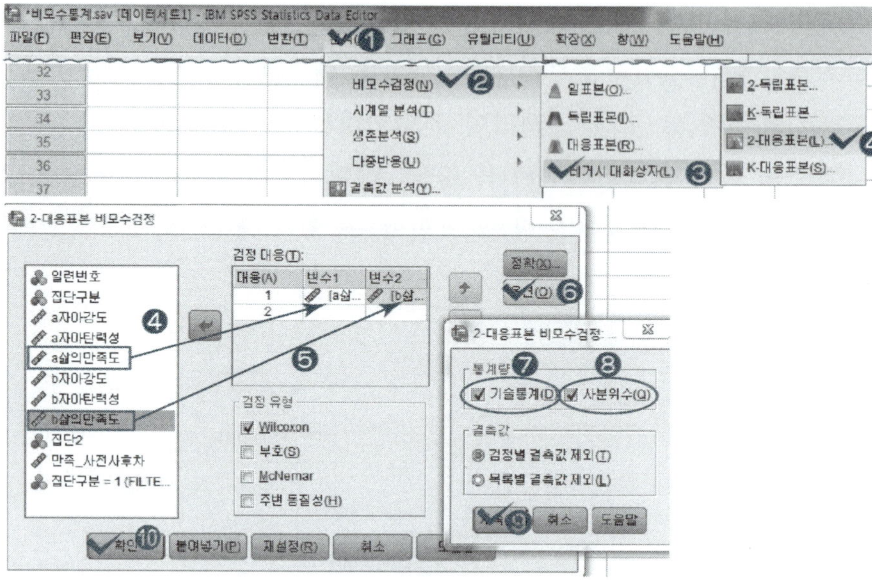

그림 18-4 윌콕슨검정

- 그림 18-5와 같이 결론이 나온다. 먼저 유의수준을 보면 .012로 통계적인 의미가 있다. 즉, 프로그램 사전과 사후의 삶의 만족도는 서로 차이가 있는 것을 알 수 있다. 다음으로 부호검정을 보면 'b삶의만족도-a삶의만족도', 즉 사후의 삶의 만족도에서 사전의 삶의 만족도를 뺐더니 음수 순위나 동률은 하나도 없고 8명 모두 양수 순위로 나타나는 것을 볼 수 있다. 이는 사전보다 사후의 삶의 만족도가 더 높다는 의미이다. 이는 기술통계에서도 드러난다. 평균을 비교하더라도 중위수를 비교하더라도 모두 사후의 삶의 만족도가 높은 것을 알 수 있다. 따라서 실험집단에서는 프로그램의 실시에 따라 삶의 만족도가 증가한 것이 통계적으로 의미가 있음을 알 수 있다.

기술통계량

	N	평균	표준화 편차	최소값	최대값	백분위수 25	백분위수 50 (중위수)	백분위수 75
a삶의만족도	8	3.3519	.04225	3.32	3.44	3.3200	3.3400	3.3713
b삶의만족도	8	4.9250	.08928	4.84	5.12	4.8500	4.9200	4.9500

❸

Wilcoxon 부호순위 검정

순위

		N	평균 순위	순위합
b삶의만족도 - a삶의만족도	음의 순위	0[a]	.00	.00
	양의 순위	8[b]	4.50	36.00
	동순위	0[c]		
	전체	8		

❷

a. b삶의만족도 < a삶의만족도
b. b삶의만족도 > a삶의만족도
c. b삶의만족도 = a삶의만족도

검정 통계량[a]

	b삶의만족도 - a삶의만족도
Z	-2.524[b]
근사 유의확률 (양측)	.012

❶

a. Wilcoxon 부호순위 검정
b. 음의 순위를 기준으로

그림 18-5 Wilcoxon검정 결과1

- 이번에는 통제집단에서 삶의 만족도가 변화하였는지 검정해 보자. 케이스만 통제집단으로 선택하여 위의 절차를 그대로 이어가면 된다. 먼저 그림 18-3과 동일한 방법으로 케이스를 선택하되 이번에는 '집단구분=2'라고 수식을 작성한다. 이후 그림 18-4와 동일한 방법으로 분석을 실시한다. 프로그램을 닫지 않았다면 이미 동일한 분석은 그대로 프로그램 자체에서 기억하고 있으므로, 분석할 내용들에 대해서 맞는지만 확인하고 맞으면 확인을 클릭하기만 하면 된다.
- 그림 18-6과 같이 결과창이 뜨면 검정통계량을 본다. 유의수준이 .553으로 나와 통계적으로 의미가 없음을 알 수 있다. 통제집단에서는 삶의 만족도의 변화가 차이가 날 정도는 아니라는 의미이다. 즉, 변화가 없는 것이다.

기술통계량

	N	평균	표준화 편차	최소값	최대값	백분위수 25	백분위수 50 (중위수)	백분위수 75
a삶의만족도	8	3.2900	.51481	2.16	3.92	3.1400	3.4000	3.5400
b삶의만족도	8	3.2750	.40536	2.40	3.76	3.1200	3.3800	3.5000

Wilcoxon 부호순위 검정

순위

		N	평균 순위	순위합
b삶의만족도 - a삶의만족도	음의 순위	5[a]	3.50	17.50
	양의 순위	2[b]	5.25	10.50
	등순위	1[c]		
	전체	8		

a. b삶의만족도 < a삶의만족도

b. b삶의만족도 > a삶의만족도

c. b삶의만족도 = a삶의만족도

검정 통계량[a]

	b삶의만족도 - a삶의만족도
Z	-.594[b]
근사 유의확률 (양측)	.553

❶

a. Wilcoxon 부호순위 검정

b. 양의 순위를 기준으로.

그림 18-6 Wilcoxon검정 결과2

4) Wilcoxon검정의 결과는 어떻게 제시하는가?

- 앞서 검정한 결과를 토대로 표를 작성해 보자. 실험설계에서는 실험집단과 통제집단의 사전과 사후를 비교해 주는 것이 필요하다. 따라서 실험집단의 사전과 사후의 변화를 나타내는 그림 18-5와 통제집단의 사전과 사후의 변화를 나타내는 그림 18-6을 통하여 다음과 같은 표를 작성할 수 있다. 비모수통계이기 때문에 중위수를 제시하여 비교하는 것이 원칙이지만, 보통 평균에 대한 비교가 익숙하기 때문에 중위수와 평균을 모두 제시하는 것이 바람직하다. 범위 역시 제시하기 나름이지만 일반적으로 25~75% 사이를 제시한다. 연구자의 의도에 따라서는 범위를 최소값과 최대값으로 제시할 수도 있다. 제시되

는 통계치는 연구자의 의도에 따라 또한 발표기관의 요구에 따라 달라질 수 있다. 제시된 표 18-2는 가장 일반적인 것을 기준으로 작성한 것이다.

표 18-2 삶의 만족도에 대한 사전-사후 차이

	N	Mean(S.D.) 중위수(범위†) 사전	Mean(S.D.) 중위수(범위†) 사후	Z	p
실험집단	8	3.35(.04) 3.34(3.32-3.37)	4.93(.09) 4.92(4.85-4.95)	-2.524*	.012
통제집단	8	3.29(.52) 3.40(3.14-3.54)	3.28(.41) 3.38(3.12-3.50)	-.594	.553

* p<.05
† 사분범위(25th%~75th%)

- 위와 같은 표를 제시한 후 아래와 같은 해석을 제공하면 된다.

ㅇㅇ프로그램 실시에 따른 삶의 만족도 변화를 살펴본 결과는 다음과 같다. 실험집단에서는 ㅇㅇ프로그램 실시 전과 후의 삶의 만족도가 서로 차이가 있는 것으로 나타났다(Z=-2.524, p<.05). 이때 사전의 평균은 3.35(S.D.=.04)이고 사후의 평균은 4.93(S.D.=.09)으로 나타나 사전보다 사후의 삶의 만족도가 높아진 것을 알 수 있다. 한편 통제집단에서는 ㅇㅇ프로그램 실시 이전과 이후의 삶의 만족도가 서로 차이가 나타나지 않았다. 따라서 실험집단에서의 삶의 만족도 변화는 ㅇㅇ프로그램의 실시로 인하여 나타나는 것임을 알 수 있다. 즉, ㅇㅇ프로그램은 대상자들의 삶의 만족도에 영향을 미치는 요인인 것을 알 수 있다.

c.f.

표에 수치를 제공할 때 소수점 아래 몇 자리까지 제시할까?

분석을 한 후 결과 창을 보면 수치들이 소수점 아래로 다섯자리 정도까지 나타난다. 연구자에 따라 소수점 아래 몇 자리에서 끊을까가 고민스러워진다. 가장 보기 좋은 형태를 소수점 아래 두 자리까지 보여 주는 것이다. 따라서 그 아래에서 반올림 내지는 절삭을 하고 제시하는 것이 보기에 좋다. 그러나 F값, t값, U값, Z값, x^2값과 같이 통계 전체적인 것에 대한 수치는 세 자리까지 보이는 것도 더 보기에 좋다. 따라서 정해진 기준은 없으나 보기에 좋게 제시하면 된다. 다만 한 연구에서는 패턴을 맞추는 것이 필요하다.

3. Kruskal-Wallis검정

1) Kruskal-Wallis검정은 언제 사용하는가?

적용 예

수천중학교에는 동서남북 각 방향에 4그루, 5그루, 6그루, 7그루의 나무가 각각 심겨져 있습니다. 각 방향의 나무의 키에 차이가 있을까요?

꼭 기억하세요!

Kruskal-Wallis검정은 위 예와 같이 표본이 작은 경우(위의 예에서 4, 5, 6, 7그루) ANOVA 분석 대신 사용하는 셋 이상 집단 간 평균의 차이 검증방법입니다.

- 방향(동쪽, 서쪽, 남쪽, 북쪽) → 명목변수
- 나무의 키 → 연속변수

- 정규성을 확보하지 못한 자료의 집단 간 차이를 검정하되 3집단 이상을 검정한다. 즉, AVOVA의 3집단 이상의 평균비교처럼 3집단 이상의 차이를 검정하는 비모수통계이다.
- 예를 들어, 서로 다른 세 집단에 대해서 삶의 만족도를 비교할 경우에는 집단변수가 셋이기 때문에 Mann-Whitney U test로 검정할 수가 없다. 이럴 때 Kruskal-Wallis test를 실시한다.
- ANOVA와 같은 결과를 보고자 할 때 사용한다.

2) Kruskal-Wallis검정을 하기 위한 전제조건은 무엇인가?

- 집단 변수가 셋 이상이어야 한다. 비교하고자 하는 공통된 측정이 있어야 한다.

3) Kruskal-Wallis검정 실전

Kruskal-Wallis Test

분석 → 비모수검정 → 레거시대화상자 → k-독립표본 → 변수이동 → 집단구분 → 옵션 → 기술통계, 사분위수 선택 → 계속 → 확인

- 자료실에서 비모수통계 데이터를 열어 프로그램 실시 이후의 삶의 만족도에 대해서 통제집단과 a프로그램 실시집단, b프로그램 실시집단에 대해서 비교해 보자. 데이터의 집단구분은 ① a프로그램, ② 통제집단, ③ b프로그램이다. 따라서 a프로그램을 실시한 집단, 프로그램을 실시하지 않은 집단, b프로그램을 실시한 집단에 대해서 서로 차이가 있는지 검정을 할 수 있다.
- 먼저 케이스선택에서 모든 케이스가 설정되어 있는지 확인하자. 앞서 연습한 데이터가 그대로 있다면 통제집단만 선택되어 있을 수 있다. 모든 케이스가 선택되어 있으며 그림 18-7과 같이 **분석, 비모수검정, 레거시대화상자, k-독립표본** 순으로 커서를 이동하여 선택한다. k-독립표본 비모수검정 창이 뜨면 검정변수에 b삶의만족도를 보내고, 집단변수에 집단구분을 보낸다. '집단구분(?,?)'는 집단의 범위를 묻는 것이다. 범위지정을 눌러 최소값에 1을, 최대값에 3을 넣는다. 결국 1, 2, 3으로 구분된 세 집단의 차이를 검정하겠다는 의미이다. 옵션에서 기술통계와 사분위수를 선택한다. 확인을 클릭하면 분석이 실행된다.

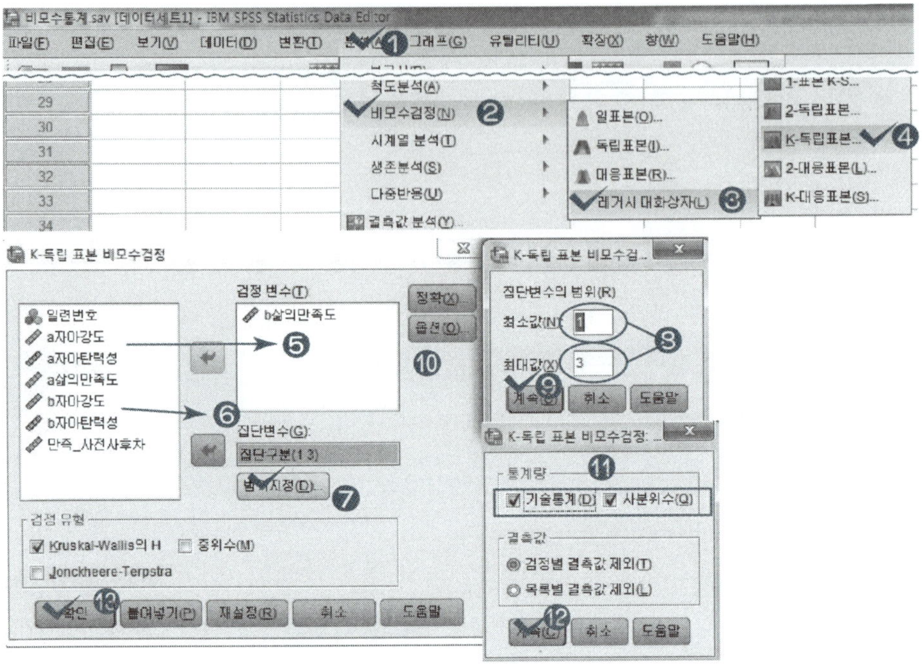

그림 18-7 크루스칼-월리스검정

- 그림 18-8과 같이 결과 창이 뜨면 유의수준을 확인한다. 유의수준이 .000으로 통계적으로 의미가 있다. 세 집단은 서로 집단 간 차이가 있는 것으로, 즉 서로 다른 집단인 것으로 볼 수 있다. 그런데 어느 집단이 서로 다른지를 알 수 없다. 다만 평균순위를 볼 때 a프로그램은 17.88, 통제집단(아무 프로그램도 하지 않은 집단)은 4.50, b프로그램은 15.13으로 나타나고 있는 것을 볼 때 a프로그램이든 b프로그램이든 프로그램을 실시한 집단이 실시하지 않은 집단보다 높게 나타나는 것이라고 생각해 볼 수 있다. 하지만 정확한 집단 간 차이를 구분하려면 Mann-Whitney U검정을 여러 번 실시해 볼 수밖에 없다.
- 모수통계인 ANOVA를 실시하였을 경우 사후검정을 하였다. 하지만 Kruskal-Wallis검정에서는 사후검정이 제공되지 않는다. 따라서 사후

검정을 하려면 Mann-Whitney U검정을 여러 차례 실시하면서 할 수 있다. 아울러 사전과 사후의 집단 간 차이를 검정할 때 Wilcoxon검정을 하였지만, 경우에 따라서는 사전과 사후의 차를 하나의 새로운 변수로 만들고 Mann-Whitney검정으로 차이의 검정을 할 수도 있다. 통계는 활용하기 나름이다.

- 아울러 Kruskal-Wallis검정 역시 각 집단에 따른 평균을 제시하지는 않는다. 집단에 대한 평균자료가 필요할 경우에는 Kruskal-Wallis검정의 대응 모수검정이 되는 ANOVA를 실시하되 옵션에서 기술통계를 설정하여 실시하면 된다.

기술통계량

	N	평균	표준화 편차	최소값	최대값	백분위수 25	50 (중위수)	75
b삶의만족도	24	4.2454	.78835	2.40	5.12	3.4600	4.4450	4.9200
집단구분	24	2.00	.834	1	3	1.00	2.00	3.00

Kruskal-Wallis 검정

순위

	집단구분	N	평균 순위
b삶의만족도	a프로그램	8	17.88
	통제집단	8	4.50
	b프로그램	8	15.13
	전체	24	

❷

검정 통계량[a,b]

	b삶의만족도
Kruskal-Wallis의 H	16.007
자유도	2
근사 유의확률	.000

❶

a. Kruskal Wallis 검정

b. 집단변수: 집단구분

그림 18-8 Kruskal-Wallis검정 결과

CHAPTER 18

비모수검정

4) Kruskal-Wallis검정 결과는 어떻게 제시하는가?

- 앞서 분석한 결과를 제시하면 표 18-3과 같다. 역시 이미 설명한대로 집단마다의 평균은 ANOVA를 실시하여 얻은 결과이다.

표 18-3 각 프로그램에 대한 집단 간 차이

	N	Mean(S.D.)	평균 순위	x^2
a프로그램	8	4.93(.09)	17.88	
통제집단	8	3.28(.41)	4.50	16.007***
b프로그램	8	4.54(.41)	15.13	

*** p<.001.

- 제시된 표를 해석하면 다음과 같다.

실험집단과 통제집단을 구성하여 사전과 사후를 비교하였다. 프로그램의 경우 두 가지이기 때문에 실험집단도 a,b로 구분하였다. 결과적으로 a프로그램 집단, 통제집단, b프로그램 집단 이렇게 세 집단을 비교하였다. 비교결과, 세 집단은 삶의 만족도에서 서로 집단 간 차이가 있는 것으로 나타났다(x^2=16.007, p<.001). 이때 집단의 평균을 비교하면 통제집단이 3.28(S.D.=.41)로 나타난 반면 a프로그램은 4.93(S.D.=.09), b프로그램은 4.54(S.D.=.41)로 나타나고 있다.

결과적으로 볼 때 통제집단에 비해서 2개의 실험집단은 모두 삶의 만족도가 향상된 것을 알 수 있다. 또한 2개의 프로그램 중에서 a프로그램이 b프로그램보다는 삶의 만족도가 더 높게 올라간 것을 알 수 있다. 이로써 a프로그램이나 b프로그램은 모두 삶의 만족도를 높이는 효과가 있음을 알 수 있고, a프로그램이 b프로그램보다 삶의 만족도를 더 높여주는 효과가 있음을 알 수 있다.

CHAPTER 19 요인분석

요인분석은 어떤 개념에 대해서 측정하였는데, 그 개념의 하위변인 또는 하위요인에 대해서 탐색적으로 살펴보고자 할 때 사용한다. 즉, 하나의 변수에 하위개념이 몇 개 존재하는지, 그것들이 어떻게 구성되는지를 살펴보는 분석이다. 물론 요인분석에도 탐색적 요인분석과 확인적 요인분석으로 나누어진다. 확인적 요인분석은 이미 나누어져 있는 하위요인들이 정말 적절한 것인가를 살펴보고자 할 때 사용한다. 이는 주로 AMOS를 활용하여 분석하기 때문에 여기서는 다루지 않는다. 일반적으로 요인분석이라고 할 때는 여기서 다루고자 하는 탐색적 요인분석을 이른다.

1. 탐색적 요인분석

1) 요인분석은 언제 사용하는가?

적용 예

수천중학교에서는 재학 중인 모든 학생의 지능을 측정하려고 합니다. 그런데 지능은 추리능력, 언어능력, 수리능력, 기억력으로 구성되어 있습니다.

꼭 기억하세요!

요인분석은 복합적으로 구성되어 있는 개념(위의 예에서는 지능)을 측정할 때 그 개념이 어떤 하위 영역(위의 예에서는 추리, 언어, 수리, 기억 등 4가지)으로 구분되는지, 그러한 구분이 올바른지를 검증합니다.

- 지능 → 연속변수
- 지능의 하위 영역(추리, 언어, 수리, 기억) → 연속변수

- 분석하고자 하는 변수를 하위요인으로 나누어 분석하고자 할 때, 즉 하위요인이 어떻게 나뉘는지 알고자 할 때 사용한다.
- 예를 들어, 유아교사들을 대상으로 유아교육에 있어서 교사의 자질에 포함되는 내용을 30개의 문항으로 구성하였을 경우, 그 하위요인들이 몇 개로 나누어지고, 나누어진 것들은 어떻게 묶이는지를 살펴보고자 할 때 사용한다.
- 또한 다른 사람이 만든 척도를 사용할 때 그 척도에서 제시하는 대로 요인이 묶이는지 살펴보고자 할 때 사용한다. 타당성 검정을 이렇게 하는 경우가 있다. 그러나 이럴 경우 요인이 묶이는 것은 원래 척도대로 묶인다는 보장이 없다. 대부분의 경우 제시된 척도와 다르게 요인이 묶인다. 따라서 이런 경우라면 탐색적 요인분석보다는 확인적 요인분석이 더 바람직하다.

2) 요인분석을 하기 위한 전제조건은 무엇인가?

- 표본수가 충분해야 한다. 일반적으로 표본수는 '문항수×5'로 한다(이윤로 · 유시준, 2013: 130).

3) 요인분석 실전

(탐색적) 요인분석
분석 → 차원축소 → 요인분석 → 변수이동 → 기술통계 → KMO와 Bartlet의 구형성 검정 → 계속 → 요인회전 → 베리멕스 → 계속 → 옵션 → 크기순 정렬 → 계속 → 확인

- 자료실에서 합산_케이스삭제 데이터 파일을 열어 생활교사와의 애착관계에 대하여 하위요인이 어떻게 나뉘는지 요인분석을 실시해 보자.

- 그림 19-1과 같이 **분석, 차원축소, 요인분석** 순으로 커서를 이동한 후 클릭한다. 생활교사와의 애착을 묻는 질문(변수)을 모두 변수란으로 이동한다. 코드북을 보면 애창생교1~애착생교25로 되어 있다. 블록설정 방법은 엑셀과 동일하다. 애착생교1에 커서를 클릭한 후 스크롤로 애착생교25까지 이동한 후 시프트(shift)를 누른 상태에서 애착생교25를 클릭하면 블록이 설정된다. 화살표를 누르면 설정된 변수가 모두 한꺼번에 이동한다. 이어 기술통계를 누르고 **Kmo와 Bartlett의 구형성 검정**을 체크한다. 회전을 누르고 **베리멕스**를 지정한다. 옵션을 누르고 **크기순 정렬**을 체크한다. 확인을 누르면 분석이 실시된다.

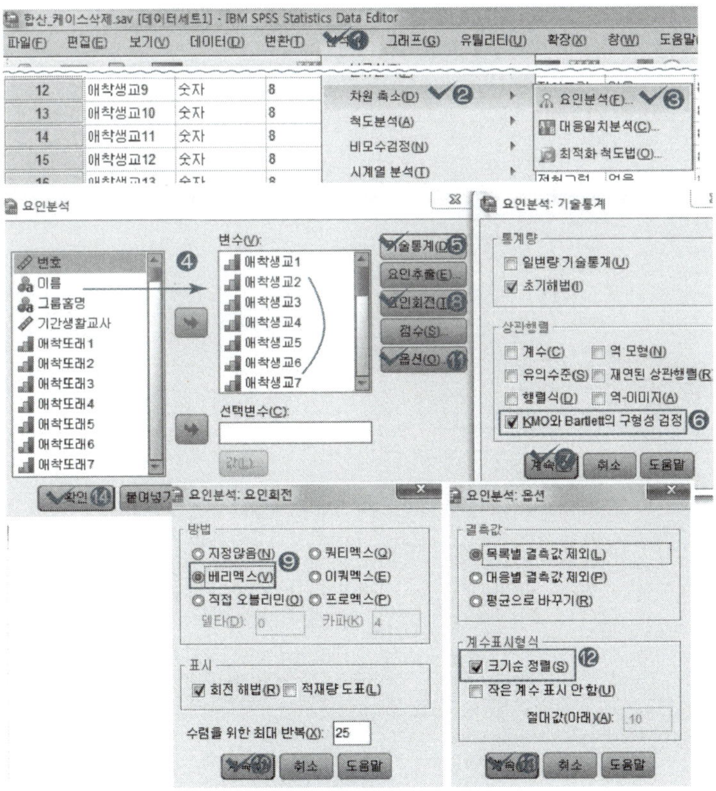

그림 19-1 요인분석

- 요인분석 결과 여러 결과 데이터가 제시된다. 그림 19-2에 제시된 것을 중심으로 결과를 살펴보면 된다. 먼저 KMO 및 Bartlett의 검정을 본다. 일반적으로 .80 이상이면 구형성 검정이 된 것으로 본다. 여기서는 .860으로 나타나 구형성 검정이 되었다. Bartlet의 구형성 검정도 함께 판단한다. χ^2값에 유의확률(p)로 판단한다. χ^2이 3760.273으로 나타나고 p<.001이므로 구형성 검정이 된 것으로 판단할 수 있다. 즉, 요인분석을 실행한 것이 전체적으로 의미가 있음을 알 수 있다.

KMO와 Bartlett의 검정

표본 적절성의 Kaiser-Meyer-Olkin 측도.		.860
Bartlett의 구형성 검정	근사 카이제곱	3760.273
	자유도	300
	유의확률	.000

회전된 성분행렬[a]

	성분 1	2	3	4	5	6
애착생교20	.760	.233	.201	.243	.174	-.213
애착생교15	.734	.207	.144	.302	.096	-.043
애착생교16	.665	.101	.394	-.004	.076	-.097
애착생교18	.604	.418	.237	-.071	.180	-.209
애착생교21	.602	.291	.061	.519	.099	.161
애착생교12	.532	.476	.004	.304	.163	.038
애착생교25	.447	.344	.122	.283	-.040	.361
애착생교22	.148	.759	.111	.065	.141	.012
애착생교3	.348	.703	.041	.057	.026	.044
애착생교2	.252	.625	.205	.312	-.133	.148
애착생교10	.067	.583	.284	.148	.470	-.118
애착생교1	.379	.484	.324	.441	-.112	-.063
애착생교13	.202	.401	.214	.297	-.030	-.307
애착생교23	.208	.021	.762	.159	.026	.030
애착생교11	-.003	.130	.638	.162	.268	.169
애착생교6	.329	.333	.625	.127	.094	.033
애착생교5	.427	.070	.606	.204	.059	.032
애착생교17	-.029	.398	.485	.026	.332	-.289
애착생교19	.204	.044	.185	.818	.168	-.017
애착생교7	.063	.212	.346	.613	-.070	-.252
애착생교4	.391	.437	.098	.504	.021	.079
애착생교24	.371	.246	.403	.412	.136	.010
애착생교9	.145	-.120	.123	.303	.767	.091
애착생교8	.223	.260	.174	-.241	.656	.050
애착생교14	-.139	.046	.129	-.079	.082	.844

추출 방법: 주성분 분석.
회전 방법: 카이저 정규화가 있는 베리멕스.
a. 14 반복계산에서 요인회전이 수렴되었습니다.

공통성

	초기	추출
애착생교1	1.000	.693
애착생교2	1.000	.633
애착생교3	1.000	.624
애착생교4	1.000	.614
애착생교5	1.000	.600
애착생교6	1.000	.636
애착생교7	1.000	.613
애착생교8	1.000	.640
애착생교9	1.000	.739
애착생교10	1.000	.682
애착생교11	1.000	.551
애착생교12	1.000	.630
애착생교13	1.000	.432
애착생교14	1.000	.764
애착생교15	1.000	.704
애착생교16	1.000	.622
애착생교17	1.000	.589
애착생교18	1.000	.677
애착생교19	1.000	.776
애착생교20	1.000	.806
애착생교21	1.000	.756
애착생교22	1.000	.635
애착생교23	1.000	.651
애착생교24	1.000	.550
애착생교25	1.000	.545

추출 방법: 주성분 분석.

그림 19-2 요인분석 결과

- 이어 공통성을 본다. 공통성은 .40 이상이면 문제가 없는 것으로 판단한다. 여기서는 가장 낮은 것이 .432이므로 공통성이 모두 만족스럽다고 할 수 있다. 이는 전체 문항이 애착관계를 잘 표현하고 있음을 의미한다.
- 다음으로 회전 성분행렬표를 본다. 앞서 베리멕스를 선택했기에 베리멕스 방법으로 회전한 것을 의미한다. 많은 옵션 중 베리멕스는 직각 베리멕스 회전을 의미하는데, 이는 요인들 간에 독립성을 유지하면서 회전시키는 방법이기에 가장 많이 활용된다. 분석하기 전에 옵션에서 '크기순 정렬'을 선택하였기에 제시된 결과에서는 새롭게 묶이는 요인별로 값이 큰 값에서 작은 값 순으로 정렬하게 되어 있다. 따라서 6개의 집단으로 구성된 것을 볼 수 있으며, 각 집단 구분은 부하된 요인값의 크기가 현격하게 달라지는 지점으로 하면 된다.
- 분석 요인을 다음과 같이 구분하여 보았다. 이때 각 요인이 어떤 내용을 가지고 있는지는 연구자가 문항들을 검토하여 결정해야 한다. 아래 명명 부분은 분석자가 이름을 지은 것이다.
- 명명을 하고 보니까 처음 세 가지 명명은 그런대로 원척도의 명명과 비슷한 것을 볼 수 있다. 하지만 묶인 문항들을 보면 원척도와 다른 것을 볼 수 있다. 더구나 요인6의 경우 한문항으로 구분되기 때문에 이를 하나의 요인으로 보아야 할지 확신이 서지도 않는다. 또한 요인5와 요인6은 모두 역문항에 해당하는 것들인 것을 볼 때 역문항으로 물음으로 의미가 왜곡된 점이 없는지 생각해 보게 된다. 여기에 하나 더 첨가하여 생각해 보면 만약 이 조사를 다른 대상자들에게 했을 경우도 이와 같이 요인들이 묶일까 하는 의문이 든다. 그래서 설문조사 자체가 정확하게 이루어져야 하는 것이다.

또한 탐색적 요인분석이 원척도의 척도와 동일한 모습으로 묶일 것이라는 가정 자체가 성립되기 어렵다는 걸 보여 준다. 따라서 타당성을 보기 위한 요인분석이라면 탐색적 요인분석이 아니라 AMOS를 활용하여 확인적 요인분석을 하는 것이 더 바람직하다.

요인구성	항목	명명	비고
요인1	애착생교20	소통	원척도 의사소통 5,6,7,14,15, 16,19,24,25
	애착생교15		
	애착생교16		
	애착생교18		
	애착생교21		
	애착생교12		
	애착생교25		
	애착생교22		
요인2	애착생교3	신뢰	원척도 신뢰 1,2,3,4,9,12, 13,20,21,22
	애착생교2		
	애착생교10		
	애착생교1		
	애착생교13		
요인3	애착생교23	소외(시키지 않음)	원척도 소외 8.10.11.17.18.23
	애착생교11		
	애착생교6		
	애착생교5		
	애착생교17		
요인4	애착생교19	수용	-
	애착생교7		
	애착생교4		
	애착생교24		
요인5	애착생교9	기대	-
	애착생교8		
요인6	애착생교14	의뢰	-

- 지수들의 판단근거는 연구자가 달리 할 수 있다. 예를 들어, KMO 측도의 경우 .80 이상으로 구형성을 판단한다고 했지만 .60 이상으로 제시하는 경우도 있다. 공통성의 경우 역시 .40을 판단기준으로 본다고 했지만, 역시 보는 이에 따라 .30 또는 .50을 제시하기도 한다.

c.f.

구분하고 싶은 하위요인수를 지정할 수는 없을까?

요인분석의 원래 개념은 분석하여 요인수를 파악하는 것이다. 하지만 여러 이유로 요인수를 지정할 수도 있다. 앞서 요인분석한 자료의 경우 코드북을 보면 애착의 하위요인이 3개이므로 요인수를 3개로 고정하여 분석할 수도 있다. 그림 19-1에서 여러 설정을 할 때 '요인추출'을 선택하여 그림 19-3과 같이 지정한 후 분석을 실행하면 된다.

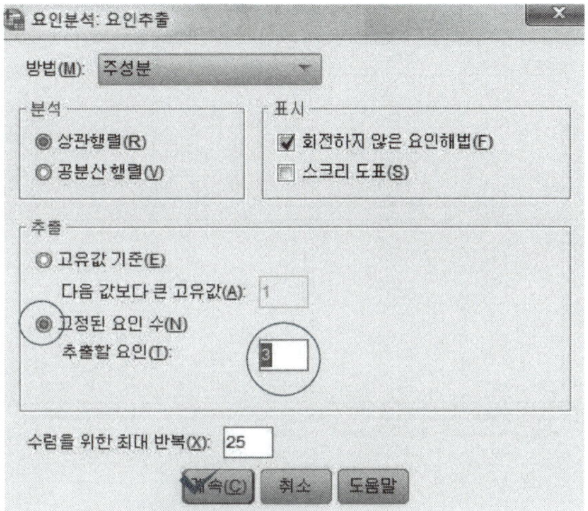

그림 19-3 요인수 고정

요인수를 고정하여 분석한 결과가 그림 19-4와 같다. 코드북과 참고하여 비교해 보자(위에 제시된 표의 비고란 참조). 첫 번째 요인으로 묶인 것들을 보면 신뢰를 주로 반영하고 있지만 문항 하나(18번)는 다른 하위요인인데 이곳에 묶인 것을 볼 수 있다. 두 번째 요인으로 묶인 것을 보면 의사소통을 주로 반영하고 있지만, 역시 3개의 문항(21, 1, 4)은 다른 하위요인인데 이곳으로 묶은 것을 볼 수 있다. 세 번째 요인으로 묶인 것을 보면 소외를 주로 반영하고 있지만 역시 3개의 문항(6, 9, 16)은 다른 하위요인인데 이곳으로 묶인 것을 볼 수 있다.

KMO와 Bartlett의 검정

표본 적절성의 Kaiser-Meyer-Olkin 측도.		.871
Bartlett의 구형성 검정	근사 카이제곱	3355.640
	자유도	231
	유의확률	.000

회전된 성분행렬[a]

	성분 1	성분 2	성분 3
애착생교3	.770	.116	.093
애착생교22	.710	.035	.219
애착생교12	.656	.364	.122
애착생교18	.644	.174	.345
애착생교2	.616	.397	.053
애착생교20	.558	.498	.271
애착생교19	.082	.767	.150
애착생교21	.519	.632	.066
애착생교7	.132	.630	.164
애착생교1	.532	.593	.147
애착생교24	.321	.555	.367
애착생교4	.534	.552	.047
애착생교15	.521	.542	.160
애착생교5	.179	.521	.471
애착생교11	-.001	.266	.647
애착생교8	.341	-.230	.616
애착생교17	.269	.050	.611
애착생교10	.505	.067	.558
애착생교23	.002	.466	.558
애착생교6	.347	.385	.540
애착생교9	.005	.209	.516
애착생교16	.359	.355	.371

추출 방법: 주성분 분석.
회전 방법: 카이저 정규화가 있는 베리멕스.

a. 16 반복계산에서 요인회전이 수렴되었습니다.

공통성

	초기	추출
애착생교1	1.000	.656
애착생교2	1.000	.539
애착생교3	1.000	.614
애착생교4	1.000	.592
애착생교5	1.000	.525
애착생교6	1.000	.560
애착생교7	1.000	.441
애착생교8	1.000	.549
애착생교9	1.000	.310
애착생교10	1.000	.571
애착생교11	1.000	.489
애착생교12	1.000	.578
애착생교15	1.000	.591
애착생교16	1.000	.393
애착생교17	1.000	.449
애착생교18	1.000	.565
애착생교19	1.000	.618
애착생교20	1.000	.633
애착생교21	1.000	.673
애착생교22	1.000	.553
애착생교23	1.000	.529
애착생교24	1.000	.545

추출 방법: 주성분 분석.

그림 19-4 요인수 고정 요인분석 결과

결국 탐색적 요인분석은 원래 척도를 그대로 반영하는 결과를 나타내는 경우가 드물다는 것을 볼 수 있다. 따라서 척도의 타당성 검정은 탐색적 요인분석으로 하기가 쉽지 않다. 굳이 요인분석을 통하여 척도의 타당성을 검정하려면 AMOS를 활용하여 확인적 요인분석을 실시하는 것이 바람직하다.

4) 요인분석의 결과는 어떻게 제시하는가?

- 대부분의 연구에서 요인분석은 주된 분석이라기보다는 다른 분석을 하기 위하여 요인을 간략화하는 방법으로 사용된다. 따라서 결과가 제시되지 않거나 분석결과에 대한 정보를 부록에 제시하는 경우가 많다. 이럴 경우 가공된 자료를 제시하기보다는 분석결과에 나타난 자료들을 그대로 제공하는 것이 바람직하다. 해석이나 판단은 독자가 하도록 하는 것이다.
- 표 19-1에 제시된 결과표와 해석은 참고용으로 제시하는 것이다. 또한 앞서 그림 19-2의 결과가 아니라 그림 19-4의 결과이다. 또한 그 아래 박스는 이 표에 대한 해석이다. 필요한 경우에 이런 방법으로 제시할 수 있다.

표 19-1 생활교사와의 애착에 대한 요인분석

구형성검정	Kaise-Meyer_Olkin = .871		
	Bartlet x2=3355.640***		
요인	1	2	3
애착생교3	0.770	0.116	0.093
애착생교22	0.710	0.035	0.219
애착생교12	0.656	0.364	0.122
애착생교18	0.644	0.174	0.345
애착생교2	0.616	0.397	0.053
애착생교20	0.558	0.498	0.271
애착생교19	0.082	0.767	0.150
애착생교21	0.519	0.632	0.066
애착생교7	0.132	0.630	0.164
애착생교1	0.532	0.593	0.147
애착생교24	0.321	0.555	0.367
애착생교4	0.534	0.552	0.047
애착생교15	0.521	0.542	0.160
애착생교5	0.179	0.521	0.471
애착생교11	-0.001	0.266	0.647
애착생교8	0.341	-0.230	0.616
애착생교17	0.269	0.050	0.611
애착생교10	0.505	0.067	0.558
애착생교23	0.002	0.466	0.558
애착생교6	0.347	0.385	0.540
애착생교9	0.005	0.209	0.516
애착생교16	0.359	0.355	0.371

생활교사와의 애착은 25개의 문항으로 구성되어 있다. 본 분석은 생활교사와의 애착도 어려 요인이 있다는 것을 설정하기에 요인분석을 통하여 그 하위요인을 구분하고 이에 따라 분석을 시도하고자 한다. 또한 요인의 구분을 원척도에 나타난 3가지를 반영하기 위하여 요인수를 3으로 고정하여 분석하였다. 회전은 자료 간 독립성을 최대한 보장하는 베리멕스 방법을 사용하였다.

분석된 결과는 다음과 같다. 먼저 요인분석의 구형성 검정을 살펴보면 KMO 측도가 .871로 나타나고 있어 구형성에는 문제가 없는 것을 알 수 있다. 이는 Bartlet의 검정도 동일한 결과를 보여 주고 있다(x^2 =3355.640, p<.001). 따라서 본 요인분석은 적합한 것을 알 수 있다. 요인은 세 개로 묶였다.

첫 번째 요인으로 묶인 항목들은 2, 3, 12, 18, 20, 22번으로 모두 6문항이다. 이들의 내용을 살펴본바 대부분 신뢰를 나타내는 내용들임을 알 수 있다. 따라서 첫 번째 요인은 '신뢰'라고 명명하였다. 두 번째 요인으로 묶인 항목들은 1, 4, 5, 7, 15 , 19, 21, 24번으로 모두 8문항이다. 내용이 주로 의사소통을 다루고 있기에 '의사소통'이라고 명명하였다. 세 번째 요인으로 묶인 문항들은 6, 8, 9, 10, 11, 16, 17, 23번으로 모두 8문항이다. 내용은 소외를 다루는 것들임을 알 수 있어 '소외'라고 명명하였다.

지금까지 수고 많으셨습니다.
이제부터는 필요한 분석들을 찾아서 심화해 보시기 바랍니다.
반복이 실력을 보장합니다.

APPENDIX

부 록

APPENDIX 01_설문지
APPENDIX 02_코드북
APPENDIX 03_분포표 - t분포표, 카이제곱 분포표, f분포표

설 문 지

※기록하지마세요

그룹홈명		번 호	
이 름		작성일자	2010. . .

안녕하세요, 여러분?

우선 설문조사에 참여해주어서 참 고마워요.
이 설문지는 그룹홈 생활과 관련된 여러분의 생각과 의견을 알아보기 위한 것이랍니다.

설문지에서 여러분에게 물어 보게 될 질문들은 결코 정답이나 좋은 답이 있는 것이 아니니 고민하지 말고 여러분의 생각을 솔직하게 적어주세요.

그리고 여러분이 응답한 설문내용은 선생님이나 다른 분들께 보여드리지 않으며 학문적인 연구를 위해서만 사용될 거예요.
개인의 정보에 대한 비밀보장은 기본이구요. ^^
이번 설문의 결과는 여러분이 그룹홈에서 더 즐겁고 편안하게 지낼 수 있도록 도울 수 있는 연구에 필요한 기초 자료로 의미 있게 활용될 거예요.
아무쪼록 여러분이 애써 작성한 설문지가 유용하게 사용될 수 있도록
다소 길고 지루하게 느껴지더라도 빠짐없이 성실하게 작성해주세요.

다시 한 번 이번 설문에 참여해주어 진심으로 고마운 마음을 여러분께 전합니다.

끝까지 파이팅!! (^_^)?~

2010. 7.
서울기독대학교 대학원 사회복지학과
지도교수 : 김형태
연 구 자 : 이수천(010-3326-8291)

APPENDIX 01

설문지

1. 다음은 생활교사 선생님에 대한 여러분의 생각에 대한 문항입니다.
생활교사 선생님에 대해 현재 여러분이 느끼는 것과 가장 비슷하다고 생각되는 곳에 V표 해주세요.

번호	질문내용	전혀 그렇지 않다	별로 그렇지 않다	보통 이다	대체로 그렇다	항상 그렇다
1	우리 생활교사 선생님은 나의 감정을 존중해 주신다.					
2	우리 생활교사 선생님은 생활교사로서 본분을 다한다고 생각한다.					
3	다른 분이 우리 생활교사 선생님이었으면 좋겠다.					
4	우리 생활교사 선생님은 나를 있는 그대로 받아들여 주신다.					
5	나는 걱정되는 일이 있을 때 생활교사 선생님의 의견을 받아들이고 싶다.					
6	생활교사 선생님에게 나의 감정을 드러내봐야 소용없다고 생각한다.					
7	우리 생활교사 선생님은 내가 어떤 일로 기분이 상했을 때 알아차리신다.					
8	생활교사 선생님과 함께 나의 문제를 상의할 때 나 자신이 수치스럽고 바보 같다는 생각이 든다.					
9	우리 생활교사 선생님은 내게 너무 많은 걸 바라신다.					
10	나는 생활교사 선생님과 함께 있을 때 기분이 쉽게 나빠진다.					
11	나는 기분이 나쁜 일이 있을 때 생활교사 선생님이 생각하는 것보다 훨씬 더 속상해 한다.					
12	어떤 일에 대해 의논할 때 생활교사 선생님은 나의 의견을 고려해 주신다.					
13	우리 생활교사 선생님은 나의 판단을 신뢰하신다.					
14	우리 생활교사 선생님은 생활교사 선생님 나름대로의 문제가 있기 때문에 나는 내 문제로 생활교사 선생님을 귀찮게 하지는 않는다.					
15	우리 생활교사 선생님은 내가 나 자신을 더 잘 이해할 수 있도록 도와주신다.					
16	나는 생활교사 선생님께 나의 어려움과 근심거리에 대해 말씀드린다.					

번호	질문내용	전혀 그렇지 않다	별로 그렇지 않다	보통 이다	대체로 그렇다	항상 그렇다
17	나는 생활교사 선생님에게 분노를 느낀다.					
18	나는 생활교사 선생님으로부터 관심을 받지 못한다.					
19	우리 생활교사 선생님은 내가 나의 어려움을 이야기 하도록 격려해 주신다.					
20	우리 생활교사 선생님은 나를 이해해 주신다.					
21	우리 생활교사 선생님은 내가 어떤 일로 화가 났을 때 이해하려고 노력하신다.					
22	나는 우리 생활교사 선생님을 신뢰한다.					
23	우리 생활교사 선생님은 내가 요즘 어떤 일을 겪고 있는지 이해하지 못하신다.					
24	나는 마음의 부담을 떨쳐버리고 싶을 때 생활교사 선생님께 의지할 수 있다.					
25	만약 생활교사 선생님께서 내게 고민거리가 있다는 걸 아신다면 나에게 그것에 대해 물어보신다.					
26	생활교사 선생님을 만난지는 얼마나 되었나요? ( ) 개월					

2. 다음은 여러분과 친한 친구들과의 관계에 대한 여러분의 느낌에 대한 문항입니다.
각 문항을 잘 읽고 지금 여러분의 느낌이라고 생각되는 곳에 V표 해주세요.

번호	질문내용	전혀 그렇지 않다	별로 그렇지 않다	보통 이다	대체로 그렇다	항상 그렇다
1	내게 걱정되는 일이 있을 때 친구들의 의견을 받아들이고 싶다.					
2	친구들은 내가 어떤 일로 기분이 상했을 때 알아차린다.					
3	어떤 일에 대해 의논할 때 내 친구들은 나의 의견을 고려한다.					
4	친구들과 함께 내 문제에 관해 이야기할 때 나 자신이 수치스럽고 바보 같다는 생각이 든다.					
5	내게 다른 친구들이 있었으면 좋겠다.					

번호	질문내용	전혀 그렇지 않다	별로 그렇지 않다	보통 이다	대체로 그렇다	항상 그렇다
6	나의 친구들은 나를 이해한다.					
7	친구들은 내가 어려움을 이야기할 수 있도록 격려해 준다.					
8	친구들은 나를 있는 그대로 받아들인다.					
9	나는 친구들과 더 자주 만나고 연락해야 할 필요성을 느낀다.					
10	친구들은 내가 요즘 어떤 일을 겪고 있는지 이해하지 못한다.					
11	친구들과 함께 있을 때도 마치 혼자 있거나 고립되어 있는 것처럼 느껴진다.					
12	내 친구들은 내가 말하는 것을 귀담아 듣는다.					
13	나는 나의 친구들이 좋은 친구들이라고 생각한다.					
14	내 친구들과 거리낌 없이 편하게 대화할 수 있다.					
15	내 친구들은 내가 어떤 일로 화가 났을 때 나를 이해하려고 노력한다.					
16	내 친구들은 내가 나 자신을 더 잘 이해하도록 도와준다.					
17	내 친구들은 내가 잘 지내는지 염려해 준다.					
18	나는 내 친구들에게 분노를 느낀다.					
19	나는 마음의 부담을 떨쳐버리고 싶을 때 친구들에게 의지할 수 있다.					
20	나는 내 친구들을 신뢰한다.					
21	내 친구들은 나의 감정을 존중해 준다.					
22	나는 기분 나쁜 일이 있을 때 친구들이 생각하는 것보다 훨씬 더 속상해 한다.					
23	나의 친구들은 아무런 이유도 없이 나에게 짜증내는 것 같다.					
24	나는 나의 어려움이나 걱정거리를 친구들에게 이야기한다.					
25	만약 내 친구들이 내가 고민거리가 있다는 걸 알게 되면, 나에게 그것에 대해 물어본다.					

3. 다음은 여러분이 다른 사람과 관계를 맺을 때 나타낼 수 있는 유형입니다.

먼저 다음 내용을 읽고 자신과 일치하는 정도라고 느껴지는 곳에 V표 해주세요.

번호	내 용	전혀			보통			매우
가	① 나는 다른 사람들과 감정적으로 가깝게 지내는 것이 쉽다. ② 나는 다른 사람에게 의존하는 것과 다른 사람들이 나에게 의존하는 것을 편하게 느낀다. ③ 혼자 지내게 될까봐 또는 다른 사람들이 나를 받아주지 않을까봐 걱정하지는 않는다.	1	2	3	4	5	6	7
나	① 나는 다른 사람들과 감정적으로 가깝게 지내지 않는 것이 편하다. ② 독립심을 느끼고 자기 충족감을 느끼는 것이 나에게는 매우 중요하다. ③ 나도 다른 사람에게 의존하지 않고, 남들도 나에게 의존하지 않는 것이 더 좋다.	1	2	3	4	5	6	7
다	① 나는 다른 사람들과 감정적으로 아주 가깝게 지내기를 원하지만, 다른 사람들은 종종 내가 원하는 것만큼 나와 가까워지는 것을 주저하는 것 같다. ② 친밀한 관계를 맺지 못하고 있는 것이 불편하지만 때때로 내가 그들을 중요하게 느끼는 것만큼 그들이 나를 중요하게 여기지 않을까봐 걱정이 된다.	1	2	3	4	5	6	7
라	① 나는 다른 사람들과 가깝게 지내는 것이 불편하다. ② 감정적으로 친밀한 관계를 맺고 싶지만, 다른 사람들을 완전히 신뢰하거나 그들에게 의존하기가 어렵다. ③ 다른 사람들과 가까워지게 되면 상처를 받을까봐 걱정이 된다.	1	2	3	4	5	6	7

위의 4가지 내용(가, 나, 다, 라) 중 자신을 가장 잘 설명해주거나 자신과 가장 가까운 내용은 어느 것입니까? 하나만 골라주세요. (   )

① 가   ② 나   ③ 다   ④ 라

4. 다음은 여러분의 생각이나 느낌에 관한 문항입니다. 자신과 어울린다고 생각하는 곳에 V표 해주세요.

번호	질문내용	전혀 그렇지 않다	별로 그렇지 않다	보통이다	대체로 그렇다	항상 그렇다
1	나는 불확실한 상황에서도 가장 좋은 일이 있을 거라고 기대하는 편이다.					
2	나는 쉽게 긴장을 풀 수 있다.					
3	무언가 내게 잘못될 것이라 생각이 들면 그렇게 된다.					
4	나는 나의 미래에 대하여 항상 낙관적이다.					
5	나는 내 친구들과 즐겁게 지낸다.					
6	바쁘게 사는 것이 내게 중요하다.					
7	나는 내 의지대로 될 것이라고 거의 기대하지 않는다.					
8	나는 그다지 쉽게 화를 내지 않는다.					
9	나는 나에게 좋은 일이 일어날 것이라고 거의 기대하지 않는다.					
10	전반적으로 나는 나에게 나쁜 일보다는 좋은 일이 더 많이 생길 것이라고 기대한다.					

5. 다음은 여러분이 자신에 대해 갖고 있는 생각과 관련된 문항입니다.
각 문항을 읽고 현재 여러분이 느끼고 있는 것과 가장 비슷하다고 생각되는 곳에 V표 해주세요.

번호	질문내용	전혀 그렇지 않다	별로 그렇지 않다	보통이다	대체로 그렇다	항상 그렇다
1	나는 내가 다른 사람들처럼 가치 있는 사람이라고 생각한다.					
2	나는 좋은 성품을 가졌다고 생각한다.					
3	나는 대체로 실패한 사람이라는 느낌이 든다.					
4	나는 대부분의 다른 사람들과 같이 일을 잘 할 수 있다.					
5	나는 자랑할 것이 별로 없다.					
6	나는 내 자신에 대하여 긍정적인 태도를 가지고 있다.					
7	나는 내 자신에 대하여 대체로 만족한다.					
8	나는 내 자신을 좀 더 존경할 수 있으면 좋겠다.					
9	나는 가끔 내 자신이 쓸모없는 사람이라는 느낌이 든다.					
10	나는 때때로 내가 좋지 않은 사람이라고 생각한다.					

6. 다음은 여러 가지 행동에 관한 항목들입니다. 각 항목을 하나씩 읽어가면서 현재 또는 지난 6개월 동안에 대해 다음과 같은 방법으로 해당하는 칸에 ✔ 표 해주세요.

0 → 전혀 해당되지 않는다
1 → 가끔 그렇거나 그런 편이다
2 → 자주 그런 일이 있거나 많이 그렇다

번호	질 문 내 용	0 (전혀)	1 (가끔)	2 (자주)
1	말다툼을 자주 한다.			
2	자랑을 많이 한다.			
3	외롭다고 느낀다.			
4	잘 운다.			
5	남에게 못되게 군다.			
6	고의로 자해행위를 하거나 자살기도를 한다.			
7	관심을 많이 끌려고 노력한다.			
8	내 물건을 부순다.			
9	다른 사람의 물건을 부순다.			
10	학교에서 말을 안 듣는다.			
11	해서는 안 될 일을 저지르고도 아무렇지 않게 생각한다.			
12	다른 사람에게 시샘을 잘 한다.			
13	나는 내가 나쁜 생각이나 나쁜 행동을 할까 두렵다.			
14	나는 스스로 완벽해야 된다고 생각한다.			
15	아무도 나를 사랑하지 않는다고 느낀다.			
16	남들이 나를 해치려한다고 생각한다.			
17	나는 가치가 없고 남보다 못하다고 생각한다.			
18	나는 싸움을 많이 한다.			
19	나쁜 친구들과 어울려 다닌다.			
20	혼자 있는 것을 좋아한다.			
21	거짓말을 하거나 남들을 속인다.			
22	나는 신경이 날카롭고 긴장되어 있다.			
23	나는 지나치게 겁이 많거나 불안해한다.			

번호	질 문 내 용	0 (전혀)	1 (가끔)	2 (자주)
24	나는 지나치게 죄책감을 느낀다.			
25	남을 신체적으로 공격한다.			
26	내 또래보다는 나보다 나이가 많은 아이들과 있는 것을 더 좋아한다.			
27	말을 하지 않으려 한다.			
28	가출한다.			
29	고함을 많이 지른다.			
30	나는 숨기는 것이 많고 남에게 속을 털어놓지 않는다.			
31	나는 자의식이 지나치고 쉽게 무안해 한다.			
32	불을 지른다.			
33	으스대거나 남을 웃기려고 싱거운 짓을 한다.			
34	수줍어한다.			
35	우리집의 물건을 훔친다.			
36	우리집 아닌 다른 곳에서 물건을 훔친다.			
37	고집이 세다.			
38	내 기분이나 감정은 갑자기 변하곤 한다.			
39	나는 의심이 많다.			
40	욕을 하거나 상스러운 말을 한다.			
41	자살에 대해 생각한다.			
42	나는 지나치게 수다스럽다.			
43	남을 잘 놀린다.			
44	나는 성미가 급하다.			
45	남들을 신체적으로 해치겠다고 위협한다.			
46	수업을 빼먹거나 학교에 무단결석하기도 한다.			
47	기운이 별로 없다.			
48	나는 불행하다고 생각하거나 슬퍼하고 우울해 한다.			
49	다른 아이들보다 소란스럽다.			
50	술을 마시거나, 치료목적으로 쓰는 것 이외의 약물을 사용한다.			
51	남들과 관계를 맺지 않으려 한다.			
52	나는 걱정이 많다.			

※ 다음은 여러분과 관련된 일반적인 사항에 대한 질문입니다. 각 문항을 잘 읽고 해당되는 곳에 체크하거나 답해주세요.

7. 지금 사는 그룹홈에 들어온 것은 언제인가요?
   (　　　　)년 (　　　　)월 (　　　　)일

8. 본인의 성적은 다음 중 어디에 해당한다고 생각하세요? (　　　　)
   ① 상　　② 상중　　③ 중　　④ 중하　　⑤ 하

9. 현재 다니고 있는 학교는 어디에 해당하나요? (　　　　)
   ① 초등학교　　② 중학교　　③ 고등학교
   ④ 대안학교(초)　　⑤ 대안학교(중)　　⑥ 대안학교(고)
   ⑦ 학교에 안 다님　　⑧ 기타 (　　　　　　)

10. 현재 몇 학년인가요? (　　　) 학년

11. 귀하의 성별은 다음 중 어디에 해당합니까? (　　　　)
   ① 남자

12. 귀하의 생년월일은 언제인가요? (　　　　)년 (　　　　)월 (　　　　)일

지금까지 긴 설문에 응해주시느라
수고하셨습니다 ^^

코드북

"그룹홈 청소년이 맺는 대리양육자와의 애착관계가 심리사회적응에 미치는 영향 연구: 낙관성의 매개효과를 중심으로"

<table>
<tr><th colspan="2">구분</th><th rowspan="2">입력값(단위)</th><th rowspan="2">비고</th></tr>
<tr><th>항</th><th>목</th></tr>
<tr><td>번호</td><td>번호</td><td></td><td>설문지 처리번호</td></tr>
<tr><td>이름</td><td>이름</td><td></td><td>대상자 이름</td></tr>
<tr><td>그룹홈명</td><td>그룹홈명</td><td></td><td>시설명</td></tr>
<tr><td rowspan="2">IPPA-R*</td><td>애착생교
1~25</td><td>①전혀그렇지않다
②별로그렇지않다
③보통이다
④대체로그렇다
⑤항상그렇다</td><td>부모→생활교사<table><tr><th>하위</th><th>문항</th><th>역문항</th></tr><tr><td>신뢰</td><td>1,2,3,4,9,12,13,20,21,22</td><td>3,9</td></tr><tr><td>의사
소통</td><td>5,6,7,14,15,16,19,24,25</td><td>6,14</td></tr><tr><td>소외</td><td>8,10,11,17,18,23</td><td>8,10,11,17,18,23</td></tr></table></td></tr>
<tr><td>애착또래
1~25</td><td>①전혀그렇지않다
②별로그렇지않다
③보통이다
④대체로그렇다
⑤항상그렇다</td><td>동료→또래<table><tr><th>하위</th><th>문항</th><th>역문항</th></tr><tr><td>신뢰</td><td>5,6,8,12,13,14,15,19,20,21</td><td>5</td></tr><tr><td>의사
소통</td><td>1,2,3,7,16,17,24,25</td><td></td></tr><tr><td>소외</td><td>4,9,10,11,18,22,23</td><td>4,9,10,11,18,22,23</td></tr></table></td></tr>
<tr><td>기간
생활교사</td><td>기간
생활교사</td><td>개월</td><td>생활교사와의 만남기간</td></tr>
<tr><td rowspan="5">RQ**</td><td>안정형정도</td><td rowspan="4">전혀<-----→매우
(1) (7)</td><td rowspan="4"></td></tr>
<tr><td>무시형정도</td></tr>
<tr><td>몰입형정도</td></tr>
<tr><td>두려움형정도</td></tr>
<tr><td>애착유형</td><td>①안정형
②무시형
③몰입형
④두려움형</td><td>원칙: 위의 선택과 본 문항의 선택이 동일하여야 함.</td></tr>
<tr><td>LOT-R***</td><td>낙관성</td><td>①전혀그렇지않다
②별로그렇지않다
③보통이다
④대체로그렇다
⑤항상그렇다</td><td><table><tr><th>하위</th><th>문항</th><th>비고</th></tr><tr><td>낙관성</td><td>1,4,10</td><td></td></tr><tr><td>비관성</td><td>3,7,9</td><td>역문항처리</td></tr><tr><td>허위</td><td>2,5,6,8</td><td>합산안함</td></tr></table></td></tr>
</table>

<table>
<tr><th colspan="2">구분</th><th rowspan="2">입력값(단위)</th><th rowspan="2">비고</th></tr>
<tr><th>항</th><th>목</th></tr>
<tr><td>RSE****</td><td>자존감</td><td>①전혀그렇지않다
②별로그렇지않다
③대체로그렇다
④항상그렇다</td><td>역문항 : 3,5,8,9,10</td></tr>
<tr><td>K-YSR*****</td><td>적응</td><td colspan="2">①전혀 ②가끔 ③자주
<table>
<tr><th colspan="2">적응영역</th><th>해당문항번호</th><th>문항수</th></tr>
<tr><td rowspan="2">심리</td><td>위축</td><td>20, 27, 30, 34, 47, (48), 51</td><td>7</td></tr>
<tr><td>우울/불안</td><td>3, 4, 6, 13, 14, 15, 16, 17, 22, 23, 24, 31, 39, 41, (48), 52</td><td>16</td></tr>
<tr><td rowspan="2">사회</td><td>비행</td><td>11, 19, 21, 26, 28, 32, 35, 36, 40, 46, 50</td><td>11</td></tr>
<tr><td>공격성</td><td>1, 2, 5, 7, 8, 9, 10, 12, 18, 25, 29, 33, 37, 38, 42, 43, 44, 45, 49</td><td>19</td></tr>
<tr><td colspan="3">총문항수</td><td>53(52)</td></tr>
</table></td></tr>
<tr><td rowspan="6">일반사항</td><td>기간현
그룹홈</td><td>개월</td><td>현 그룹홈 거주기간</td></tr>
<tr><td>성적</td><td>①상 ②상중
③중 ④중하 ⑤하</td><td>역문항 처리 필요</td></tr>
<tr><td>학교</td><td>①초등학교
②중학교
③고등학교
④대안학교(초)
⑤대안학교(중)
⑥대안학교(고)
⑦학교안다님
⑧기타</td><td></td></tr>
<tr><td>학년</td><td></td><td></td></tr>
<tr><td>성별</td><td>①남자
②여자</td><td></td></tr>
<tr><td>나이</td><td>개월</td><td></td></tr>
</table>

* : **부모 및 동료 애착척도**(The Inventory of Parent and Peer Attachment - Revised; IPPA-R). Armsden과 Greenberg(1987, 1992)가 개발하고, 옥정(1998)이 번안함.

** :

*** : **삶의 지향성 검사**(Life Orientation Test - Revised; LOT-R). Scheier, Caver와 Bridges(1994)가 개발한 것을 연구자가 번안하고, 영어전문가(전현직 영어교사) 2인의 감수와 교정을 받은 후, 현직 초등학교 교사 1인과 중학교 교사 2인이 청소년이 이해할 수 있는지를 감수하였다. 최종적으로 사회복지학 교수 2인이 감수하였다. cf.신현숙(2005)도 번안하였음.

**** : **자아존중감 척도**(Rosenberg Self-Esteem Scale; RSE). 오승환(2001), "저소득 결손가족 청소년의 적응 결정요인", 서울대학교 박사학위 논문.

***** : **한국판 청소년 자기행동평가 척도**(Korean-Youth Self Report; K-YSR). Achenbach(1991)가 개발하고, 오경자, 하은혜, 이혜련 그리고 홍강의(2001)가 한국 청소년에 맞게 수정 개발하였다.(서울: 중앙적성출판사)

t-분포표

표의 숫자는 주어진 α값에 대한 t_α의 값을 나타낸다.

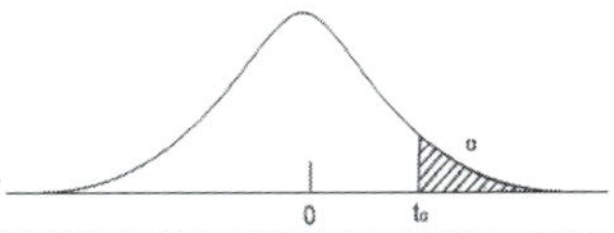

ϕ \ α	0.25	0.1	0.05	0.025	0.01	0.005
1	1.000	3.078	6.314	12.706	31.821	63.657
2	0.816	1.886	2.920	4.303	6.965	9.925
3	0.765	1.638	2.353	3.182	4.541	5.841
4	0.741	1.533	2.132	2.776	3.747	4.604
5	0.727	1.476	2.015	2.571	3.365	4.032
6	0.718	1.440	1.943	2.447	3.143	3.707
7	0.711	1.415	1.895	2.365	2.998	3.499
8	0.706	1.397	1.860	2.306	2.896	3.355
9	0.703	1.383	1.833	2.262	2.821	3.250
10	0.700	1.372	1.812	2.228	2.764	3.169
11	0.697	1.363	1.796	2.201	2.718	3.106
12	0.695	1.356	1.782	2.179	2.681	3.055
13	0.694	1.350	1.771	2.160	2.650	3.012
14	0.692	1.345	1.761	2.145	2.624	2.977
15	0.691	1.341	1.753	2.131	2.602	2.947
16	0.690	1.337	1.746	2.120	2.583	2.921
17	0.689	1.333	1.740	2.110	2.567	2.898
18	0.688	1.330	1.734	2.101	2.552	2.878
19	0.688	1.328	1.729	2.093	2.539	2.861
20	0.687	1.325	1.725	2.086	2.528	2.845
21	0.686	1.323	1.721	2.080	2.518	2.831
22	0.686	1.321	1.717	2.074	2.508	2.819
23	0.685	1.319	1.714	2.069	2.500	2.807
24	0.685	1.318	1.711	2.064	2.492	2.797
25	0.684	1.316	1.708	2.060	2.485	2.787
26	0.684	1.315	1.706	2.056	2.479	2.779
27	0.684	1.314	1.703	2.052	2.473	2.771
28	0.683	1.313	1.701	2.048	2.467	2.763
29	0.683	1.311	1.699	2.045	2.462	2.756
30	0.683	1.310	1.697	2.042	2.457	2.750
40	0.681	1.303	1.684	2.021	2.423	2.704
60	0.679	1.296	1.671	2.000	2.390	2.660
120	0.677	1.289	1.658	1.980	2.358	2.617
∞	0.674	1.282	1.645	1.960	2.326	2.576

카이제곱(χ^2)분포표

표의 숫자는 주어진 α값에 대한 $\chi^2{}_{\alpha}$값을 나타낸다.

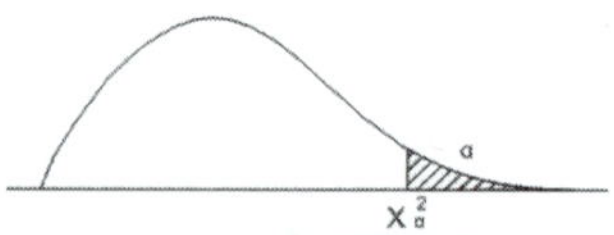

ϕ \ α	0.995	0.990	0.975	0.950	0.050	0.025	0.01	0.005
1	392704×10^{-1}[illegible]	$157088 \times 10^{-}$[illegible]	$982069 \times 10^{-}$[illegible]	$393214 \times 10^{-}$[illegible]	3.84146	5.02389	6.63490	7.87944
2	0.0100251	0.0201007	0.0506356	0.102587	5.99147	7.37776	9.21034	10.5966
3	0.0717212	0.114832	0.215795	0.351846	7.81473	9.34840	11.3446	12.8381
4	0.206990	0.297110	0.484419	0.710721	9.48773	11.1433	13.2767	14.8602
5	0.411740	0.554300	0.831211	1.145476	11.0705	12.8325	15.0863	16.7496
6	0.675727	0.872083	1.237347	1.63539	12.5916	14.4494	16.8119	18.5476
7	0.989265	1.239043	1.68987	2.16735	14.0671	16.0128	18.4753	20.2777
8	1.344419	1.646482	2.17973	2.73264	15.5073	17.5346	20.0902	21.9550
9	1.734926	2.087912	2.70039	3.32511	16.9190	19.0228	21.6660	23.5893
10	2.15585	2.55821	3.24697	3.94030	18.3070	20.4831	23.2093	25.1882
11	2.60321	3.05347	3.81575	4.57481	19.6751	21.9200	24.7250	26.7579
12	3.07382	3.57056	4.40379	5.22603	21.0261	23.3367	26.2170	28.2995
13	3.56503	4.10691	5.00874	5.89186	22.3621	24.7356	27.6883	29.8197
14	4.07498	4.66043	5.62872	6.57063	23.6848	26.1190	29.1413	31.3193
15	4.60094	5.22935	6.26214	7.26094	24.9958	27.4884	30.5779	32.8013
16	5.14224	5.81221	6.90766	7.96164	26.2962	28.8454	31.9999	34.2672
17	5.69724	6.40776	7.56418	8.67176	27.5871	30.1910	33.4087	35.7185
18	6.26481	7.01491	8.23075	9.39046	28.8693	31.5264	34.8053	37.1564
19	6.84398	7.63273	8.90655	10.1170	30.1435	32.8523	36.1908	38.5822
20	7.43386	8.26040	9.59083	10.8508	31.4104	34.1696	37.5662	39.9968
21	8.03366	8.89720	10.28293	11.5913	32.6705	35.4789	38.9321	41.4010
22	8.64272	9.54249	10.9823	12.3380	33.9244	36.7807	40.2894	42.7956
23	9.26042	10.19567	11.6885	13.0905	35.1725	38.0757	41.6384	44.1813
24	9.88623	10.8564	12.4011	13.8484	36.4151	39.3641	42.9798	45.5585
25	10.5197	11.5240	13.1197	14.6114	37.6525	40.6465	44.3141	46.9278
26	11.1603	12.1981	13.8439	15.3791	38.8852	41.9232	45.6417	48.2899
27	11.8076	12.8786	14.5733	16.1513	40.1133	43.1944	46.9630	49.6449
28	12.4613	13.5648	15.3079	16.9279	41.3372	44.4607	48.2782	50.9933
29	13.1211	14.2565	16.0471	17.7083	42.5569	45.7222	49.5879	52.3356
30	13.7867	14.9535	16.7908	18.4926	43.7729	46.9792	50.8922	53.6720
40	20.7065	22.1643	24.4331	26.5093	55.7585	59.3417	63.6907	66.7659
50	27.9907	29.7067	32.3574	34.7642	67.5048	71.4202	76.1539	79.4900
60	35.5346	37.4848	40.4817	43.1879	79.0819	83.2976	88.3794	91.9517
70	43.2752	45.4418	48.7576	51.7393	90.5312	95.0231	100.425	104.215
80	51.1720	53.5400	57.1532	60.3915	101.879	106.629	112.329	116.321
90	59.1963	61.7541	65.6466	69.1260	113.145	118.136	124.116	128.299
100	67.3276	70.0648	74.2219	77.9295	124.342	129.561	135.807	140.169

F-분포표

표의 숫자는 주어진 α값에 대한 $F(\phi_1, \phi_2, \alpha)$값을 나타낸다.

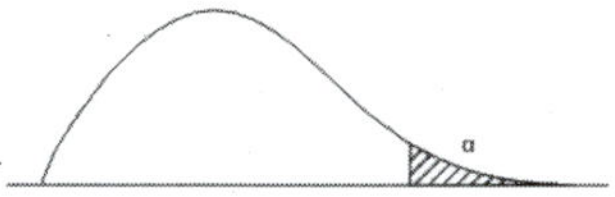

$\alpha = 0.10$

ϕ_2 \ ϕ_1	1	2	3	4	5	6	7	8	9	10	12	15	20	24	30	40	60	120	∞
1	39.86	49.50	53.59	55.83	57.24	58.20	58.91	59.44	59.86	60.19	60.71	61.22	61.74	62.00	62.26	62.53	62.79	63.06	63.33
2	8.53	9.00	9.16	9.24	9.29	9.33	9.35	9.37	9.38	9.39	9.41	9.42	9.44	9.45	9.46	9.47	9.47	9.48	9.49
3	5.54	5.46	5.39	5.34	5.31	5.28	5.27	5.25	5.24	5.23	5.22	5.20	5.18	5.18	5.17	5.16	5.15	5.14	5.13
4	4.54	4.32	4.19	4.11	4.05	4.01	3.98	3.95	3.94	3.92	3.90	3.87	3.84	3.83	3.82	3.80	3.79	3.78	3.76
5	4.06	3.78	3.62	3.52	3.45	3.40	3.37	3.34	3.32	3.30	3.27	3.24	3.21	3.19	3.17	3.16	3.14	3.12	3.10
6	3.78	3.46	3.29	3.18	3.11	3.05	3.01	2.98	2.96	2.94	2.90	2.87	2.84	2.82	2.80	2.78	2.76	2.74	2.72
7	3.59	3.26	3.07	2.96	2.88	2.83	2.78	2.75	2.72	2.70	2.67	2.63	2.59	2.58	2.56	2.54	2.51	2.49	2.47
8	3.46	3.11	2.92	2.81	2.73	2.67	2.62	2.59	2.56	2.54	2.50	2.46	2.42	2.40	2.38	2.36	2.34	2.32	2.29
9	3.36	3.01	2.81	2.69	2.61	2.55	2.51	2.47	2.44	2.42	2.38	2.34	2.30	2.28	2.25	2.23	2.21	2.18	2.16
10	3.29	2.92	2.73	2.61	2.52	2.46	2.41	2.38	2.35	2.32	2.28	2.24	2.20	2.18	2.16	2.13	2.11	2.08	2.06
11	3.23	2.86	2.66	2.54	2.45	2.39	2.34	2.30	2.27	2.25	2.21	2.17	2.12	2.10	2.08	2.05	2.03	2.00	1.97
12	3.18	2.81	2.61	2.48	2.39	2.33	2.28	2.24	2.21	2.19	2.15	2.10	2.06	2.04	2.01	1.99	1.96	1.93	1.90
13	3.14	2.76	2.56	2.43	2.35	2.28	2.23	2.20	2.16	2.14	2.10	2.05	2.01	1.98	1.96	1.93	1.90	1.88	1.85
14	3.10	2.73	2.52	2.39	2.31	2.24	2.19	2.15	2.12	2.10	2.05	2.01	1.96	1.94	1.91	1.89	1.86	1.83	1.80
15	3.07	2.70	2.49	2.36	2.27	2.21	2.16	2.12	2.09	2.06	2.02	1.97	1.92	1.90	1.87	1.85	1.82	1.79	1.76
16	3.05	2.67	2.46	2.33	2.24	2.18	2.13	2.09	2.06	2.03	1.99	1.94	1.89	1.87	1.84	1.81	1.78	1.75	1.72
17	3.03	2.64	2.44	2.31	2.22	2.15	2.10	2.06	2.03	2.00	1.96	1.91	1.86	1.84	1.81	1.78	1.75	1.72	1.69
18	3.01	2.62	2.42	2.29	2.20	2.13	2.08	2.04	2.00	1.98	1.93	1.89	1.84	1.81	1.78	1.75	1.72	1.69	1.66
19	2.99	2.61	2.40	2.27	2.18	2.11	2.06	2.02	1.98	1.96	1.91	1.86	1.81	1.79	1.76	1.73	1.70	1.67	1.63
20	2.97	2.59	2.38	2.25	2.16	2.09	2.04	2.00	1.96	1.94	1.89	1.84	1.79	1.77	1.74	1.71	1.68	1.64	1.61
21	2.96	2.57	2.36	2.23	2.14	2.08	2.02	1.98	1.95	1.92	1.87	1.83	1.78	1.75	1.72	1.69	1.66	1.62	1.59
22	2.95	2.56	2.35	2.22	2.13	2.06	2.01	1.97	1.93	1.90	1.86	1.81	1.76	1.73	1.70	1.67	1.64	1.60	1.57
23	2.94	2.55	2.34	2.21	2.11	2.05	1.99	1.95	1.93	1.89	1.84	1.80	1.74	1.72	1.69	1.66	1.62	1.59	1.55
24	2.93	2.54	2.33	2.19	2.10	2.04	1.98	1.94	1.91	1.88	1.83	1.78	1.73	1.70	1.67	1.64	1.61	1.57	1.53
25	2.92	2.53	2.32	2.18	2.09	2.02	1.97	1.93	1.89	1.87	1.82	1.77	1.72	1.69	1.66	1.63	1.59	1.56	1.52
26	2.91	2.52	2.31	2.17	2.08	2.01	1.96	1.92	1.88	1.86	1.81	1.76	1.71	1.68	1.65	1.61	1.58	1.54	1.50
27	2.90	2.51	2.30	2.17	2.07	2.00	1.95	1.91	1.87	1.85	1.80	1.75	1.70	1.67	1.64	1.60	1.57	1.53	1.49
28	2.89	2.50	2.29	2.16	2.06	2.00	1.94	1.90	1.87	1.84	1.79	1.74	1.69	1.66	1.63	1.59	1.56	1.52	1.48
29	2.89	2.50	2.28	2.15	2.06	1.99	1.93	1.89	1.86	1.83	1.78	1.73	1.68	1.65	1.62	1.58	1.55	1.51	1.47
30	2.88	2.49	2.28	2.14	2.05	1.98	1.93	1.88	1.85	1.82	1.77	1.72	1.67	1.64	1.61	1.57	1.54	1.50	1.46
40	2.84	2.44	2.23	2.09	2.00	1.93	1.87	1.83	1.79	1.76	1.71	1.66	1.61	1.57	1.54	1.51	1.47	1.42	1.38
60	2.79	2.39	2.18	2.04	1.95	1.87	1.82	1.77	1.74	1.71	1.66	1.60	1.54	1.51	1.48	1.44	1.40	1.35	1.29
120	2.75	2.35	2.13	1.99	1.90	1.82	1.77	1.72	1.68	1.65	1.60	1.55	1.48	1.45	1.41	1.37	1.32	1.26	1.19
∞	2.71	2.30	2.08	1.94	1.85	1.77	1.72	1.67	1.63	1.60	1.55	1.49	1.42	1.38	1.34	1.30	1.24	1.17	1.00

$\alpha = 0.05$

ϕ_2 \ ϕ_1	1	2	3	4	5	6	7	8	9	10	12	15	20	24	30	40	60	120	∞
1	161.4	199.5	215.71	224.58	230.16	233.99	236.77	238.88	240.54	241.88	243.9	245.95	248.01	249.05	250.09	251.14	252.20	253.25	254.32
2	18.51	19.00	19.16	19.25	19.30	19.33	19.35	19.37	19.38	19.40	19.41	19.43	19.45	19.45	19.46	19.47	19.48	19.49	19.50
3	10.13	9.55	9.28	9.12	9.01	8.94	8.89	8.85	8.81	8.79	8.74	8.70	8.66	8.64	8.62	8.59	8.57	8.55	8.53
4	7.71	6.94	6.59	6.39	6.26	6.16	6.09	6.04	6.00	5.96	5.91	5.86	5.80	5.77	5.75	5.72	5.69	5.66	5.63
5	6.61	5.79	5.41	5.19	5.05	4.95	4.88	4.82	4.77	4.74	4.68	4.62	4.56	4.53	4.50	4.46	4.43	4.40	4.36
6	5.99	5.14	4.76	4.53	4.39	4.28	4.21	4.15	4.10	4.06	4.00	3.94	3.87	3.84	3.81	3.77	3.74	3.70	3.67
7	5.59	4.74	4.35	4.12	3.97	3.87	3.79	3.73	3.68	3.64	3.57	3.51	3.44	3.41	3.38	3.34	3.30	3.27	3.23
8	5.32	4.46	4.07	3.84	3.69	3.58	3.50	3.44	3.39	3.35	3.28	3.22	3.15	3.12	3.08	3.04	3.01	2.97	2.93
9	5.12	4.26	3.86	3.63	3.48	3.37	3.29	3.23	3.18	3.14	3.07	3.01	2.94	2.90	2.86	2.83	2.79	2.75	2.71
10	4.96	4.10	3.71	3.48	3.33	3.22	3.14	3.07	3.02	2.98	2.91	2.84	2.77	2.74	2.70	2.66	2.62	2.58	2.54
11	4.84	3.98	3.59	3.36	3.20	3.09	3.01	2.95	2.90	2.85	2.79	2.72	2.65	2.61	2.57	2.53	2.49	2.43	2.40
12	4.75	3.89	3.49	3.26	3.11	3.00	2.91	2.85	2.80	2.75	2.69	2.62	2.54	2.51	2.47	2.43	2.38	2.34	2.30
13	4.67	3.81	3.41	3.18	3.03	2.92	2.83	2.77	2.71	2.67	2.60	2.53	2.46	2.42	2.38	2.34	2.30	2.23	2.21
14	4.60	3.74	3.34	3.11	2.96	2.85	2.76	2.70	2.65	2.60	2.53	2.46	2.39	2.35	2.31	2.27	2.22	2.18	2.13
15	4.54	3.68	3.29	3.06	2.90	2.79	2.71	2.64	2.59	2.54	2.48	2.40	2.33	2.29	2.25	2.20	2.16	2.11	2.07
16	4.49	3.63	3.24	3.01	2.85	2.74	2.66	2.59	2.54	2.49	2.42	2.35	2.28	2.24	2.19	2.15	2.11	2.06	2.01
17	4.45	3.59	3.20	2.96	2.81	2.70	2.61	2.55	2.49	2.45	2.38	2.31	2.23	2.19	2.15	2.10	2.06	2.01	1.96
18	4.41	3.55	3.16	2.93	2.77	2.66	2.58	2.51	2.46	2.41	2.34	2.27	2.19	2.15	2.11	2.06	2.02	1.97	1.92
19	4.38	3.52	3.13	2.90	2.74	2.63	2.54	2.48	2.42	2.38	2.31	2.23	2.16	2.11	2.07	2.03	1.98	1.93	1.88
20	4.35	3.49	3.10	2.87	2.71	2.60	2.51	2.45	2.39	2.35	2.28	2.20	2.12	2.08	2.04	1.99	1.95	1.90	1.84
21	4.32	3.47	3.07	2.84	2.68	2.57	2.49	2.42	2.37	2.32	2.25	2.18	2.10	2.05	2.01	1.96	1.92	1.87	1.81
22	4.30	3.44	3.05	2.82	2.66	2.55	2.46	2.40	2.34	2.30	2.23	2.15	2.07	2.03	1.98	1.94	1.89	1.84	1.78
23	4.28	3.42	3.03	2.80	2.64	2.53	2.44	2.37	2.32	2.27	2.20	2.13	2.05	2.00	1.96	1.91	1.86	1.81	1.76
24	4.26	3.40	3.01	2.78	2.62	2.51	2.42	2.36	2.30	2.25	2.18	2.11	2.03	1.98	1.94	1.89	1.84	1.79	1.73
25	4.24	3.39	2.99	2.76	2.60	2.49	2.40	2.34	2.28	2.24	2.16	2.09	2.01	1.96	1.92	1.87	1.82	1.77	1.71
26	4.23	3.37	2.98	2.74	2.59	2.47	2.39	2.32	2.27	2.22	2.15	2.07	1.99	1.95	1.90	1.85	1.80	1.75	1.69
27	4.21	3.35	2.96	2.73	2.57	2.46	2.37	2.31	2.25	2.20	2.13	2.06	1.97	1.93	1.88	1.84	1.79	1.73	1.67
28	4.20	3.34	2.95	2.71	2.56	2.45	2.36	2.29	2.24	2.19	2.12	2.04	1.96	1.91	1.87	1.82	1.77	1.71	1.65
29	4.18	3.33	2.93	2.70	2.55	2.43	2.35	2.28	2.22	2.18	2.10	2.03	1.94	1.90	1.85	1.81	1.75	1.70	1.64
30	4.17	3.32	2.92	2.69	2.53	2.42	2.33	2.27	2.21	2.16	2.09	2.01	1.93	1.89	1.84	1.79	1.74	1.68	1.62
40	4.08	3.23	2.84	2.61	2.45	2.34	2.25	2.18	2.12	2.08	2.00	1.92	1.84	1.79	1.74	1.69	1.64	1.58	1.51
60	4.00	3.15	2.76	2.53	2.37	2.25	2.17	2.10	2.04	1.99	1.92	1.84	1.75	1.70	1.65	1.59	1.53	1.47	1.39
120	3.92	3.07	2.68	2.45	2.29	2.17	2.09	2.02	1.96	1.91	1.83	1.75	1.66	1.61	1.55	1.50	1.43	1.35	1.25
∞	3.84	3.00	2.60	2.37	2.21	2.10	2.01	1.94	1.88	1.83	1.75	1.67	1.57	1.52	1.46	1.39	1.31	1.22	1.00

$\alpha = 0.025$

ϕ_2 \ ϕ_1	1	2	3	4	5	6	7	8	9	10	12	15	20	24	30	40	60	120	∞
1	647.8	799.5	864.2	899.6	921.8	937.1	948.2	956.7	963.3	968.6	976.7	984.9	993.1	997.2	1001	1006	1010	1014	1018
2	38.51	39.00	39.17	39.25	39.30	39.33	39.36	39.37	39.39	39.40	39.41	39.43	39.45	39.46	39.46	39.47	39.48	39.49	39.50
3	17.44	16.04	15.44	15.10	14.88	14.73	14.62	14.51	14.47	14.42	14.34	14.25	14.17	14.12	14.08	14.04	13.99	13.95	13.90
4	12.22	10.65	9.98	9.60	9.36	9.20	9.07	8.98	8.90	8.84	8.75	8.66	8.56	8.51	8.46	8.41	8.36	8.31	3.26
5	10.01	8.43	7.76	7.39	7.15	6.98	6.85	6.76	6.68	6.62	6.52	6.43	6.33	6.28	6.23	6.18	6.12	6.07	6.02
6	8.81	7.26	6.60	6.23	5.99	5.82	5.70	5.60	5.52	5.46	5.27	5.27	5.17	5.12	5.07	5.01	4.96	4.90	4.85
7	8.07	6.54	5.89	5.52	5.29	5.12	4.99	4.90	4.82	4.76	4.67	4.57	4.47	4.42	4.36	4.31	4.25	4.20	4.14
8	7.57	6.06	5.42	5.05	4.82	4.65	4.53	4.43	4.36	4.30	4.20	4.10	4.00	3.95	3.89	3.84	3.78	3.73	3.67
9	7.21	5.71	5.08	4.72	4.48	4.32	4.20	4.10	4.03	3.96	3.87	3.77	3.67	3.61	3.56	3.51	3.45	3.39	3.33
10	6.94	5.46	4.83	4.47	4.24	4.07	3.95	3.85	3.78	3.72	3.62	3.52	3.42	3.37	3.31	3.26	3.20	3.14	3.08
11	6.72	5.26	4.63	4.28	4.04	3.88	3.76	3.66	3.59	3.53	3.43	3.33	3.23	3.17	3.12	3.06	3.00	2.94	2.88
12	6.55	5.10	4.47	4.12	3.89	3.73	3.61	3.51	3.44	3.37	3.28	3.18	3.07	3.02	2.96	2.91	2.85	2.79	2.72
13	6.41	4.97	4.35	4.00	3.77	3.60	3.48	3.39	3.31	3.25	3.15	3.05	2.95	2.89	2.84	2.78	2.72	2.66	2.60
14	6.30	4.86	4.24	3.89	3.66	3.50	3.36	3.29	3.21	3.15	3.05	2.95	2.84	2.79	2.73	2.67	2.61	2.55	2.49
15	6.20	4.77	4.15	3.80	3.58	3.41	3.29	3.20	3.12	3.06	2.96	2.86	2.76	2.70	2.64	2.59	2.52	2.46	2.40
16	6.12	4.69	4.08	3.73	3.50	3.34	3.22	3.12	3.05	2.99	2.89	2.79	2.68	2.63	2.57	2.51	2.45	2.38	2.32
17	6.04	4.62	4.01	3.66	3.44	3.28	3.16	3.06	2.98	2.92	2.82	2.72	2.62	2.56	2.50	2.44	2.38	2.32	2.25
18	5.98	4.56	3.95	3.61	3.38	3.22	3.10	3.01	2.93	2.87	2.77	2.67	2.56	2.50	2.44	2.32	2.32	2.26	2.19
19	5.92	4.51	3.90	3.56	3.33	3.17	3.05	2.96	2.88	2.82	2.72	2.62	2.51	2.45	2.39	2.33	2.27	2.20	2.13
20	5.87	4.46	3.86	3.51	3.29	3.13	3.01	2.91	2.84	2.77	2.68	2.57	2.46	2.41	2.35	2.29	2.22	2.16	2.09
21	5.83	4.42	3.82	3.48	3.25	3.09	2.97	2.87	2.80	2.73	2.64	2.53	2.42	2.37	2.31	2.25	2.18	2.11	2.04
22	5.79	4.38	3.78	3.44	3.22	3.05	2.93	2.84	2.76	2.70	2.60	2.50	2.39	2.33	2.27	2.21	2.14	2.08	2.00
23	5.75	4.35	3.75	3.41	3.18	3.02	2.90	2.81	2.73	2.67	2.57	2.47	2.36	2.30	2.24	2.18	2.11	2.04	1.97
24	5.72	4.32	3.72	3.38	3.15	2.99	2.87	2.78	2.70	2.64	2.54	2.44	2.33	2.27	2.21	2.15	2.08	2.01	1.94
25	5.69	4.29	3.69	3.35	3.13	2.97	2.85	2.75	2.68	2.61	2.51	2.41	2.30	2.24	2.18	2.12	2.05	1.98	1.91
26	5.66	4.27	3.67	3.33	3.10	2.94	2.82	2.73	2.65	2.59	2.49	2.39	2.28	2.22	2.16	2.09	2.03	1.95	1.88
27	5.63	4.24	3.65	3.31	3.08	2.92	2.80	2.71	2.63	2.57	2.47	2.36	2.25	2.19	2.13	2.07	2.00	1.93	1.85
28	5.61	4.22	3.63	3.29	3.06	2.90	2.78	2.69	2.61	2.55	2.45	2.34	2.23	2.17	2.11	2.05	1.98	1.91	1.83
29	5.59	4.20	3.61	3.27	3.04	2.88	2.76	2.67	2.59	2.53	2.43	2.32	2.21	2.15	2.09	2.03	1.96	1.89	1.81
30	5.57	4.18	3.59	3.25	3.03	2.87	2.75	2.65	2.57	2.51	2.41	2.31	2.20	2.14	2.07	2.01	1.94	1.87	1.79
40	5.42	4.05	3.46	3.13	2.90	2.74	2.62	2.53	2.45	2.39	2.29	2.18	2.07	2.01	1.94	1.88	1.80	1.72	1.64
60	5.29	3.93	3.34	3.01	2.79	2.63	2.51	2.41	2.33	2.27	2.17	2.06	1.94	1.88	1.82	1.74	1.67	1.58	1.48
120	5.15	3.80	3.23	2.89	2.67	2.52	2.39	2.30	2.22	2.16	2.05	1.94	1.82	1.76	1.69	1.61	1.53	1.43	1.31
∞	5.02	3.69	3.12	2.79	2.57	2.41	2.29	2.19	2.11	2.05	1.94	1.83	1.71	1.64	1.57	1.48	1.39	1.27	1.00

$\alpha = 0.01$

ϕ_2 \ ϕ_1	1	2	3	4	5	6	7	8	9	10	12	15	20	24	30	40	60	120	∞
1	4052	4999.5	5403	5625	5764	5859	5928	5981	6022	6056	6106	6157	6209	6235	6261	6287	6313	6339	6366
2	98.50	99.00	99.17	99.25	99.30	99.33	99.36	99.37	99.39	99.40	99.42	99.43	99.45	99.46	99.47	99.47	99.48	99.49	99.50
3	34.12	30.82	29.46	28.71	28.24	27.91	27.67	27.49	27.35	27.23	27.05	26.87	26.69	26.60	26.50	26.41	26.32	26.22	26.13
4	21.20	18.00	16.69	15.98	15.52	15.21	14.98	14.80	14.66	14.55	14.37	14.20	14.02	13.93	13.84	13.75	13.65	13.56	13.46
5	16.26	13.27	12.06	11.39	10.97	10.67	10.46	10.29	10.16	10.05	9.89	9.72	9.55	9.47	9.38	9.29	9.20	9.11	9.02
6	13.75	10.92	9.78	9.15	8.75	8.47	8.26	8.10	7.98	7.87	7.72	7.56	7.40	7.31	7.23	7.14	7.06	6.97	6.88
7	12.25	9.55	8.45	7.85	7.46	7.19	6.99	6.84	6.72	6.62	6.47	6.31	6.16	6.07	5.99	5.91	5.82	5.74	5.65
8	11.26	8.65	7.59	7.01	6.63	6.37	6.18	6.03	5.91	5.81	5.67	5.52	5.36	5.28	5.20	5.12	5.03	4.95	4.86
9	10.56	8.02	6.99	6.42	6.06	5.80	5.61	5.47	5.35	5.26	5.11	4.96	4.81	4.73	4.65	4.57	4.48	4.40	4.31
10	10.04	7.56	6.55	5.99	5.64	5.39	5.20	5.06	4.94	4.85	4.71	4.56	4.41	4.33	4.25	4.17	4.08	4.00	3.91
11	9.65	7.21	6.22	5.67	5.32	5.07	4.89	4.74	4.63	4.54	4.40	4.25	4.10	4.02	3.94	3.86	3.78	3.69	3.60
12	9.33	6.93	5.95	5.41	5.06	4.82	4.64	4.50	4.39	4.30	4.16	4.01	3.86	3.78	3.70	3.62	3.54	3.45	3.36
13	9.07	6.70	5.74	5.21	4.86	4.62	4.44	4.30	4.19	4.10	3.96	3.82	3.66	3.59	3.51	3.43	3.34	3.25	3.17
14	8.86	6.51	5.56	5.04	4.69	4.46	4.28	4.14	4.03	3.94	3.80	3.66	3.51	3.43	3.35	3.27	3.18	3.09	3.00
15	8.68	6.36	5.42	4.89	4.56	4.32	4.14	4.00	3.89	3.80	3.67	3.52	3.37	3.29	3.21	3.13	3.05	2.96	2.87
16	8.53	6.23	5.29	4.77	4.44	4.20	4.03	3.89	3.78	3.69	3.55	3.41	3.26	3.18	3.10	3.02	2.93	2.84	2.75
17	8.40	6.11	5.18	4.67	4.34	4.10	3.93	3.79	3.68	3.59	3.46	3.31	3.16	3.08	3.00	2.92	2.83	2.75	2.65
18	8.29	6.01	5.09	4.58	4.25	4.01	3.84	3.71	3.60	3.51	3.37	3.23	3.08	3.00	2.92	2.84	2.75	2.66	2.57
19	8.18	5.93	5.01	4.50	4.17	3.94	3.77	3.63	3.52	3.43	3.30	3.15	3.00	2.92	2.84	2.76	2.67	2.58	2.49
20	8.10	5.85	4.94	4.43	4.10	3.87	3.70	3.56	3.46	3.37	3.23	3.09	2.94	2.86	2.78	2.69	2.61	2.52	2.42
21	8.02	5.78	4.87	4.37	4.04	3.81	3.64	3.51	3.40	3.31	3.17	3.03	2.88	2.80	2.72	2.64	2.55	2.46	2.36
22	7.95	5.72	4.82	4.31	3.99	3.76	3.59	3.45	3.35	3.26	3.12	2.98	2.83	2.75	2.67	2.58	2.50	2.40	2.31
23	7.88	5.66	4.76	4.26	3.94	3.71	3.54	3.41	3.30	3.21	3.07	2.93	2.78	2.70	2.62	2.54	2.45	2.35	2.26
24	7.82	5.61	4.72	4.22	3.90	3.67	3.50	3.36	3.26	3.17	3.03	2.89	2.74	2.66	2.58	2.49	2.40	2.31	2.21
25	7.77	5.57	4.68	4.18	3.85	3.63	3.46	3.32	3.22	3.13	2.99	2.85	2.70	2.62	2.54	2.45	2.36	2.27	2.17
26	7.72	5.53	4.64	4.14	3.82	3.59	3.42	3.29	3.18	3.09	2.96	2.81	2.66	2.58	2.50	2.42	2.33	2.23	2.13
27	7.68	5.49	4.60	4.11	3.78	3.56	3.39	3.26	3.15	3.06	2.93	2.78	2.63	2.55	2.47	2.38	2.29	2.20	2.10
28	7.64	5.45	4.57	4.07	3.75	3.53	3.36	3.23	3.12	3.03	2.90	2.75	2.60	2.52	2.44	2.35	2.26	2.17	2.06
29	7.60	5.42	4.54	4.04	3.73	3.50	3.33	3.20	3.09	3.00	2.87	2.73	2.57	2.49	2.41	2.33	2.23	2.14	2.03
30	7.56	5.39	4.51	4.02	3.70	3.47	3.30	3.17	3.07	2.98	2.84	2.70	2.55	2.47	2.39	2.30	2.21	2.11	2.01
40	7.31	5.18	4.31	3.83	3.51	3.29	3.12	2.99	2.89	2.80	2.66	2.52	2.37	2.29	2.20	2.11	2.02	1.92	1.80
60	7.08	4.98	4.13	3.65	3.34	3.12	2.95	2.82	2.72	2.63	2.50	2.35	2.20	2.12	2.03	1.94	1.84	1.73	1.60
120	6.85	4.79	3.95	3.48	3.17	2.96	2.79	2.66	2.56	2.47	2.34	2.19	2.03	1.95	1.86	1.76	1.66	1.53	1.38
∞	6.63	4.61	3.78	3.32	3.02	2.80	2.64	2.51	2.41	2.32	2.18	2.04	1.88	1.79	1.70	1.59	1.47	1.32	1.00

참고문헌

곽기영(2014). 「통계데이터분석」. 서울: 경문사.

김형태, 이수천(2009). "그룹홈역량강화사업 효과성 검증". (사)한국아동청소년그룹홈협의회. 「2009그룹홈역량강화사업」. (2010년 1월 자료집)

김형태, 이수천(2010). "2010그룹홈역량강화사업 효과성 검증". (사)한국아동청소년그룹홈협의회. 「2010그룹홈역량강화사업」. (2010년 12월 자료집)

김형태, 이수천, 전준현, 방미진(2012). "그룹홈 아동청소년의 심리사회 적응에 영향을 미치는 그룹홈 가족 요인". 「학교사회복지」 22: 1-22.

박재학(2014). "유아의 가정환경이 어린이집 적응에 미치는 영향". 숭실대학교 교육대학원 석사학위논문.

서초구립 반포종합사회복지관, 서울대학교 실천사회복지연구회 Praxis(2009). 「실천가와 연구자를 위한 사회복지척도집」. 서울: 나눔의집

이수천(2011). "그룹홈 청소년의 대리양육자와의 애착관계가 심리사회적응에 미치는 영향: 낙관성의 매개효과를 중심으로". 서울기독대학교 대학원 박사학위논문.

이수천, 김형태(2012). "그룹홈 청소년의 대리양육자와의 애착관계가 심리사회적응에 미치는 영향: 낙관성의 매개효과를 중심으로". 「사회복지연구」 43(2): 87-111.

이수천, 박진희, 조미애, 최윤석(2013). "아동의 임파워먼트가 행복감에 미치는 영향: 지역아동센터를 중심으로". 「학교사회복지」 25: 83-107.

이윤로, 유시순(2013). 「사회복지사를 위한 SPSS」. 서울: 학지사.

이종환(2010). 「SPSS를 이용한 조사방법 및 통계분석의 이해와 적용」. 제2판. 경기 고양: 공동체.

이학식(2012). 「사회과학 연구를 위한 회귀분석」. 서울: 집현전.

최현철(2007). 「사회통계방법론」. 서울: 나남.

Baron, R. M., and Kenny, D. A.(1986). The moderator-mediator variable distinction in social psychological research: Conceptual, strategic, and statistical consideration. *Journal of Personality and Social Psychology, 51*(6),

James F. Hemphill(2003). Interpreting the magnitudes of correlation coefficients.

American Psychologist, 58(1), 78-80.

Kline, T. J.(2005). *Psychological testing: A practical approach to design and evaluation.* Sage Publications.

Preacher, K. J., and Hayes, A. F.(2008). Asymptotic and resampling strategies for assessing and comparing indirect effects in multiple mediator models. *Behavior Research Methods, 40(*3), 879-891.

Preacher, K. J., and Leonardelli, G. J.(2001). Calculation for the Sobel test: An interactive calculation for mediation tests. at http://www.quantpsy.org/sobel.sobel.htm

Rubin, A. and E. Babbie(1993). *Research Methods for Social Work*(2nd ed.). Pacific Grove, C.A.: Brooks/Cole.

보도자료

2015.7.23. 교통안전공단. "여름휴가철, 금 · 토요일 저녁시간을 조심하세요: 교통안전공단, 최근 5년간 7 · 8월 교통사고 현황 분석".

2015.7.30. "독일, 동,서 격차 '여전'...월평균 소득 100만 원 차이", http://www.ytn.co.kr/ _ln/0104_201507232006019299 2015.7.30.접속

http://blog.naver.com/0zeroma0/140151246270

http://media.daum.net/culture/art/newsview?newsid=20070801220423496

찾아보기

데이터 핸들링 방법

저자소개

• 김형태

숭실대학교 대학원 사회사업학과 졸업(M.A., Ph.D.)

현재 서울기독대학교 부교수

한국사회복지학회 운영이사

저서: 북한이탈주민가족복지론, 사회복지개론

연구: '아동복지시설 기능개편방안 연구'(보건복지부), '가출경험이 있는 쉼터 퇴소 청소년의 꿈과 자립'(월드비전) 외 다수

• 이수천

서울기독대학교 대학원 사회복지학과 졸업(M.A., Ph.D.)

현재 사회복지통계연구소 디렉터

명지대학교 등 출강

저서: 사회복지정책론, 사회복지조사론, 지역사회복지론, 사회복지1급수험교재 1교시(인간행동과 사회환경, 사회복지조사론), 사회복지1급수험교재 3교시(사회복지정책론, 사회복지행정론)

연구: '그룹홈 청소년이 맺는 애착관계가 심리사회적응에 미치는 영향: 낙관성의 매개효과 중심으로' 외 다수

• 박재학

학력: 숭실대학교 교육대학원 유아교육과 졸업(M.Ed.), 덕성여자대학교 대학원 유아교육학과 박사과정(이수), 대한신학대학원대학교 사회복지학과 졸업(Ph.D. in Social welfare)

현재 징검다리 공감 상담연구소 공동대표

경민대학교 외래교수

창의실용교육학회 이사

저서: 아동발달, 보육실습

연구: '부모의 양육태도가 유아의 사회적 적응에 미치는 영향: 또래 상호작용의 매개효과를 중심으로', 'Influence of teacher's job stress to the teacher-children interaction', 'The Influences of an Infant's Self-control Capacity on Peer Competence: Focused on Mediation Effect of Teacher-Infant Relation'

자료분석실전

논문작성을 위한 SPSS 코딩에서 분석까지

초판 1쇄 인쇄 / 2020년 2월 20일
초판 1쇄 발행 / 2020년 2월 25일

•

공저자 / 김형태 · 이수천 · 박재학
발행인 / 이 중 수
발행처 / **동 문 사**

•

서울특별시 서대문구 홍제원 1길 12
(홍제동 137-8)
Tel : 02)736-3718(대), 736-3710, 3720
Fax : 02)736-3719
등록번호 : 1974.04.27. 제9-17호
가격 : 20,000원

•

ISBN : 979-11-6328-150-4(93330)
E-mail : dong736@naver.com
www.dongmunsa.com